Uni-Taschenbücher 2031

D1717270

UTB
FÜR WISSEN
SCHAFT

Eine Arbeitsgemeinschaft der Verlage

Wilhelm Fink Verlag München
A. Francke Verlag Tübingen und Basel
Paul Haupt Verlag Bern · Stuttgart · Wien
Hüthig Fachverlage Heidelberg
Verlag Leske + Budrich GmbH Opladen
Lucius & Lucius Verlagsgesellschaft Stuttgart
Mohr Siebeck Tübingen
Quelle & Meyer Verlag Wiesbaden
Ernst Reinhardt Verlag München und Basel
Schäffer-Poeschel Verlag Stuttgart
Ferdinand Schöningh Verlag Paderborn · München · Wien · Zürich
Eugen Ulmer Verlag Stuttgart
Vandenhoeck & Ruprecht in Göttingen und Zürich

Kurs Philosophie. Propaedeutica & Paradeigmata.

Hrsg. von Jan P. Beckmann und Annemarie Gethmann-Siefert

Vorliegendes Buch stellt die erstmals ins Deutsche übersetzte und vom Autor überarbeitete Fassung seiner in den USA seit vielen Jahren als studentisches Lernmittel bewährten Introduction to Logic (1953, 10. Aufl. 1997) dar. Die Kurseinheiten 1-4 des gleichnamigen Fernstudienkurses entstanden unter Mitarbeit von S. Rowe. Die vom Autor in Zusammenarbeit mit J. Hawthorne 1988 vorgenommene Erweiterung um die Kurseinheiten 5 und 6 zur Modallogik erfolgte auf Wunsch des Instituts für Philosophie der FernUniversität, wo der Kurs seit 1986 von einer großen Zahl Studierender der Philosophie belegt und unter Verwendung studentischer Anregungen immer wieder überarbeitet worden ist. Prof. Irving Copi (University of Hawaii) und seinen Mitarbeitern, aber auch dem Verlag Prentice Hall sowie der Verwaltung der FernUniversität sei für die Druckerlaubnis gedankt.

Irving Copi

Einführung in die Logik

aus dem Amerikanischen übersetzt von
Jan P. Beckmann und Thomas Keutner

Wilhelm Fink Verlag

Die Deutsche Bibiothek – CIP-Einheitsaufnahme

Copi, Irving:
Einführung in die Logik / Irving Copi. Aus dem Amerikan. übers.
von Jan P. Beckmann und Thomas Keutner. – München: Fink, 1998
    (UTB für Wissenschaft: Mittlere Reihe; 2031)
    ISBN 3-8252-2031-1 (UTB)
    ISBN 3-7705-3322-4 (Fink)

© 1998 Wilhelm Fink Verlag GmbH § Co.KG,
Ohmstraße 5, 80802 München
ISBN 3-7705-3322-4

Printed in Germany
Einbandgestaltung: Jürgen Reichert, Stuttgart
Herstellung: Ferdinand Schöningh GmbH, Paderborn

UTB-Bestellnummer: ISBN 3-8252-2031-1 (UTB)

Inhaltsverzeichnis

Vorstellung des Autors

Irving M. Copi, 1618 Kamole Street, Honolulu,
Hawaii, 96821
geb. 28.07.1917 in Duluth, Minnesota,
Heirat mit Amelia Glaser am 15.03.1941, Vier Kinder

1931-34	Duluth Central High School.
	Abschluß Juni 1934
1938	B.A. Mathematik und Philosophie,
	Universität Michigan
1938-39	B.A. Mathematik und Philosophie,
	Universität Chicago
1940	M.S. Mathematik, Universität Michigan
1947	M.A. Philosophie, Universität Michigan
1948	Ph.D. Philosophie, Universität Michigan

Akademische Laufbahn:

1939-40	Teaching Fellow in Mathematik und Philoso-
	phie, Universität Michigan
1946-47	Research Assistant, Universität Michigan
1946-47	Teaching Fellow in Philosophie, Universität
	Michigan
1947	Visiting Lecturer, Universität Michigan
1947-48	Instructor, Universität Illinois
1948-52	Assistant Professor, Universität Michigan
1952-58	Associate Professor, Universität Michigan
1958-69	Professor, Universität Michigan
1958-65	Visiting Lecturer, Universität der Air Force
1959	Visiting Professor, Princeton Universität
1960	Visiting Lecturer, Georgetown Universität
	Logic Institute
1961-62	Research Logician, Institute of Science and
	Technology, Universität Michigan
1967	Visiting Professor, Universität Hawaii
1969	Professor, Universität Hawaii

Andere Tätigkeiten:

1952	Consultant, Office of Naval Research
1953	Faculty Fellow, Universität Michigan
1953-54	Faculty Fellow, Fund for the Advancement of Education (Ford Foundation)
1953-54	Research Associate, Universität California
1954-60	Research Associate, Research Institute, Universität Michigan
1955-56	John Simon Guggenheim Memorial Foundation Fellow
1964-65	National Science Foundation Grantee
1975	Fulbright-Hays Senior Research Fellow
1975	Academic Visitor, London School of Economics and Political Science

Mitgliedschaften:

Phi Beta Kappa
Phi Kappa Phi
American Philosophical Association
Association for Symbolic Logic
American Association of University Professors

Herausgeberische Tätigkeiten:

Advisory Board, *Philosophical Explorations*, Southern Illinois Press

Board of Consulting Editors, *Philosophia*, Israel

Editorial Committee, *Philosophy East and West*

Direttori di Ricerca, Centro Superiore Di Logica
E Scienze Coparate, Via Belmeloro, 3-Bologna-Italia

Kurseinheit 1 + 2

Kurseinheit 1 + 2

Bibliographische Hinweise

1. Ralph M. Eaton, *General Logic, An Introductory Survey,* N. Y. 1931. Dies ist die erste moderne Einführung in die Logik, die die Disziplin für viele Jahre beeinflußte.

2. John Dewey, *Logic, The Theory of Inquiry*, N. Y. 1938. Dewey stellt hier eine gründliche pragmatische Einführung in die Logik vor.

3. C. L. Hamblin, *Fallacies*, London 1970. Die beste logisch philosophische Diskussion von Fehlschlüssen und ihrer Lösung, die in den letzten Jahren erschienen ist.

4. William und Martha Kneale, *The Development of Logic*, Oxford 1962. Die sorgfältigste, vollständigste und lesbarste Geschichte der Logik, die z.Z. verfügbar ist.

5. John Stuart Mill, *A System of Logic*, N. Y. 1874. Dies ist das Erscheinungsjahr der nachgelassenen 8. Ausabe dieses besonders einflußreichen Buchs, das insbesondere Gewicht auf *induktive* Logik legt.

6. Ch. Perelman und L. Olbrechts-Tyteca, *The New Rhetoric, A Treatise on Argumentation*, Notre Dame und London 1969. Dieses Werk bezieht sich in erster Linie auf den rhetorischen und persuasiven Aspekt von Argumenten.

Lernziele des Gesamtkurses

Die Bearbeitung dieses Kurses soll dem Studenten dazu
verhelfen, richtiges von falschem Denken zu unterscheiden.
Indem der Student mit der Beziehung zwischen Sprache
und Argumentation sowie mit dem Aufbau von Argumenten
bekannt gemacht wird, soll er lernen:
- seine Vorstellungen klarer zum Ausdruck bringen zu
  können;
- die Begriffe, die er verwendet, eindeutig definieren zu
  können;
- Argumente streng formulieren und analysieren zu können.

Lernziele der Kurseinheit 1 + 2

Das Studium der ersten Kurseinheit soll den Studenten be-
fähigen:
- Argumente zu analysieren und darzustellen;
- Begriffe zu definieren;
- Fehlschlüsse zu erkennen.

Vorbemerkung

Gegenstand der Einheit 1 + 2 dieses Kurses ist die Beziehung zwischen Sprache und Argumentation. Logik ist u.a. ein Instrument zur Analyse von Argumenten. Die Kurseinheit 3 + 4 führt wesentlich in den Bereich der *Deduktiven* Logik und damit in den Kernbereich des Instrumentariums der klassischen und modernen Logik ein. In der Kurseinheit 5 + 6 wird dieser Bereich u.a. um den der materialen Logik erweitert. Auf diese Weise umfaßt der Kurs auch eine Betrachtung der jüngsten Entwicklungen der Disziplin.

Die Einheit 1 + 2 stellt zunächst ein Mittel bereit, mit dessen Hilfe Argumente in eine klar überschaubare Form übertragen werden können. (Kap. 2-4) Die Definition von Begriffen verfolgt unterschiedliche Zwecke und erfolgt dementsprechend in unterschiedlicher Gestalt. Gewisse Argumente sind ungültig, weil die in ihnen vorkommenden Begriffe nicht klar definiert sind. Weitere Kapitel der Einheit 1 + 2 befassen sich deshalb mit der Definition und ihren Regeln. (Kap. 5 u. 6) Schließlich gibt ein Kapitel einen ersten Überblick über klassische Fehlschlüsse, und zwar solche von nichtformaler Natur, welche also nicht von der Ähnlichkeit mit gültigen Schlüssen herstammen, aber im Alltag häufig vorkommen (Kap. 7). Kapitel 8 leitet über in den Bereich der deduktiven Logik; hier werden zunächst die Bausteine der Syllogistik, sog. kategorische Propositionen vorgeführt.

In der Einheit 3 + 4 werden Syllogismen in Standardform vorgeführt, es wird gezeigt, welchen Regeln sie gehorchen, wie eine Widerlegung falscher Syllogismen möglich ist, und eine Übersicht über eine Reihe formaler Fehlschlüsse gegeben. (Kap. 1-3) Sodann gibt Einheit 3 + 4 eine Einführung in das Handwerkszeug der modernen symbolischen Logik: die Methode des Beweises mithilfe von Wahrheitstafeln, mit den Mitteln der Aussagen- und der Prädikaten- oder Quantorenlogik. (Kap. 4-6)

Die letzte Kurseinheit 5 + 6 ergänzt die Betrachtungen der ersten Einheiten um die der mehrwertigen (Kap. 2) und der modalen Logik (Kap. 3 u. 4). Gerade eine solche Erweiterung ist für die Analyse der natürlichen Sprache und die philosophische Analyse von besonderer Bedeutung.

1. Was ist Logik?

Logik ist das Studium der Methoden und Prinzipien, mit deren Hilfe man zwischen gutem (korrektem) und schlechtem (inkorrektem) Denken unterscheidet. Setzt man ein gleiches Maß an angeborener Intelligenz voraus, so wird derjenige, welcher Logik studiert hat, mit größerer Wahrscheinlichkeit korrekt denken als derjenige, der niemals über die allgemeinen Prinzipien nachgedacht hat, welche mit dieser Tätigkeit verbunden sind. Hierfür gibt es eine Reihe von Gründen:

Erstens:
Das eigentliche Studium der Logik befaßt sich mit diesem Gegenstand sowohl als einer Technik als auch als einer Wissenschaft; der Student wird beim Erlernen in allen Teilen der Theorie Übungen absolvieren. In dieser Hinsicht wird, wie überall, die Praxis der Vervollkommnung dienen.

Zweitens:
Ein traditioneller Teil des Logikstudiums galt der Prüfung und Analyse von Fehlschlüssen, welche gewöhnliche und oft ganz „natürliche" Fehler des Denkens sind. Dieser Teil des Logikstudiums vermittelt nicht allein eine tiefere Einsicht in die Prinzipien des Denkens im allgemeinen, sondern es dient auch die Kenntnis dieser Fallgruben dazu, uns davor zu bewahren, in sie hineinzustolpern.

Drittens:
Das Studium der Logik wird den Studenten Techniken und Methoden vermitteln, mit deren Hilfe eine Reihe unterschiedlicher Weisen des Denkens, einschließlich der eigenen, auf ihre Korrektheit hin überprüft werden können. Werden Fehler leicht entdeckt, sinkt die Wahrscheinlichkeit, daß man sie durchgehen läßt.
Logisches Denken stellt eine bestimmte Art des Denkens dar, in welchem Schlußfolgerungen vorgenommen werden, d. h. in welchem Konklusionen aus Prämissen abgeleitet werden. Der Logiker beschäftigt sich in erster Linie mit dem abgeschlossenen Denkprozeß. Dabei lautet die Frage stets: Folgt die hergeleitete Konklusion aus den verwendeten oder angenommenen Prämissen? Liefern uns die Prä-

missen gute Gründe für die Annahme der Konklusion?
Wenn die Prämissen adäquate Gründe für die Behauptung
der Konklusion liefern, wenn die Bejahung der Wahrheit
der Prämissen die Bejahung der Wahrheit auch der Konklusion nach sich zieht, dann ist logisches Denken korrekt.
Sonst ist es nicht korrekt.

Die Unterscheidung zwischen korrektem und nicht korrektem Denken ist das zentrale Problem der Logik. Die Methoden und Techniken des Logikers sind in erster Linie
zwecks Klärung dieser Unterscheidung entwickelt worden.
Zwar ist der Logiker an allen Formen des Denkens, unabhängig vom Inhalt desselben, interessiert, doch dies einzig
im Hinblick auf den eben genannten Aspekt.

2. Die Analyse von Argumenten

Zur Klärung der obigen Erläuterung der Logik mag es
hilfreich sein, im folgenden einige der Spezialausdrücke,
welche die Logiker in ihren Werken verwenden, vorzu-
stellen und zu diskutieren. So ist unter *Schlußfolgerung*   *Schlußfolgerung*
derjenige Vorgang zu verstehen, mit Hilfe dessen eine
Proposition auf der Basis einer oder mehrerer Propositionen, die als Ausgangspunkt dieses Vorganges dienen, erreicht und behauptet wird. Um zu entscheiden, ob eine
Schlußfolgerung korrekt ist, überprüft der Logiker diejenigen Propositionen, welche den Anfangs- und Endpunkt
des betreffenden Vorgangs bilden, und untersucht die Beziehung zwischen beiden.

Propositionen sind entweder wahr oder falsch. In dieser
Hinsicht unterscheiden sie sich von Fragen, Befehlen und
Ausrufen. Einzig Propositionen können entweder bejaht
oder verneint werden; Fragen können gestellt, Befehle können gegeben und Ausrufe können geäußert werden; doch
nichts dergleichen kann bejaht oder verneint oder als entweder wahr oder falsch beurteilt werden.

Es ist üblich, zwischen Sätzen und den Propositionen, zu
deren Bejahung sie geäußert werden, zu unterscheiden.
Zwei Sätze, die deutlich voneinander unterschieden sind,
weil sie aus verschiedenen Worten in unterschiedlicher Anordnung bestehen, mögen im selben Kontext dieselbe Be-

deutung besitzen und können als Bejahung ein und derselben Proposition ausgesagt werden. Beispiel:

> Johannes liebt Maria.
> Maria wird von Johannes geliebt.

Dies sind zwei verschiedene Sätze; der erste besteht aus drei Wörtern, der zweite aus fünf, der erste beginnt mit dem Wort „Johannes", während der zweite mit dem Wort „Maria" beginnt, usw. Dessen ungeachtet besitzen die beiden Sätze exakt dieselbe Bedeutung. Zur Bezeichnung dessen, worauf sich solche Sätze beziehen, verwendet man *Proposition* üblicherweise den Ausdruck ‚Proposition'.

Der Unterschied zwischen Sätzen und Propositionen läßt sich durch den Hinweis verdeutlichen, daß ein Satz stets ein *Sätze und* Satz einer bestimmten Sprache ist, der Sprache nämlich, in *Propositionen* der er ausgesprochen wird, während Propositionen an die Sprachen, in denen sie ausgesagt werden, nicht gebunden sind. So sind die folgenden Sätze

> It is raining.
> Está lloviendo.
> Il pleut.
> Es regnet.

mit Sicherheit voneinander verschieden, denn sie erfolgen in verschiedenen Sprachen: Englisch, Spanisch, Französisch und Deutsch. Und dennoch besitzen sie ein und dieselbe Bedeutung; sie können in den entsprechenden Kontexten verwendet werden, um die Proposition zu bejahen, die sie in verschiedener Weise formulieren.

Der *Vorgang* der Schlußfolgerung ist selbst nicht von primärem Interesse für den Logiker. Jeder möglichen Schlußfolgerung jedoch entspricht ein *Argument*, und es sind die *Argument* Argumente, mit denen die Logik in der Hauptsache zu tun hat. Ein Argument im Sinne des Logikers ist jede Gruppe von Propositionen, und zwar in der Weise, daß eine aus den anderen folgen soll, die ihrerseits als Stützung der Gründe für die Wahrheit dieser einen Proposition angesehen werden. Obwohl das Wort ‚Argument' häufig zur Bezeichnung des Vorganges als solchen verwendet wird, hat es in der Logik den technischen Sinn, der hier erläutert worden ist.

Ein Argument ist nicht einfach eine Sammlung von Propositionen, es hat vielmehr eine Struktur. Zur Bezeichnung dieser Struktur werden üblicherweise die Termini ‚Prämisse' und ‚Konklusion' verwendet. *Konklusion* eines Argumentes ist diejenige Proposition, welche auf der Basis der anderen Propositionen des Argumentes behauptet wird; die anderen Propositionen, von denen es heißt, sie unterstützten oder begründeten die Annahme der Konklusion, sind die *Prämissen* des betreffenden Argumentes.

Prämisse und Konklusion

In seiner einfachsten Form besteht ein Argument aus nur einer Prämisse und einer Konklusion, von welcher es heißt, sie folge aus der Prämisse oder sei in ihr enthalten. Im folgenden Beispiel sind Prämisse und Konklusion jeweils in einem separaten Satz enthalten:

> Nachrichten sind das, was die Presse als solche deklariert.

> Journalisten haben daher einen unverhältnismäßigen Einfluß auf den Prozeß der Auswahl der Themen, die in der Öffentlichkeit debattiert werden.[1]

Ein anderes, etwas komplizierteres Beispiel, in welchem die Einzelprämisse und die Konklusion in ein und demselben Satz enthalten sind, ist das folgende:

> In dem Maße, wie das Kapital eines Landes vermindert wird, verringert sich notwendigerweise auch dessen Produktion; wenn daher bei konstant sich verringernder jährlicher Produktion Bürger und Regierung mit ein und derselben unproduktiven Ausgabenpolitik fortfahren, werden die Ressourcen der Bürger und des Staates mit immer größerer Geschwindigkeit entfallen, und Verdruß und Bankrott werden sich einstellen.[2]

Auch mag man gelegentlich auf eine befehlende Konklusion hin argumentieren, wie dies in dem folgenden Argument geschieht, welches sich in der Vorrede von *Roget's Thesaurus* findet:

> Synonyma sind gute Diener, aber schlechte
> Meister. Wähle sie daher mit Sorgfalt aus.

Ein ähnliches Beispiel findet sich im Buch der Sprüche:

> Weisheit ist die Hauptsache. Bemühe Dich
> daher um Weisheit.[3]

Auch wenn diese komplexen Aussagen Befehle zu sein scheinen, konstituieren sie doch eine Art von Argument. Ihre befehlenden Konklusionen sind streng äquivalent mit Propositionen, welche von dem handeln, was man tun sollte oder tun muß. „Wähle sie mit Sorgfalt" ist genau äquivalent mit „Du (oder wir) solltest (sollten) sie mit Sorgfalt auswählen", und „Bemühe Dich um Weisheit" ist genau äquivalent mit „Du (oder wir) solltest (sollten) Weisheit erwerben". Vom logischen Standpunkt aus besteht das Ziel eines Argumentes darin, uns von wahren Prämissen zu wahren Konklusionen zu führen. Strenggenommen kann ein Befehl weder wahr noch falsch sein. Bringt man die propositionalen Konklusionen der obengen. Argumente jedoch in imperativische Form, so erhalten sie eine besondere Überzeugungskraft.

Ziel von Argumenten

Andere Argumente können mehrere Prämissen zur Stützung ihrer Konklusion enthalten. Manchmal werden diese Prämissen einzeln aufgezählt als erste, zweite, dritte oder als (a), (b), (c), wie im folgenden Argument, in welchem die Konklusion am Anfang steht:

> Die Behauptung, Feststellungen über das Bewußtsein seien Feststellungen über Abläufe im Hirn, ist erkennbar falsch. Dies läßt sich (a) mit Hilfe der Tatsache zeigen, daß man seine Sinneswahrnehmungen und geistigen Vorstellungen ohne Kenntnis der Abläufe im Hirn, ja ohne Wissen darum, daß es so etwas überhaupt gibt, beschreiben kann. Es läßt sich (b) durch die Tatsache belegen, daß Feststellungen über die Hirnprozesse einer Person auf ganz und gar verschiedende Weise verifiziert werden. Es läßt sich schließlich (c) durch die Tatsache belegen, daß die Feststel-

lung „X hat Schmerzen, doch es geht in seinem Hirn nichts vor" keinerlei Widerspruch enthält.[4]

Das Auszählen der Prämissen eines Argumentes ist zum gegenwärtigen Zeitpunkt unserer Studie noch nicht sehr bedeutsam, doch es wird zunehmend Bedeutung erlangen, sobald wir dazu übergehen, kompliziertere Argumente zu analysieren und in Diagramme zu bringen. Um die Prämissen des vorangegangenen Argumentes aufzulisten, können wir uns nicht einfach an die Zahl der *Sätze* halten, mit welchen sie geschrieben werden. Hier hilft uns vielmehr die vom Autor vorgenommene Auszeichnung durch (a), (b) und (c). Daß sie alle in einem einzigen Satz vorkommen, sollte nicht ihre Mehrzahl verschleiern dürfen.

Andererseits kann die einzelne Proposition, welche die Konklusion eines Argumentes darstellt, über mehr als einen Einzelsatz ausgedehnt sein. Im folgenden Argument wird die Konklusion „Jimmy Carter läßt kein Gespür für die Bedürfnisse der arbeitenden Frauen erkennen" in den beiden ersten Sätzen vorgebracht. Darauf folgen vier Prämissen, von denen jede in einem je eigenen Satz ausgesagt wird:

Als ich im Jahre 1976 für ihn (Jimmy Carter) stimmte, dachte auch ich, er zeigte ein Gespür für die Bedürfnisse der arbeitenden Frauen. Heute glaube ich das nicht mehr. Er hat sich von seiner Verpflichtung für ein umfassendes Kinderhilfeprogramm, welches ein zentrales und wesentliches Bedürfnis der arbeitenden Eltern darstellt, losgesagt. In Fortsetzung der Etatverminderung des Jahres 1980 streicht das 1981er Budget weitere 50.000 aufgrund von Arbeitbeschaffungsmaßnahmen anzubietende Stellen und bringt so die chronisch arbeitslosen und armen Frauen um ihre Arbeitsmöglichkeiten. Die von ihm vorgenommene Freigabe der Ölpreise verschlimmert die Inflation, die eine besondere Last auf den Schultern der arbeitenden Frauen darstellt, welche im Schnitt lediglich 59 % dessen verdienen, was Männer verdienen. Er hat fahrlässig eine Rezession geschaffen, welche zu massenhafter Arbeitslosigkeit geführt hat, wobei unter den Frauen ein höherer Prozentsatz arbeitslos ist als bei den Männern, und darüber hinaus Männer und Frauen in einen Konkurrenzkampf um die immer geringer werdenden freien Stellen gezwungen werden.[5]

‚Prämisse‘ und ‚Konklusion‘ sind relative Ausdrücke

Zu beachten ist, daß ‚Prämisse‘ und ‚Konklusion‘ relative Ausdrücke sind: ein und dieselbe Proposition kann in dem einen Argument Prämisse und in einem anderen Argument Konklusion sein. Man betrachte z.b. das folgende Argument:

Das menschliche Gesetz aber ist für eine Vielzahl von Menschen geschaffen.

Die Mehrheit der Menschen ist im Hinblick auf die Tugend vollkommen.

Mithin verhindern menschliche Gesetze nicht alle Fehler....[6]

Hier stellt die Proposition „Menschliche Gesetze verhindern nicht alle Fehler" die Konklusion dar, und die beiden Propositionen, die ihr vorausgehen, bilden die Prämissen. Was jedoch in diesem Argument als Konklusion dient, ist in dem folgenden (anders gearteten) Argument die zweite Prämisse:

...fehlerhafte Handlungen stehen im Gegensatz zu Tugendhandlungen.

Nun verhindert aber, wie bereits gesagt, das menschliche Gesetz nicht alle Fehler.

Es schreibt mithin auch nicht sämtliche Tugendhandlungen vor.[7]

Keine Proposition ist als solche – isoliert genommen – eine Prämisse oder eine Konklusion. Eine Prämisse ist sie nur dann, wenn sie als Annahme in einem Argument auftritt; eine Konklusion ist sie nur dann, wenn sie in einem Argument auftritt, in welchem behauptet wird, sie folge aus den Propositionen, welche in dem betreffenden Argument angenommen werden. Die Termini ‚Prämisse' und ‚Konklusion' beziehen sich mithin aufeinander, ähnlich wie die Termini ‚Arbeitgeber' und ‚Arbeitnehmer'. Für sich betrachtet ist jemand weder Arbeitgeber noch Arbeitnehmer, doch kann er in unterschiedlichen Zusammenhängen sowohl das eine wie das andere sein: Arbeitgeber dem Gärtner gegenüber, Arbeitnehmer in der Firma, in der er arbeitet.

In den voraufgegangenen Argumenten von McGrath, Ricardo und Thomas von Aquin stehen die Prämissen am Anfang und die Konklusionen am Ende. In den Argumenten von Place und Kelber hingegen stehen die Konklusionen am Anfang und die Prämissen am Ende.

Nun braucht die Konklusion eines Argumentes weder am Ende noch am Anfang zu stehen. Sie kann auch – und dies ist häufig der Fall – zu deren Stützung zwischen die verschiedenen Prämissen eingebettet werden. Eine solche Art des Arrangements zeigt das folgende Beispiel:

> Mehdi Amer Rajai, der Chargé d'affaires des Iran in Beirut, behauptete: „Wenn die Vereinigten Staaten in den Krieg eintreten, werden alle Geiseln im Iran getötet. Amerika wird daher nichts dergleichen tun, insbesondere nicht jetzt, wo die amerikanischen Wahlen bevorstehen und der Tod der Geiseln nicht zum Vorteil (Präsident) Carters sein würde ...".[8]

Von der Konklusion „Amerika wird nicht in den Krieg eintreten" heißt es hier, sie ergebe sich aus den Propositionen, die ihr vorausgehen und die ihr folgen.

Um die Aufgabe des Logikers, zwischen korrekten und inkorrekten Argumenten zu unterscheiden, zu erfüllen, muß man in der Lage sein, Argumente dort, wo sie vorkommen, zu erkennen und ihre Prämissen und Konklusionen zu identifizieren. Doch wie kann man bei einem gegebenen Argument ausmachen, welches seine Konklusion ist und welches seine Prämissen sind? Wir haben bereits gesehen, daß ein Argument so formuliert werden kann, daß die

Konklusion am Anfang, am Ende oder zwischen den verschiedenen Prämissen steht. Die Konklusion eines Argumentes kann also nicht nach Maßgabe ihrer Stellung in der
Formulierung des Argumentes identifiziert werden. Wie
kann sie aber sonst identifiziert werden? Dies geschieht
manchmal durch das Auftreten besonderer Wörter, welche
den verschiedenen Teilen eines Argumentes häufig beige-
geben sind. Einige dieser Worte oder Satzteile dienen in ty-
pischer Weise dazu, die Konklusion eines Argumentes
einzuführen.

*Konklusions-
Indikatoren*

Wir nennen derartige Ausdrücke *Konklusions-Indikatoren*.
Ihr Auftreten signalisiert oft, wenn auch nicht immer, daß
das, was folgt, die Konklusion eines Argumentes ist. Das
Folgende stellt in Auswahl eine Liste solcher *Konklusions-
Indikatoren* dar:

*Beispiele für
Konklusions-
Indikatoren*

deshalb	folgt, daß
daher	wir mögen den Schluß ziehen, daß
also	Ich leite daraus ab, daß
so daß	was zeigt, daß
entsprechend	was bedeutet, daß
folgerichtig	was einschließt, daß
in der Folge von	was einschließt, daß
beweist, daß	was uns erlaubt, den Schluß zu ziehen
als Resultat von	weist auf die Konklusion hin, daß

*Prämissen-
Indikatoren*

Andere Worte oder Satzteile dienen typischerweise dazu,
die Prämissen eines Argumentes zu kennzeichnen. Derartige Ausdrücke nennt man *Prämissen-Indikatoren*. Ihr Auftreten signalisiert häufig, wenn auch nicht immer, daß das,
was ihnen folgt, eine Prämisse eines Argumentes ist. Im
folgenden wird eine Auswahlliste solcher Prämissen-Indikatoren angeführt:

*Beispiele für
Prämissen-
Indikatoren*

da	wie indiziert wird von
weil	der Grund ist der, daß
wegen	aus dem Grunde, weil
wie	mag gefolgert werden aus
folgt aus	mag zurückgeführt werden auf
wie gezeigt wurde von	mag abgeleitet werden von
insoweit als	im Hinblick auf die Tatsache, daß
sonst	dies zu verneinen, würde

Sobald ein Argument identifiziert worden ist, helfen uns
solche Worte und Satzteile bei der Feststellung der Prämissen und der Konklusionen.

Doch muß nicht jede Passage, welche ein Argument enthält,
diese besonderen logischen Ausdrücke enthalten. Man
betrachte z.B. die folgende Passage aus einer jüngst ergan-
genen Entscheidung des Obersten Gerichtshofes der Vereinigten Staaten:

> Es wäre ein abwegiger Gedanke, in irgendei-
> ner Form die „freie Ausübung" von Religion
> in den vorliegenden Fall einzubringen. Nie-
> mand ist gezwungen, am Religionsunterricht
> teilzunehmen; weder religiöse Übungen noch
> Religionsunterricht werden in den Klassen-
> zimmern der Public Schools angeboten. Kein
> Schüler braucht an der religiösen Unterwei-
> sung teilzunehmen. Was Art und Zeitpunkt
> seiner möglichen religiösen Neigungen an-
> geht, so ist dies ganz seinen eigenen Wün-
> schen überlassen.[9]

Im vorliegenden Beispiel wird die Konklusion, die man mit
dem Satz „der vorliegende Fall hat mit der ‚freien Ausübung' von Religion nichts zu tun" wiedergeben kann, im ersten Satz des Argumentes ausgesprochen. Die letzten drei
Sätze enthalten die Grundlage bzw. die Gründe für die Stützung dieser Konklusion. Woran aber erkennen wir, daß der
erste Satz die Konklusion und daß die anderen drei Sätze
die Prämissen darstellen? Hier bietet – und dies ist in aller
Regel der Fall – der Kontext große Hilfe. Hilfreich sind
auch einige der Formulierungen, mit denen die vielerlei
verschiedenen Propositionen des vorliegenden Argumentes
ausgedrückt werden. Die Formulierung „es wäre ein abwe-
giger Gedanke..." verweist darauf, daß die Frage, ob die
„freie Ausübung" der Religion im vorliegenden Fall zur
Diskussion steht, genau den Punkt des Dissenses angibt.
Damit ist gezeigt, daß hier jemand behauptet, im vorliegenden Fall ginge es um Religionsfreiheit, eine Forderung,
welche der Gerichtshof zurückweist, und gegen die er daher
argumentieren muß. Die anderen Propositionen sind als
Tatsachenfeststellungen formuliert worden, was darauf hin-

weist, daß es diesbezüglich keinen Disput und damit auch
keine Infragestellung ihrer Annehmbarkeit als Prämissen
gibt.
Auch ist das Vorhandensein solcher Argument-Indikatoren nicht in allen Fällen entscheidend. Die Worte „weil"
und „denn" besitzen andere als streng logische Verwen-
dungsweisen. Man vergleiche die beiden folgenden Passagen:

> Es gibt kein System, welches zur Hälfte ma-
> terieller und zur Hälfte antimaterieller Natur
> ist, weil die beiden Formen der Materie sich
> gegenseitig vernichten.[10]

und:

> Das Römische Reich zerfiel zu Staub, weil
> ihm der Geist der Liberalität und des freien
> Unternehmertums fehlte.[11]

Im ersten Fall geht es um ein Argument, in welchem der
Ausdruck „weil" auf die Prämisse hinweist. Man weiß,
daß „die beiden Formen von Materie einander gegensei-
tig vernichten", und man leitet daraus ab, daß „kein System zur Hälfte aus Materie und zur Hälfte aus
Antimaterie bestehen kann". Im zweiten Beispiel hingegen liegt kein Argument vor. Die Satzhälfte „das Römische Reich zerfiel zu Staub" stellt keine Schlußfolgerung
dar, und die Feststellung „dem Römischen Reich fehlte
der Geist der Liberalität und des freien Unternehmertums" dient nicht als Evidenz, als Grundlage oder als Begründung für die Annahme der vorgenannten Proposition,
welche ihrerseits sehr viel besser bekannt und sehr viel
genauer dokumentiert ist als die letztgenannte Proposition. Was hier vorliegt, ist die von v. Mises vorgeschlagene Erklärung und Begründung dafür, warum das
Römische Reich zu Staub zerfallen ist. D.h.: Hier wird
eine kausale Verbindung zwischen dem Fehlen von Liberalität und freiem Unternehmertum im Römischen Reich
und der Tatsache, daß es zu Staub zerfiel, behauptet. D.h.:
Es werden beide Propositionen und das Bestehen einer
Verbindung zwischen beiden bejaht. Doch damit enden

die Ähnlichkeiten zwischen unseren beiden Beispielen, obwohl die Formulierung dieses Nichtargumentes der eines Argumentes ganz ähnlich sein mag.

Der Unterschied zwischen Argumenten und Nichtargumenten ist in erster Linie einer des Zweckes und der Interesseneinrichtung. Beide können in der Form

> Q weil P

formuliert werden. Wenn wir die Wahrheit von Q sicherstellen wollen, und wenn P als Evidenz für Q angegeben wird, dann stellt der Satz „Q weil P" ein Argument dar. Wenn wir dagegen die Wahrheit von Q als unproblematisch, als zumindest in dem gleichen Maße sichergestellt ansehen wie die Wahrheit von P, und dennoch interessiert sind, den Grund für das Bestehen von Q zu erklären, dann stellt die Aussage „Q weil P" nicht ein Argument, sondern eine Erklärung dar. Die beiden diskutierten Beispiele lassen sich ziemlich leicht voneinander unterscheiden: Das erste ist ein Argument, das zweite eine Erklärung. Doch nicht alle Beispiele sind so leicht zu klassifizieren. In jedem Fall mag der Kontext zur Klärung der Absicht des Schreibers oder des Sprechers hilfreich sein. Soll die Wahrheit einer Proposition sichergestellt werden, wird in aller Regel ein Argument angegeben. Geht es hingegen um die Erläuterung oder Rechtfertigung für etwas, dann ist das, was angegeben wird, eine Erklärung.

*Argument vs.
Erklärung*

Identifikation und Analyse von Argumenten gehen Hand in Hand. Nur wenn zumindest die Vermutung gegeben ist, daß ein Argument vorliegt, gibt es ein Motiv für den Versuch, zwischen Prämissen und Konklusionen zu unterscheiden. Fehlen dagegen Argument-Indikatoren, so mag uns die der betreffenden Passage zugrunde liegende Absicht bei der Erkenntnis behilflich sein, daß ein Argument und nicht eine Erklärung vorliegt.

Auch sei an dieser Stelle darauf hingewiesen, daß nicht alles, was im Verlaufe eines Argumentes zur Sprache kommt, Prämisse oder Konklusion des betreffenden Argumentes ist. Eine Passage, welche ein Argument enthält, kann nämlich darüber hinaus auch anderes Material enthalten, welches zuweilen irrelevant sein mag, doch häufig wichtige Hintergrundinformationen enthält, die den Leser

oder Hörer verstehen läßt, worum es in dem Argument geht.
Man betrachte z.b. das in der folgenden Passage enthaltene
Argument:

> Ein unbehandeltes chronisches Glaukom ist
> eine der Hauptursachen für eine schmerzlose,
> fortschreitende Erblindung. Nun gibt es Me-
> thoden der Früherkennung und der erfolgrei-
> chen Behandlung. Aus diesem Grunde ist die
> Erblindung infolge eines Glaukoms von be-
> sonderer Tragik.[12]

Die dritte Proposition dieser Passage stellt die Konklusion,
die zweite Proposition die Prämisse dar. Die erste Proposition ist im strengen Sinne überhaupt nicht Teil des Argumentes, doch erlaubt uns ihr Vorhandensein zu verstehen,
daß die in der Prämisse erwähnten *zur Verfügung stehenden
Methoden* solche der Früherkennung und der wirksamen
Behandlung *chronischer Glaukome* sind.
Eine weitere Illustration zu diesem Punkt findet sich in
Schopenhauers *Studien über den Pessimismus:*

> Wenn das Strafrecht Selbstmord verbietet, so
> stellt dies in der Kirche kein gültiges Argu-
> ment dar; auch ist das Verbot lächerlich; denn
> welche Art von Bestrafung kann eine Person
> abschrecken, die sich vor dem Tod selbst
> nicht fürchtet?

Was im vorliegenden Beispiel vor dem ersten Semikolon
gesagt wird, ist weder Prämisse noch Konklusion. Doch
ohne die angegebene Information wüßten wir nicht, worauf
sich „Verbot" in der Konklusion bezieht. Die Konklusion
lautet hier, daß „das strafrechtliche Verbot des Selbstmordes
lächerlich ist." Die zur Stützung angebotene Prämisse lautet, daß „keine Strafandrohung jemanden, der sich vor dem
Tod selbst nicht fürchtet, abschrecken kann." Wie dieses
Beispiel zeigt, können Propositionen in der Form „rhetori-
scher Fragen" vorgebracht werden, welche eher als Feststellungen denn als Frage dienen, obwohl sie der Form nach
interrogativ sind.

Bei der Analyse dieses und des vorhergegangenen Arguments, nämlich der Entscheidung des höchsten Gerichtshofes, war es hilfreich, einige der konstituierenden Propositionen erneut zu formulieren. In beiden Fällen bestand der Zweck darin, unser Verständnis der Argumente und der Rolle ihrer konstituierenden Propositionen von ihrer Kontextabhängigkeit möglichst zu befreien. Dies wird eine durchgehende Aufgabe des nun folgenden Teils des Studienbriefes sein. Wir werden zuweilen unsere Aufmerksamkeit auf die Proposition als solche richten, weil wir wissen wollen, ob sie wahr oder falsch ist, was sie impliziert, ob sie aus einer anderen Proposition folgt, oder ob sie Prämisse oder Konklusion eines gegebenen Argumentes ist. Es wird in solchen Fällen nützlich sein, eine Formulierung der Proposition zu haben, die, wenn möglich, unabhängig vom Kontext verständlich ist.

Obwohl zu jedem Argument eine Konklusion gehört, enthält die Formulierung mancher Argumente nicht explizit Aussagen über ihre Konklusion. Wie kann solch ein Argument verstanden und analysiert werden? Die nicht ausdrücklich konstatierte Schlußfolgerung solcher Argumente ist häufig vom Kontext, in welchem das Argument auftritt, angezeigt. Manchmal zeigen die aufgeführten Prämissen unmißverständlich, wie die unausgesprochene Konklusion lauten muß, z.B.

Bedeutung des Kontextes

> Wenn er klug ist, dann wird er nicht herumlaufen und einen von ihnen erschießen, und er ist klug.[13]

Hier bedarf es des Kontextes, um herauszufinden, was „einen von ihnen" bedeuten mag. Doch es ist im strengen Sinne der Kontext nicht vonnöten, um zu wissen, daß die Konklusion lautet:

> Er wird nicht herumlaufen und einen von ihnen erschießen.

Den einen oder anderen Leser mag die Feststellung stutzig machen, daß man bei der Analyse eines Argumentes mit einer unausgesprochenen Konklusion bereits wissen muß, was aus den aufgestellten Prämissen logisch folgt oder was für denjenigen, der das Argument vorträgt, logisch zu folgen scheint. Schließlich soll der Student dieses Kurses Logik lernen! Wie kann dann der Studienbrief voraussetzen, daß der Student bereits Logik kennt? Ist dies aber der Fall, warum soll man dann noch diesen Gegenstand studieren? Dieser Einwand ist unschwer zu beantworten. Im Studium eines jeden Faches, Logik eingeschlossen, wird ein gewisses Maß an logischer Fähigkeit vorausgesetzt. Vom Logikstudium kann man eine Schärfung des logischen Sinnes, eine Verbesserung der Fähigkeit zur Analyse von Argumenten und den Erhalt wirksamer Techniken zur Unterscheidung guter von schlechten, oder besserer von schlechteren Argumenten erwarten. Doch das Schärfen des logischen Sinnes setzt dessen Vorhandensein voraus, und es muß bereits ein bestimmtes Maß analytischer Fähigkeit vorliegen, wenn es um dessen Verbesserung geht. C.I. Lewis, der zur zeitgenössischen Logik wichtige Beiträge geliefert hat, hat es so formuliert:

> Das Studium der Logik knüpft an kein Kriterium an, welches nicht bereits im Kopf des Lernenden vorhanden ist..., weil eben das Geschäft des Lernens durch Reflexion und Diskussion unseren logischen Sinn als vertrauenswürdigen Führer voraussetzt.[14]

Argument –
Proposition –
Prämisse –
Konklusion

Fassen wir zusammen: Ein Argument ist eine Ansammlung von Propositionen, von denen eine, die Konklusion, aus den anderen, den Prämissen, folgen soll. Propositionen werden typischerweise als Aussagesätze formuliert, doch gelegentlich treten sie auch als rhetorische Fragen oder als Befehle auf. Ein Argument kann in einem einzigen Satz formuliert werden; doch häufig bedient man sich mehrerer Sätze bei seiner Formulierung. In der Präsentation eines Argumentes kann die Konklusion den Prämissen entweder vorausgehen oder ihnen folgen, sie kann aber auch zwischen zwei Prämissen stehen. Auch kann die Konklusion unausgesprochen bleiben und durch den Kontext verdeutlicht werden oder in der Aussage der Prämissen selbst enthalten sein. Eine Passage, die ein Argument enthält, kann darüber hinaus Propositionen enthalten, welche weder Prämissen noch Konklusionen dieses Argumentes sind, sondern lediglich

Informationen darüber enthalten, welche dem Leser oder Hörer eine Verständnishilfe dafür bieten, wovon Prämissen und Konklusion handeln. Bei der Analyse eines Argumentes ist es häufig nützlich, zwischen den verschiedenen Prämissen, die in einem einzigen Satz im Verbund miteinander formuliert sind, zu unterscheiden. Bei der Wiedergabe des Ergebnisses der Analyse eines Argumentes in seine Prämisse oder seine Prämissen und seine Konklusion ist es üblich und hilfreich, jede einzelne Prämisse und die Konklusion in der Form eines getrennten Aussagesatzes zu formulieren, welcher unabhängig vom Kontext verstanden werden kann.

Übungsaufgabe 1:

Übungsaufgabe 1

Identifizieren Sie die Prämissen und Konklusionen in den folgenden Abschnitten, deren jeder genau ein Argument enthält:

1.1 *... daß Richter in wichtigen Fällen ihr Amt lebenslang ausüben, ist eine fragwürdige Sache, denn Körper und Geist altern gleichermaßen* (Aristoteles, *Politik,* Buch II, Kap. 9*).*

1.2 *Jeder Versuch, logische Prinzipien auf etwas noch Prinzipielleres zu gründen, sei dies unser System kontingenter Regeln für den Sprachgebrauch oder irgendetwas Ähnliches, führt zwangsläufig in einen Widerspruch; denn ein solcher Versuch besteht in der Ableitung von Konklusionen aus Prämissen. Die Möglichkeit solcher Ableitungen erfordert aber die vorherige Gültigkeit logischer Gesetze* (David Mitchell, *An Introduction to Logic).*

1.3 *...jedes Ding ist notwendig entweder in Bewegung oder in Ruhe; nun nimmt ein Flugobjekt während des Fluges stets den Raum ein, der seiner Ausdehnung entspricht; was aber stets einen Raum einnimmt, der seiner Ausdehnung entspricht, befindet sich nicht in Bewegung; es ist daher in Ruhe* (H.D.P. Lee, *Zeno of Elea).*

1.4 „Wie bei allen Göttern wußten Sie das alles, Herr Hol-
mes?" fragte er. „Wie wußten Sie z.B., daß ich körper-
liche Arbeit verrichtet habe? Dies ist so wahr wie das
Evangelium, denn ich begann als Schiffszimmer-
mann". – „Ihre Hände, mein lieber Herr. Ihre rechte
Hand ist erheblich größer als Ihre linke. Sie haben mit
ihr gearbeitet, die Muskeln sind daher stärker ent-
wickelt" (A. Conan Doyle, *The Red-Headed League).*

1.5 Der gesunde Verstand ist die bestverteilte Sache der
Welt; denn jedermann glaubt, so wohl damit versehen
zu sein, daß selbst einer, der in allen anderen Dingen
nur sehr schwer zufriedenzustellen ist, für gewöhnlich
nicht mehr davon wünscht, als er besitzt (R. Descartes,
Abhandlung über die Methode, 1. Teil).

3. Diagramme für Einzelargumente

Viele argumentative Passagen enthalten mehr als ein einzelnes Argument, und es kommt häufig vor, daß die
Konklusion aus einem Argument als Prämisse in einem anderen dient. Gelegentlich treten mehr als zwei Argumente
auf, die dann so artikuliert sind, daß ein Gedankengang
durch mehrere Argumente bis hin zur endgültigen Konklusion reicht. In derartigen argumentativen Passagen besteht
ein Fluß, eine allgemeine Richtung, der zu folgen der Sprecher oder Schreiber vom Hörer oder Leser erwartet.
Um eine derart komplexe Stützung der letztendlichen
Konklusion zu verstehen und insbesondere ein Argument
als gut oder schlecht, zwingend oder fehlerhaft einschätzen
zu können, muß man sich die gesamte Struktur vergegen-
wärtigen. Man muß zu begreifen versuchen, auf welche
Weise die einzelnen Argumente in der betreffenden Passage
so arrangiert sind, daß sie einen auf rationale Weise zur Zu-
stimmung der letztendlichen Konklusion führen.
Dies ist im Falle mündlicher Präsentation schwieriger als
im Falle schriftlicher Präsentation zu erreichen. Doch der
Erwerb der Fähigkeit zur Analyse eines schriftlichen Argu-
mentationsabschnittes wird einem helfen, die erforderlichen
Einstellungen und Einsichten zu entwickeln, um auch mit
gesprochenen Argumenten fertigzuwerden.

Für eine Behandlung des Problems der Analyse komplexer Argumentationsabschnitte ist es nützlich, eine standardisierte Methode der Herstellung und Analyse von Diagrammen von Einzelargumenten zu entwickeln. Dies wird uns in den Stand versetzen, Einzelargumente eindeutig in die komplexe Argumentationsstruktur einzufügen, in der sie eine führende oder brückenschlagende Rolle spielen können. Am besten versteht derjenige eine komplexe argumentative Passage, der ihre argumentativen Bestandteile zu analysieren und die Artikulation dieser Teile im größeren Ganzen zu erkennen und darzulegen vermag.

Sobald diese Fähigkeiten erworben worden sind, werden sie uns helfen, unsere eigenen Argumente wirksamer zu organisieren. Ein derartiges Ordnen führt zur Handhabung der Evidenz unserer Konklusionen in bestmöglicher Weise und zur Herausstellung der Stützung unserer Konklusionen mit einem Maximum an Kraft und Direktheit.

Eine nützliche Methode zur Herstellung und Analyse von Diagrammen argumentativer Passagen ist von Monroe Beardsley entwickelt worden.[15]

Wir folgen ihm diesbezüglich mit nur geringen Modifikationen. Ein Diagramm stellt eine räumliche Wiedergabe von etwas dar, wie die Reißbrettzeichnung eines Gebäudes oder einer Maschine, oder wie die graphische Darstellung einer Bevölkerungs- oder Einkommensverteilung, oder wie der Schaltplan einer elektrischen Einrichtung. Wir folgen der allgemeinen Konvention und plazieren die Konklusionen eines Argumentes unter seine Prämisse oder Prämissen und werden im Diagramm einen Pfeil als Konklusions-Indikator verwenden. Als eine erste Annäherung an unser Diagramm setzen wir das folgende Argument

Diagramm

> Freiheit bedeutet Verantwortlichkeit. Dies ist der Grund, warum die meisten Menschen sich vor ihr fürchten.[16]

in die Form:

> Freiheit bedeutet Verantwortung.
>
>
>
> Die meisten Menschen fürchten die Freiheit.

Entsprechend wird das Argument

> ... Rechtsanwälte bilden im wachsenden
> Maße die wichtigste Dienstleistungsgruppe
> innerhalb der Gesellschaft, weil die Men-
> schen im großen und ganzen kaum etwas von
> weltlicher Bedeutung tun, ohne zuvor einen
> Anwalt um Rat gefragt zu haben.[17]

dessen Konklusion an erster und dessen Prämisse an zweiter Stelle steht, wie folgt geordnet:

> Im großen und ganzen tun die Menschen
> kaum etwas von weltlicher Bedeutung, ohne
> zuvor einen Anwalt um Rat gefragt zu haben.

> Rechtsanwälte bilden in zunehmendem Maße
> die wichtigste Dienstleistungsgruppe inner-
> halb der Gesellschaft.

Stoßen wir auf Argumente mit zwei oder mehr Prämissen,
so erweist sich deren Neuordnung als mühsamer, und unsere Diagramme werden zu unübersichtlich. Hier ist es be-
quemer, die Propositionen in der Ordnung ihres Auftretens
in der Passage zu numerieren und in unserem Diagramm
statt der vollen Sätze, in denen sie ausgesprochen sind, die
eingekreisten Nummern auftreten zu lassen. Auf diese Art
und Weise zeigt ein Diagramm mit einem Maximum an
Klarheit die Struktur des betreffenden Argumentes auf.
Beim Numerieren der Prämissen und Konklusionen eines
Argumentes ist es hilfreich, jede einzuklammern, wobei die
jeweilige eingekreiste Nummer über oder direkt vor dem
Argument steht, wie im folgenden Beispiel:

> Als Doktorand an der Cornell Universität im
> Gebiet ‚Operations Research' kann ich auf-
> grund der Erfahrung sagen, daß ① [Professo-
> ren, die als Berater irrlichtern..., ihre
> Studenten nicht übers Ohr hauen.] ② [Geld
> aus Beraterverträgen hat die Ausbildung
> manch eines graduierten Studenten sicherge-
> stellt.] Noch wichtiger aber: ③ [Häufig die-

nen Studenten im Rahmen von Verträgen als Forschungsassistenten; so können sie wertvolle Erfahrungen während ihrer Universitätszeit erwerben].[18]

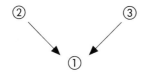

Im vorliegenden Argument stützt jede der beiden Prämissen unabhängig von der anderen die Konklusion, d.h.: Jede der beiden Prämissen trägt auf ihre Weise zur Annahme der Konklusion bei; sie würde dies auch dann tun, wenn die andere Prämisse fehlte.

An dieser Stelle gilt es eine Entscheidung hinsichtlich der „Arithmetik" derartiger Argumente zu treffen. Soll man das vorliegende Beispiel als ein Einzelargument mit zwei Prämissen und einer Konklusion ansehen, oder sollen wir sagen, daß wir hier zwei verschiedene Argumente mit ein und derselben Konklusion vor uns haben? Die Praxis läuft zunehmend darauf hinaus zu sagen, daß es sich um *ein* Argument mit zwei unabhängigen Prämissen handelt. Es scheint ein Prinzip zu sein, daß die Zahl der Konklusionen die Zahl der Argumente bestimmt. In diesem Sinne ist unter „Einzelargument" ein Argument zu verstehen, welches auf eine einzelne Konklusion schließt, ungeachtet der Frage, wieviele Prämissen zu ihrer Unterstützung aufgeführt werden.

Nicht jede Prämisse in einem Argument verschafft die Art von unabhängiger Stützung der Konklusion, wie dies in dem vorgenannten Argument der Fall ist. Zuweilen müssen einige Prämissen zusammenwirken, um ihre Konklusion zu stützen. Ist dies der Fall, dann kann man das im Diagramm eines solchen Argumentes entsprechend herausstellen. Diese Situation wird durch das folgende Argument illustriert. Es mag übrigens nützlich sein, alle Prämissen-Indikatoren oder Konklusions-Indikatoren, die in dem analysierten Argument auftreten mögen, einzukreisen.

Helms Rechtsanwalt war Edward Bennet
Williams, der als der vielleicht beste Strafver-
teidiger im Lande galt. Da ① [Helms eindeutig vor dem Parlamentsausschuß unter Eid
gelogen hat], und da ② [es ein Verbrechen
ist, vor einem Parlamentsausschuß unter Eid
die Unwahrheit zu sagen], ③ [konnte Williams nicht viel zur Verteidigung seines Kli-
enten vorbringen].[19]

Keine dieser beiden Prämissen stützt die Konklusion unabhängig von der anderen. Hätte Helms nicht unter Eid die
Unwahrheit gesagt, so würde die Tatsache, daß die eidliche
Falschaussage vor einem Parlamentsausschuß ein Verbrechen ist, keine Bedeutung für die Konklusion des Argumentes besitzen. Und wäre solch eine Falschaussage *nicht*
ein Verbrechen, so würde Helms Falschaussage seine juri-
stische Verteidigung nicht verschlechtert haben. Jede Prämisse stützt die Konklusion durch die *Vermittlung* der
anderen Prämisse. *Beide* sind vonnöten im Gegensatz zur
unabhängigen oder *unmittelbaren* Stützung der Konklusion,
welche jede Prämisse in dem Argument über die Berater-
tätigkeit der Professoren bereitstellte. Daß die beiden Prämissen zusammenwirken, ist im Diagramm dieses
Arguments durch die Verbindung ihrer Nummern durch
eine Klammer wiedergegeben, wobei ein einzelner Pfeil
vom Prämissen-Paar zur Konklusion führt:

Im obengenannten Argument erscheinen beide Prämissen in
einem einzelnen Satz, verbunden mit dem Wort „und". Es
gilt, sorgfältig einen einzelnen Satz, in welchem zwei getrennte Propositionen bejaht sind, von einem Satz zu unterscheiden, welcher mehrere Teilpropositionen, doch nur eine
einzelne Bejahung enthält. Man beachte das folgende Argument:

> Reichtum ist entweder etwas Böses oder
> etwas Gutes; nun ist Reichtum nichts Böses;
> Reichtum ist mithin etwas Gutes.[20]

Die erste Prämisse „Reichtum ist entweder etwas Böses oder etwas Gutes" stellt eine Disjunktion zweier Teilpropositionen dar. Man nennt sie *disjunkte* Teilpropositionen; sie sind typischerweise mit dem Wort „oder" verbunden. Teilpropositionen werden freilich in einer Disjunktion nicht *behauptet*. Vielmehr erfolgt mit Hilfe der Disjunktion lediglich die singuläre Behauptung, daß zumindest ein Disjunkt wahr ist. Weil die Disjunktion lediglich eine einzelne Behauptung aufstellt, zählt sie nur als eine Prämisse und nicht als zwei. Im Diagramm des Argumentes wird sie durch eine einzelne eingekreiste Nummer wiedergegeben. Eine andere Formulierung, auf welche der Student sein bsonderes Augenmerk richten sollte, weil sie häufig fälschlicherweise für ein Argument gehalten wird, ist die *konditionale Aussage*. Eine konditionale Aussage enthält ebenfalls zwei Teilpropositionen, stellt jedoch wiederum nur eine Behauptung auf. Man betrachte die folgende Behauptung:

> Wenn Kunstgegenstände etwas ausdrücken,
> sind sie eine Sprache.

Propositionen dieser Art werden „konditional" oder „hypothetisch" genannt. Die Teilproposition des vorliegenden Beispieles „Kunstobjekte drücken etwas aus" ist nicht bejaht, noch ist die andere Teilproposition „Kunstobjekte sind eine Sprache" bejaht. Was bejaht wird, ist lediglich, daß, wenn die erste wahr ist, auch die zweite wahr ist; doch beide könnten nach Maßgabe der Aussage der Behauptung falsch sein. In einem Diagramm würden wir das Konditionale in einem Argument als einzelne Proposition anführen. Eine konditionale Proposition steht in scharfem Kontrast zu einem Argument von der Form, die sich in John Dewey's *Art as Experience* findet:

> Weil Kunstobjekte etwas ausdrücken, sind sie
> eine Sprache.

Hier haben wir in der Tat ein Argument vor uns: Die Proposition „Kunstobjekte drücken etwas aus" wird als Prämisse
bejaht, und von der Proposition „Kunstobjekte sind eine
Sprache" heißt es, sie folge aus der Prämisse und werde
daher als wahr behauptet. Eine konditionale Feststellung
mag wie ein Argument aussehen, ist aber kein Argument;
beide sollten nicht miteinander verwechselt werden.

In einem Argument, welches drei oder mehr Prämissen enthält, kann eine Prämisse unabhängig von den anderen die
Konklusion stützen, während zwei (oder mehrere) der anderen Prämisen nur in Kombination miteinander die
Konklusion stützen. Diese Situation illustriert das folgende
Argument:

① [In Wüsten bilden Bergspitzen gute Anhaltspunkte für die Astronomie.]

② [Da sie eine gewisse Höhe besitzen, ragen
sie aus der Atmosphäre hervor und erlauben
so dem Sternlicht, ein Teleskop zu erreichen,
ohne damit durch die gesamte Tiefe der Atmosphäre hindurchgehen zu müssen.]

③ [Da sie trocken ist, ist die Wüste relativ
wolkenlos.] ④ [Der geringste Schleier eines
Nebels oder einer Wolke kann den Himmel
für viele astronomische Messungen unbrauchbar machen.][21]

In diesem Beispiel stützen die Propositionen ②, ③ und ④
die Proposition ①, welche die Konklusion darstellt. Doch
erbringen sie ihre Stützung in unterschiedlicher Weise. Die
Einzelbehauptung ② stützt als solche die Behauptung, eine
Bergspitzenlage sei ein guter Anhaltspunkt für das Teleskop. Doch die beiden Aussagen ③ und ④ müssen zusammenwirken, um die Behauptung zu stützen, daß eine
Wüstenlage ein guter Anhaltspunkt für ein Teleskop ist. Das
Diagramm, welches diesen Unterschied verdeutlicht, sieht
wie folgt aus:

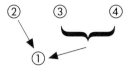

Ein Argument, in dessen Formulierung die Konklusion zwischen zwei Prämissen gesetzt ist, ist das folgende:

> <u>Da</u> ① [Moral... einen Einfluß auf die Handlungen und Affekte besitzt,] <u>folgt</u>, ② [daß sie nicht aus der Vernunft abgeleitet werden kann]; ... <u>weil</u> ③ [die Vernunft allein, wie wir bereits bewiesen haben, niemals irgendeinen solchen Einfluß auszuüben vermag.][22]

Das Diagramm für dieses Argument Humes sieht wie folgt aus:

Schließlich kann die unausgesprochene Konklusion eines Argumentes im Diagramm durch eine Nummer in einem gestrichelten Kreis wiedergegeben werden, wie dies in folgendem Beispiel der Fall ist:

> Was mir auffiel, war dies, daß ① [jeder Politiker oder Journalist, mit dem ich sprach, einschließlich der jungen Intellektuellen, welche die PLO unterstützten, behauptete, die jungen Leute in Ägypten wollten keinen Krieg mehr.] ... ② [Auch macht die Erweiterung des Suez-Kanals Fortschritte, die Städte auf den beiden Uferseiten werden wieder aufgebaut.] ③ [Eine Nation, welche einen Krieg vorbereitet, würde wohl kaum seine Angriffsroute auf diese Weise blockieren.][23]

Was als erstes an diesem Argument auffällt, ist, daß es eine unausgesprochene Konklusion enthält, welche wir in der genannten Weise numerieren:

❹ Ägypten wird nicht wieder mit Israel in einen Krieg eintreten.

Nachdem wir alle Propositionen in unserem Beispiel angezeigt und etikettiert haben, können wir das Argument mit folgendem Diagramm wiedergeben:

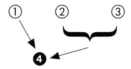

Übungsaufgabe 2

Übungsaufgabe 2:

Fertigen Sie ein Diagramm der Argumente in den folgenden Passagen an, von denen jede ein einzelnes Argument enthält:

2.1 Im wirklichen Alltagsleben gibt es keine Logik, denn das Leben ist der Logik übergeordnet (Daisetz Teitaro Suzuki, *Essays in Zen Buddhism*).

2.2 Dichtung ist feiner und philosophischer als Geschichte; denn Dichtung bringt das Allgemeine, Geschichte lediglich das Partikuläre zum Ausdruck (Aristoteles, *Poetik*).

2.3 Wo immer Männer und Frauen ihren Besitzstand einer wirtschaftlichen Entwicklung vorziehen und größeren Wert auf traditionelle Privilegien und Gebräuche als auf die Risiken und Unwägbarkeiten eines wirtschaftlichen Wandels legen, können Kapital und Wissenschaft nicht im vollen Maße als Entwicklungsinstrumente greifen, da die führenden Leute nicht nur nicht wissen, wie diese anzuwenden sind, sondern auch gar keinen Wunsch verspüren, dieses zu tun (Barbara Ward, *The Rich Nations and the Poor Nations*).

2.4   *Gefängnisse sind... notwendig. Die Existenz von Ge-*
fängnissen und die Aussicht auf eine Gefängnisstrafe
üben einen Abschreckungseffekt aus und verhindern
so, daß die Verbrechensrate ins Unermeßliche steigt.
Auch dienen Gefängnisse der melancholischen sozia-
len Aufgabe, die Jugend aggressiver Gesetzesbrecher
abzuschöpfen und dieselben nach Verschwinden der
für aggressives Verhalten notwendigen Vitalität der
Gesellschaft zurückzugeben. Schließlich dienen Ge-
fängnisstrafen dem moralisch einigenden und emotio-
nal entlastenden Zweck, durch Zeremonien sozialer
Degradierung die gemeinsame Zurückweisung auszu-
drücken, welche die Leute eint und von den Kriminel-
len trennt (Graham Hughes, „American Terror", *The*
New York Review of Books, 25. Januar 1979*).*

2.5   *Da Glückseligkeit im Seelenfrieden besteht, und da ein*
dauerhafter Seelenfrieden von dem Vertrauen abhängt,
das wir in die Zukunft setzen, und da dieses Vertrauen
auf dem Wissen beruht, welches wir von der Natur
Gottes und der Seele haben sollen, folgt, daß Wissen
für wahre Glückseligkeit notwendig ist (Gottfried W.
Leibniz, *Vorrede zur allgemeinen Wissenschaft).*

Übungsaufgabe 3:   *Übungsaufgabe 3*

Ordnen Sie jedem der folgenden Argumente 1-5 eines der
Diagramme A – E zu.

3.1   *Die eigene Glückseligkeit sicherzustellen ist eine*   A.
Pflicht, zumindest indirekt; denn Unzufriedenheit mit
der eigenen Lage inmitten des Druckes von Sorgen und
unbefriedigten Wünschen mag leicht in die große Ver-
suchung führen, die Pflichten zu überschreiten (I. Kant,
Grundzüge einer Metaphysik der Sitten).

3.2   *Alles körperliche Leiden ist erträglich; denn was einen*   B. 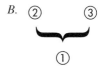
akuten Schmerz verursacht, ist nur von kurzer Dauer,
und das, was lang dauert, verursacht nur milden
Schmerz (Epikur, *Fragment IV, Vatikan-Sammlung).*

C.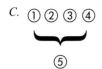

3.3 Es gibt aufgrund bestmöglicher Evidenz keine *physischen Instinkte,* keine *Verhaltenscharakteristika, die ausschließlich männlich oder weiblich genannt werden könnten. Unterschiede in der physischen Struktur, in der hormonellen Balance, in den Erbanlagen sind* keine *ursprünglichen Determinanten des Verhaltens. Die erbarmungslose Konditionierung der Männer und Frauen auf ihre geschlechtsspezifische Rolle seit ihrer Kindheit stellt eine ursprüngliche Determinante dar; Bildung, nicht Natur, ist unsere Führerin* (Thomas Boslooper und Marcia Hayes, *The Feminity Game*).

D.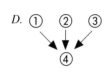

3.4 Es ist Gottes ausdrückliches Gebot, daß wir nicht einander nach dem Leben trachten. In diesem Punkt ist sein Gebot ganz ausdrücklicher Natur. Weder der Wortlaut noch der Kontext des „Du sollst nicht töten!" erlauben irgendwelche Ausnahmen. Nun ist aber Euthanasie die vorsätzliche Tötung menschlicher Wesen. Sie stellt mithin eine vorsätzliche Überschreitung eines expliziten Gebotes Gottes dar (Eilke-Henner W. Kluge, *The Practice of Death*).

E.

3.5 Es ist allgemeine Praxis in den Volkswahlen in allen diesen Staaten, Nichtwähler juristisch nicht zu berücksichtigen, im Unterschied zu denjenigen, welche das Wählen vorziehen. Es sind daher nicht die qualifizierten Wähler als solche, sondern die qualifizierten Wähler, welche sich zur Wahl entscheiden, diejenigen, die die politische Macht des Staates konstituieren (Abraham Lincoln, *Meinung zur Frage der Aufnahme von West Virginia in die Federation, 31. Dezember 1862*).

4. Diagramme für komplexe Argumente

Manche Passagen können zwei oder mehrere Argumente
enthalten, welche weder im Bereich ihrer Prämissen noch
ihrer Konklusionen Überschneidungen aufweisen, sondern
lediglich aufgrund ihres gemeinsamen Gegenstandes nahe
beieinander liegen. Sie können in einfacher Reihenfolge
auftreten, wie im folgenden Beispiel:

> Sie ist eine Frau, sie mag daher gewonnen
> werden. Es ist Lavinia, also muß sie geliebt
> werden.[24]

Hier sind die Teilpropositionen die folgenden: ① [Sie ist
eine Frau]; ② [sie mag daher gewonnen werden]; ③ [es ist
Lavinia]; und ④ [sie muß geliebt werden.] Das Diagramm
für diese Argumentationspassage lautet wie folgt:

Die Prämissen und Konklusionen zweier Argumente können auch in einer einzigen Passage miteinander verflochten
sein, obwohl sie immer noch unabhängig voneinander sind.
In der folgenden Passage aus John Lockes einflußreicher
Zweiter Abhandlung von der Regierung werden die beiden
Konklusionen als erste genannt; es folgen die Prämissen,
die sie stützen:

> Es ist nicht notwendig – nein, es ist nicht ein-
> mal sehr angenehm –, daß die Legislative
> stets existiert; es ist jedoch absolut notwen-
> dig, daß es die Exekutive zu allen Zeiten gibt,
> weil es zwar nicht zu allen Zeiten neuer Ge-
> setzeserlassungen, wohl aber zu allen Zeiten
> der Anwendung der erlassenen Gesetze be-
> darf.

Die Teilpropositionen lauten hier: ① Es ist nicht notwendig, ja nicht einmal angenehm, daß die Legislative (als Teil der Regierung) jederzeit existiert; ② es ist absolut notwendig, daß es die Exekutive zu allen Zeiten gibt; ③ es ist nicht zu allen Zeiten notwendig, neue Gesetze zu erlassen; und ④ es ist zu allen Zeiten notwendig, die erlassenen Gesetze anzuwenden. Das Diagramm für diese argumentative Passage sieht wie folgt aus:

Dieses Diagramm zeigt, daß die Konklusion des zweiten Argumentes zwischen die Prämisse und die Konklusion des ersten Argumentes und die Prämisse des ersten Argumentes zwischen die Prämisse und die Konklusion des zweiten Argumentes gehört; auch zeigt sich, daß die Konklusion in beiden Fällen vor der Prämisse ausgesagt ist.

Natürlich kann es auch mehr als zwei getrennte Argumente in ein und derselben Passage geben. In der folgenden Passage gibt es drei Argumente:

> Es ist eine Vorbedingung für das Leben in der Gesellschaft, daß Menschen für die Verletzung anderer infolge erheblicher Fahrlässigkeit zur Rechenschaft gezogen werden, es sei denn, sie können beweisen, daß eine identifizierbare und entschuldbare Bedingung ihnen sozial akzeptables Verhalten unmöglich macht. ① [Trunkenheit ist keine solche Entschuldigung], <u>denn</u> ② [Trunkenheit ist selbst verschuldet] und ③ [als Risikoerhöhung eben des Verhaltens bekannt, welches verurteilt wird.] ④ [Auch Dummheit und Leichtgläubigkeit sind keine Entschuldigung]; ⑤ [ja, jemandem diese Unzulänglichkeiten zuzusprechen, ist nur eine andere Feststellung eben der Qualität, welche wir als anschuldi-

gungswert bezeichnen.] ⑥ [Dagegen würden
geistige Behinderung oder geistiges Zurück-
gebliebensein Entschuldigungsgründe sein],
<u>denn</u> ⑦ [dabei handelt es sich um hinrei-
chend eindeutige und medizinisch identifizierte Störungen, welche die betreffende
Person von den Vorschriften entbindet, nach
denen zu leben wir vernünftigerweise von
allen Menschen erwarten.]²⁵

In diesem Beispiel dient der erste Satz schlicht dazu, den
Gegenstand einzuführen; er sagt uns, daß die späteren Formulierungen „solch eine Entschuldigung" und „eine Verteidigung" auf eine „identifizierbare Entschuldigungsbedin-
gung hinweisen, welche für sie sozial akzeptables Verhalten
unmöglich macht." Wir werden ihn daher nicht mit einer
Nummer versehen; er ist auch in unserem Diagramm nicht
wiedergegeben. Man beachte, daß, obwohl die Propositionen ② und ③ in einem Einzelsatz formuliert worden sind
und dasselbe Subjekt „Trunkenheit" besitzen, sie dennoch
die getrennten Propositionen „Trunkenheit ist selbstver-
schuldet" und „Man weiß von der Trunkenheit, daß sie zum
Risiko eben desjenigen Verhaltens führt, welches verurteilt
wird" konstituieren. In Fällen wie diesen, in denen Propositionen ein gemeinsames Subjekt oder Prädikat besitzen,
sollte sich der Student der vollständigen Propositionen ver-
gewissern, indem er sie entweder schriftlich auf dem Papier
oder in seinem Kopf umformuliert, um auf diesem Wege
nicht ein propositionelles Fragment mit einer vollständigen
Proposition zu verwechseln. Die obige Argumentationspassage geben wir in folgenden Diagrammen wieder:

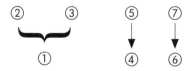

Noch interessanter ist das Arrangement von zwei oder mehreren Argumenten in ein und derselben Passage, bei der die
Konklusion des einen Argumentes zugleich als Prämisse in

einem anderen dient. Ein einfaches Beispiel hierfür ist das
folgende:

> ① [... ein zahlenmäßiger Rückgang der Be-
> völkerungsgruppe im College-Alter kann zu
> einer Reduktion der Einschreibungen um 20%
> oder mehr führen.] <u>Angesichts dieser Ein-
> schreibungsaussichten</u> ② [zeigt sich, daß die
> Ära der Expansion uns ein überzogenes bun-
> desstaatliches System der höheren Bildung
> hinterlassen hat.] <u>Die Folge ist,</u> ③ [daß die
> Universitäten nunmehr im Hinblick auf die
> Studenten und die finanziellen Ressourcen
> stärker miteinander konkurrieren werden.]²⁶

Das Diagramm für diese Passage sieht wie folgt aus:

Das Diagramm zeigt, daß hier eine Zwischenkonklusion
oder Subkonklusion ② vorliegt, welche aus der gegebenen
Prämisse ① folgt und ihrerseits eine Prämisse darstellt, aus
der die letztendliche Konklusion ③ abgeleitet wird.
Es gibt argumentative Passagen, in denen die endgültige
Konklusion nicht allein aus der Subkonklusion, sondern aus
dieser zusammen mit einer oder mehreren anderen Prämissen gefolgert wird, welche als zusätzliche Stützung für die
endgültige Konklusion angeführt werden.
Diese Situation ist im folgenden Beispiel gegeben:

> <u>Da</u> ① [das Leben auf der Erde in einem sehr
> viel kürzeren Zeitraum entstanden ist, als das
> Alter der Erde insgesamt beträgt], <u>verfügen
> wir über zusätzliche Evidenz dafür, daß</u> ②
> [der Ursprung des Lebens ein hohes Maß an

Wahrscheinlichkeit zumindest auf denjenigen Planeten besitzt, welche über ein großes Reservoir an hydrogenreichen Gasen, Wasser und Energiequellen verfügen.] Da ③ [diese Bedingungen im ganzen Universum verbreitet sind,] ④ [besteht die Möglichkeit, daß auch Leben weit verbreitet ist.]²⁷

Das entsprechende Diagramm dieser Passage sieht wie folgt aus:

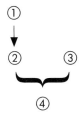

Dieses Diagramm zeigt, daß ② eine aus ① abgeleitete Subkonklusion ist und daß ② zusammen mit ③ als Prämissen dienen, aus denen die endgültige Konklusion ④ abgeleitet wird.

Ein etwas komplexeres Argument findet sich in der Antwort des Präsidenten Abraham Lincoln auf die Forderung des Generals Frémont nach mehr Soldaten und mehr Ausrüstung für den Kampf gegen „Stonewall" Jackson:

Da ① [Sie Jackson am letzten Sonntag allein geschlagen haben,] lautet mein Argument, ② [daß Sie heute stärker sind als er, es sei denn, er hätte Nachschub erhalten;] ③ [er kann aber keinen Nachschub erhalten haben,] weil ④ [ein derartiger Nachschub nur von Richmond hätte kommen können;] ⑤ [eher geht er zu Richmond, als daß Richmond zu ihm kommt.] ⑥ [Keines von beiden ist sehr wahrscheinlich.]²⁸

Die unausgesprochene Konklusion in diesem Beispiel ist ⑦ [Sie sind heute stärker als Jackson.] Das Diagramm für dieses Argument sieht wie folgt aus:

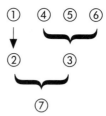

Werden zwei verschiedene Konklusionen aus derselben
Prämisse (oder denselben Prämissen) abgeleitet, so zählt
man sie sinnvollerweise als zwei Argumente, wie dies im
folgenden Beispiel der Fall ist:

> ① [Es gibt zuviele konservative Ökonomen
> und Bankiers, die mit ihrer Befürwortung
> schnell bei der Hand sind, uns durch eine alt-
> modische rezessionäre „Trockenschleuder"
> zu drehen.] ② [Dieser wirtschaftliche Rück-
> gang mag weder milde noch von kurzer
> Dauer sein, behaftet mit unkalkulierbaren
> und ziemlich unvorhersehbaren Folgen für
> unser politisches, soziales und ökonomisches
> System.] <u>Daher</u> denke ich, ③ [wir sollten
> Ausschau nach einer „stufenweisen" Annähe-
> rung an die Lösung des Inflationsproblems
> halten.][29]

In diesem Beispiel stellen der erste und der dritte Satz
Konklusionen dar, welche von der im zweiten Satz formulierten Proposition, die auf diesem Wege als Prämisse für
jede von beiden dient, abgeleitet werden. Das Diagramm
für die Passage sieht wie folgt aus:

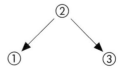

Ein weiteres, kaum komplizierteres Beispiel derselben allgemeinen Kategorie ist das folgende:

(1) [Amerikanische Landwirtschaftsleute haben sich – mit Recht – über die Tatsache gewundert, daß es in China heutzutage etwa 300 Millionen Schweine gibt – fünfmal soviel wie vor zwanzig Jahren, doppelt soviel wie heute in Amerika.] (2) [Es wäre gleichwohl verfehlt anzunehmen, daß dieser eindrucksvolle Fortschritt die Chinesen in eine Nation von Fleischessern verwandelt hätte.] (3) [In China dauert die Aufzucht eines Schweines doppelt so lange wie in den Vereinigten Staaten;] (4) [wenn sie am Ende auf den Markt kommen, wiegen sie nur halb soviel.] Daher [produziert in Wirklichkeit (5) Amerika wahrscheinlich doppelt soviel Schweinefleisch.][30]

Das Diagramm für diese Argumentationspassage sieht wie folgt aus:

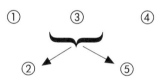

Dieses Diagramm zeigt, daß hier zwei Argumente vorliegen, denen alle drei Prämissen gemeinsam sind.

Übungsaufgabe 4:

Analysieren Sie die Argumente in den folgenden Passagen, von denen jede einzelne mehr als ein Argument enthält, und fertigen Sie die jeweiligen Diagramme an:

4.1 Diejenigen; welche in einer kalten Klimazone und in Europa leben, besitzen eine Menge Mut, doch sie ermangeln der Intelligenz und Geschicklichkeit; deshalb bewahren sie ihre Freiheit, doch sie besitzen keine politische Organisation und sind nicht in der Lage, über andere zu herrschen (Aristoteles, *Politik*, Buch VII, Kap. 7).

4.2 Es gibt in der Tat keinen strengen Beweis dafür, daß außer dem Geist nichts existiert. Denn es könnte eine Form der Substanz geben, welche wir noch nie erfahren oder uns vorgestellt haben, die die Bedingungen der Substanz erfüllt und doch nicht geistiger Natur ist. Wir besitzen jedoch keinen positiven Grund für die Annahme, daß es eine derartige Substanz gibt. Mithin ist es vernünftig, daraus zu folgern, daß jede Substanz geistiger Natur ist (Frederick Copleston, *A History of Philosophy*).

4.3 ... Reichtum wird ausschließlich um etwas anderen willen erstrebt, weil er uns nicht als solcher Gutes bringt, sondern nur dann, wenn wir ihn für etwas anderes verwenden, sei es für einen ähnlichen Zweck. Nun wird aber das höchste Gut um seiner selbst willen erstrebt und nicht um eines anderen willen. Daher ist der Reichtum nicht des Menschen höchstes Gut (Thomas von Aquin, *Summa contra gentiles*).

4.4 Wir betrachten die Zeit als etwas Geschaffenes; sie entsteht auf dieselbe Weise wie andere Akzidenzien und die Substanzen, welche das Substrat für Akzidenzien bilden. Aus diesem Grunde, d.h. weil die Zeit zu den geschaffenen Dingen gehört, kann man nicht sagen, Gott habe am Anfang das Universum erschaffen. Man betrachte dies genau; denn wer dies nicht versteht, ist nicht in der Lage, gewichtige Einwände gegen die

Theorie der Schöpfung aus dem Nichts zu widerlegen. Wenn man die Existenz der Zeit vor der Schöpfung einräumt, ist man gezwungen, die Theorie der Ewigkeit der Welt zu akzeptieren. Denn die Zeit ist ein Akzidens und erfordert ein Substrat. Man wird daher annehmen müssen, daß etwas außerhalb Gottes existiert hat, bevor dieses Universum erschaffen worden ist, eine Annahme, der wir pflichtgemäß entgegenzutreten haben (Moses Maimonides, *Führer der Unschlüssigen*).

4.5 *Die Mehrheit ... läßt sich von Leidenschaft und Vorurteil regieren; ihre zuverlässigsten Urteile verdanken sich mehr dem Instinkt denn rationaler Argumentation. Sie hat sich in den Fragen nach dem Ursprung, der Natur und der Bedeutung des Universums eine feste Meinung gebildet. Sie weiß, wie das Land regiert werden muß und aus welchen Gründen es auseinanderfallen wird. Sie besitzt starke Ansichten über Erblichkeit, das Vermeiden von Arbeitslosigkeit und über die Erziehung von Kindern. Da wenige, die derartige Ansichten pflegen, die Autorität, die Erkenntnis oder die Erfahrung, sich auszudrücken besitzen, folgt, daß viele dieser Ansichten auf inadäquater Evidenz beruhen und deshalb insofern unvernünftig sind* (Giles St. Aubyn, *The Art of Argument*).

5. Definition

Haben wir eine Passage vollständig analysiert, die eine
Reihe von Argumenten enthält, welche so artikuliert sind,
daß eine lange Linie des Denkens durch sie bis hin zur endgültigen Konklusion reicht, so ist die gesamte Passage dann
gültig, wenn jedes einzelne Argument Gültigkeit besitzt.
Wird dieses Resultat der Analyse mit hinreichender Klarheit vorgetragen, so dürfte unmittelbar offenkundig sein,
daß jedes Einzelargument intuitiv Gültigkeit besitzt. Die intuitive Gültigkeit eines einfachen Argumentes reflektiert die
wahrgenommenen Verbindungen unter den Propositionen
in diesem Argument.
Doch die Verbindungen unter den verschiedenen Propositionen eines Argumentes können durch die Unterschied-
lichkeit ihrer Formulierungen verdunkelt werden. In einem
solchen Fall kann es sein, daß die Korrektheit eines Argumentes nicht unmittelbar offenkundig ist. Man betrachte
z.B. das folgende Argument:

> ① [Funks Tauben wurden – wie andere tie-
> rische und menschliche Gruppierungen,
> welche in besonderem Maße in ihrer
> Ernährung von geschältem Korn abhängig
> sind – krank und starben.] ② [Sobald man
> Getreideschalen oder einen Extrakt daraus
> unter ihr Futter mischte, wurden sie ge-
> sund.] <u>Daher</u> ③ [sah man die Schalen als le-
> bensspendenden Faktor an.][31]

das Vorstehende erhält folgendes Diagramm:

Die Verbindung zwischen den beiden Prämissen ① und ②
mag für den Leser, der nicht weiß, daß „geschältes Ge-

treide" solches Getreide bedeutet, von dem die Schalen entfernt worden sind, indem man die Kerne poliert, aufbricht,
aussiebt oder ausdrischt, nicht durchsichtig sein. Sobald
eine solche Definition jedoch angegeben wird, ist die
Strenge des Argumentes offenkundig und man kann seine
Korrektheit erkennen. In diesem Zusammenhang sieht man,
daß ein Verständnis der Natur der Definition und der Techniken des Definierens für den Logiker wichtig ist.

An diesem Punkt seien zwei technische Ausdrücke in die
Theorie der Definition eingeführt. Das Wort, der Ausdruck *Definiendum*
oder das Symbol, welches definiert werden soll, nennt man
das *Definiendum*, und das Symbol oder die Gruppe von *Definiens*
Symbolen, welche verwendet werden, um die Bedeutung
des Definiendum zu erklären, nennt man das *Definiens*.
Z.B. ist in der vorausgegangenen Definition der Ausdruck
„geschältes Getreide" das Definiendum, und der Ausdruck
„Getreide, bei dem die Hülsen von den Kernen durch Po-
lieren, Aufbrechen, Durchsieben oder Ausdreschen entfernt worden sind", ist das Definiens. Das Definiens ist
nicht die Bedeutung des Definiendum, sondern ein anderes
Symbol oder eine Gruppe von Symbolen, welche der Definition entsprechend dieselbe Bedeutung besitzen wie das
Definiendum.

Der erste, hier zu diskutierende Definitionstypus ist der, mit
dem ein neuer Terminus zum ersten Mal eingeführt wird.
Wer ein neues Symbol einführt, ist vollständig frei in der
Festlegung der Bedeutung, die diesem Symbol beigelegt *Stipulative*
werden soll. Neuen Symbolen Bedeutung beizulegen ist *Definition*
eine Frage freier Wahl; wir können die Definitionen, welche solche Zuschreibungen vornehmen, *stipulative* Definitionen nennen. Dabei muß das Definiendum in einer
stipulativen Definition keineswegs absolut neu sein. Es
genügt, daß es in dem Kontext, in welchem die Definition
stattfindet, neu ist. Die traditionelle Diskussion ist in diesem Punkt nicht ganz klar, doch es hat den Anschein, daß
dasjenige, was wir hier stipulative Definitionen nennen, gelegentlich als „nominale" oder „verbale" Definition bezeichnet worden ist.

Es gibt eine Reihe von Gründen, neue Ausdrücke einzuführen. So mag z.B. ein Handelsunternehmen mit Filialen
in fremden Ländern einen „Telegraphen-Code" zusammenstellen, in welchem einzelne Worte Abkürzungen für län-

gere, aber routinemäßige Nachrichten sind. Der Vorzug der
Einführung solcher neuer Ausdrücke mag zum einen in der
vergleichsweisen Vertraulichkeit bestehen, welche ihre Verwendung erhält, und zum anderen in der Reduzierung der
Kosten der Vermittlung von Nachrichten über Kabel oder
Satellit. Wird ein solcher Code wirklich für Kommunikati-
onszwecke genutzt, so muß der Hersteller die Bedeutung
der neuen Termini erklären; um dies zu tun, wird er sie definieren.

Neue und technische Ausdrücke werden häufig in die Wis-
senschaften eingeführt. Es gibt viele Vorteile, ein neues und
technisches Symbol einzuführen, welches seiner Definition
nach etwas bedeutet, dessen Erläuterung sonst eine lange
Folge bekannter Worte erfordern würde. Auf diesem Wege
geht der Wissenschaftler ökonomisch mit dem Raum um,
der für das Niederschreiben von Berichten und Theorien
benötigt wird; desgleichen geht er aber auch mit der Zeit
ökonomisch um. Was aber noch wichtiger ist: Hier liegt
eine Reduktion des Maßes an Aufmerksamkeit oder an
mentaler Energie vor, denn wenn ein Satz oder eine Glei-
chung zu lang wird, dann wird ihre Bedeutung nicht so
leicht erkannt.

Ein durch eine stipulative Definition bestimmtes Symbol
hat zuvor diese Bedeutung, die ihr durch die Definition gegeben worden ist, noch nicht besessen. Seine Definition
kann daher nicht als Feststellung oder Bericht dafür angesehen werden, Definiendum und Definiens besäßen dieselbe Bedeutung. Sie werden tatsächlich ein und dieselbe
Bedeutung haben für jeden, der die Definition akzeptiert,
doch dies ist etwas, das der Definition folgt, und nicht eine
Tatsache, die von ihr festgestellt wird. Eine stipulative Definition ist weder wahr noch falsch, sie ist vielmehr als ein
Vorschlag oder Beschluß anzusehen, das Definiendum in
der Bedeutung des Definiens zu verwenden, oder als eine
Forderung oder ein Befehl, so zu verfahren. Vorschläge
können nicht angenommen, Beschlüsse verletzt, Forderungen zurückgewiesen, Befehle verweigert und Stipulationen
ignoriert werden: doch sie alle sind weder wahr noch
falsch. So steht es auch mit stipulativen Definitionen.

Stipulative Definitionen können natürlich auf einer anderen
Grundlage evaluiert werden. Ob ein neuer Terminus dem
Zweck dient, für den er eingeführt worden ist, ist eine Tat-

sachenfrage. Die Definition kann entweder sehr dunkel oder so komplex sein, daß sie nicht verwendbar ist. Auch trifft nicht zu, daß jedwede stipulative Definition so „gut" wie jede andere ist. Vielmehr müssen die Gründe für ihren Vergleich deutlich andere sein als Wahrheit oder Falschheit, denn diese beiden Termini sind hier schlechthin nicht anwendbar.

Wo der Zweck einer Definition der ist, Zweideutigkeit zu eliminieren oder das Vokabular für jemanden zu erweitern, für den sie konstruiert worden ist, ist – wenn der definierte Terminus nicht neu ist, sondern eine bereits etablierte Verwendung erfahren hat – die Definition *lexikalischer* und nicht stipulativer Natur. Eine lexikalische Definition gibt ihrem Definiendum nicht eine Bedeutung, die es bisher nicht hatte, sondern sie gibt lediglich die Bedeutung wieder, die es bereits vorher besessen hat. Es ist klar, daß eine lexikalische Definition wahr oder falsch sein kann. So ist die folgende Definition wahr:

lexikalische Definition

> Das Wort „Berg" bedeutet eine größere Masse Erde oder Steine, welche sich zu einer nicht unerheblichen Höhe über das umgebende Land erhebt.

Diese Definition ist ein wahrer Bericht darüber, wie man das Wort „Berg" verwendet (d.h., was man darunter versteht). Dagegen ist die folgende Definition falsch:

> Das Wort „Berg" bedeutet eine ebene Figur, welche von drei geraden Linien eingeschlossen ist.

Diese Definition ist ein unzutreffender Bericht über die Art und Weise, wie man das Wort „Berg" verwendet. Hier wird der wichtige Unterschied zwischen einer stipulativen und einer lexikalischen Definition deutlich. Weil das Definiendum einer stipulativen Definition unabhängig von oder vor der sie einführenden Definition keine Bedeutung besitzt, kann diese Definition nicht falsch (oder wahr) sein. Weil hingegen das Definiendum einer lexikalischen Definition eine vorgängige und unabhängige Bedeutung besitzt, ist

Unterschied zwischen einer stipulativen und einer lexikalischen Definition

ihre Definition entweder wahr oder falsch, je nachdem, ob diese Bedeutung korrekt oder inkorrekt wiedergegeben ist. Obwohl die traditionellen Diskussionen insgesamt nicht klar in diesem Punkte sind, hat es doch den Anschein, als ob das, was wir lexikalische Definitionen nennen, gelegentlich auch als „reale Definitionen" bezeichnet worden ist. Wortverwendungen sind eine statistische Angelegenheit, und keine Definition eines Wortes, dessen Verwendung Gegenstand von Veränderungen ist, darf in einer einfachen Feststellung „der Bedeutung" des betreffenden Terminus bestehen, sondern muß eine statistische Beschreibung der verschiedenen Bedeutungen des Terminus, wie sie von den Verwendungen im tatsächlichen Sprachgebrauch bestimmt sind, enthalten. Das Erfordernis lexikalischer Statistik kann nicht durch den Hinweis auf den „korrekten" Gebrauch umgangen werden, denn auch dieser ist eine Sache des Gradmaßes, und zwar nach Maßgabe der Zahl von „erstrangigen" Autoren, deren Wortgebrauch eines bestimmten Terminus übereinstimmt. Literarische und akademische Vokabularien tendieren überdies dazu, hinter dem Wachsen einer lebendigen Sprache zurückzubleiben. Unorthodoxer Wortgebrauch besitzt eine Tendenz zur umfassenden Verbreitung, so daß Definitionen, welche lediglich Bedeutungen wiedergeben, die eine akademische Aristokratie ihr beigemessen hat, mit hoher Wahrscheinlichkeit äußerst irreführend sind. Natürlich ist der Begriff statistischer Definitionen als solcher utopisch, doch nähern sich Wörterbücher ihm mehr oder weniger durch den Hinweis, welche Bedeutungen „ursprünglich" oder „obsolet" und welche Bedeutungen „umgangssprachlicher" Natur oder „Slang" sind. Im Blick auf das bisher Gesagte wiederholen wir, daß lexikalische Definitionen wahr oder falsch sind, d.h. dem tatsächlichen Sprachgebrauch entweder entsprechen oder mit ihm nicht in Übereinstimmung stehen.

Der „Streit um Definitionen" tritt zumeist im Zusammenhang mit theoretischen Definitionen auf. Eine theoretische Definition eines Terminus ist eine Definition, welche eine angemessene Charakterisierung derjenigen Gegenstände zu geben versucht, auf welche sie angewandt wird. Ihr Zweck besteht darin, eine theoretisch adäquate oder wissenschaftlich brauchbare Beschreibung dieser Gegenstände zu liefern. Eine theoretische Definition vorschlagen heißt letzt-

theoretische
Definition

endlich die Annahme einer Theorie vorschlagen, und Theorien sind – wie die Bezeichnung nahelegt – notorisch debattierbar. Hier wird eine Definition durch eine andere nach Maßgabe der Zunahme unserer Kenntnis und der theoretischen Einsicht ersetzt. So haben die Physiker zu einer bestimmten Zeit unter ‚Wärme' ein flüchtiges, gewichtsloses Fluidum verstanden; heute definieren sie ‚Wärme' als eine Form der Energie, welche ein Körper aufgrund der irregulären Bewegung seiner Moleküle besitzt. Die Physiker haben zu verschiedenen Zeiten verschiedene theoretische Definitionen der „Wärme" gegeben, weil sie zu verschiedenen Zeiten verschiedene Theorien der Wärme akzeptiert haben.

Der mit den Schriften Platons Vertraute weiß, daß die Definitionen, welche Sokrates beständig suchte, von dieser Art sind. Sokrates war in keiner Weise an einem statistischen Beleg interessiert, wie die Menschen Ausdrücke wie „Gerechtigkeit" (oder „Mut", „Besonnenheit" oder „Tugend") verwendeten, obwohl er darauf bestand, daß jede vorgeschlagene Definition mit dem tatsächlichen Sprachgebrauch übereinstimmen müsse. Gleichwohl war er daran interessiert, zu entdecken und zu formulieren, was diese Qualitäten im Rahmen einer angemessenen Theorie des Menschen und der Gesellschaft „in Wirklichkeit" darstellten.

Eine Definition setzt die Bedeutung eines Terminus entweder fest oder gibt dieselbe wieder. Hier sind jedoch zwei verschiedene Bedeutungen von „Bedeutung eines Terminus" sorgfältig voneinander zu unterscheiden. Die eine betrifft die *Dinge* oder *Objekte*, welche von einem Terminus *denotiert* werden. So denotierte z.B. der Terminus „Planet" Merkur, Venus, Erde, Mars usw. bis hin zu Pluto. Die Klasse aller solcher Objekte ist die *Denotation* oder *Extension* dieses Terminus. – Die zweite Bedeutung bezieht sich auf das *Attribut*, welches den von dem betreffenden Terminus denotierten Dingen gemeinsam und eigentümlich ist. Dieses die jeweilige Klasse bestimmende Merkmal ist die *Konnotation* oder *Intension* eines Terminus.

Es gibt viele Weisen, einen Terminus zu definieren; traditionell genießt diejenige Methode den Vorzug, welche als Definition durch Angabe der *Gattung* und der *spezifischen Differenz* bekannt ist. Die Möglichkeit, Ausdrücke durch

Denotation oder Extension

Konnotation oder Intension

Angabe der Gattung und der spezifischen Differenz zu definieren, hängt von der Tatsache ab, daß einige Attribute komplexer Natur sind, und zwar in dem Sinne, daß sie in zwei oder mehrere andere Attribute zerlegbar sind. Diese Komplexität und Analysierbarkeit läßt sich in Form von Klassen erklären.

Bei Klassen, welche Mitglieder haben, können die Mitgliedschaften in Unterklassen eingeteilt werden. So kann z.b. die Klasse aller Dreiecke in drei nicht-leere Unterklassen eingeteilt werden: Ungleichseitige Dreiecke, gleichschenklige Dreiecke und gleichseitige Dreiecke. In diesem Zusammenhang werden häufig die Termini „Gattung" (lat. genus) und „Art" (lat. species) verwendet. Eine Klasse, deren Mitgliedschaft in Unterklassen unterteilt ist, ist eine *Gattung*, und die verschiedenen Unterklassen sind *Arten*.

Gattung und Art

So verwendet stellen die Ausdrücke „Gattung" und „Art" *relative* Ausdrücke dar, wie „Eltern" und „Nachkommenschaft". In genau der Weise, in der bestimmte Personen in Bezug auf ihre Kinder Eltern und in Bezug auf ihre Eltern Nachkommen sind, kann ein und dieselbe Klasse in Bezug auf ihre eigenen Unterklassen eine Gattung und in Bezug auf eine ihr übergeordnete Klasse, in der sie eine Unterklasse ist, eine Art sein. So ist die Klasse aller Dreiecke in Bezug auf die Art *ungleichseitige Dreiecke* eine Gattung und in Bezug auf die Gattung *Vieleck* eine Species. Die Verwendung der Termini „Gattung" und „Art" als relative Termini durch den Logiker unterscheidet sich von der Art und Weise, wie der Biologe sie als absolute Termini verwendet; beides sollte nicht miteinander verwechselt werden.

Da eine Klasse eine Ansammlung von Entitäten darstellt, welchen ein bestimmtes Merkmal gemeinsam ist, ist allen Mitgliedern einer gegebenen Gattung ein Merkmal gemeinsam. So teilen alle Mitglieder der Gattung *Vieleck* das gemeinsame Merkmal, geschlossene ebene Figuren zu sein, welche von gradlinigen Abschnitten eingegrenzt sind. Diese Gattung läßt sich in verschiedene Arten oder Unterklassen aufteilen, dergestalt, daß die Mitglieder einer Unterklasse ein weiteres Attribut gemeinsam haben, welches von keinem Mitglied irgendeiner anderen Unterklasse geteilt wird. So wird die Gattung *Vieleck* unterteilt in Dreiecke, Vierecke, Fünfecke, Sechsecke usw. Diese Arten des Genus „vieleckig" unterscheiden sich voneinander; die *spezifische*

Differenz zwischen den Mitgliedern der Unterklasse *Dreieck* und den Mitgliedern irgendeiner anderen Unterklasse besteht darin, daß nur Mitglieder der Unterklasse *Dreieck* drei Seiten haben. So läßt sich ganz generell sagen: Obwohl alle Mitglieder aller Arten einer gegebenen Gattung ein bestimmtes Attribut gemeinsam besitzen, teilen die Mitglieder einer jeden einzelnen Art ein weiteres Attribut, welches sie von den Mitgliedern der anderen Arten unterscheidet. Das diesbezügliche Unterscheidungsmerkmal nennt man die *spezifische Differenz*. So ist das Haben von drei Seiten die spezifische Differenz zwischen der Art *Dreieck* und allen anderen Arten der Gattung *Vieleck*.

In diesem Sinne sagt man, das Attribut, ein Dreieck zu sein, lasse sich in die Attribute vieleckig und drei-Seiten-Haben zerlegen. Jemand, der die Bedeutung des Wortes „Dreieck" nicht kennt, wohl aber die Bedeutung der Worte „vieleckig", „Seiten" und „drei", kann die Bedeutung des Wortes „Dreieck" mit Hilfe einer *Definition durch Angabe der nächsthöheren Gattung und der spezifischen Differenz* erklären:

> Das Wort „Dreieck" bedeutet ein Vieleck mit
> drei Seiten.

Die antike Definition des Terminus „menschlich" in der Bedeutung *vernunftbegabtes Lebewesen* stellt ein anderes Beispiel einer Definition durch Angabe von Gattung und spezifischer Differenz dar. Hier wird die Art Mensch unter die Gattung *Lebewesen* subsumiert und die Differenz zwischen dieser und den anderen Arten als *Vernunftbegabtheit* festgesetzt. Man definiert einen Terminus durch Gattung und Art, indem man eine Gattung benennt, wobei die vom Definiendum bezeichnete Art eine Unterklasse der betreffenden Gattung ist, und anschließend die Differenz nennt, welche ihre Mitglieder von den Mitgliedern anderer Arten dieser Gattung unterscheidet. Selbstverständlich kann man in der eben genannten Definition von „menschlich" *vernunftbegabt* als die Gattung und *Lebewesen* als Differenz ansehen, man kann es aber auch umgekehrt sehen. Vom Standpunkt der Logik aus ist die Reihenfolge nicht absolut, obwohl es außer-logische Gründe geben mag, eher das eine als das andere als Gattung anzusehen.

Übungsaufgabe 5:

*Konstruieren Sie für die folgenden Termini Definitionen,
indem Sie das Definiendum mit der zugehörigen Gattung
und der spezifischen Differenz in Verbindung bringen:*

Definiendum	Definiens (Gattung)	(Differenz)
1. Junggeselle	1. Nachkomme	1. weiblich
2. Festmahl	2. Pferd	2. männlich
3. Junge	3. Mann	3. verheiratet
4. Bruder	4. Mahlzeit	4. unverheiratet
5. Kind	5. Eltern(-teil)	5. sehr groß
6. Fohlen	6. Schaf	6. sehr klein
7. Tochter	7. Geschwister	7. jung
8. Schaf	8. Frau	
9. Vater		
10. Riese		
11. Mädchen		
12. Ehemann		
13. Lamm		
14. Stute		
15. Winzling		
16. Mutter		
17. Pony		
18. Hammel		
19. Schwester		
20. Imbiß		
21. Sohn		
22. Fräulein		
23. Hengst		
24. Ehefrau		

6. Regeln für die Definition

Für die Definition durch Angabe von Gattung und spezifischer Differenz gibt es traditionell fünf Regeln. Sie konstituieren kein Rezept, welches uns in den Stand versetzt, ohne Nachdenken zu guten Definitionen zu gelangen, doch sind sie hilfreiche Kriterien zur Einschätzung von Definitionen, die vorgeschlagen werden.

> *Regel 1:* Eine Definition sollte die wesentlichen Attribute der betreffenden Art angeben.

So, wie sie hier steht, ist diese Regel ein wenig dunkel, weil eine Art als solche eben diejenigen Attribute enthält, welche sie besitzt; keines davon ist „wesentlicher" als das andere. Doch wenn wir die Regel im eigentlichen Sinne auffassen, d.h. als eine solche, welche mit Termini zu tun hat, dann wird sie klar. Ist die in Frage kommende Definition lexikalischer Natur, dann muß das Definiens der Regel zufolge die Kriterien angeben, aufgrund derer die Benutzer dieses Terminus de facto festlegen, ob ein gegebenes Objekt zur Denotation des Definiendum gehört. Ist die Definition theoretischer Natur, muß das Definiens regelmäßig diejenigen Attribute festlegen, welche – nach Maßgabe der Theorie – von größter Wichtigkeit für das Verständnis und die Vorhersage des Verhaltens der Dinge sind, welche von dem Definiendum denotiert werden.

Man sollte nicht vergessen, daß das von einem Terminus mitbezeichnete wesentliche Attribut nicht ein inneres Merkmal der von ihm denotierten Dinge sein braucht, aber sehr wohl mit dem Ursprung dieser Dinge, ihren Beziehungen zu anderen Dingen oder ihren Anwendungsmöglichkeiten zu tun haben kann. So braucht das Wort „Stradivari", welches eine Anzahl von Geigen bezeichnet, nicht notwendig irgendeine tatsächliche physikalische Eigenschaft zu bezeichnen, welche alle Stradivari-Geigen besitzen und die an anderen Geigen nicht zu finden ist; vielmehr besitzt das Wort „Stradivarius" die konventionelle Konnotation, eine Geige zu bezeichnen, welche von Antonio Stradivari in seiner Werkstatt in Cremona angefertigt worden ist. – Um ein weiteres Beispiel zu nennen: Gouverneure unterscheiden sich von anderen Personen nicht in physischer oder geisti-

ger Hinsicht, sie stehen lediglich zu ihren Mitbürgern in
einer besonderen Beziehung. Schließlich: Das Wort
„Schuh" läßt sich nicht ausschließlich nach Maßgabe der
Formen oder des Materials derjenigen Dinge definieren,
welche von diesem Wort denotiert werden; seine Definition
muß vielmehr den Bezug zur Verwendung dieser Dinge als
äußerer Hülle für die Füße enthalten.

Regel 2:   Eine Definition darf nicht zirkulär sein.

Es ist klar, daß, wenn das Definiendum selbst im Definiens
auftritt, die Definition die Bedeutung des definierten Terminus nur für diejenigen erklären kann, welche ihn bereits
verstehen. Mit anderen Worten: Ist eine Definition zirkulär,
so wird sie ihren Zweck verfehlen, welcher darin besteht,
die Bedeutung des Definiendum zu erläutern. Dem allgemeinen Verständnis nach besteht die Aufgabe der Regel 2
bei Anwendung auf die Definition durch Gattung und spezifische Differenz nicht einfach darin auszuschließen, daß
das Definiendum im Definiens auftritt, sondern darüber
hinaus auszuschließen, daß eines ihrer Synonyme oder An-
tonyme Verwendung findet.

Regel 3:   Eine Definition darf weder zu weit noch
            zu eng sein.

Nach dieser Regel soll das Definiens nicht mehr und nicht
weniger Dinge denotieren, als vom Definiendum denotiert
sind. Es ist klar, daß diese Überlegung nicht greift, wenn
wir eine stipulative Definition geben, weil in solchen Fällen
das Definiendum keine von seiner Definition (im Kontext)
unabhängige Bedeutung besitzt und Regel 3 nicht verletzt
werden könnte. Dabei gilt natürlich: Ist die erste Regel befolgt, muß auch die dritte Regel befolgt sein, denn wenn das
Definiens wirklich das wesentliche Attribut angibt, muß sie
dieselbe Denotation wie das Definiendum besitzen.
Es heißt, Platons Nachfolger in der Akademie in Athen hätten viel Zeit und Denkanstrengungen auf das Problem der
Definition des Wortes „Mensch" verwandt. Sie entschieden
am Ende, daß dieses Wort *federloser Zweifuß* bedeute. Sie
waren sehr erfreut über die Definition, bis Diogenes ein
Huhn rupfte und es über die Mauer in die Akademie warf.

So sicher dies ein federloser Zweifuß war, so sicher war es
nicht ein Mensch. Das Definiens war zu weit, denn es denotierte mehr als das Definiendum. Die Mitglieder der
Akademie fügten daher nach weiterem Überlegen dem Definiens den Ausdruck „mit breiten Nägeln versehen" zu.
Regel 3 ist nicht leicht zu befolgen.
Eine Verletzung dieser Regel in der anderen Richtung liegt
vor, wenn man das Wort „Schuh" als Leder definiert, welches die Füße bedeckt; es gibt nämlich neben ledernen auch
hölzerne und aus Plastik gemachte Schuhe. Diese Definition des Wortes „Schuh" ist zu eng, denn es gibt Gegenstände, welche von dem Definiendum denotiert sind, nicht
aber vom Definiens.

> *Regel 4:* Eine Definition darf nicht in zweideutiger,
> dunkler oder bildhafter Sprache ausge-
> drückt werden.

Zweideutige Termini sollten gewiß bei der Aufstellung von
Definitionen vermieden werden, denn wenn das Definiens
selbst zweideutig ist, verfehlt die Definition ganz offensichtlich ihre Aufgabe, die Bedeutung des Definiendum zu
erläutern. Da aber der Zweck der Definition die Klärung
der Bedeutung ist, verbietet sich auch die Verwendung von
obskuren Termini. In nichttechnischen Dingen ist die Verwendung einer obskuren Sprache der Versuch, das Unbe-
kannte mit Hilfe des noch Unbekannteren zu erklären – eine
vergebliche Prozedur. Ein gutes Beispiel einer sich selbst
widerlegenden Dunkelheit findet sich in Herbert Spencers
Definition der „Evolution" als „einer Integration von Materie und der sie begleitenden Auflösung der Bewegung,
wobei die Materie aus unbegrenzter, unzusammenhängen-
der Homogenität in begrenzte, zusammenhängende Hetero-
genität übergeht und die erhaltene Bewegung einen
parallelen Transformationsprozeß durchläuft". Ein weiteres
Beispiel von Dunkelheit in der Definition, welches häufig
zitiert wird, ist Dr. Samuel Johnsons berühmte zweite Definition des Wortes „Netz" in der Bedeutung „alles, was aus
dazwischenliegenden leeren Stellen gemacht ist".
Zwar mag eine Definition, welche sich einer bildlichen
oder metaphorischen Sprache bedient, ein Gefühl für den
Gebrauch des definierten Terminus vermitteln, doch ver-

mag sie keine klare Erklärung dafür zu geben, was das Definiendum bedeutet. So vermittelt die Definition von
„Brot" als „Stoff des Lebens" nur sehr wenig Aufklärung
über die Bedeutung dieses Wortes. Eine Definition, welche
sich einer bildhaften Sprache bedient, kann nicht – so un-
terhaltsam dieselbe auch sein mag – als eine seriöse Erläuterung der genauen Bedeutung des zu definierenden
Terminus dienen.

> *Regel 5:* Eine Definition sollte nicht negativer
> Natur sein, wo sie bejahender Natur sein
> kann.

Der Grund für diese Regel ist der, daß man von einer Definition erwartet, daß sie erklärt, was der Terminus bedeutet,
und nicht, was er nicht bedeutet. Dies ist wichtig, weil es
für eine große Mehrheit von Ausdrücken viel zu viele
Dinge gibt, auf die sie sich nicht beziehen, als daß sie durch
eine negative Definition abgedeckt werden könnten. Definiert man z.B. das Wort „Couch" als Nicht-Bett und Nicht-
Stuhl, so verfehlt man die Erklärung der Bedeutung dieses
Wortes völlig, denn es gibt unendlich viele andere Dinge,
die ebenfalls nicht von dem Wort „Couch" bezeichnet werden. Auf der anderen Seite gibt es viele Ausdrücke, welche
wesentlich negativ in ihrer Bedeutung sind und daher negative Definitionen *erforderlich machen.* So bezeichnet das
Wort „Waise" ein Kind, dessen Eltern nicht mehr leben; das
Wort „kahlköpfig" bezeichnet den Zustand, keine Haare
mehr auf dem Kopf zu haben, usw.

Übungsaufgabe 6   **Übungsaufgabe 6:**

*Welche Regeln für die Definition durch Angabe von Gat-
tung und spezifischer Differenz werden von den folgenden
Definitionen verletzt?*

*6.1 Veränderung ist die Verbindung kontradiktorisch ent-
gegengesetzter Prädikate in einem und demselben Objekte (I. Kant, Kritik der reinen Vernunft B 48).*

6.2 *Die Bedeutung eines Wortes ist dasjenige, was durch die Erläuterung der Bedeutung erläutert wird* (Ludwig Wittgenstein, *Philosophische Untersuchungen*).

6.3 *Eine Tragödie ist die Nachahmung einer Handlung, welche von großem Ernst und zugleich – weil sie Größe besitzt – von innerer Vollkommenheit ist; in einer Sprache mit erfreulichem Beiwerk, wobei ein jedes getrennt in die Teile des Werkes eingebracht ist; in einer dramatischen, nicht in erzählender Form, mit Ereignissen, welche Mitleid und Furcht hervorrufen, womit die Reinigung von derartigen Affekten erreicht wird* (Aristoteles, *Poetik* 1449 b).

6.4 *Ehrlichkeit ist das habituelle Fehlen einer Täuschungsabsicht.*

6.5 *Fanatismus besteht in der Verdopplung der Bemühungen, wenn man sein Ziel vergessen hat* (George Santayana, *The Life of Reason*, Bd. 1).

7. Fehlschlüsse

Es ist bereits darauf hingewiesen worden, daß die Gültigkeit eines Argumentes durch das Auftreten verschiedener Ausdrücke mit ein und derselben Bedeutung gefährdet werden kann. Ein wichtiger Verwendungswert der Definition liegt darin klarzustellen, daß solche verschiedenartigen Ausdrücke *in der Tat* ein und dieselbe Bedeutung besitzen, so daß wir auf diesem Wege zu erkennen vermögen, daß das Argument Gültigkeit besitzt.

Ein anderes Problem betrifft ein Argument, dessen *Ungültigkeit* durch das Auftreten eines Wortes oder einer Redeweise, welche verschiedene Bedeutungen besitzt, die nicht auseinandergehalten werden, verdunkelt wird. Ein weiterer wichtiger Verwendungszweck der Definition besteht darin, solche verschiedenen Bedeutungen zu entfalten und auf diesem Wege die Ungültigkeit des Argumentes zu erkennen. So könnte z.B. das folgende Argument auf den ersten Blick trotz seiner lächerlichen Konklusion als gültig erscheinen:

Macht verdirbt (Lord Acton).
Wissen ist Macht (Sir Francis Bacon).
Also verdirbt Wissen.

Um die Ungültigkeit dieses Argumentes herauszustellen,
genügt es zu bemerken, daß das Wort „Macht" in der ersten Prämisse die Bedeutung hat „die Kontrolle über bzw.
das Beherrschen von Menschen", während dasselbe Wort
„Macht" in der zweiten Prämisse bedeutet „die Fähigkeit,
Dinge zu kontrollieren".
Ein weiteres Beispiel dieser Art von Fehlschluß ist das folgende:

Bankiers müssen äußerst verantwortliche
Menschen sein. Wann immer irgendetwas mit
der Wirtschaft nicht klappt, scheinen wir
(Bankiers) dafür verantwortlich zu sein.[32]

Hier bedeutet das Wort „verantwortlich" im ersten Satz
(welcher die Konklusion darstellt) „vertrauenswürdig im
Geschäft und anderen Unternehmungen, Vertrauenswürdig-
keit beweisend", während dasselbe Wort im zweiten Satz
(welcher die Prämisse darstellt) bedeutet „als Urheber, Ursache oder Anlaß von etwas bezichtigt werden zu können".

Äquivokation   Abraham Lincoln charakterisierte ein derartiges Argument
in seiner Auseinandersetzung mit Stephan A. Douglas als
„eine bloße Burleske auf die Kunst und den Namen des Argumentes" sowie als „ein blendendes und phantastisches
Arrangement von Worten, mit dessen Hilfe sich beweisen
ließe, eine Rosskastanie sei ein kastanienbraunes Ross".[33]
Man bezeichnet solche Argumente als äquivok.

Fehlschluß   Schlechte Argumente wie die vorgenannten nennt man
Fehlschlüsse. Sie sind Typen nicht-korrekter Argumente,
welche korrekt zu sein scheinen, es aber bei näherer Prüfung nicht sind. Fehlschlüssige Argumente mögen psychologisch eine gewisse Überzeugungskraft besitzen, doch sind
sie im logischen Sinne nicht gültig. Fehlschlüsse von der
bereits genannten Art können dem Anschein nach korrekt
sein, wenn die Zweideutigkeit ihrer Schlüsseltermini nicht
bemerkt wird. Doch sobald diese Zweideutigkeit aufgewie-
sen ist, ist der Fehler offenkundig.

Es gibt eine bestimmte Art von Zweideutigkeit, welche besondere Erwähnung verdient. Sie hat mit „relationalen" Ausdrücken zu tun, welche in verschiedenen Kontexten unterschiedliche Bedeutung haben.

So ist. z.b. der Ausdruck „groß" ein relationaler Terminus. Ein großer Mensch und ein großes Gebäude gehören ganz verschiedenen Kategorien an: Groß ist ein Mensch, der größer als die meisten Mitmenschen ist; groß ist ein Gebäude, welches größer ist als die meisten anderen Gebäude.

Auch fallen bestimmte Formen von Argumenten, welche für nicht-relationale Termini Gültigkeit besitzen, in sich zusammen, sobald dafür relationale Ausdrücke eingesetzt werden. So ist das Argument „Ein Elefant ist ein Lebewesen, mithin ist ein grauer Elefant ein graues Lebewesen"; formal korrekt. Das Wort „grau" ist ein nicht-relationaler Terminus. Das Argument „Ein Elefant ist ein Lebewesen, ein kleiner Elefant ist daher ein kleines Lebewesen" ist hingegen lächerlich. Entscheidend ist hier, daß „klein" ein relationaler Terminus ist, d.h. ein kleiner Elefant ist immer noch ein ziemlich großes Lebewesen. Der Fehlschluß liegt an der Zweideutigkeit des Terminus „klein".

Die Logiker haben bestimmten Spielarten von Fehlschlüssen traditionell besondere Bezeichnungen gegeben. Eine davon ist der Terminus „ad hominem", der aus dem Lateinischen in die meisten westlichen Sprachen Eingang gefunden hat. Mit seiner Hilfe charakterisiert man jedes fehlschlüssige Argument, welches zur Stützung seiner Konklusion nicht auf Evidenz zurückgreift, sondern den Charakter, die Motivation oder die Reputation desjenigen angreift, der gegen dieses Argument ist. Das *Argumentum ad hominem* ist eines aus einer großen Klasse von Fehlschlüssen, welche als Prämissen Propositionen anbieten, die im Hinblick auf ihre Konklusionen irrelevant sind und sie daher nicht gültig stützen können. Die Irrelevanz ist hier eher logischer denn psychologischer Natur; gäbe es nämlich keine psychologische Verbindung, so gäbe es auch keine Überredungskraft und auch keine scheinbare Korrektheit. Die Art und Weise, wie psychologische und logische Relevanz miteinander verwechselt werden können, läßt sich in einigen Fällen durch den Hinweis auf die Tatsache erklären, daß die Sprache sowohl expressiv als auch informativ verwendet werden kann, um Emotionen wie Furcht, Feindseligkeit, Mitleid,

argumentum ad hominem

Enthusiasmus oder Schrecken hervorzurufen. Wie derartige Argumente trotz ihrer logischen Inkorrektheit erfolgreich Überzeugungen hervorrufen können, läßt sich manchmal durch ihre expressive Funktion erklären, solche Einstellungen hervorzurufen, welche eher die Annahme verursachen, als Gründe für die Wahrheit der von ihnen nahegelegten Konklusionen beizusteuern.

Die Art und Weise, in welcher ein *Argumentum ad hominem* gelegentlich überzeugend wirkt, ist durch den psychologischen Vorgang der Übertragung festgelegt. Läßt sich gegenüber einer Person die Einstellung der Mißbilligung hervorrufen, so kann diese möglicherweise den im strengen Sinne emotionalen Bereich gänzlich vereinnahmen und zu einer Nichtübereinstimmung mit dem führen, was der Betreffende sagt. Doch diese Verbindung ist nur psychologischer und nicht logischer Natur. Auch die durchtriebenste Person kann gelegentlich die Wahrheit sagen oder korrekt argumentieren.

Bei dem Versuch, sich in einer schwierigen und komplizierten Frage zu einer Entscheidung durchzufinden, mag man sich vom Urteil eines anerkannten Experten leiten lassen, der den betreffenden Gegenstand gründlich studiert hat. In diesem Fall mag man argumentieren, diese oder jene Konklusion sei deswegen korrekt, weil sie dem fundierten Urteil einer kompetenten Autorität entspreche. Dieses Vorgehen ist in vielen Fällen vollkommen legitim, weil die Bezugnahme auf eine anerkannte Autorität in dem speziellen Bereich, in welchem diese Autorität Kompetenz besitzt, großes Gewicht besitzen und Evidenz verschaffen kann.

Wird dagegen an eine Autorität appelliert in Fragen, welche außerhalb des Bereiches der Kompetenz dieser Autorität liegen, so ist dieser Appell an die Autorität fehlschlüssig. Wenn z.B. in einer Diskussion über Religion einer der Diskussionsteilnehmer auf Charles Darwin, eine große Autorität im Bereich der Biologie, zurückgreift, so ist ein solcher Rückgriff fehlschlüssig. Ähnlich stünde es mit einem Rückgriff auf die Ansichten des großen Physikers Einstein, wenn es um die Entscheidung einer politischen oder ökonomischen Frage geht; auch dies wäre ein Fehlschluß.

Nun könnte man behaupten, jemand, der brilliant genug ist, um in einem anspruchsvollen und schwierigen Bereich wie der Biologie oder der Physik den Status einer Autorität zu erreichen, müsse auch außerhalb seines Spezialgebietes korrekte Ansichten besitzen. Doch die Schwäche dieser Annahme wird offenkundig, wenn man sich vergegenwärtigt, daß bei der heutzutage extremen Spezialisierung der Erwerb gründlicher Kenntnis in einem Bereich ein derartiges Maß an Konzentration erfordert, daß die Möglichkeiten des Erwerbs autoritativer Kenntnis in anderen Bereichen entsprechend begrenzt sind.

In dem Bemühen, die Wahrheit einer Proposition festzustellen, hält man häufig Ausschau nach annehmbaren Prämissen, aus denen sich die betreffende Proposition als Konklusion ableiten läßt. Greift man in einem solchen Fall als Prämisse für ein Argument auf die Konklusion selbst zurück, welche das Argument beweisen soll, so ist der damit vorgenommene Fehlschluß der einer petitio principii oder eines Zirkelschlusses. Wird die zu beweisende Proposition in genau denselben Worten als Prämisse und als Konklusion formuliert, so ist der Fehler derart offenkundig, daß sich niemand davon täuschen läßt. Oft jedoch können zwei Formulierungen hinreichend verschieden sein, um die Tatsache zu verdecken, daß ein und dieselbe Proposition sowohl als Prämisse als auch als Konklusion auftritt. Dies ist z.B. der Fall in dem folgenden Argument, das Whately erwähnt.

petitio principii

> „Jedermann ein unbegrenztes Rederecht zuzugestehen, muß für den Staat letztendlich immer von Vorteil sein; denn es ist in hohem Maße von Vorteil für die Interessen der Gemeinschaft, daß jedes Individuum eine völlig unbegrenzte Freiheit genießt, seinen Gefühlen Ausdruck zu verleihen."[34]

Hierzu ist zu bemerken, daß die Prämisse für die Wahrheit der Konklusion nicht logisch irrelevant ist, denn wenn die Prämisse wahr ist, muß auch die Konklusion wahr sein – es handelt sich schließlich um dieselbe Proposition. Dennoch ist die Prämisse für den Zweck des *Beweises* oder der *Etablierung* der Konklusion logisch irrelevant. Ist die Proposition ohne Argumentation annehmbar, so bedarf es keines Argumentes, um ihre Wahrheit festzustellen; ist die Proposition ohne Argumentation nicht annehmbar, so vermag kein Argument, welches ihre Annehmbarkeit als Prämisse voraussetzt, jemanden dazu zu bringen, die Konklusion zu akzeptieren. In einem solchen Argument bejaht die Konklusion lediglich das, was bereits in den Prämissen bejaht worden ist, mit der Folge, daß das Argument, obwohl vollkommen gültig, gänzlich ungeeignet für die Feststellung der Wahrheit seiner Konklusion ist.

Übungsaufgabe 7 **Übungsaufgabe 7:**

Klassifizieren und erläutern Sie jeden der folgenden Fehlschlüsse:

7.1 Heute spielt es jedoch kaum eine Rolle, was der König von England sagt oder tut; er hat in niederträchtiger Weise mit jeder Moral und jeder menschlichen Verpflichtung gebrochen, er hat Natur und Gewissen mit Füßen getreten, seine anmaßende und grausame Haltung hat allgemeinen Haß auf sich gezogen (Thomas Paine, *Common Sense*).

7.2 „Ich bin ganz und gar für die Gleichberechtigung der Frau“, sagte der Präsident der Stierkampfvereinigung Paco Camino. „Doch ich wiederhole: Frauen sollten nicht gegen Stiere kämpfen, weil ein Stierkämpfer ein Mann sein muß“ (San Francisco Chronicle, 28. März 1972).

7.3 „Wem sind Sie auf der Straße begegnet?“ fuhr der König fort, indem er dem Boten seine Hand für etwas Heu hinhielt. „Niemandem“, sagt der Bote. „Ganz richtig“, sagte der König, „diese junge Dame sah ihn ebenfalls. Niemand geht offenbar langsamer als Du“ (Lewis Carroll, *Through the Looking-Glass*).

7.4 ... nur dann, wenn man meint, daß ich hätte anders handeln können, werde ich für mein Tun für moralisch verantwortlich gehalten. Man hält nämlich den Menschen nicht für moralisch verantwortlich für eine Handlung, die zu vermeiden nicht in seiner Macht *stand (*Alfred J. Ayer, „Freedom and Necessity", *Polemic Nr. 5, 1946).*

7.5 *Wenn Du der Meinung bist, daß nichts selbstevident ist, dann werde ich mit Dir nicht argumentieren, denn es ist klar, daß Du jemand bist, der sich in Äquivokationen ergeht und nicht überzeugbar ist (*Duns Scotus, *Opus Oxoniense).*

8. Kategorische Propositionen

Das Erkennen von Argumenten und ihrer Gliederung in Prämissen und Konklusionen erschöpft den Prozeß der Argument-Analyse keineswegs. Wir haben bereits vermerkt, wie verschiedene Worte und Ausdrücke ein und dieselbe Bedeutung besitzen und so zwischen Prämissen und Konklusionen eine in einigen Fällen zur Sicherstellung der Geltung hinreichende logische Verbindung sicherstellen können. Nun kann es auch vorkommen, daß verschiedene Sätze oder verschiedene Satzteile ein und dieselbe Proposition bezeichnen, und auch dies mag eine zur Geltungssicherung hinreichende Verbindung herstellen. Auch kann ein Satz oder ein Satzteil die Verneinung eines anderen sein; das gemeinsame Auftreten in einem Argument mag bestimmen, daß das Argument Gültigkeit besitzt. Ein oder zwei Beispiele werden zeigen, was damit gesagt ist. Man sehe sich das folgende Argument einmal näher an:

> Wenn alle Marinesoldaten Kombattanten sind, dann ist die Moral des Marinekorps von hohem Standard.
> Kein Marinesoldat ist Nicht-Kombattant.
> Die Moral des Marinesoldaten ist mithin von hohem Standard.

Daß dieses Argument, obwohl dies nicht unmittelbar deutlich wird, vollkommen korrekt ist, wird klar, wenn man bemerkt, daß die Teilaussage „Alle Marinesoldaten sind Kombattanten" logisch äquivalent, d.h. bedeutungsgleich ist mit „kein Marinesoldat ist Nicht-Kombattant".
Man beachte auch das folgende Argument:

Entweder sind alle Lehrer Konformisten oder
einige Schulklassen sind sehr anregend.
Einige Lehrer sind Non-Konformisten.
Daher sind einige Schulklassen sehr anregend.

Die Gültigkeit dieses Argumentes hängt von der Tatsache
ab, daß die zweite Prämisse logisch äquivalent mit der Verneinung der ersten Teilaussage der ersten Prämisse „Alle
Lehrer sind Konformisten" ist.
Es empfiehlt sich, hier unsere Aufmerksamkeit den sog.

kategorische Pro-   „kategorischen Propositionen" zuzuwenden. Diese Propo-
positionen   sitionen lassen sich als solche analysieren, die sich auf
Klassen beziehen, wobei sie bejahen oder verneinen, daß
eine Klasse S in einer Klasse P entweder insgesamt oder
teilweise enthalten ist. Klassen können auf mehrere Weisen miteinander in Beziehung stehen. Ist jedes Mitglied
der Klasse S zugleich ein Mitglied der Klasse P, dann sagt
man, die Klasse S sei in der Klasse P eingeschlossen oder
enthalten. Sind einige, doch vielleicht nicht alle Mitglieder der Klasse S zugleich Mitglieder der Klasse P, dann
heißt es von der Klasse S, sie sei partiell in der Klasse P
enthalten. Natürlich gibt es auch Paare von Klassen, welche keine gemeinsamen Mitglieder haben, wie z.B. die
Klasse aller Dreiecke und die Klasse aller Kreise. Propositionen, welche diese unterschiedlichen Beziehungen
zwischen Klassen zum Ausdruck bringen, nennt man kategorische Propositionen.
Es gibt genau vier verschiedene Standardformen kategorischer Propositionen. Im folgenden sei für jede von ihnen
ein Beispiel genannt:

Die 4 Standard-
formen kategori-   1. Alle Politiker sind Lügner.
scher   2. Kein Politiker ist ein Lügner.
Propositionen   3. Einige Politiker sind Lügner.
                     4. Einige Politiker sind keine Lügner.

Standardform 1   Im ersten Beispiel haben wir eine allgemeine, bejahende
Proposition vor uns, welche sich auf zwei Klassen bezieht,
die Klasse aller Politiker und die Klasse aller Lügner; unsere Proposition besagt, daß die erstgenannte Klasse zur
Gänze in der zweitgenannten Klasse eingeschlossen bzw.
enthalten ist; d.h., jedes Mitglied der erstgenannten Klasse

ist zugleich auch ein Mitglied der zweitgenannten Klasse. In unserem Beispiel bezeichnet der Subjektsausdruck „Politiker" die Klasse aller Politiker und der Prädikatsausdruck eine Teilklasse aller Lügner. Allgemeine, affirmative Propositionen können schematisch wie folgt wiedergegeben werden:

Alle S sind P.

Hierbei stehen die Buchstaben S und P für den Subjektsbzw. für den Prädikatsausdruck. „Allgemein affirmativ" heißen die Propositionen deswegen, weil in ihnen bejaht wird, daß zwischen den beiden Klassen die Beziehung des Klasseneinschlusses besteht, und daß dieser Einschluß ein vollständiger oder allgemeiner ist: Von allen Mitgliedern von S sagt man, sie seien zugleich auch Mitglieder von P. Unser zweites Beispiel

Standardform 2

Kein Politiker ist ein Lügner.

ist eine allgemeine negative Proposition. Sie verneint ganz allgemein von Politikern, sie seien Lügner. Diese Proposition bezieht sich auf zwei Klassen, wobei sie feststellt, daß die erste Klasse von der zweiten gänzlich ausgeschlossen ist, d.h., es gibt kein Mitglied der ersten Klasse, welches zugleich auch ein Mitglied der zweiten Klasse wäre. Eine allgemeine, negative Proposition läßt sich schematisch als

Kein S ist P.

wiedergeben, wobei wiederum die Buchstaben S und P für den Subjekts- bzw. den Prädikatsausdruck stehen. Die Bezeichnung „allgemein, negativ" ist deswegen angemessen, weil die Proposition verneint, daß zwischen den beiden Klassen eine Einschlußrelation besteht, und weil sie dies allgemein verneint: Kein einziges Mitglied von S ist auch Mitglied von P.
Unser obiges drittes Beispiel

Standardform 3

Einige Politiker sind Lügner.

ist eine partikuläre, bejahende Proposition. Wie unser Beispiel deutlich zeigt, wird in dieser Proposition bejaht, daß einige Mitglieder der Klasse aller Politiker zugleich Mitglieder der Klasse aller Lügner sind. Dennoch bejaht dies unsere Proposition nicht allgemein von den Politikern. Es heißt nicht allgemein von allen Politikern, sie seien Lügner, sondern nur einige besondere seien es. Weder bejaht noch verneint diese Proposition, daß *alle* Politiker Lügner sind; sie nimmt zu dieser Frage nicht Stellung. Auch sagt sie wörtlich genommen nicht, einige Politiker seien *keine* Lügner, obwohl man im einen oder anderen Kontext annehmen könne, sie lege dies nahe. Wörtlich und streng genommen meint diese Proposition, daß die Klasse der Politiker und die Klasse der Lügner ein Mitglied oder einige Mitglieder gemeinsam haben. Aus Gründen der Genauigkeit schließen wir uns hier der strengen Deutung an.

Der Ausdruck „einige" ist unbestimmt. Ist damit gesagt: „Zumindest einer" oder „zumindest zwei" oder „zumindest 100"? Oder wieviele? Obwohl dies in einigen Fällen vom gewöhnlichen Sprachgebrauch abweichen mag, weist man in der Regel um der Genauigkeit willen dem Ausdruck „einige" die Bedeutung „zumindest einer" zu. Dementsprechend wird eine partikuläre, bejahende Proposition, schematisch geschrieben als

Einige S sind P.

dahingehend interpretiert, daß zumindest *ein* Mitglied der Klasse, welche von dem Subjektsausdruck S bezeichnet wird, zugleich auch ein Mitglied der Klasse ist, welche vom Prädikatsausdruck P bezeichnet wird. Die Bezeichung „partikulär, bejahend" ist deswegen angemessen, weil die Proposition die Beziehung des Klasseneinschlusses bejaht, dies jedoch für die erste Klasse nicht allgemein, sondern nur partiell, im Hinblick auf ein bestimmtes Mitglied oder bestimmte Mitglieder der ersten Klasse.

Unser viertes Beispiel

Standardform 4

Einige Politiker sind keine Lügner.

stellte eine partikuläre verneinende Proposition dar. Dieses Beispiel ist, wie schon das vorhergehende, insofern partikulär, als es sich nicht allgemein auf die Politiker bezieht, sondern nur auf ein besonderes Mitglied oder besondere

Mitglieder dieser Klasse. Doch im Unterschied zum vorhergegangenen Beispiel bejaht unser vorliegendes Beispiel
nicht, daß die besonderen Mitglieder der ersten Klasse, auf
die man sich bezieht, in der zweiten Klasse eingeschlossen
sind: Dies ist genau dasjenige, was verneint wird. Eine partikuläre, negative Proposition, welche sich schematisch
schreiben läßt als

> Einige S sind nicht P.

besagt, daß zumindest *ein* Mitglied der Klasse, welche vom
Subjektsausdruck S bezeichnet wird, vom Ganzen der
Klasse, welche vom Prädikatsausdruck P bezeichnet wird,
ausgeschlossen ist.

Nun sind nicht alle kategorischen Propositionen in Standardform so einfach und gerade heraus wie die bisher
betrachteten Beispiele. Auch wenn die Subjekts- und Prädikatsausdrücke einer kategorischen Proposition in Standardform Klassen bezeichnen, können sie ziemlich komplizierte
Ausdrücke statt nur einfache Worte sein. So hat z.B. die
Proposition

> Alle Kandidaten für diese Position sind
> integre Ehrenmänner.

als Subjekts- bzw. Prädikatsausdruck die Ausdrücke „Kandidaten für die Position" und „integre Ehrenmänner".

Von jeder kategorischen Proposition in Standardform sagt
man, sie besitze sowohl eine *Qualität* als auch eine *Quantität*. Die Qualität einer Proposition ist bejahend oder verneinend, je nachdem ob ein (vollständiger oder partieller)
Klasseneinschluß von der Proposition bejaht oder verneint
wird. So sind sowohl die allgemeinen bejahenden als auch
die partikulären bejahenden Propositionen ihrer Qualität
nach bejahender Art, während die allgemeinen verneinenden und die partikulär verneinenden Propositionen jeweils
verneinender Art sind. Zur Bezeichnung der vier kategorischen Propositionen in Standardform, der allgemeinen bejahenden, der allgemeinen verneinenden, der partikulär
bejahenden und der partikulär verneinenden, verwendet
man traditionellerweise die Buchstaben A, E, I und O.
Diese Buchstaben werden von den lateinischen Ausdrücken

*Qualität einer
Proposition*

affirmo und nego, zu deutsch „Ich bejahe" und „Ich verneine", hergeleitet.

Quantität einer Proposition

Die Quantität einer Proposition ist allgemeiner oder partikulärer Art, je nachdem ob die Proposition sich auf alle Mitglieder oder nur auf einige Mitglieder der Klasse bezieht, welche von ihrem Subjektsausdruck bezeichnet wird. So sind die A- und E-Propositionen ihrer Quantität nach allgemein, die I- und O-Propositionen ihrer Quantität nach partikulär. Wir sehen, daß die Bezeichnungen „allgemein bejahend", „allgemein verneinend", „partikulär bejahend" und „partikulär verneinend" jeweils eine der vier Standardformen beschreibt, wobei zuerst ihre Quantität und dann ihre Qualität genannt wird.

Quantoren

Jeder kategorische Syllogismus in Standardform beginnt mit einem der Worte „alle", „keiner" oder „einige". Diese Ausdrücke bezeichnen die Quantität der Propositionen; sie werden daher „Quantoren" genannt. Die beiden erstgenannten Ausdrücke weisen darauf hin, daß die Proposition allgemein ist, der dritte hingegen besagt, daß sie partikulär ist. Zusätzlich zu seiner Funktion, die allgemeine Quantität zum Ausdruck zu bringen, dient der Quantor „kein" dazu, die verneinende Qualität der E-Proposition anzuzeigen.

Kopula

Zwischen dem Subjekts- bzw. Prädikatsausdruck jeder kategorischen Proposition in Standardform tritt in bestimmter Form das Verbum „sein" (im Falle der O-Proposition verbunden mit dem Wort „nicht") auf. Dieses Verbindungssystem dient dem Zweck, Subjekts- und Prädikatsausdruck miteinander zu verbinden; er wird daher „Kopula" (lat. für ‚Verbindung') genannt. In den oben angegebenen schematischen Formulierungen erscheint lediglich „ist" bzw. „ist nicht"; je nachdem, wie die Proposition ansonsten formuliert ist, kann es vorkommen, daß andere Formen des Verbums „sein" angemessener sind. So dienen z.B. in den drei folgenden Propositionen

Einige Römische Kaiser waren Monster.
Alle Kommunisten sind Fanatiker.
Einige Soldaten werden keine Helden sein.

die Verbformen „waren", „sind" und „werden keine ... sein" jeweils als Kopula.

Das allgemeine Gerüst oder Schema einer kategorischen Proposition in Standardform besteht aus vier Teilen: Zunächst aus dem Quantor, dann aus dem Subjektsausdruck, sodann aus der Kopula und schließlich aus dem Prädikatsausdruck. Dieses Schema läßt sich wie folgt formulieren:

Quantor   Kopula
(Subjektsausdruck)   (Prädikatsausdruck)

Schema einer kategorischen Proposition in Standardform

Als Namen von Klassen interpretiert bezeichnen die Subjekts- und Prädikatsausdrücke von kategorischen Propositionen in Standardform jeweils Klassen von Gegenständen; die entsprechende Proposition gilt als eine solche über diese Klassen. Natürlich können sich Propositionen auf unterschiedliche Weise auf Klassen beziehen. So mag eine Proposition sich auf *alle* Mitglieder einer Klasse oder auf nur *einige* Mitglieder einer Klasse beziehen. So bezieht sich die Proposition

Alle Senatoren sind Bürger.

auf *alle* Senatoren, doch nicht auf alle Bürger. Was sie besagt, ist, daß jedes einzelne Mitglied der Klasse der Senatoren ein Bürger ist; doch wird damit keine Aussage über alle Bürger gemacht. Die Proposition bejaht ja nicht, jeder Bürger sei ein Senator, doch sie verneint dies auch nicht. Jede A-Proposition von der Form

Alle S sind P.

bezieht sich mithin auf alle Mitglieder der Klasse, welche von ihrem Subjektsausdruck S bezeichnet wird, ohne sich auf alle Mitglieder der Klasse zu beziehen, welche von ihrem Prädikatsausdruck P bezeichnet werden.
Zur Charakterisierung der Weisen, in denen Ausdrücke in kategorischen Propositionen auftreten können, wird der technische Terminus „Distribution" eingeführt. Eine Proposition *distribuiert* einen Ausdruck, wenn sie sich auf alle Mitglieder derjenigen Klasse bezieht, welche von diesem Ausdruck bezeichnet werden. Wie wir bereits gesehen haben, wird der Subjektsausdruck einer A-Proposition *in* (oder *von*) der betreffenden Proposition *distribuiert*, wäh-

Distribution

rend ihr Prädikatsausdruck *in* (oder *von*) ihr *nicht distribu-iert wird*. Um zu sehen, welche Ausdrücke distribuiert bzw. nicht distribuiert sind, wollen wir die anderen kategorischen Propositionen in Standardform untersuchen.
Die folgende E-Proposition

Kein Athlet ist Vegetarier.

besagt von jedem einzelnen Athleten, er oder sie sei kein Vegetarier. D.h.: Die Klasse der Athleten ist von der Klasse der Vegetarier zur Gänze ausgeschlossen. Damit ist gesagt, daß auf alle Mitglieder der Klasse, welche von ihrem Sub-jektsausdruck bezeichnet ist, durch eine E-Proposition Bezug genommen wird, von der es daher heißt, sie distribu-iere ihren Subjektsausdruck. Andererseits wird durch die Aussage, die ganze Klasse der Athleten sei von der ganzen Klasse der Vegetarier ausgeschlossen, zugleich festgestellt, daß die ganze Klasse der Vegetarier von der Klasse der Ath-leten ausgeschlossen ist. Die obige Proposition behauptet in aller Deutlichkeit von jedem einzelnen Vegetarier, daß er oder sie kein Athlet ist. Eine E-Proposition nimmt mithin Bezug auf alle Mitglieder derjenigen Klasse, welche von ihrem Prädikatsausdruck bezeichnet wird; auch von ihr sagt man daher, sie distribuiere ihren Prädikatsausdruck. E-Pro-positionen distribuieren sowohl ihre Subjekts- als auch ihre Prädikatsausdrücke.
Anders sieht es im Hinblick auf die I-Propositionen aus. So trifft die folgende Proposition

Einige Soldaten sind Feiglinge.

keine Feststellung bezüglich *aller* Soldaten und auch keine Feststellung hinsichtlich *aller* Feiglinge. Sie besagt nichts über den einzelnen Soldaten noch über den einzelnen Feig-ling. Von keiner der beiden Klassen heißt es, sie sei gänz-lich eingeschlossen oder gänzlich ausgeschlossen von der anderen. Subjekts- wie Prädikatsausdruck werden in einer partikulären bejahenden Proposition nicht distribuiert.
Ähnlich steht es mit der partikulären verneinenden oder O-Proposition, welche ebenfalls ihren Subjektsausdruck nicht distribuiert. So besagt die Proposition

Einige Pferde sind keine Vollblüter.

nichts über *alle* Pferde; sie bezieht sich vielmehr auf *einige* Mitglieder der Klasse, welche von dem Subjektsausdruck bezeichnet werden. Sie besagt von diesem Teil der Klasse aller Pferde, sie sei von der Klasse aller Vollblüter ausgeschlossen, und zwar von der Gesamtheit der letztgenannten Klasse. Im Hinblick auf die einzelnen Pferde, auf die sich die Proposition bezieht, heißt es, jedes einzelne Mitglied der Klasse der Vollblüter sei *keines* dieser einzelnen Pferde. Wenn es heißt, etwas sei von einer Klasse ausgeschlossen, so bezieht sich dies auf die Klasse als ganze, so wie der Ausschluß eines Menschen aus einem Lande bedeutet, daß dieser Person der Zugang zu allen Teilen des betreffenden Landes untersagt ist. Die partikuläre verneinende Proposition distribuiert ihren Prädikatsausdruck, nicht jedoch ihren Subjektsausdruck.

Wir können unsere Bemerkungen über die Distribution wie folgt zusammenfassen: Allgemeine Propositionen, sowohl bejahende wie verneinende, distribuieren ihre Subjektsausdrücke, während partikuläre Propositionen, seien sie bejahend oder verneinend, ihre Subjektsausdrücke nicht distribuieren. Es ist mithin die *Quantität* einer kategorischen Proposition in Standardform, welche bestimmt, ob ihr Subjektsausdruck distribuiert oder nicht distribuiert wird. Bejahende Propositionen, seien sie nun allgemein oder partikulär, distribuieren ihre Prädikatsausdrücke nicht, während verneinende Propositionen, sowohl die allgemeinen wie die partikulären, ihre Prädikatsausdrücke distribuieren. Es ist mithin die *Qualität* einer kategorischen Proposition in Standardform, welche bestimmt, ob ihr Prädikatsausdruck distribuiert oder nicht distribuiert ist.

Das folgende Diagramm faßt diese Informationen zusammen und mag dem Studenten bei der Erinnerung behilflich sein, welche Propositionen welche ihrer Subjekts- bzw. Prädikatsausdrücke distribuieren:

	Subjektsausdruck distribuiert		
Prädikats-ausdruck nicht distribuiert	A: Alle S sind P.	E: Kein S ist P.	*Prädikatsaus-druck distribuiert*
	I: Einige S sind P.	O: Einige S sind nicht P.	
	Subjektsausdruck nicht distribuiert		

Kategorische Propositionen in Standardform, welche ein
und denselben Subjekts- und Prädikatsterminus besitzen,
können sich im Hinblick auf die Qualität, im Hinblick auf
die Quantität, aber auch im Hinblick auf beide voneinander
unterscheiden. Die älteren Logiker haben diese Art des Unterschieds mit dem Terminus technicus „Opposition" belegt; bestimmte wichtige Wahrheitsrelationen hat man mit
den verschiedenen Arten der Opposition verknüpft. Zwei

kontradiktorischer   Propositionen stehen zueinander in *kontradiktorischem Ge-*
Gegensatz   *gensatz*, wenn die eine die Verneinung der anderen ist, d.h.,
wenn sie nicht beide zugleich wahr *und* wenn sie nicht
beide zugleich falsch sein können. Es ist klar, daß zwei kategorische Propositionen in Standardform, welche dieselben Subjekts- und Prädikatsausdrücke besitzen, sich aber
sowohl hinsichtlich der Quantität *als auch* der Qualität
voneinander unterscheiden, einander kontradiktorisch
widersprechen. So sind die beiden folgenden A- und O-Propositionen

      Alle Richter sind Anwälte.

und

      Einige Richter sind keine Anwälte.

welche sowohl im Hinblick auf die Quantität als auch auf
die Qualität in Opposition zueinander stehen, offensichtlich
einander kontradiktorisch entgegengesetzt. Genau eine Proposition ist wahr und genau eine andere ist falsch.
In ähnlicher Weise stehen die E- und I-Propositionen

      Kein Politiker ist Idealist.

und

      Einige Politiker sind Idealisten.

sowohl im Hinblick auf die Quantität als auch im Hinblick
auf die Qualität in Opposition zueinander; sie widersprechen einander auf kontradiktorische Weise. Schematisch
kann man es so ausdrücken, daß der kontradiktorische Gegensatz von „Alle S sind P" lautet: „Einige S sind nicht P",

und daß der kontradiktorische Gegensatz von „Kein S ist P"
lautet: „Einige S sind P". A und O widersprechen einander
kontradiktorisch, sind kontradiktorische Widersprüche, desgleichen E und I.

Zwei Propositionen stehen im *konträren* Gegensatz zueinander, wenn sie nicht beide wahr sein können, d.h. wenn die
Wahrheit einer jeden einschließt, daß die jeweils andere
falsch ist. So sind die beiden Propositionen „Alice ist älter
als Betty" und „Betty ist älter als Alice" einander konträr
entgegengesetzt: Wenn eine dieser beiden Propositionen
wahr ist, muß die andere falsch sein. Dennoch sind sie einander nicht kontradiktorisch entgegengesetzt: Beide Propositionen würden falsch sein, wenn Alice und Betty dasselbe
Alter hätten. Zwei Propositionen sind einander konträr entgegengesetzt, wenn nicht beide wahr sein können, obwohl
sie beide falsch sein können. Nach der traditionellen oder
aristotelischen Lehre der kategorischen Propositionen sind
allgemeine Propositionen, welche dieselben Subjekts- und
Prädikatsausdrücke besitzen, sich aber in der Qualität voneinander unterscheiden, einander konträr entgegengesetzt.
So hieß es, daß A- und E-Propositionen von der Art

*konträrer
Gegensatz*

Alle Dichter sind Faulenzer.

und

Kein Dichter ist ein Faulenzer.

nicht beide wahr sein können, obwohl beide falsch sein
können, so daß man sie als einander konträr entgegengesetzt ansehen müsse.

Es ist offenkundig, daß die Behauptung, A- und E-Propositionen seien konträre Gegensätze, dann *nicht* korrekt ist,
wenn entweder die A- oder die E-Proposition eine notwendige, d.h., eine logische oder mathematische Wahrheit ist,
wie z.B. im Falle der Proposition „Alle Quadrate sind
Rechtecke" oder „Ein Quadrat ist kein Zirkel". Wenn nämlich eine Proposition notwendig wahr ist, d.h. unmöglich
falsch sein kann, dann kann sie auch keinen konträren Gegensatz besitzen, denn Propositionen, welche zueinander
konträr sind, können beide falsch sein. Eine Proposition,
welche weder notwendig wahr noch notwendig falsch ist,

heißt kontingent. Die Behauptung, daß A- und E-Propositionen, welche dieselben Subjekts- und Prädikatsausdrücke
haben, zueinander konträr sind, kann richtig sein, wenn
beide Propositionen kontingent sind; für den Rest dieser
Kurseinheit werden wir davon ausgehen, daß dies der Fall
ist.

subkonträrer
Gegensatz

Können zwei Propositionen nicht beide falsch sein, obwohl
sie beide wahr sein könnten, so sprechen wir vom *subkonträren* Gegensatz. Nach der traditionellen Lehre sind partikuläre Propositionen, welche dieselben Subjekts- und
Prädikatsausdrücke besitzen, sich aber in der Qualität voneinander unterscheiden, subkonträr. Dabei wurde bejaht,
daß I- und O-Propositionen wie die folgenden

> Einige Diamanten sind kostbare Steine.

und

> Einige Diamanten sind keine kostbaren
> Steine.

beide wahr sein könnten, nicht aber beide falsch sein könnten, so daß man sie als subkonträr ansehen müsse.
Es ist unmittelbar einsichtig, daß die Behauptung, I- und O-
Propositionen seien subkonträr, *nicht* korrekt ist, wenn entweder die I- oder die O-Proposition notwendig falsch ist,
z.B. „Einige Quadrate sind Zirkel" oder „Einige Quadrate
sind keine Rechtecke". Denn wenn eine Proposition notwendig falsch, d.h. unmöglich wahr ist, dann kann sie auch
keinen subkonträren Gegensatz besitzen, wenn gilt, daß
Propositionen, welche subkonträr sind, beide wahr sein
können. Ist dagegen sowohl die I- als auch die O-Proposition kontingent, dann können beide wahr sein; wir werden
für den Rest dieser Studieneinheit davon ausgehen, daß sie
kontingent sind.
Die bisher angeführten Beispiele der Opposition zwischen
Propositionen sind von einer Art gewesen, daß sie Nichtübereinstimmung nahelegen. Doch ist im vorliegenden
Kontext der Ausdruck „Opposition" ein Terminus technicus, der selbst dann anwendbar ist, wenn im alltäglichen
Sinne eine Nichtübereinstimmung nicht vorliegt. So gilt:
Stimmen zwei Propositionen, welche wiederum dieselben

Subjekts- und Prädikatsausdrücke besitzen, hinsichtlich der Qualität überein, und unterscheiden sie sich lediglich in der Quantität, so liegt *Opposition* vor, selbst wenn damit keine Nichtübereinstimmung impliziert ist. In derartigen Fällen heißt es von der Wahrheit der partikulären Proposition, sie folge aus – oder sei impliziert in – der Wahrheit der allgemeinen Proposition. So sollte aus der Wahrheit einer A-Proposition, wie z.B.

Alle Spinnen sind achtbeinige Lebewesen.

die Wahrheit der entsprechenden I-Proposition

Einige Spinnen sind achtbeinige Lebewesen.

folgen. Und aus der Wahrheit einer E-Proposition, wie z.B.

Keine Spinne ist ein Insekt.

sollte die Wahrheit der entsprechenden O-Proposition

Einige Spinnen sind keine Insekten.

folgen. Die Opposition zwischen einer allgemeinen Proposition und der ihr korrespondierenden partikulären Proposition (d.h. der partikulären Proposition, welche dieselben Subjekts- und Prädikatsausdrücke und dieselbe Qualität wie die allgemeine Proposition besitzt) heißt *Subalternation.* *Subalternation*
Hierbei wird die allgemeine Proposition die *superalterne* oder die *subalternierende* und die partikuläre Proposition entweder als die *subalternierte* oder einfach als die *subalterne* bezeichnet. In der Subalternation impliziert die superalterne die subalterne Proposition. Diese Implikation gilt nicht zwischen der subalternen und der superalternen, denn subalterne Propositionen wie

Einige Lebewesen sind Katzen.

und

Einige Lebewesen sind keine Katzen.

sind beide wahr, während ihre Superalterne deutlich falsch
sind.

Die verschiedenen Arten der Opposition wurden von einem
Diagramm wiedergegeben, welches als das im folgenden
reproduzierte *Logische Quadrat* bezeichnet wurde.

(Alle S sind P)   (Kein S ist P)
superaltern   superaltern

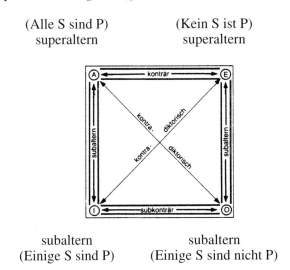

subaltern   subaltern
(Einige S sind P)   (Einige S sind nicht P)

Vermittelte und
unvermittelte
Schluß-
folgerungen

Das Beziehungsgeflecht, welches in diesem Logischen
Quadrat aufgezeichnet ist, vermittelt eine logische Basis für
die Validierung bestimmter, ziemlich elementarer Formen
von Argumenten.

In diesem Zusammenhang wird üblicherweise zwischen
vermittelter und *unvermittelter* Schlußfolgerung unterschieden. Eine Schlußfolgerung besteht in der Herleitung einer
Konklusion aus einer oder mehreren Prämissen. Ist mehr
als eine Prämisse beteiligt, so nennt man die Schlußfolgerung eine *vermittelte* – wahrscheinlich deswegen, weil man
annimmt, daß die Konklusion aus einer Prämisse durch die
Vermittlung der anderen zustandegekommen ist. Ist die
Konklusion hingegen aus nur einer Prämisse abgeleitet
worden, liegt eine solche *Vermittlung* nicht vor; man spricht
hier von einer *unvermittelten* Schlußfolgerung. Die im herkömmlichen Logischen Quadrat enthaltene Information
vermittelt deutlich eine Grundlage für eine Anzahl unmittelbarer Schlußfolgerungen. Verwendet man z.B. eine A-
Proposition als Prämisse, dann kann man nach Maßgabe

des Logischen Quadrates mit Gültigkeit folgern, daß die entsprechende O-Proposition (d.h. die O-Proposition, welche dieselben Subjekts- und Prädikatsausdrücke wie die A-Proposition besitzt) falsch ist. Von derselben Prämisse läßt sich unmittelbar schlußfolgern, daß die entsprechende I-Proposition wahr ist. Natürlich folgt aus der Wahrheit einer I-Proposition nicht die Wahrheit der ihr korrespondierenden A-Proposition, wohl aber folgt die Falschheit der ihr korrespondierenden E-Proposition.

Das traditionelle Logische Quadrat gibt die Grundlage her für eine beträchtliche Zahl solcher unmittelbaren Schlußfolgerungen. Ist die Wahrheit oder Falschheit einer der vier kategorischen Propositionen in der Standardform gegeben, so kann die Wahrheit oder Falschheit einiger oder aller anderen unmittelbar daraus gefolgert werden. Die auf der Basis des Logischen Quadrates vorgenommenen unmittelbaren Schlußfolgerungen lassen sich wie folgt auflisten:

Gegeben:	*Dann folgt:*
A ist wahr:	E ist falsch, I ist wahr, O ist falsch.
E ist wahr:	A ist falsch, I ist falsch, O ist wahr.
I ist wahr:	E ist falsch, während A und O unbestimmt sind.
O ist wahr:	A ist falsch, während E und I unbestimmt sind.

Gegeben:	*Dann folgt:*
A ist falsch:	O ist wahr, während E und I unbestimmt sind.
E ist falsch:	I ist wahr, während A und O unbestimmt sind.
I ist falsch:	A ist falsch, E ist wahr, O ist wahr.
O ist falsch:	A ist wahr, E ist falsch, I ist wahr.

Es gibt neben den Schlußfolgerungen, welche mit dem herkömmlichen Logischen Quadrat in Verbindung gebracht werden, noch andere Arten der unmittelbaren Schlußfolgerung. Wir werden drei weitere Typen untersuchen. Der erste Typus einer unmittelbaren Schlußfolgerung geht so vor, daß er die Subjekts- und Prädikatsausdrücke einer Proposition

Konversion

einfach miteinander austauscht. Man nennt dies *Konversion*; sie ist vollkommen gültig im Fall von E- und I-Propositionen. So kann man ganz klar die Proposition „Kein Mensch ist ein Engel" zum Ausdruck bringen, um dieselbe Feststellung zu äußern wie „Kein Engel ist ein Mensch", und jede der beiden Propositionen kann gültig von der anderen mit Hilfe einer unmittelbaren Schlußfolgerung, genannt Konversion, abgeleitet werden. Gleichermaßen klar ist, daß „Einige Schriftsteller sind Frauen" und „Einige Frauen sind Schriftsteller" logisch äquivalent sind, so daß mit Hilfe der Konversion jede der beiden Propositionen gültig von der anderen abgeleitet werden kann. Von einer kategorischen Proposition in Standardform heißt es, sie sei

Konverse

die *Konverse* einer anderen, wenn sie durch einfachen Austausch der Subjekts- und Prädikatsausdrücke der anderen Proposition gebildet wird. So ist „Kein Idealist ist Politiker" die konverse Proposition von „Kein Politiker ist Idealist"; jeder der beiden Propositionen kann von der anderen mit Hilfe der Konversion gültig abgeleitet werden.

Die Konverse einer A-Proposition hingegen folgt im allgemeinen nicht mit Gültigkeit aus der A-Proposition. Nehmen wir „Alle Hunde sind Lebewesen" als unsere Ausgangsproposition, so folgt die Konverse „Alle Lebewesen sind Hunde" keineswegs aus derselben: Die Ausgangsproposition ist wahr, ihre Konverse hingegen falsch. Diese Tatsache ist der traditionellen Logik natürlich nicht entgangen, doch sie hat behauptet, etwas der Konversion sehr Ähnliches sei für die A-Proposition gültig. Man nannte dies

Konversion durch Limitation

‚Konversion durch Limitation' (oder *per accidens*). Diese geht so vor, daß sie die Subjekts- und Prädikatsausdrücke miteinander vertauscht und die Quantität der Proposition vom Allgemeinen zum Partikulären ändert. So behauptete man, daß aus der Prämisse „Alle Hunde sind Lebewesen" die Konklusion „Einige Lebewesen sind Hunde" gültig abgeleitet werden könnte, wobei man diese Schlußfolgerung *Konversion durch Limitation* nannte.

Schließlich sollte beachtet werden, daß die Konversion einer O-Proposition im allgemeinen nicht gültig ist. Denn die wahre O-Proposition „Einige Lebewesen sind nicht Hunde" hat als ihre Konverse die falsche Proposition „Einige Hunde sind nicht Lebewesen". Wir ersehen daraus also, daß eine O-Proposition und ihre Konverse im allgemeinen nicht miteinander äquivalent sind.

In einer durch Konversion vorgenommenen unmittelbaren Schlußfolgerung wird für die Prämisse der Ausdruck ,Konvertend' und für die Konklusion der Ausdruck ,Konverse' gebraucht. Traditionell gilt die folgende Übersicht als eine vollständige Darstellung gültiger Konversionen: *Konvertend*

Konverse

Konversionen

Konvertend	*Konverse*
A: Alle S sind P	I: Einige P sind S (durch Limitation)
E: Kein S ist P	E: Kein P ist S
I: Einige S sind P	I: Einige P sind S
O: Einige S sind nicht P	(nicht gültig)

Die Konverse einer gegebenen Proposition enthält genau dieselben Ausdrücke wie die gegebene Proposition (wobei ihre Reihenfolge umgekehrt ist) und sie hat auch dieselbe Qualität.

Der nächste hier zu diskutierende Typus einer nicht vermittelten Schlußfolgerung wird *Obversion* genannt. Bevor wir diesen Ausdruck erklären, dürfte es hilfreich sein, kurz auf den Begriff der „Klasse" zurückzukommen und einige neuere Vorstellungen einzuführen, welche uns die Diskussion der Obversion erleichtern werden. Eine Klasse ist die Ansammlung aller Objekte, welche ein bestimmtes gemeinsames Attribut besitzen, das wir als *das klassenbestimmende Merkmal* bezeichnen. So ist die Klasse aller menschlichen Wesen die Ansammlung aller derjenigen Dinge, welche das Merkmal, menschlich zu sein, besitzen. Dabei braucht das klassendefinierende Merkmal nicht ein „einfaches" Attribut zu sein, denn *jedes* Attribut determiniert eine Klasse. So bestimmt das komplexe Attribut, linkshändig, rothaarig und Student zu sein, eine Klasse – die Klasse aller linkshändigen, rothaarigen Studenten. *Klasse*

Mit jeder Klasse ist eine komplementäre Klasse oder ein *Komplement* verbunden, welche die Ansammlung aller derjenigen Dinge ist, welche *nicht* zu der ursprünglichen Klasse gehören. So ist das Komplement der Klasse aller *Komplement*

Menschen die Klasse aller Dinge, welche nicht Menschen sind. Das klassendefinierende Merkmal der komplementären Klasse ist das (negative) Attribut *kein Mensch sein*. Das Komplement der Klasse aller Menschen enthält keine Menschen, doch alles übrige: Schuhe, Schiffe, Siegelwachs und Kohl – doch keine Könige, da Könige Menschen sind. Gelegentlich ist es von Vorteil, als Komplement der Klasse aller Menschen ‚die Klasse aller Nicht-Menschen' zu nennen. Das Komplement der Klasse, welche von dem Ausdruck S bezeichnet wird, wird in diesem Falle mit dem Ausdruck Non-S bezeichnet, so daß wir den Ausdruck Non-S als das Komplement des Ausdrucks S ansehen können. Wir verwenden hier den Ausdruck „Komplement" in zweifacher Bedeutung: einmal in dem Sinne des Klassenkomplements, zum anderen in dem Sinne des Komplements des Ausdrucks. Beide Bedeutungen sind, obwohl voneinander verschieden, doch eng miteinander verbunden. Ein Ausdruck ist das (Ausdrucks-) Komplement eines anderen genau dann, wenn der erstgenannte Ausdruck das (Klassen-)Komplement der Klasse bezeichnet, welche von dem zweitgenannten Ausdruck bezeichnet wird. Man beachte, daß genauso wie eine Klasse das (Klassen-) Komplement seines eigenen Komplementes ist, auch ein Ausdruck das (Ausdrucks-) Komplement seines eigenen Komplementes ist. Hier ist eine Art „doppelt negativer" Regel involviert, so daß wir keine Reihen von „Nicht-S" benötigen, welche dem Ausdruck vorhergehen. So würden wir als Komplement des Ausdrucks „Wähler" „Nicht-Wähler" schreiben; doch das Komplement des letzteren nennen wir besser „Wähler" als „Nicht-Nicht-Wähler". Man muß sich sorgfältig davor hüten, konträre mit komplementären Ausdrücken zu verwechseln, wie z.B. bei der Identifikation von „Feiglingen" mit „Nicht-Helden". Die Ausdrücke „Feigling" und „Held" sind konträrer Natur, insofern keine Person zugleich ein Feigling und ein Held sein kann, doch braucht nicht jeder – und sicher nicht jedes Ding – entweder das eine oder das andere zu sein. So ist das Komplement des Ausdruckes „Gewinner" nicht „Verlierer", sondern „Nicht-Gewinner", denn obwohl nicht alles – und nicht jeder – entweder ein Gewinner oder ein Verlierer ist, so ist doch absolut alles entweder ein Gewinner oder ein Nicht-Gewinner.

Nun, da wir verstehen, was mit dem Komplement eines Ausdrucks gemeint ist, läßt sich der Vorgang der Obversion leicht beschreiben. In einer Obversion verbleibt der Subjektsausdruck unverändert, desgleichen die Quantität der Proposition, welche einer Obversion unterzogen wird. Um eine Proposition einer Obversion zu unterziehen, ändern wir ihre Qualität und ersetzen den Prädikatsausdruck durch sein Komplement. So ist die Obverse der A-Proposition

Obversion

Alle Einwohner sind Wähler.

die E-Proposition

Kein Einwohner ist ein Nicht-Wähler.

Es ist klar, daß diese beiden Propositionen logisch miteinander äquivalent sind, jede der beiden kann gültig aus der anderen abgeleitet werden. Obversion ist eine gültige unmittelbare Schlußfolgerung, wenn sie auf eine kategorische Proposition in Standardform angewendet wird. So ist die Obverse der E-Proposition

Kein Schiedsrichter ist Parteigänger.

die logisch äquivalente A-Proposition

Alle Schiedsrichter sind Nicht-Parteigänger.

In ähnlicher Weise ist die Obverse zu der I-Proposition

Einige Metalle sind (elektrische) Leiter.

die O-Proposition

Einige Metalle sind nicht Nicht-Leiter.

Und schließlich hat die O-Proposition

Einige Nationen sind nicht kriegführend.

als ihre Obverse die I-Proposition

Einige Nationen sind nicht-kriegführend.

Obvertend

Obverse

Der Ausdruck *Obvertend* wird zur Bezeichnung der Prämisse einer auf der Grundlage der Obversion vorgenommenen unmittelbaren Schlußfolgerung verwendet, während der Ausdruck *Obverse* die Konklusion bezeichnet. Jede kategorische Proposition in Standardform ist logisch äquivalent mit ihrer Obverse, so daß die Obversion eine gültige Form der unmittelbaren Schlußfolgerung für jede kategorische Proposition in Standardform darstellt. Um die Obverse einer Proposition zu erhalten, lassen wir die Quantität und den Subjektsausdruck unverändert, ändern die Qualität der Proposition und ersetzen den Prädikatsausdruck durch sein Komplement. Die folgende Tafel gibt einen vollkommenen Überblick über alle gültigen Obversionen:

Obversionen

Obvertend	*Obverse*
A: Alle S sind P	E: Kein S ist Nicht-P
E: Kein S ist P	A: Alle S sind Nicht-P
I: Einige S sind P	O: Einige S sind nicht Nicht-P
O: Einige S sind nicht P	I: Einige S sind Nicht-P

Die dritte Spielart einer unmittelbaren Schlußfolgerung, die wir zu diskutieren haben, führt keine neuen Prinzipien ein, denn sie kann in gewissem Sinne auf die beiden erstgenannten zurückgeführt werden. Um das *Entgegengesetzte* zu einer gegebenen Proposition zu formulieren, ersetzen wir ihren Subjektsausdruck durch das Komplement ihres Prädikatsausdrucks und ersetzen ihren Prädikatsausdruck durch das Komplement ihres Subjektsausdrucks. So ist das Entgegengesetzte der folgenden A-Proposition

Alle Mitglieder sind Wähler.

die A-Proposition

Alle Nicht-Wähler sind Nicht-Mitglieder.

Daß diese beiden Propositionen logisch miteinander äquivalent sind, wird sich aufgrund unmittelbarer Überlegungen als evident erweisen; es ist daher klar, daß die Entgegensetzung eine gültige Form der unmittelbaren Schlußfolgerung ist, wenn sie auf A-Propositionen angewendet wird. Die Entgegensetzung führt nichts Neues ein, denn wir können von jeder A-Proposition zu dem ihr Entgegengesetzten übergehen, indem wir zunächst eine Obversion vornehmen, sodann die Konversion und schließlich die Obversion erneut anwenden. Beginnen wir mit „Alle S sind P", so bilden wir die Obversion und erhalten „Kein S ist ein Nicht-P"; dies läßt sich gültig zu „Kein Nicht-P ist ein S" konvertieren; deren Obversion lautet „Alle Nicht-P sind Nicht-S". Das Entgegengesetzte einer jeden A-Proposition ist mithin die Obversion der Konversion der Obversion der betreffenden Proposition.

Die Entgegensetzung ist beim Umgang mit A-Proposition äußerst hilfreich. Sie ist jedoch auch eine gültige Form der unmittelbaren Schlußfolgerung, wenn man sie auf O-Propositionen anwendet. So lautet die Entgegensetzung der O-Proposition

Einige Studenten sind nicht Idealisten.

die ein wenig mühsame O-Proposition

Einige Nicht-Idealisten sind nicht Nicht-Studenten.

welche mit der erstgenannten Proposition logisch äquivalent ist. Ihre logische Äquivalenz läßt sich dadurch zeigen, daß man das Entgegengesetzte Schritt für Schritt durch Obversion, Konversion und wiederum durch Obversion herleitet, wie in der folgenden schematischen Herleitung: „Einige S sind nicht P" wird durch Obversion zu „Einige S sind Nicht-P", welches durch Konversion zu „Einige Nicht-P sind S" wird, und durch Obversion zu „Einige Nicht-P sind nicht Nicht-S" (dem Entgegengesetzten) wird.

Entgegensetzung ist im allgemeinen für I-Propositionen nicht gültig. Dies wird einsichtig, wenn man sich vergegenwärtigt, daß die wahre I-Proposition

Einige Bürger sind Nicht-Gesetzgeber.

als Entgegensetzung die falsche Proposition besitzt:

Einige Gesetzgeber sind Nicht-Bürger.

Der Grund für den Umstand, daß die Entgegensetzung generell nicht gültig ist, wenn man sie auf I-Propositionen
anwendet, wird einsichtig, wenn man versucht, die Entgegensetzung einer I-Proposition dadurch abzuleiten, daß man
sukzessive eine Obversion, eine Konversion und wiederum
eine Obversion vornimmt. Die Obverse der I-Proposition
„Einige S sind P" ist die O-Proposition „Einige S sind
Nicht-P", deren Konverse im allgemeinen nicht mit Gültigkeit aus ihr folgt.

Das Entgegengesetzte der E-Proposition „Kein S ist P" lautet „Kein Nicht-P ist ein Nicht-S", welche im allgemeinen
nicht gültig aus der ursprünglichen Proposition folgt, wie
sich an der folgenden E-Proposition zeigen läßt: Die E-Proposition

Kein Kämpfer ist ein Schwächling.

ist wahr, das ihr Entgegengesetzte

Kein Nicht-Schwächling ist ein Nicht-Kämpfer.

ist hingegen nicht wahr. Der Grund für die Ungültigkeit läßt
sich herausfinden, wenn man versucht, die Entgegensetzung einer E-Proposition durch die Reihenfolge Obversion,
Konversion und wiederum Obversion abzuleiten. Die Obverse der E-Proposition „Kein S ist P" ist die A-Proposition
„Alle S sind Nicht-P", welche im allgemeinen nicht gültig
konvertiert werden kann, außer durch Limitation. Konvertiert man sie mit Hilfe der Limitation in die Proposition „Einige Nicht-P sind S", dann läßt sich die letztgenannte durch
Obversion zu „Einige Nicht-P sind nicht Nicht-S" machen,
welche wir das ‚Entgegengesetzte durch Limitation' nennen können.

Man sieht also, daß die Kontraposition eine gültige Form
unmittelbaren Schlußfolgerns nur bei Anwendung auf A-
und O-Propositionen ist. Im Falle von I-Propositionen ist
Kontraposition überhaupt unzulässig, und für E-Propositionen ist sie nur mit Hilfe der Limitation gültig. Die Situation
läßt sich wiederum in Form einer Tafel wiedergeben:

Kontraposition

Prämisse	Entgegensetzungen
A: Alle S sind P	A: Alle Nicht-P sind Nicht-S
E: Kein S ist P	O: Einige Nicht-P sind nicht Nicht-S (durch Limitation)
I: Einige S sind P	(nicht gültig)
O: Einige S sind nicht P	O: Einige Nicht-P sind nicht Nicht-S.

Es gibt noch eine Reihe anderer Typen unmittelbarer Schlußfolgerungen, welche klassifiziert und mit speziellen Bezeichnungen versehen sind; doch da sie keine neuen Prinzipien implizieren, werden sie hier nicht diskutiert. Manche Fragen hinsichtlich der Beziehungen zwischen Propositionen lassen sich am besten durch Erfassen der verschiedenen unmittelbaren Schlußfolgerungen, welche aus der einen oder anderen von ihnen gezogen werden können, beantworten. Was z.B. läßt sich auf der Basis der Wahrheit der Proposition „Alle Chirurgen sind Ärzte" über die Wahrheit oder Falschheit der Proposition „Kein Nicht-Chirurg ist ein Nicht-Arzt" sagen? Hier ist es sehr hilfreich, so vorzugehen, daß man von den *gegebenen* Propositionen soviele gültige Schlußfolgerungen wie möglich ableitet, um zu sehen, ob die problematische Proposition – oder ihr kontradiktorisches oder konträres Gegenteil – gültig aus der betreffenden gegebenen Proposition, die als wahr angesehen wird, folgt. Wenn in unserem Beispiel gilt: „Alle S sind P", so leiten wir daraus gültig die entgegengesetzte Proposition „Alle Nicht-P sind Nicht-S" ab; hieraus ergibt die Konversion durch Limitation „Einige Nicht-S sind Nicht-P". Dies ist im Sinne der traditionellen Logik eine gültige Schlußfolgerung aus der gegebenen Proposition und daher wahr. Nach Maßgabe des Logischen Quadrates hingegen ist sie das kontradiktorische Gegenteil der problematischen Proposition „Kein Nicht-S ist ein Nicht-P", welche daher nicht mehr problematisch ist, sondern als falsch erkannt ist.

Übungsaufgabe 8:

8.1   *Was kann, wenn die Proposition „Alle Sozialisten sind*
      Pazifisten" wahr ist, im Hinblick auf die Wahrheit oder
      Falschheit der folgenden Propositionen abgeleitet
      werden?
      1) Einige Nicht-Pazifisten sind nicht Nicht-Sozialisten.
      2) Kein Sozialist ist ein Nicht-Pazifist.
      3) Alle Nicht-Sozialisten sind Nicht-Pazifisten.
      4) Kein Nicht-Pazifist ist ein Sozialist.
      5) Kein Nicht-Sozialist ist ein Nicht-Pazifist.

8.2   *Was kann, wenn die Proposition „Kein Wissenschaftler*
      ist ein Philosoph" wahr ist, hinsichtlich der Wahrheit
      oder Falschheit der folgenden Propositionen abgelei-
      tet werden?
      1) Kein Nicht-Philosoph ist ein Wissenschaftler.
      2) Einige Nicht-Philosophen sind nicht Nicht-Wissen-
      *   schaftler.*
      3) Alle Nicht-Wissenschaftler sind Nicht-Philosophen.
      4) Kein Wissenschaftler ist ein Nicht-Philosoph.
      5) Kein Nicht-Wissenschaftler ist ein Nicht-Philosoph.

8.3   *Wenn die Proposition „Einige Heilige waren Märty-*
      rer" wahr ist, was läßt sich daraus hinsichtlich der
      Wahrheit oder Falschheit der folgenden Propositionen
      ableiten?
      1) Alle Heiligen waren Märtyrer.
      2) Einige Nicht-Märtyrer waren nicht Nicht-Heilige.
      3) Kein Nicht-Heiliger war ein Märtyrer.
      4) Einige Nicht-Märtyrer waren Heilige.
      5) Einige Märtyrer waren nicht Nicht-Heilige.

8.4   *Wenn die Proposition „Einige Kaufleute sind nicht Pi-*
      raten" wahr ist, was läßt sich daraus hinsichtlich der
      Wahrheit oder Falschheit der folgenden Propositionen
      ableiten?
      1) Einige Nicht-Piraten sind nicht Nicht-Kaufleute.
      2) Kein Nicht-Kaufmann ist ein Pirat.
      3) Kein Pirat ist ein Nicht-Kaufmann.
      4) Alle Kaufleute sind Nicht-Piraten.
      5) Alle Nicht-Piraten sind Nicht-Kaufleute.

Anmerkungen zu den Kurseinheiten 1 + 2

1 Peter McGrath, *The Chronicle of Books and Arts*, 9. Juli 1979, S. 11.
2 David Ricardo, *On the Principles of Political Economy and Taxation (1817)*.
3 Sprüche 4, 7.
4 U.T. Place, „Is Consciousness a Brain Process?" *The British Journal of Psychology,* Februar 1956.
5 Mim Kelber, „Carter and Women". In: *The Nation*, 14. Juni 1980, S. 710.
6 Thomas v. Aquin, *Summa Theologica* I/II, qu. 96, art. 2.
7 *A.a.O.*, art. 3.
8 Alvin, B. Webb, United Press International Report, *Honolulu Advertiser*, 2. Oktober 1980, S. 4.
9 Richter Douglas in der Streitsache *Zorach gegen Clauson*, 343 U. S. 306 (1952).
10 H. Alfven, „Antimatter and Cosmology". In: *Scientific American,* Bd. 216 (April 1967).
11 Ludwig v. Mises, *Human Action, A Treatise on Economics.*
12 *The Harvard Medical School Health Letter*, April 1979, S. 2.
13 George V. Higgins, *The Friends of Eddie Coyle*, S. 121.
14 C. I. Lewis, *Mind and the World-Order,* New York (Ch. Scribner's Sons) 1929, S. 3.
15 Monroe Beardsley, *Practical Logic.* Englewood Cliffs, N. J. (Prentice Hall, Inc.) 1950.
16 George Bernard Shaw, *Maxims for Revolutionists.*
17 William A. Stanmeyer, „Legal Education and Lawyers". In: *Intercollegiate Review*, Herbst 1979, S. 20.
18 Howard M. Singer, *Newsweek*, 24. Juli 1978, S. 7.
19 Richard Harris, „Reflections (Richard Helms)". In: *The New Yorker*, 10. April 1978, S. 54.
20 Sextus Empiricus, *Wider die Logiker.*
21 Blanchard Hiatt, *University of Michigan Research News*, Bd. 30, Nr. 8-9 (Aug./Sept. 1979), S. 5.
22 David Hume, *Eine Abhandlung über die menschliche Natur.*
23 Arthur Hertzburg, „The View from Cairo". In: *The New York Review of Books*, 26. Juni 1980, S. 45.
24 William Shakespeare, *Titus Andronikus*, 2. Akt, 2. Auftritt.
25 Graham Hugheys „How to Define the Crime". In: *The New York Review of Books*, 17. Mai 1979, S. 38.
26 B.E. Frye, „Notes from the Dean". Literature, Science, and Art. In: *The University of Michigan*, Frühjahr 1980, S.3.
27 Carl Sagan/ Frank Drake, „The Search for Extra-terrestrial Intelligence. In: *Scientific American*, Mai 1975.

28 Abraham Lincoln, Befehl an Generalmajor John C. Fremont, 15. Juni 1862.

29 Irving Kristol, Interview in *World Research INK,* Sept./Okt. 1979, S. 10.

30 Nick Eberstadt, „Has China Failed?" In: *The New York Review of Books*, 5. April 1979, S.37.

31 Ronald M. Deutsch, *The New Nuts Among the Berries.* Palo Alto, Kalifornien (Bull Publishing Co.) 1977, S. 157.

32 Irwin L. Kellner, „Don't Blame the Bankers". In: *Newsweek,* 16. Mai 1983, S. 10.

33 *The Collected Papers of Abraham Lincoln*, hrsg. v. R. Basler, New Brunswick, N.J. (Rutgers Univ. Press) 1953, Bd. II, S. 547, Bd. III, S. 16.

34 Richard Whately, *Elements of Logic.* London (B. Fellowes), 1862.

Antworten zu den Übungsaufgaben

Übungsaufgabe 1

1.1 (K) Daß Richter in wichtigen Fällen ihr Amt lebenslang ausüben, ist eine fragwürdige Sache, denn (P) Körper und Geist altern gleichermaßen (Aristoteles, *Politik*, Buch II, Kap. 9).

1.2 (K) Jeder Versuch, logische Prinzipien auf etwas Prinzipielleres zu gründen, sei dies unser System kontingenter Regeln für den Sprachgebrauch oder irgendetwas Ähnliches, führt zwangsläufig zum Widerspruch. (P) Denn ein solcher Versuch besteht in der Ableitung von Konklusionen aus Prämissen; (P) die Möglichkeit solcher Ableitungen aber erfordert die vorherige Gültigkeit logischer Gesetze (David Mitchell, *An Introduction to Logic*).

1.3 (P) ... jedes Ding ist notwendig entweder in Bewegung oder in Ruhe; (P) ein Flugobjekt nimmt während seines Fluges stets den Raum ein, der seiner Ausdehnung entspricht. (P) Was aber stets einen Raum einnimmt, der seiner Ausdehnung entspricht, befindet sich nicht in Bewegung; (K) es ist daher in Ruhe (H. D. P. Lee, *Zeno of Elea*).

1.4 (K) "Wie bei allen Göttern wußten Sie das alles, Herr Holmes?" fragte er. "Wie wußten Sie z. B., daß ich körperliche Arbeit verrichtet habe? Dies ist so wahr wie das Evangelium, denn ich begann als Schiffszimmermann." (P) "Ihre Hände, mein lieber Herr. Ihre rechte Hand ist erheblich größer als Ihre linke. Sie haben mit ihr gearbeitet, die Muskeln sind stärker entwickelt ". (A. Conan Doyle, *The H.Red-Headed*).

1.5 (K) Der gesunde Verstand ist die bestverteilte Sache der Welt; (P) denn jedermann glaubt, so wohl damit versehen zu sein, daß selbst einer, der in allen anderen Dingen nur sehr schwer zufriedenzustellen ist, für gewöhnlich nicht mehr davon wünscht, als er besitzt (R. Descartes, *Abhandlung über die Methode*, 1. Teil).

Übungsaufgabe 2

2.1 (1) [Im wirklichen Alltagsleben gibt es keine Logik] (2) [denn das Leben ist der Logik übergeordnet] (Daisetz Teitaro Suzuki, *Essays in Zen Buddhism*).

2.2 (1) [Dichtung ist feiner und philosophischer als Geschichte;] (2) [denn Dichtung bringt das Allgemeine zum Ausdruck ,] (3) [Geschichte hingegen nur das Partikuläre] (Aristoteles, *Poetik*).

2.3 (1) [Wo immer Männer und Frauen ihren Besitz-stand einer wirtschaftlichen Entwicklung vor-ziehen und größeren Wert auf traditionelle Privilegien und Gebräuche als auf die Risiken und Unwägbarkeiten eines wirtschaftlichen Wan-dels legen, können Kapital und Wissenschaft nicht in vollem Maße als Entwicklungsinstru-mente greifen,] da (2) [die führenden Leute nicht nur nicht wissen, wie diese anzuwenden sind ,] ③ [sondern auch gar keinen Wunsch verspüren, dies zu tun] (Barbara Ward, *The Rich and the Poor Nations*).

2.4 ①[Gefängnisse sind ... notwendig.]②[Die Existenz von Gefängnissen und die Aussicht auf eine Gefängnisstrafe üben einen Abschrekkungseffekt aus und verhindern so , daß die Verbrechensrate ins Unermeßliche steigt.] ③ [Auch dienen Gefängnisse der melancholischen sozialen Aufgabe, die Jugend aggressiver Gesetzesbrecher abzuschöpfen und sie nach Verschwinden der für aggressives Verhalten notwendigen Vitalität der Gesellschaft zurückzugeben.] ④[Schließlich dienen Gefängnisstrafen dem moralisch einigenden und emotional entlastenden Zweck,durch Zeremonien sozialer Degradierung die gemeinsame Zurückweisung auszudrücken, welche die Leute eint und zugleich von den Kriminiellen trennt] (Graham Hughes, "American Terror",in:*The New York Review of Books*, 25. Januar 1979)

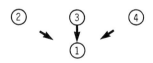

2.5 Da ①[Glückseligkeit im Seelenfrieden besteht,] und da ②[ein dauerhafter Seelenfrieden von dem Vertrauen abhängt, das wir in die Zukunft setzen,] und da ③[dieses Vertrauen auf dem Wissen beruht, welches wir von der Natur Gottes und der Seele haben sollen ,]

folgt, (4) daß[Wissen für wahre Glückseligkeit notwendig ist] (Gottfried Leibniz , *Ein-*
leitung in die allgemeine Wissenschaft).

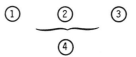

Übungsaufgabe 3

Übungsaufgabe 3

3.1: E   3.3: D   3.5: A
3.2: B   3.4: C

Übungsaufgabe 4

Übungsaufgabe 4

4.1 (1)[Diejenigen, die in einer kalten Klimazone
und in Europa leben, besitzen eine Menge Mut,]
(2)[ermangeln jedoch der Intelligenz und Geschicklichkeit;] deswegen (3)[bewahren sie
ihre Freiheit,] (4)[doch sie besitzen keine
politische Organisation] und sind (5)[nicht
in der Lage, über andere zu herrschen] (Aristoteles, *Politik*, Buch VII, Kap.7).

4.2 (1)[Es gibt in der Tat keinen strengen Beweis
dafür, daß außer dem Geist nichts existiert.]
Denn (2)[es könnte eine Form der Substanz
geben, welche wir noch nie erfahren oder uns
vorgestellt haben, die die Bedingungen einer
Substanz erfüllt und doch nicht-geistiger Natur ist.] (3)[Wir besitzen jedoch keinen positiven Grund für die Annahme, daß es eine
derartige Substanz gibt.] (4) Mithin [ist es
vernünftig,daraus zu folgern,daß alle Sub-

stanz geistiger Natur ist] (Frederick Copleston, A History of Philosophy).

4.3 ①[... Reichtum wird ausschließlich um etwas
anderen willen erstrebt ,] weil ②[er uns
als solcher nichts Gutes bringt, sondern nur
dann, wenn wir ihn für etwas anderes verwenden, sei es zur Unterstützung des Körpers
oder für einen ähnlichen Zweck.] ③[Nun wird
aber das höchste Gut um seiner selbst willen
erstrebt und nicht um eines anderen willen.]
④[Daher ist der Reichtum nicht des Menschen höchstes Gut] (Thomas von Aquin, Summa
contra gentiles).

4.4 ①[Wir betrachten die Zeit als etwas Geschaffenes; sie entsteht auf dieselbe Weise, wie
andere Akzidenzien und die Substanzen, welche
das Substrat für Akzidenzien bilden.] Aus
diesem Grunde, d. h., weil die Zeit zu den
geschaffenen Dingen gehört, ②[kann man
nicht sagen, Gott habe das Universum *am Anfang* erschaffen.] Man betrachte dies genau;
denn ③[wer dies nicht versteht, ist nicht
in der Lage, gewichtige Einwände gegen die
Theorie der Schöpfung aus dem Nichts zu widerlegen.] ④[Wenn man die Existenz der Zeit

vor der Schöpfung einräumt, ist man gezwungen, die Theorie der Ewigkeit der Welt zu akzeptieren.] Denn (5)[die Zeit ist ein Akzi-
denz und erfordert ein Substrat.] (6)[Man
wird daher annehmen müssen, daß etwas [aus-
serhalb Gottes] existiert hat, bevor dieses
Universum erschaffen worden ist, eine Annahme, der wir pflichtgemäß entgegenzutreten
haben] (Moses Maimonides, *Führer der Unschlüssigen*).

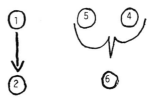

4.5   (1)[Die Mehrheit ... läßt sich von Leidenschaft und Vorurteil regieren; ihre zuverlässigsten Urteile verdanken sich mehr dem Instinkt denn rationaler Argumente.] (2)[Sie hat
sich in den Fragen nach dem Ursprung, der Natur und der Bedeutung des Universums eine
feste Meinung gebildet.] (3)[Sie weiß, wie das
Land regiert werden muß und aus welchen Gründen es auseinanderfallen wird.] (4) [Sie besitzt starke Ansichten über Erblichkeit, das
Vermeiden von Arbeitslosigkeit und über die
Erziehung der Kinder.] (5)Da [nur wenige, die
derartige Ansichten pflegen, die Autorität,
die Erkenntnis oder die Erfahrung, sich auszudrücken, besitzen,] folgt, daß (6)[viele
solcher Ansichten auf inadäquater Evidenz be-
ruhen] und (7) deshalb [insofern unvernünftig
sind.] (Giles St. Aubyn, *The Art of Argument*).

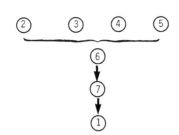

Übungsaufgabe 5

Übungsaufgabe 5

1) unverheirateter Mann   2) umfangreiche Mahl-
4) männliches Geschwister   zeit
7) weiblicher Nachkomme   5) junger Nachkomme
10) sehr großer Mann   8) weibliches Schaf
13) junges Schaf   11) junges weibliches
16) weibl. Elternteil   Wesen
19) weibliches Geschwister   14) weibliches Pferd
22) unverheiratete Frau   17) kleines Pferd
                                 20) kleine Mahlzeit
                                 23) männliches Pferd

3) junges männliches Wesen
6) junges Pferd
9) männlicher Elternteil
12) verheirateter Mann
15) sehr kleiner Mann
18) männliches Schaf
21) männlicher Nachkomme
24) verheiratete Frau

Übungsaufgabe 6

Übungsaufgabe 6

6.1 Obskur, verletzt Regel 4. Auch gibt sie nicht
     das Wesen an, welches darin besteht, sich in
     der Zeit zu ändern, und verletzt somit Regel 1.

6.2 Zirkulär; Regel 2.

6.3 Vielleicht zu eng in ihrer Behauptung, das
     Ziel der Tragödie sei die Reinigung von Furcht
     und Angst, was Regel 3 verletzen würde. Doch
     dürfte unter den Fachleuten die Zahl der Ver-
     teidiger der aristotelischen Definition so groß
     sein wie die Zahl ihrer Kritiker.

6.4 Negativ, wo sie bejahend sein könnte; Regel 5.
     Darüber hinaus zu weit, da unbeseelte Objekte
     jeglicher Intention entbehren; Regel 3.

6.5 Bildliche Sprache; Regel 4.

Übungsaufgabe 7

Übungsaufgabe 7

7.1 Argumentum ad hominem

7.2 Petitio principii

7.3 Äquivokation

7.4 Petitio principii

7.5 Argumentum ad hominem

Übungsaufgabe 8

8.1		8.2		8.3		8.4	
1.	F	1.	F	1.	U	1.	W
2.	W	2.	W	2.	U	2.	U
3.	U	3.	F	3.	U	3.	U
4.	W	4.	F	4.	U	4.	U
5.	F	5.	U	4.	W	5.	F

(W= wahr, F= falsch, U= unbestimmt)

Kurseinheit 3 + 4

Kurseinheit 3 + 4

Bibliographische Hinweise

1. J. M. Bochenski, *Formale Logik*, Freiburg/München 1956. Dies ist eine gründliche geschichtliche Einführung in die formale Logik, die, insofern sie sowohl die östliche als auch die abendländische Logik umfaßt, einzigartig ist.
2. Rudolf Carnap, *Einführung in die symbolische Logik*, 1954. Diese Einführung in die symbolische Logik ist dadurch ausgezeichnet, daß sie nicht nur ein brauchbares System der symbolischen Logik entwickelt, sondern auch auf (tatsächliche und mögliche) Anwendungen, nicht nur auf die Mengenlehre und Arithmetik, sondern auch auf Geometrie, Physik, Biologie und z. T. Anthropologie eingeht.
3. Alonzo Church, *Introduction to Mathematical Logic*, Bd. I, Princeton 1956. Dieses großartige Werk, verfaßt von einem der großen Logiker und Logikdidakten in den USA, ist sowohl geradezu ein Nachschlagewerk der Logik als auch ein hervorragendes Textbuch zu diesem Gegenstand. Sein Reichtum an Fußnoten macht es zu einer erstklassigen geschichtlichen Darstellung der Entwicklung der symbolischen Logik in diesem Jahrhundert.
4. W. V. O. Quine, *Methods of Logic*, Cambridge (Mass.) [4]1982. Dies ist ein einführendes Textbuch aus der Feder eines großen Stilisten, welches einen weitgespannten Raum abdeckt.
5. Ernst Schröder, *Vorlesungen über die Algebra der Logik*, 3 Bde, Leipzig 1890 – 95. Der Verfasser dieses umfangreichen grundlegenden Werks ist einer der Pioniere der symbolischen Logik, der die algebraische Entwicklung dieses Gegenstands weiter vorangebracht hat als irgendjemand sonst.

6. D. Hilbert und P. Bernays, *Grundlagen der Mathematik*, Berlin, Heidelberg, New York 1934, 1968. Diese beiden Bände enthalten scharfsinnige und weitreichende Anwendungen der symbolischen Logik auf die Grundlagen der Mathematik.

Lernziele der Kurseinheit 3 + 4

Das Studium der zweiten Kurseinheit soll den Studenten dazu befähigen:
– Argumente zu beweisen und zu widerlegen;
– sich des klassischen und modernen logischen Instrumentariums der syllogistischen Regeln und der syllogistischen Logik zu bedienen.

1. Widerlegung durch logische Analogie

Wir haben bereits in Kurseinheit 1+2 dargestellt, wie die Ungültigkeit einiger Arten von Argumenten gezeigt werden kann. Die Methoden, die wir dort erörterten, schließen auch den Hinweis auf eine Ambiguität ein, deren Gegenwart allein das Argument plausibel macht. Es zeigt sich, daß die Prämissen eher entworfen wurden, um Gefühle wachzurufen, als um Evidenz oder den Nachweis der Zirkularität des fraglichen Arguments anzubieten. Wir wollen nun eine Methode der Widerlegung eines Arguments durch logische Analogie vorstellen, die allgemeiner anwendbar ist als irgendeine verfügbare Methode.

Zwischen zwei Dingen besteht eine Analogie, wenn es ein Merkmal gibt, durch das sie sich ähnlich sind, auch wenn sie sich in anderen Hinsichten voneinander unterscheiden mögen. Eine *logische Analogie* besteht zwischen zwei *Argumenten*, wenn diese genau dieselbe Form oder dasselbe Muster aufweisen, auch wenn sie sich in ihrem Gehalt oder in ihrem Gegenstand unterscheiden mögen. Gültigkeit und Ungültigkeit sind rein *formale* Merkmale von Argumenten, das heißt, daß zwei Argumente, die genau dieselbe Form aufweisen, stets entweder beide gültig oder beide ungültig sind, ungeachtet jedweden Unterschiedes in ihrem Gegenstand, mit dem sie befaßt sind.

Logische Analogie von Argumenten: Formgleichheit

Um derart die Ungültigkeit eines gegebenen Arguments aufzuweisen, ist es hinreichend, ein anderes Argument zu finden (oder zu konstruieren), das genau dieselbe Form wie das gegebene hat, dessen Ungültigkeit jedoch deshalb *bekannt* ist, weil bekanntermaßen alle seine Prämissen wahr sind, seine Konklusion aber falsch ist. Beispiele dieser Widerlegung durch logische Analogie bieten die folgenden Texte:

Widerlegung aufgrund logischer Analogie: Verweis auf ein analogisches, ungültiges Argument

> 1. Bettelheim... ist wahrlich fest im Glauben. „Die Psychoanalyse" schreibt er, „ist ohne Zweifel die wertvollste psychotherapeutische Methode"; sie ist dies, weil sie so schwierig und zeitaufwendig ist. Dasselbe Argument beweist, daß das Modell T die beste Methode des Transportes auf Rädern ist... .[1]

> 2. Die Anhänger der Schöpfungstheorie unterstreichen oft, daß wir (Evolutionstheoretiker) nicht alles

erklären können. Als Äußerung einer Gruppe, von der viele schließen, daß sie gar nichts erklären kann, klingt dies seltsam. Heute die Evolutionstheorie deshalb abzulehnen, weil sie nicht alles erklären kann, wäre ebenso unsinnig, wie die etablierte Medizin auszuschalten, weil sie den gewöhnlichen Schnupfen nicht heilen kann.[2]

3. ... einige Menschen argumentieren, um vieles in der Gesellschaft sei es schlecht bestellt – und einiges davon sei zunehmend augenfällig – und daß, da wir Jahrzehnte ununterbrochenen Wachstums erlebt haben, das Wachstum die Ursache der verschiedenen sozialen und ökonomischen Malaisen sein müsse, die wir um uns wahrnehmen. Dies ist etwa genau so logisch, wie die Argumentation, alle Krankheiten der Gesellschaft müßten durch die Tatsache verursacht sein, daß die Menschen heute ihre Zähne länger putzen als früher.[3]

Im ersten Beispiel lautet Bettelheims Argument:

Die Psychoanalyse ist die schwierigste und zeitaufwendigste Methode der Psychotherapie.

Daher ist die Psychoanalyse die wertvollste psychotherapeutische Methode.

und Prescotts widerlegende Analogie lautet:

Das Modell T (Ford) ist die schwierigste und zeitaufwendigste Methode des Transports auf Rädern.

Daher ist das Modell T (Ford) die beste Methode des Transports auf Rädern.

Hier wissen wir, daß die Prämisse des Arguments von Prescott wahr ist (wenn wir einmal den Ochsenkarren und den Eselwagen ausschließen) und daß seine Konklusion falsch ist; wir wissen daher, daß das Argument ungültig ist; es besitzt jedoch genau dieselbe Form wie das Originalargument und stellt daher eine Widerlegung des Bettelheimschen Arguments durch logische Analogie dar.

Widerlegen Sie jedes der folgenden Argumente, das ungültig ist, durch die Methode der Konstruktion logischer Analogien:

1.1 Geschäftsführer sind aktive Gegner einer Steigerung der Korporationssteuer, denn alle aktiven Gegner einer Steigerung der Korporationssteuer sind Mitglieder der Handelskammer, und alle Mitglieder der Handelskammer sind Geschäftsführer.

1.2 Kein ohne ärztliche Verschreibung käufliches Arzneimittel ist süchtig machend, daher machen einige Narkotika nicht süchtig, denn einige Narkotika sind Arzneimittel, die ohne ärztliche Verschreibung käuflich sind.

1.3 Kein Republikaner ist Demokrat, daher sind einige Demokraten reiche Effektenmakler, da einige reiche Effektenmakler keine Republikaner sind.

1.4 Kein College-Absolvent ist schwachsinnig, da kein College-Absolvent ein Mensch ist, der einen IQ unter 70 hat, und alle Menschen mit einem IQ unter 70 schwachsinnig sind.

1.5 Einige TH-Studenten sind talentierte Physiker; daher sind einige TH-Studenten talentierte Mathematiker, da alle talentierten Mathematiker talentierte Physiker sind.

2. Kategorische Syllogismen

Syllogismen,
kategorische
Syllogismen und
kategorische
Syllogismen in
Standardform
Ein *Syllogismus* ist ein deduktives Argument, in dem eine Konklusion aus zwei Prämissen abgeleitet wird. Ein *kategorischer Syllogismus* ist ein deduktives Argument, das aus drei kategorischen Propositionen besteht, die genau drei Terme enthalten, von denen jeder in genau zwei der konstituierenden Propositionen vorkommt. Man sagt von einem kategorischen Syllogismus dann, er weise *Standardform* auf, wenn seine Prämissen und die Konklusion insgesamt kategorische Propositionen in Standardform und in einer spezifischen Standardreihenfolge angeordnet sind. Um diese Reihenfolge zu erläutern, wird es dienlich sein, die logischen Fachausdrücke für die Terme und Prämissen kategorischer Syllogismen zu erklären. Der Kürze halber werden wir uns auf kategorische Syllogismen einfach als auf Syllogismen beziehen, obwohl es noch weitere Arten gibt.

Prädikats- und
Subjektsbegriff
Die Konklusion eines Syllogismus in Standardform ist eine kategorische Proposition in Standardform, die zwei der drei Terme des Syllogismus enthält. Der Term, der als Prädikat der Konklusion auftritt, wird als *Prädikatsbegriff* (terminus major) des Syllogismus bezeichnet; den Term, der als Subjekt-Term der Konklusion auftritt, nennt man den *Subjektsbegriff* (terminus minor) des Syllogismus. So ist in dem Syllogismus in Standardform

Kein Held ist ein Feigling.
Einige Soldaten sind Feiglinge.
Daher sind einige Soldaten keine Helden.

Mittelbegriff
der Term „Soldaten" der *Subjektsbegriff* und der Term „Helden" der *Prädikatsbegriff*. Der dritte Term des Syllogismus, der in der Konklusion nicht auftritt, erscheint statt dessen in beiden Prämissen und wird als „Mittelbegriff" bezeichnet. In unserem Beispiel ist der Term „Feiglinge" der *Mittelbegriff*.

Prädikats- und
Subjektsprämisse
Der Prädikatsbegriff und der Subjektsbegriff eines Syllogismus in Standardform treten in einer je anderen Prämisse des Syllogismus auf. Die Prämisse, die den Prädikatsbegriff enthält, wird als Prädikatsprämisse bezeichnet, die Prämisse, die den Subjektsbegriff enthält, nennt man die Sub-

jektsprämisse. Im oben aufgestellten Syllogismus ist die Prädikatsprämisse „Kein Held ist ein Feigling" und die Subjektsprämisse „Einige Soldaten sind Feiglinge".

Nunmehr läßt sich das andere definierende Merkmal eines Syllogismus in Standardform nennen. Es besteht darin, daß die Prädikatsprämisse zuerst aufgestellt wird, sodann die Subjektsprämisse und zuletzt die Konklusion. Es sollte betont werden, daß die Prädikatsprämisse nicht nach Maßgabe ihrer Stellung definiert ist, sondern als diejenige Prämisse, die den Prädikatsbegriff enthält (der per definitionem das Prädikat der Konklusion ist). Und die Subjektsprämisse ist nicht nach Maßgabe ihrer Stellung definiert, sondern als diejenige Prämisse, die den Subjektsbegriff enthält (der als das Subjekt der Konklusion definiert ist).

Die Anordnung des kategorischen Syllogismus in Standardform

Der *Modus* eines Syllogismus in Standardform ist durch die Formen der kategorischen Propositionen in Standardform bestimmt, die er enthält. Er wird durch drei Buchstaben dargestellt, deren erster die Form der Prädikatsprämisse des Syllogismus benennt, während der zweite diejenige der Subjektsprämisse und der dritte diejenige der Konklusion benennt. Im Falle des vorangegangenen Syllogismus wird z.B. der Modus als E-I-O bezeichnet, denn seine Prädikatsprämisse ist eine E-Proposition, seine Subjektsprämisse eine I-Proposition und seine Konklusion eine O-Proposition.

Modus

Doch der Modus eines Syllogismus in Standardform kennzeichnet dessen Form nicht vollständig. Man betrachte die beiden folgenden Syllogismen (von denen der erste ungültig, der zweite gültig ist):

Unvollständigkeit der Kennzeichnung eines Syllogismus durch Angabe des Modus

Alle großen Wissenschaftler sind College-Absolventen.
Einige Profi-Sportler sind College-Absolventen.
Daher sind einige Profi-Sportler große Wissenschaftler.

und

Alle Künstler sind Egoisten.
Einige Künstler sind arm.
Daher sind einige Arme Egoisten.

Beide sind vom Modus A-I-I, weisen jedoch verschiedene
Formen auf. Am deutlichsten können wir die Unterschied-
lichkeit ihrer Form herausstellen, indem wir ihre logischen
„Skelette" aufzeigen und die Subjektsbegriffe mit S, die
Prädikatsbegriffe mit P und die Mittelbegriffe mit M abkürzen. Die Formen oder „Skelette" dieser beiden Syllogismen
lauten:

Alle P sind M.   Alle M sind P.

Einige S sind M.   Einige M sind S.

∴ Einige S sind P.   ∴ Einige S sind P.

Im Falle des ersten Syllogismus ist der Mittelbegriff das
Prädikat beider Prämissen, während im zweiten Fall der
Mittelbegriff das Subjekt beider Prämissen ist. Diese Bei-
spiele zeigen, daß, obwohl die Form eines Syllogismus zum
Teil dadurch beschrieben ist, daß man ihren Modus angibt,
Syllogismen, die den gleichen Modus haben, sich dennoch
in ihrer Form unterscheiden können, unabhängig von der
relativen Stellung der Mittelbegriffe.

Figur Die Form eines Syllogismus kann jedoch vollständig durch
die Angabe seines Modus und seiner *Figur* beschrieben
werden, wobei die Figur auf die Stellung des Mittelbegriffes in den Prämissen hinweist. Es ist deutlich, daß Syllogismen in vier verschiedenen Figuren auftreten können. Der
Mittelbegriff kann der Subjektsbegriff der Prädikatsprämisse und der Prädikatsbegriff der Subjektsprämisse oder
der Prädikats-Term beider Prämissen oder der Subjekts-
Term beider Prämissen oder der Prädikatsterm der Prädikatsprämisse und der Subjekt-Term der Subjektsprämisse
sein. Diese verschiedenen möglichen Stellungen des Mittelbegriffs konstituieren die jeweils erste, zweite, dritte und
vierte Figur. Sie werden in der folgenden Anordnung schematisch wiedergegeben, wobei nur die relativen Stellungen
der Begriffe gezeigt werden, während auf den Modus insofern nicht hingewiesen wird, als Quantoren und Copulae
nicht mit abgebildet werden.

M--P	P--M	M--P	P--M
S--M	S--M	M--S	M--S
∴S--P	∴S--P	∴S--P	∴S--P
Erste Figur	Zweite Figur	Dritte Figur	Vierte Figur

Die vollständige Beschreibung der Form eines Syllogismus in Standardform wird durch die Benennung seines Modus und seiner Figur angegeben. Dementsprechend wird jeder Syllogismus des Modus A-O-O in der zweiten Figur (kurz bezeichnet als A-O-O-2) die folgende Form aufweisen:

Vollständige Beschreibung der Form eines Syllogismus durch die Angabe von Modus und Figur

> Alle P sind M.
> <u>Einige S sind nicht M.</u>
> ∴Einige S sind nicht P.

Wenn wir von der unendlichen Vielfalt ihrer möglichen Gegenstände abstrahieren, dann gibt es viele verschiedene Formen von Syllogismen in Standardform. Sollte der Leser alle möglichen verschiedenen Modi aufzählen, indem er mit A-A-A, A-A-E, A-A-I, A-A-O, A-E-A, A-E-E, A-E-I, A-E-O, A-I-A ... beginnt und die Gesamtliste aufführt, dann wäre er am Ende angelangt, wenn er den Modus O-O-O erreicht hätte; er hätte dann 64 verschiedene Modi aufgezählt. Und da jeder Modus in Gestalt jeder der vier verschiedenen Figuren auftreten kann, muß es 256 verschiedene Formen geben, die ein Syllogismus in Standardform annehmen kann. Nur einigen wenigen von diesen kommt jedoch Gültigkeit zu.
Die Form eines Syllogismus ist vom Standpunkt der Logik her betrachtet dessen wichtigster Aspekt. Die Gültigkeit oder Ungültigkeit eines Syllogismus hängt allein von seiner Form ab und ist von seinem besonderen Gehalt oder Gegenstand völlig unabhängig.

Übungsaufgabe 2

Übungsaufgabe 2

Schreiben Sie jeden Syllogismus aus Übungsaufgabe 1 neu in Standardform und geben Sie jeweils Modus und Figur an.

3. Syllogistische Regeln und Fehlschlüsse

Es gibt verschiedene Weisen, wie ein Syllogismus seine Konklusion verfehlen kann. Wie das Reisen durch das Kartographieren von Autobahnen und das Kennzeichnen von ansonsten verführerischen Straßen als „Sackgassen" erleichtert wird, so kann die Schlüssigkeit eines Arguments erleichtert werden, indem bestimmte Regeln aufgestellt werden, die den Argumentierenden in den Stand setzen, Fehlschlüsse zu vermeiden. Der Vorteil, über einen klar festgelegten Satz leicht anwendbarer Regeln zu verfügen, ist offensichtlich. Jeder Syllogismus in Standardform kann bewertet werden, indem überprüft wird, ob die Regeln verletzt wurden oder nicht.

Die Anzahl der Terme im Syllogismus und deren univoke Verwendung

Regel 1: *Ein gültiger kategorischer Syllogismus in Standardform muß genau drei Terme enthalten, deren jeder über das gesamte Argument hinweg in der gleichen Bedeutung verwendet wird.*

„Fehlschluß der vier Terme"

Die Konklusion eines kategorischen Syllogismus sagt aus, daß zwischen zwei Termen eine bestimmte Beziehung besteht. Es ist deutlich, daß die Konklusion nur dann gerechtfertigt ist, wenn die Prämissen die Beziehung jedes der Terme der Konklusion zu ein und demselben dritten Term bejahen. Werden diese durch die Prämissen nicht bejaht, dann würde keine Verbindung zwischen den beiden Termen der Konklusion festgestellt und die Konklusion würde aus den Prämissen nicht folgen. Drei Terme müssen in jedem gültigen kategorischen Syllogismus enthalten sein, nicht mehr und nicht weniger. Jeder kategorische Syllogismus, der mehr als drei Terme enthält, ist ungültig; man sagt dann, daß in ihm der „Fehlschluß der vier Terme" begangen werde.

„Äquivokation"

Wird ein Term im Argument in unterschiedlichen Bedeutungen verwendet, dann wird er äquivok verwendet, der begangene Fehlschluß ist der der Äquivokation. Ein Beispiel ist das zur Zeit gebräuchliche Argument, mit dem Rußlands Abschuß eines koreanischen Linienflugzeuges bei Sacharin verteidigt wird:

Jede Bemühung, die die Spionage zwischen Nationen abbaut, ist eine Handlung, die von allen Nationen begrüßt werden sollte.

Das Vorgehen der UDSSR gegenüber dem koreanischen Flugzeug war eine Bemühung, Spionage zwischen Nationen abzubauen.

Daher war das Vorgehen der UDSSR gegenüber dem koreanischen Flugzeug ein Vorgehen, das von allen Nationen begrüßt werden sollte.

Es scheint so, als ob dieser Syllogismus nur drei Terme enthielte, es gibt jedoch in Wirklichkeit vier, da einer von diesen, der Mittelbegriff, in den beiden Prämissen in verschiedener Bedeutung verwendet wird. Die erste Prämisse kann nur dann als wahr akzeptiert werden, wenn der Begriff ,Bemühungen, Spionage zwischen Nationen abzubauen' als Bezeichnung für solche Vorgehensweisen wie das Vorschlagen des Abbaus der Spionage und das vertrauensvolle Aushandeln solcher gegenseitigen Handlungen gedeutet wird. Für die Wahrheit der zweiten Prämisse muß die Bedeutung des Ausdruckes ,Bemühungen, um die Spionage zwischen Nationen abzubauen' abgeändert werden, so daß sie das Abschießen unbewaffneter Zivilflugzeuge und den unterschiedslosen Verlust von Menschenleben mit einschließt. Wird der fragliche Begriff über das ganze Argument hinweg in derselben Bedeutung verstanden, dann wird die eine oder andere Prämisse offensichtlich falsch.

Argumente von dieser Art kommen öfter vor, als man vermuten mag. Im allgemeinen ist es die Bedeutung des Mittelbegriffes, die verändert wird – in der einen Richtung, um ihn mit dem Subjektsbegriff in Verbindung zu bringen, in einer anderen Richtung, um ihn auf den Prädikatsbegriff zu beziehen. Doch dies verbindet die beiden Begriffe der Konklusion mit zwei verschiedenen Begriffen, und so wird die Beziehung, die durch die Konklusion ausgesagt wird, nicht gesichert. Obwohl man hier zuweilen vom Fehlschluß des zweideutigen Mittelbegriffs spricht, ist diese Bezeichnung nicht allgemein anwendbar, da statt dessen die Bedeutung eines der anderen Termini verändert werden kann, und dies würde den gleichen Fehler darstellen.

So wie wir den Begriff ‚kategorischer Syllogismus' in Kapitel 2 definiert haben, enthält jeder Syllogismus per definitionem drei Terme. Der Fehlschluß der Äquivokation wurde bereits in der ersten Einheit erläutert und vor ihm gewarnt. Doch manchmal ist die Definition des Begriffs ‚Syllogismus' weiter. Und die Regel 1 ist Teil der traditionellen syllogistischen Logik. Im gegenwärtigen Kontext kann sie einfach als ein Erinnerungszeichen betrachtet werden, um sicherzustellen, daß das bewertete Argument wirklich ein Syllogismus ist. Und der ‚Fehlschluß der vier Terme' ist unser Etikett für einen Syllogismus, der den Fehlschluß der Äquivokation begeht.

Die Distribution des Mittelbegriffs

Regel 2:   *In einem gültigen kategorischen Syllogismus in Standardform muß der Mittelbegriff in zumindest einer Prämisse distribuiert sein.*

Betrachten Sie den folgenden kategorischen Syllogismus in Standard-Form:

Alle Hunde sind Säugetiere.
Alle Katzen sind Säugetiere.
Daher sind alle Katzen Hunde.

„Fehlschluß des undistribuierten Mittelbegriffs"

Der Mittelbegriff ‚Säugetiere' ist in keiner der beiden Prämissen verteilt, und dies verletzt Regel 2. Von jedem Syllogismus, der die Regel 2 verletzt, sagt man, er begehe den Fehlschluß des undistribuierten Mittelbegriffs. Die folgenden Überlegungen dürften verdeutlichen, daß jeder Syllogismus, der diese Regel verletzt, ungültig ist. Die Konklusion jedes Syllogismus behauptet eine Verbindung zwischen zwei Termen. Die Prämissen rechtfertigen die Behauptung solch einer Verbindung nur dann, wenn sie aussagen, daß jeder der beiden Terme mit einem dritten Term derart verbunden ist, daß die ersten beiden in der richtigen Art und Weise untereinander durch oder vermittels des dritten verbunden sind. Damit die beiden ersten Terme der Konklusion wirklich durch den dritten miteinander verbunden sind, muß zumindest einer von ihnen auf die *Gesamt-*

klasse bezogen sein, die durch den dritten oder den Mittelbegriff bezeichnet wird. Sonst kann jeder mit einem anderen Teil jener Klasse verbunden sein, und beide sind nicht
notwendig überhaupt miteinander verbunden. Gerade dies
geschieht offensichtlich im angeführten Beispiel. Hunde
sind ein Teil der Gesamtklasse der Säugetiere, und auch
Katzen sind in einem Teil der Klasse der Säugetiere eingeschlossen. Doch es mag hier (und in diesem Falle ist es so)
um verschiedene Teile dieser Klasse gehen, so daß der Mittelbegriff den Prädikats- und Subjektsbegriff des Syllogismus nicht miteinander verbindet. Damit diese Verbindung
zustande kommt, muß sich zumindest eine Prämisse auf die
*Gesamt*klasse beziehen, die durch den Begriff bezeichnet
wird, und d.h., daß der Mittelbegriff eines gültigen Syllogismus in zumindest einer Prämisse distribuiert sein muß.

Regel 3:   *In einem gültigen kategorischen Syllogis-*   *Distribution der*
mus in Standardform muß jeder Term,   *Terme in der*
wenn er in der Konklusion distribuiert ist,   *Konklusion und*
auch in den Prämissen distribuiert sein.   *den Prämissen*

In einem gültigen Argument folgt die Konklusion logisch
aus den Prämissen. Die Konklusion eines gültigen Argumentes kann über das, was in den Prämissen (implizit) enthalten ist, nicht hinausreichen oder nicht mehr behaupten,
als in den Prämissen enthalten ist. Das Argument ist ungültig, wenn die Konklusion illegitimerweise über das, was
durch die Prämissen behauptet wird, ‚hinausreicht‘. Es ist
ein ‚unerlaubter Vorgang‘, wenn die Konklusion über ihre
Begriffe mehr besagt, als es die Prämissen tun. Eine
Konklusion, die einen ihrer Terme distribuiert, sagt über die
Klasse, die durch diesen Term bezeichnet wird, mehr, als
sie sagen würde, wenn der Term durch sie nicht distribuiert
wäre. Der Bezug auf *alle* Mitglieder einer Klasse besagt
mehr als der Bezug auf nur einige ihrer Mitglieder. Distribuiert daher die Konklusion eines Syllogismus einen Term,
der in den Prämissen nicht distribuiert wurde, dann sagt sie
über ihn mehr aus, als die Prämissen abdecken, und der Syllogismus ist ungültig. Solch ein unerlaubter Vorgang kann
sowohl im Falle des Prädikats- als auch im Falle des Subjektsbegriffes auftreten. Man belegt die beiden betreffenden
Fehlschlüsse mit besonderen Bezeichnungen.

„Fehlschluß des
unerlaubten Prä-
dikatsbegriffs"

Wenn ein Syllogismus seinen Prädikatsbegriff in der Prädikatsprämisse undistribuiert, in der Konklusion jedoch distribuiert enthält, dann sagt man, das Argument begehe den
‚Fehlschluß des unerlaubten Prozesses des Prädikatsbegriffes' (oder kürzer: des ‚unerlaubten Prädikatsbegriffes'). Ein
Beispiel für diesen Fehlschluß ist das folgende:

> Alle Hunde sind Säugetiere.
> Keine Katze ist ein Hund.
> Daher ist keine Katze ein Säugetier.

Diese Konklusion behauptet etwas über alle Säugetiere,
wenn sie sagt, daß diese alle aus der Klasse der Katzen ausgeschlossen seien. Doch die Prämissen behaupten nichts
über alle Säugetiere; daher reicht die Konklusion unerlaubterweise über das, was die Prämissen behaupten, hinaus. Da
‚Säugetiere' der Prädikatsbegriff ist, liegt hier der Fehlschluß des unerlaubten Prädikatsbegriffes vor.

„Fehlschluß des
unerlaubten
Subjektsbegriffs"

Enthält ein Syllogismus seinen Subjektsbegriff undistribuiert in seiner Subjektsprämisse, jedoch distribuiert in seiner
Konklusion, dann begeht das Argument den ‚Fehlschluß
des unerlaubten Prozesses des Subjektsbegriffs' (oder kürzer: des ‚unerlaubten Subjektsbegriffes'). Ein Beispiel für
diesen Fehlschluß lautet:

> Alle Opium-Derivate sind illegale Stoffe.
> Alle Opium-Derivate machen süchtig.
> Daher sind alle süchtig machenden Gifte ille-
> gale Stoffe.

Die Konklusion behauptet hier etwas über alle süchtig machenden Gifte. Doch die Prämissen behaupten nichts über
alle süchtig machenden Gifte; daher reicht die Konklusion
unerlaubterweise über dasjenige hinaus, was die Prämissen
abdecken. Da sie in dem, was sie über den Subjektsbegriff
behauptet, über die Prämissen hinausreicht, handelt es sich
um den Fehlschluß des unerlaubten Prozesses des Subjektsbegriffes.

Negative
Prämissen

Regel 4: *Kein kategorischer Syllogismus in Standardform ist gültig, der zwei negative
Prämissen enthält.*

Wir können verstehen, daß man dieser Regel folgen muß, wenn wir uns daran erinnern, was negative Propositionen behaupten. Jede negative Proposition (E oder O) verneint einen Klasseneinschluß, indem sie behauptet, daß eine Klasse in Teilen oder als ganze von der Gesamtheit einer anderen ausgeschlossen ist. Wenn S, P und M jeweils der Subjektsbegriff, der Prädikatsbegriff und der Mittelbegriff sind, dann können zwei negative Prämissen nur behaupten, daß S insgesamt oder teilweise aus der Gesamtheit oder einem Teil von M ausgeschlossen ist, und daß P insgesamt oder teilweise von der Gesamtheit oder einem Teil von M ausgeschlossen ist. Doch diese Bedingungen können sehr wohl gelten, ganz gleich wie S und P aufeinander bezogen sind, sei es nun durch Inklusion oder Exklusion, partiell oder insgesamt. Daher kann aus zwei negativen Prämissen keine irgendwie geartete Beziehung zwischen S und P gültig abgeleitet werden. Von jedem Syllogismus, der die Regel 4 verletzt, sagt man, er begehe den ‚Fehlschluß der ausschließenden Prämissen'.

„Fehlschluß der ausschließenden Prämissen"

Regel 5: *Ist eine der Prämissen eines gültigen kategorischen Syllogismus in Standardform negativ, dann muß auch die Konklusion negativ sein.*

Negative Konklusion bei einer negativen Prämisse

Eine bejahende Konklusion behauptet, daß eine Klasse entweder insgesamt oder teilweise in einer zweiten enthalten ist. Diese kann nur durch Prämissen gerechtfertigt werden, die behaupten, daß es eine dritte Klasse gibt, die die erste enthält, und die selbst in der zweiten enthalten ist. Mit anderen Worten, damit auf eine bejahende Konklusion geschlossen werden kann, müssen beide Prämissen die Klasseninklusion behaupten. Doch Klasseninklusion kann nur durch bejahende Propositionen ausgesagt werden. Daher folgt eine bejahende Konklusion logisch nur aus zwei bejahenden Prämissen. Ist somit nur eine der Prämissen negativ, dann kann die Konklusion nicht bejahend sein, sondern muß ebenfalls negativ sein. Argumente, die diese Regel verletzen, sind so unplausibel, daß man ihnen in ernsthaften Diskussionen nur sehr selten begegnet. Von jedem Syllogismus, der die Regel 5 verletzt, kann man sagen, er begehe den Fehlschluß, aus einer negativen Prämisse auf eine bejahende Konklusion zu schließen.

„Fehlschluß der bejahenden Konklusion aus einer negativen Prämisse"

Zumindest eine
negative Prämisse
bei negativer
Konklusion

Regel 6: *Ist die Konklusion eines gültigen katego-*
rischen Syllogismus in Standardform ne-
gativ, dann muß eine der Prämissen
negativ sein.

Diese letzte Regel erklärt sich weitgehend aus derselben
Begründung heraus, auf die wir uns auch bei der Erörterung
von Regel 5 beriefen. Ist die Konklusion negativ, dann *ver-*
neint sie die Inklusion. Doch bejahende Prämissen *bejahen*
die Inklusion, und man kann daher nicht aus ihnen auf eine
negative Konklusion schließen. Diese zusätzliche Regel ist
sowohl notwendig als auch hinreichend, um die traditionelle oder aristotelische Darstellung des kategorischen Syllogismus zu vervollständigen.

Übungsaufgabe 3   **Übungsaufgabe 3:**

3.1   Überprüfen Sie die Gültigkeit der Syllogismen der
Übungsaufgabe 1, indem Sie sich der syllogistischen
Regeln bedienen, und benennen Sie gegebenenfalls
die Fehlschlüsse, die in diesen begangen werden.

3.2   Welche Fehlschlüsse begehen bzw. welche syllogisti-
schen Regeln brechen die ungültigen Syllogismen der
folgenden Formen:

1. A-A-A-2   2. E-A-A-1   3. I-A-O-3

4. O-E-O-4   5. A-A-A-3   6. I-A-I-2

3.3   Nennen Sie die Fehlschlüsse und die syllogistischen
Regeln, die durch die folgenden Syllogismen, die un-
gültig sind, begangen bzw. gebrochen werden.

3.3.1 Da alles Wissen von den Sinneseindrücken herstammt
und da es keinen Sinneseindruck der Substanz selbst
gibt, folgt logisch, daß es kein Wissen der Substanz
gibt.

Robert M. Pirsing, *Zen und die Kunst des Mo-*
torradfahrens

3.3.2 Zu Eigennamen gibt es keine kontradiktorischen Ge-
genstücke; zu allen prädizierbaren Ausdrücken gibt
es hingegen das jeweilige kontradiktorische Gegen-
stück; daher ist kein Eigenname prädizierbar.

> Peter Thomas Geach, *Reference und*
> *Generality*

3.3.3 Barcelona Traction war nicht in der Lage, Zinsen auf
seine Schulden zu zahlen; bankrotte Gesellschaften
sind nicht in der Lage, Zinsen auf ihre Schulden zu
zahlen; daher muß Barcelona Traction bankrott sein.

> John Brooks, „Annals of Finance", *The New*
> *Yorker, 28. Mai 1979*

3.3.4 Es scheint, daß Gott keine Barmherzigkeit zukommen
kann. Denn Barmherzigkeit ist eine Art von Traurig-
keit, wie Johannes von Damaskus sagt. Traurigkeit
aber gibt es in Gott nicht, also auch keine Barmher-
zigkeit.

> Thomas von Aquin, *Summa Theologica*, I,
> q 21, art.3

3.3.5 ...denn intensive Wärme ist nichts anderes als eine
besondere Art schmerzhafter Empfindung, und
Schmerz kann nur in einem wahrnehmenden Wesen
existieren; es folgt, daß intensive Wärme in einer
nicht wahrnehmenden körperlichen Substanz nicht
wirklich existieren kann.

> George Berkeley, *Three Dialogues between*
> *Hylas and Philonous, In Opposition to Scep-*
> *tics and Atheists*

3.4 Beantworten Sie die folgenden Fragen durch Rekurs
auf die syllogistischen Regeln. (Achten Sie darauf,
sämtliche möglichen Fälle in Betracht zu ziehen).

3.4.1 Kann irgendein kategorischer Syllogismus in Stan-
dardform gültig sein, der genau drei Terme enthält,
von denen jeder in beiden Fällen, in denen er vor-
kommt, distribuiert ist?

3.4.2 In welcher Figur oder in welchen Figuren können, wenn überhaupt, die Prämissen eines gültigen kategorischen Syllogismus in Standardform sowohl den Prädikatsbegriff als auch den Subjektsbegriff distribuieren?

3.4.3 In welcher Figur oder in welchen Figuren kann, wenn überhaupt, ein gültiger kategorischer Syllogismus in Standardform zwei partikuläre Prämissen besitzen?

3.4.4 In welcher Figur oder in welchen Figuren kann, wenn überhaupt, ein gültiger kategorischer Syllogismus in Standardform nur einen einzigen Begriff, und diesen einen nur einmal, distribuiert enthalten?

4. Symbolische Logik und Wahrheitstafeln

Es ist oft schwer, Argumente zu bewerten; vielleicht ist die Sprache, in der sie ausgedrückt werden, vage und zweideutig oder wir werden durch bestimmte Wendungen irregeführt, ihre Metaphorik kann uns verwirren und die emotionale Bedeutung, die ihnen anhaften mag, uns ablenken. Selbst wenn diese Schwierigkeiten gelöst sind, bleibt doch das Problem bestehen, über die Gültigkeit oder Ungültigkeit des Arguments zu entscheiden. Um diese Schwierigkeiten zu vermeiden, die die Bewertung von Argumentationen umgeben, ist es nützlich, eine von diesen Mängeln freie Kunstsprache zu entwerfen, in der Aussagen und Argumente formuliert werden können.

Argumentation in natürlicher Sprache und die Einführung einer logischen Kunstsprache

Der Gebrauch einer besonderen logischen Notation ist nicht ausschließlich ein Merkmal der modernen Logik. Aristoteles, der Begründer dieser Disziplin in der Antike, verwendete Variablen zur Erleichterung seiner Arbeit. Obwohl der diesbezügliche Unterschied zwischen der modernen und der klassischen Logik nicht die Art, sondern das Ausmaß betrifft, ist der Unterschied im Ausmaß erheblich. Das größere Ausmaß, in dem die moderne Logik ihre eigene spezielle technische Sprache entwickelt hat, machte sie zu einem unermeßlich wirkungsvolleren Handwerkszeug der Analyse und Deduktion. Die speziellen Symbole der modernen Logik verhelfen uns dazu, die logischen Strukturen von Propositionen und Argumenten, deren Form durch die Unhandlichkeit natürlicher Sprachen leicht verdeckt werden können, mit größerer Klarheit herauszustellen.

Symbolische Logik als Instrument der Analyse

Ein weiterer Vorzug der speziellen Symbole des Logikers besteht darin, im tatsächlichen Gebrauch und im Umgang mit Aussagen und Argumenten von Nutzen zu sein. Alfred N. Whitehead, der einen der bedeutenden Beiträge zum Fortschritt der symbolischen Logik leistete, hat bemerkt:

Die einfache Verwundbarkeit der Symbolischen Logik

> ... mit Hilfe des Symbolismus bewerkstelligen wir Denkübergänge fast mechanisch durch das Auge, die sonst die höheren Fähigkeiten des Gehirns auf den Platz rufen würden.[4]

In diesem Kapitel werden wir uns mit relativ einfachen Argumenten befassen, wie z.B.:

Reichtum ist entweder böse oder ein Gut;
doch Reichtum ist nicht böse; daher ist
Reichtum ein Gut.[5]

und:

Hätte Pluto, so wie dies aus Hallidays Be-
rechnungen hervorgeht, einen Durchmesser
von mehr als 4200 Meilen, dann hätte man
vom McDonald-Observatorium (in Fort
Davis, Texas) aus eine Verfinsterung beobachtet; die Aufzeichnungen weisen eindeutig
darauf hin, daß eine solche nicht beobachtet
wurde. Daher muß Pluto entweder von dieser
Größe oder kleiner sein; er kann nicht größer
sein.[6]

Einfache und zu-
sammengesetzte
Aussagen

Jedes Argument von diesem allgemeinen Typus enthält zumindest eine zusammengesetzte Aussage. Es ist bei der Untersuchung solcher Argumente üblich, alle Aussagen in
zwei allgemeine Kategorien zu unterteilen, in einfache und
zusammengesetzte. Eine *einfache* Aussage ist eine solche,
die keine weitere Aussage als Bestandteil enthält. Z. B. ist
„Karl ist nett" eine einfache Aussage. Eine zusammengesetzte Aussage ist eine solche, die eine weitere Aussage als
Bestandteil enthält. Z. B. ist „Karl ist nett und Karl ist reizend" eine zusammengesetzte Aussage, da sie zwei einfache Aussagen als Bestandteile enthält. Natürlich können die
Bestandteile einer zusammengesetzten Aussage selbst zusammengesetzt sein.

Zusammenge-
setzte Aussage:
– Konjunktion

Der erste Typus einer zusammengesetzten Aussage, den wir
betrachten, ist die *Konjunktion*. Wir bilden die Konjunktion
zweier Aussagen, indem wir den Ausdruck ‚und' zwischen
sie setzen; die Aussagen, die so miteinander verbunden
werden, nennt man *Konjunkte*. So ist die zusammengesetzte
Aussage „Karl ist nett und Karl ist reizend" eine Konjunktion, deren erstes Konjunkt „Karl ist nett" und deren zweites Konjunkt „Karl ist reizend" lautet.

Um über ein einheitliches Symbol zu verfügen, dessen einzige Funktion darin besteht, Aussagen konjunktiv miteinander zu verbinden, führen wir den Punkt „." als unser
Konjunktionssymbol ein. So kann die soeben erwähnte

Konjunktion geschrieben werden wie folgt: „Karl ist nett . Karl ist reizend". Allgemeiner wird die Konjunktion zweier wie auch immer lautenden Aussagen p und q geschrieben als p·q.

Da jede Aussage entweder wahr oder falsch ist, hat jede Aussage einen *Wahrheitswert* – wobei der Wahrheitswert einer wahren Aussage *wahr* und der Wahrheitswert einer falschen Aussage *falsch* ist. Wir unterteilen zusammengesetzte Aussagen in zwei verschiedene Kategorien, je nachdem, ob der Wahrheitswert der zusammengesetzten Aussage durch irgend etwas anderes als die Wahrheitswerte ihrer Bestandteile bestimmt ist oder nicht. Der Wahrheitswert der Konjunktion zweier Aussagen ist ganz und vollständig durch die Wahrheitswerte ihrer Konjunkte bestimmt. Sind beide Konjunkte wahr, dann ist die Konjunktion wahr; sonst ist sie falsch. Aus diesem Grunde nennt man eine Konjunktion eine *wahrheitsfunktionale*, zusammengesetzte Aussage und ihre Konjunkte bezeichnet man als ihre *wahrheitsfunktionalen* Bestandteile. Doch nicht der Wahrheitswert jeder zusammengesetzten Aussage ist die Funktion der Wahrheitswerte ihrer Komponenten. So ist z.B. der Wahrheitswert der Aussage „Othello glaubt, daß Desdemona Cassius liebt" in keiner Weise durch den Wahrheitswert der einfachen Teilaussage „Desdemona liebt Cassius" bestimmt, denn es könnte wahr sein, daß Othello glaubt, Desdemona liebe Cassius, ob sie dies nun tut oder nicht. Ein Mensch, der an eine Wahrheit glaubt, muß an eine andere nicht glauben, und ein Mensch kann etwas Falsches glauben, ohne an alle falschen Aussagen zu glauben. So ist die Teilaussage „Desdemona liebt Cassius" kein wahrheitsfunktionaler Teil der Aussage „Othello glaubt, daß Desdemona Cassius liebt"; letztere ist keine wahrheitsfunktionale zusammengesetzte Aussage.

Für unsere gegenwärtigen Zwecke definieren wir den Teil einer zusammengesetzten Aussage als einen wahrheitsfunktionalen Teil, wenn nach der Ersetzung der Teilaussage in der zusammengesetzten Aussage durch andere Aussagen, die den gleichen Wahrheitswert haben, die durch diese Ersetzungen entstandenen zusammengesetzten Aussagen ebenso denselben Wahrheitswert haben werden. Nunmehr kann eine zusammengesetzte Aussage als wahrheitsfunktionale zusammengesetzte Aussage definiert werden, wenn

Der Wahrheitswert von Konjunktionen und Wahrheitsfunktionalität

alle ihre Teilaussagen wahrheitsfunktionale Teilaussagen vor ihr sind.

Wir werden uns hier ausschließlich mit wahrheitsfunktionalen zusammengesetzten Aussagen beschäftigen. Im Rest dieses Kurses werden wir daher den Term ‚einfache Aussage' verwenden, um uns auf jede Aussage zu beziehen, die nicht wahrheitsfunktional zusammengesetzt ist.

Wahrheitsfunktionale zusammengesetzte Aussagen und ihre Darstellung in Wahrheitstafeln

Eine Konjunktion ist eine wahrheitsfunktionale zusammengesetzte Aussage; unser Punkt-Symbol ist daher eine wahrheitsfunktionale Verknüpfung. Wenn zwei beliebige Aussagen p und q gegeben sind, dann gibt es nur vier mögliche Sätze von Wahrheitswerten, die diesen zukommen können. Diese vier möglichen Fälle und der Wahrheitswert der Konjunktion für jeden Fall können in der folgenden Art und Weise aufgeführt werden:

> Wenn p wahr ist und q wahr ist, dann ist p·q wahr; wenn p wahr ist und q falsch ist, dann ist p·q falsch; wenn p falsch ist und q wahr ist, dann ist p·q falsch; wenn p falsch ist und q falsch ist, dann ist p·q falsch.

Wenn wir die Wahrheitswerte ‚wahr' und ‚falsch' durch die Großbuchstaben W und F wiedergeben, dann kann die Bestimmung des Wahrheitswertes einer Konjunktion durch den Wahrheitswert ihrer Konjunkte kürzer durch eine Wahrheitstafel von der folgenden Form wiedergegeben werden:

p	q	p·q
W	W	W
W	F	F
F	W	F
F	F	F

Wir können diese Wahrheitstafel so verstehen, daß sie das Punktsymbol definiert, da sie erklärt, welchen Wahrheitswert p·q in jedem möglichen Fall annimmt.

Es wird sich als nützlich erweisen, einfache Aussagen durch Großbuchstaben abzukürzen, indem man sich zu diesem Zweck eines Buchstabens bedient, der als Gedächtnisstütze für die betreffende Aussage, die durch ihn abgekürzt wird, dienen kann. So sollten wir „Karl ist nett und Karl ist reizend" durch ·NR abkürzen. Wie die Wahrheitstafel, die das Punktsymbol definiert, zeigt, ist eine Konjunktion genau dann wahr, wenn ihre beiden Konjunkte wahr sind.

Die *Negation* (oder Kontradiktion oder Verneinung) einer Aussage wird oft gebildet, indem in die ursprüngliche Aussage ein ‚nicht' eingefügt wird. Man kann jedoch die Negation einer Aussage auch zum Ausdruck bringen, indem man ihr den Ausdruck ‚Es ist falsch, daß' oder ‚Es ist nicht der Fall, daß' voranstellt. Es ist üblich, sich des Symbols ‚∼' zu bedienen, um die Negation einer Aussage zu bilden. Dient also S zur Abkürzung von „Alle Menschen sind sterblich" dann werden die verschiedenen Aussagen „Nicht alle Menschen sind sterblich", „Einige Menschen sind nicht sterblich". „Es ist falsch, daß alle Menschen sterblich sind", „Es ist nicht der Fall, daß alle Menschen sterblich sind" insgesamt gleichermaßen mit ∼S abgekürzt. Allgemeiner gilt, daß, wenn p irgendeine Aussage ist, ihre Negation als ∼ p geschrieben wird. Es ist offensichtlich, daß das Negationszeichen ein wahrheitsfunktionaler Operator ist. Die Negation jeder wahren Aussage ist falsch, und die Negation jeder falschen Aussage ist wahr. Dies kann sehr einfach und deutlich durch folgende Wahrheitstafel zum Ausdruck gebracht werden:

p	$\sim$p
W	F
F	W

Diese Wahrheitstafel kann als die Definition des Negations-Symbols ‚∼' betrachtet werden.

Die *Disjunktion* zweier Aussagen wird gebildet, indem das Wort ‚oder' zwischen ihnen eingefügt wird. Die beiden so miteinander verbundenen Teilaussagen werden *Disjunkte* genannt. Sind p und q zwei beliebige Aussagen, dann wird ihre Disjunktion p ⋁ q geschrieben. Unser Disjunktionssymbol ist ebenfalls eine wahrheitsfunktionale Verknüpfung. Für unsere Zwecke ist eine Disjunktion nur falsch, wenn ihre beiden Disjunkte falsch sind. Wir können die folgende Wahrheitstafel als Definition des Disjunktionssymbols betrachten:

– Negation

– Disjunktion

p	q	p $\vee$ q
W	W	W
W	F	W
F	W	W
F	F	F

Das erste Beispielargument in diesem Abschnitt war der disjunktive Syllogismus

Entweder Reichtum ist böse oder Reichtum
ist ein Gut; doch Reichtum ist nicht böse;
daher ist Reichtum ein Gut.

Die Form dieses Syllogismus ist vollständig durch die Angabe bestimmt, daß seine erste Prämisse eine Disjunktion ist; die zweite Prämisse ist die Negation des ersten Disjunkts der ersten Prämisse; und seine Konklusion ist identisch mit dem zweiten Disjunkt der ersten Prämisse.

Logische Inter-
punktion

In jeder natürlichen Sprache ist Interpunktion unentbehrlich, wenn komplizierte Aussagen deutlich werden sollen. Ebenso ist Interpunktion in der Mathematik nötig. Fehlt eine besondere Konvention, so denotiert der mathematische Ausdruck 2 x 3 + 5 nicht eindeutig eine Zahl, obwohl er entweder 11 oder 16 denotiert, wenn klargestellt wurde, wie seine Konstituenten gruppiert werden sollen: der Ausdruck denotiert die 11, wenn die Interpunktion lautet (2 x 3) + 5, und die 16, wenn die Interpunktion lautet 2 x (3 + 5).

Auch in der Sprache der symbolischen Logik ist Interpunktion erforderlich, weil zusammengesetzte Aussagen selbst zu noch komplexeren zusammengesetzt werden können. So ist p·q $\vee$ r zweideutig: der Ausdruck kann die Konjunktion von p mit der Disjunktion von q mit r bedeuten oder er kann die Disjunktion bedeuten, deren erstes Disjunkt die Konjunktion von p und q und deren zweites Disjunkt r ist. Wir unterscheiden zwischen zwei verschiedenen Bedeutungen, indem wir die gegebene Formel entweder als p· (q $\vee$ r) oder aber als (p·q) $\vee$ r klammern. In der symbolischen Logik werden Klammern als Interpunktionszeichen verwendet. Daß die unterschiedlichen Weisen des Klammerns der ursprünglichen Formel einen Unterschied ausmachen, kann an jenem Fall erkannt werde, in dem p falsch ist und q und r beide wahr sind. In diesem Fall ist die in der zweiten

Art und Weise geklammerte Formel wahr (da ihr zweites Disjunkt wahr ist), während die erste falsch ist (da ihr erstes Konjunkt falsch ist). Hier führt allein die unterschiedliche Klammerung zum Unterschied zwischen wahr und falsch, da die verschiedenen Klammerungen dem zweideutigen Ausdruck p·q $\vee$ r verschiedene Wahrheitswerte zuweisen können.

Um der Kürze willen, d. h. um die Anzahl der erforderlichen Klammern zu reduzieren, legen wir konventionell fest, daß das Negationssymbol sich in jeder Formel auf die kleinste durch die Interpunktion zugelassene Aussage bezieht. Ohne diese Konvention ist die Formel $\sim$p $\vee$ q zweideutig, da sie entweder ($\sim$p) $\vee$ q oder $\sim$ (p $\vee$ q) bedeutet. Doch unserer Konvention zufolge bedeutet der Ausdruck die erste dieser Alternativen, da das Negationszeichen sich auf den ersten Teil p beziehen *kann* (und dies daher unserer Konvention zufolge auch *tut*), nicht aber auf die umfangreichere Form p $\vee$ q.

Jede aus einfachen Aussagen konstruierte zusammengesetzte Aussage, die allein die wahrheitsfunktionale Verknüpfung der Konjunktion, Negation und Disjunktion verwendet, ist in ihrem Wahrheitswert durch die Wahrheit oder Falschheit ihrer Teilaussagen vollständig bestimmt. Kennen wir die Wahrheitswerte einiger einfacher Aussagen, dann ist der Wahrheitswert jeder wahrheitsfunktionalen Zusammensetzung von diesen leicht berechnet. Im Umgang mit solchen zusammengesetzten Aussagen beginnen wir stets mit deren innersten Bestandteilen und arbeiten uns nach außen hin vor. Sind zum Beispiel A und B wahre und X und Y falsche Aussagen, dann berechnen wir den Wahrheitswert der zusammengesetzte Aussage $\sim$ [$\sim$(A·X)·(Y $\vee\sim$B)] wie folgt: Da X falsch ist, ist die Konjunktion A·X falsch und daher ihre Negation $\sim$ (A·X) wahr. B ist wahr; daher ist ihre Negation $\sim$B falsch, und da auch Y falsch ist, ist die Disjunktion von Y mit $\sim$B, Y $\vee\sim$B, falsch. Der geklammerte Ausdruck [$\sim$(A·X)·(Y $\vee\sim$ B)] ist die Konjunktion einer wahren und einer falschen Aussage und ist daher falsch. Daher ist ihre Negation, und das ist die gesamte Formel, wahr. Solch ein schrittweises Vorgehen setzt uns stets in den Stand, den Wahrheitswert einer zusammengesetzten Aussage aus dem Wahrheitswert ihrer Bestandteile zu bestimmen.

Berechnung des Wahrheitswertes zusammengesetzter Aussagen

Übungsaufgabe 4

4.1   *Wenn A, B und C wahre Aussagen und X, Y und Z*
       falsche Aussagen sind, welcher der folgenden Aus-
       drücke ist dann wahr?

4.1.1 $\sim A \vee B$ 4.1.2 $\sim B \vee X$

4.1.3 $\sim Y \vee C$ 4.1.4 $\sim Z \vee X$

4.1.5 $(A{\cdot}X) \vee (B{\cdot}Y)$ 4.1.6 $(B{\cdot}C) \vee (X{\cdot}Y)$

4.1.7 $\sim (C{\cdot}Y) \vee (A{\cdot}Z)$ 4.1.8 $\sim (A{\cdot}B) \vee (X{\cdot}Y)$

4.1.9 $\sim (X{\cdot}Z) \vee (B{\cdot}C)$ 4.1.10 $\sim (X{\cdot}{\sim}Y) \vee (B{\cdot}{\sim} C)$

4.2   *Stellen Sie die folgenden Aussagen symbolisch dar,*
       indem Sie die Buchstaben Ä, P, J, L und S verwen-
       den, um die einfachen Aussagen „Die Knappheit an
       Lebensmitteln in Ägypten verschlimmert sich",
       „Persien hebt den Ölpreis an", „Jordanien fordert
       mehr Unterstützung von Amerika", „Libyen hebt
       den Ölpreis an", „Saudi-Arabien kauft weitere 500
       Kampfflugzeuge" zu repräsentieren:

4.2.1   *Persien hebt den Ölpreis an, doch Libyen hebt den*
        Ölpreis nicht an.

4.2.2   *Entweder Persien oder Libyen hebt den Ölpreis an.*

4.2.3   *Persien und Libyen heben beide den Ölpreis an.*

4.2.4   *Persien und Libyen heben nicht beide den Ölpreis an.*

4.2.5   *Persien und Libyen heben beide den Ölpreis nicht an.*

4.2.6   *Entweder Persien oder Libyen hebt den Ölpreis an,*
        aber nicht beide.

4.2.7   *Saudi-Arabien kauft fünfhundert weitere Kampfflug-*
        zeuge und entweder hebt Persien den Ölpreis an

oder Jordanien fordert mehr amerikanische Unter-
stützung.

4.2.8 *Entweder kauft Saudi-Arabien fünfhundert weitere*
Kampfflugzeuge und Persien hebt den Ölpreis an
oder Jordanien fordert mehr amerikanische Unter-
stützung.

4.2.9 *Es ist nicht der Fall, daß Ägyptens Lebensmittel-*
knappheit sich verschlimmert, und Jordanien mehr
amerikanische Unterstützung fordert.

4.2.10 *Es ist nicht der Fall, daß entweder Ägyptens Le-*
bensmittelknappheit sich verschlimmert oder daß
Jordanien mehr amerikanische Hilfe fordert.

Wenn zwei Aussagen miteinander verknüpft werden, indem — *Implikation*
der ersten der Ausdruck ‚wenn' vorangestellt und zwischen
beide der Ausdruck ‚dann' gesetzt wird, dann ist die daraus
resultierende zusammengesetzte Aussage eine *Konditional-*
aussage. In einer Konditionalaussage ist die Teilaussage
zwischen dem ‚wenn' und dem ‚dann' das *Antezedens*, und
die Teilaussage, die auf das ‚dann' folgt, das *Konsequens*.
Zum Beispiel ist „Wenn Zahlen Vorstellungen wären, dann
wäre die Arithmetik Psychologie."[7] eine Konditionalaussage, in der „Die Zahl ist eine Vorstellung" das Antezedens
und „Die Arithmetik ist Psychologie" das Konsequens ist.
Eine Konditionalaussage behauptet, daß ihr Konsequens
aus ihrem Antezedens folgt. Sie behauptet nicht, daß ihr
Antezedens wahr ist, sondern nur, daß, *wenn* ihr Antezedens wahr ist, ihr Konsequens dann ebenfalls wahr ist. Sie
behauptet nicht, daß ihr Konsequens wahr ist, sondern nur,
daß ihr Konsequens wahr ist, *wenn* ihr Antezedens wahr ist.
Die wesentliche Bedeutung einer Konditionalaussage ist
die Beziehung der Implikation, von der behauptet wird, daß
sie zwischen ihrem Antezedens und ihrem Konsequens, und
zwar in dieser Reihenfolge, besteht. Und der Mindestgehalt
einer Konditionalaussage besteht darin zu verneinen, daß
ihre Antezedens wahr ist, während ihr Konsequens zugleich
falsch ist.

Wir führen nun ein besonderes Symbol ein, um diese mini-
male, aber wesentliche Bedeutung des ‚wenn – dann'-Aus-
drucks wiederzugeben. Wir definieren das neue Symbol
‚⊃‘, indem wir p ⊃ q als Abkürzung des Ausdrucks
~(p·~q) verstehen. Die genaue Bedeutung des ‚⊃‘-Sym-
bols kann durch eine Wahrheitstafel angegeben werden:

p	q	~q	p·~q	~(p·~q)	p ⊃ q
W	W	F	F	W	W
W	F	W	W	F	F
F	W	F	F	W	W
F	F	W	F	W	W

Den ersten beiden Spalten kommt hier die leitende Rolle
zu; die dritte wird durch Bezug auf die zweite, die vierte
durch Bezug auf die erste und die dritte, die fünfte durch
Bezug auf die vierte ausgefüllt; und die sechste ist per defi-
nitonem identisch mit der fünften.
Durch diese Interpretation der Konditionalaussage wird
keine ‚wirkliche Verbindung' zwischen Antezedens und
Konsequens nahegelegt. Hier wird nur behauptet, daß es
empirisch nicht der Fall ist, daß das Antezedens wahr ist,
wenn das Konsequens falsch ist. Man sollte beachten, daß
das Symbol für die Konditionalaussage eine wahrheitsfunktionale Verknüpfung ist, ebenso wie die Symbole für die
Konjunktion und Disjunktion. Als solches ist es durch die
folgende Wahrheitstafel definiert:

p	q	p ⊃ q
W	W	W
W	F	F
F	W	W
F	F	W

Die Verwunderung, die das Implikationssymbol ‚⊃‘, so wie
es durch die angegebene Wahrheitstafel definiert wird,
manchmal auslöst, kann zumindest zum Teil durch die folgenden Überlegungen aufgelöst werden. Da die Zahl 2 kleiner als die Zahl 4 ist (symbolisch geschrieben als 2 < 4),
folgt, daß *jede* Zahl, die kleiner als 2 ist, auch kleiner als 4
ist.

Die Konditionalformel

> wenn x < 2 dann x < 4

ist wahr für jede beliebige Zahl x. Konzentrieren wir uns auf die Zahlen 1, 3 und 4 und ersetzen die Zahlenvariable x in der vorhergehenden Konditionalaussage reihum durch jede von ihnen, dann können wir die folgenden Beobachtungen machen: In

> Wenn 1 < 2, dann 1 < 4

sind sowohl das Antezedens als auch das Konsequens wahr, und natürlich ist der Konditionalausdruck wahr. In

> Wenn 3 < 2, dann 3 < 4

ist das Antezedens falsch und das Konsequens wahr, und natürlich ist der Konditionalausdruck wiederum wahr. In

> Wenn 4 < 2, dann 4 < 4

sind sowohl das Antezedens als auch das Konsequens falsch, doch der Konditionalausdruck bleibt wahr. Diese drei Fälle entsprechen der ersten, dritten und vierten Spalte der Wahrheitstafel, die das Implikationssymbol ,⊃' definiert. Es ist also nicht besonders bemerkenswert oder erstaunlich, daß ein Konditonalausdruck wahr sein soll, wenn sowohl das Antezedens als auch das Konsequens wahr sind, wenn das Antezedens falsch und das Konsequens wahr ist, oder wenn das Antezedens und das Konsequens beide falsch sind. Natürlich gibt es keine Zahl, die kleiner als 2, aber nicht kleiner als 4 ist; es gibt keine wahre Konditionalaussage mit einem wahren Antezedens und einem falschen Konsequens. Genau dies ist aus der das ,⊃' definierenden Wahrheitstabelle ersichtlich.

Übungsaufgabe 5

5.1   Wenn A, B und C wahre Aussagen und X, Y und Z
      falsche Aussagen sind, welche der folgenden Aus-
      sagen sind dann wahr?

5.1.1 $A \supset B$ 5.1.2 $A \supset X$

5.1.3 $B \supset Y$ 5.1.4 $Y \supset Z$

5.1.5 $(A \supset B) \supset Z$ 5.1.6 $(X \supset Y) \supset Z$

5.1.7 $(A \supset B) \supset C$ 5.1.8 $(X \supset Y) \supset C$

5.1.9 $A \supset (B \supset Z)$ 5.1.10 $X \supset (Y \supset Z)$

5.2   Stellen Sie die folgenden Aussagen symbolisch dar,
      indem Sie Großbuchstaben verwenden, um die be-
      treffenden einfachen Aussagen abzukürzen.

5.2.1   Wenn Argentinien mobilisiert, dann wird Chile ein
        Treffen aller latein-amerikanischen Staaten fordern,
        falls Brasilien bei der UNO protestiert.

5.2.2   Wenn Argentinien mobilisiert, dann wird entweder
        Brasilien bei der UNO protestieren oder Chile ein
        Treffen aller latein-amerikanischen Staaten fordern.

5.2.3   Wenn Argentinien mobilisiert, dann wird Brasilien
        bei der UNO protestieren und Chile ein Treffen aller
        latein-amerikanischen Staaten fordern.

5.2.4   Wenn Argentinien mobilisiert, dann wird Brasilien
        bei der UNO protestieren. Und Chile wird ein Tref-
        fen aller latein-amerikanischer Staaten fordern.

5.2.5   Wenn Argentinien mobilisiert und Brasilien bei der
        UNO protestiert, dann wird Chile ein Treffen aller
        latein-amerikanischen Staaten fordern.

5.2.6   Wenn entweder Argentinien mobilisiert oder Brasi-
        lien bei der UNO protestiert, dann wird Chile ein
        Treffen aller latein-amerikanischen Staaten fordern.

5.2.7 *Entweder wird Argentinien mobilisieren oder Chile dann ein Treffen aller latein-amerikanischen Staaten fordern, wenn Brasilien bei der UNO protestiert.*

5.2.8 *Wenn Argentinien nicht mobilisiert, dann wird entweder Brasilien nicht bei der UNO protestieren oder aber Chile kein Treffen aller latein-amerikanischen Staaten fordern.*

5.2.9 *Wenn Argentinien nicht mobilisiert, dann wird weder Brasilien bei der UNO protestieren noch Chile ein Treffen aller latein-amerikanischen Staaten fordern.*

5.2.10 *Es ist nicht der Fall, daß, wenn Argentinien mobilisiert, sowohl Brasilien bei der UNO protestieren als auch Chile ein Treffen aller latein-amerikanischen Staaten fordern wird.*

Wir können nun die Bedeutung des Terms ‚gültig‘ genauer bestimmen. Wir beziehen unsere formale Definition auf vertrautere und intuitiv einsichtige Begriffe, indem wir nochmals die Methode der Widerlegung durch logische Analogie betrachten. Angesichts des Arguments

Gültigkeit und Ungültigkeit von Argumenten als formale Merkmale

> Wenn Bacon die Shakespeare zugeschriebenen Stücke verfaßte, dann war Bacon ein großer Schriftsteller.
> Bacon war ein Schriftsteller.
> Daher verfaßte Bacon die Shakespeare zugeschriebenen Stücke.

können wir den Prämissen zustimmen, doch der Konklusion widersprechen, und urteilen, daß das Argument ungültig ist. Ein Weg, dessen Ungültigkeit zu *beweisen*, besteht in der Methode der logischen Analogie. „Ebensogut könnte man argumentieren", so könnten wir erwidern, „daß,

wenn Washington ermordet wurde, er dann
tot ist.
Washington ist tot.
Daher wurde Washington ermordet.

und dieses Argument kann man nicht ernsthaft verteidigen",
so könnten wir fortfahren, „denn hier sind die Prämissen als
wahr und die Konklusion ist als falsch bekannt. Dieses Argument ist offensichtlich ungültig; das oben vorgebrachte
Argument ist von *derselben Form*; daher ist auch dieses
ungültig." Dieser Typus der Widerlegung ist sehr effektiv.
Wir haben bereits angemerkt, daß die Methode der Widerlegung durch logische Analogie den Weg zu einer hervorragenden allgemeinen Technik zur Überprüfung von Argumenten weist. Um die Ungültigkeit eines Arguments zu
beweisen, ist es hinreichend, ein anderes Argument zu formulieren, das (erstens) von genau derselben Form wie das
erste ist und (zweitens) als wahr bekannte Prämissen und
eine als falsch bekannte Konklusion besitzt. Diese Methode
beruht auf der Tatsache, daß Gültigkeit und Ungültigkeit
rein *formale* Merkmale von Argumenten sind, das heißt:
Zwei Argumente von genau derselben Form sind entweder
beide gültig oder beide ungültig, auf wie unterschiedliche
Gegenstände sie sich auch beziehen mögen.

Die symbolische Darstellung von Argumentformen

Ein gegebenes Argument zeigt seine Form besonders deutlich, wenn die einfachen Aussagen, die es enthält, durch
Großbuchstaben abgekürzt werden. Wir kürzen die Aussagen „Bacon verfaßte die Shakespeare zugeschriebenen
Stücke", „Bacon war ein großer Schriftsteller", „Washington wurde ermordet" und „Washington ist tot" durch die
Großbuchstaben B, G, A und D ab und stellen die vorangegangenen Argumente dar als

$$B \supset G \qquad A \supset D$$
$$G \qquad \text{und} \qquad D$$
$$\therefore B \qquad \qquad \therefore A$$

In dieser Schreibweise ist ihre gemeinsame Form leicht ersichtlich.

Aussagen-variablen

Wenn wir eher daran interessiert sind, die Formen von Argumenten, als daran, besondere Argumente, die diese Formen aufweisen, zu diskutieren, dann benötigen wir eine

Methode, um die Formen von Argumenten selbst symbolisch darzustellen. Um zu einer solcher Methode zu gelangen, führen wir den Begriff der *Variablen* ein. In den vorausgegangenen Kapiteln verwendeten wir Großbuchstaben, um besondere einfache Aussagen symbolisch darzustellen. Um Verwirrung zu vermeiden, verwenden wir kleine Buchstaben aus dem Mittelteil des Alphabets p, q, r, s, ... als *Aussagenvariablen*. Eine Aussagenvariable, so wie wir den Term verwenden werden, ist einfach ein Buchstabe, für den oder an dessen Stelle eine Aussage gesetzt werden kann. Zusammengesetzte Aussagen können ebenso wie einfache Aussagen durch Aussagenvariablen ersetzt werden.

Wir definieren ‚die Form eines Arguments' als eine Menge von Symbolen, die Aussagenvariablen, aber keine Aussagen enthält, so daß, wenn Aussagen an die Stelle von Aussagenvariablen gesetzt werden – indem durchweg dieselbe Aussage für dieselbe Aussagenvariable gesetzt wird – das Ergebnis ein Argument ist. Der Präzision halber legen wir konventionell fest, daß in jeder Argumentform p die erste auftretende Aussagenvariable, q die zweite, r die dritte, usw. sein soll. Daher ist der Ausdruck

Die Form eines Arguments

$$p \supset q$$
$$q$$
$$\therefore p$$

eine Argumentform, denn wenn die Aussagen B und G für die Aussagenvariablen p und q ersetzt werden, dann ist das Ergebnis das erste in diesem Kapitel vorkommende Argument. Werden die Aussagen A und D für die Variablen p und q ersetzt, dann ist das Ergebnis das zweite Argument. Jedes Argument, das sich aus der Ersetzung von Aussagenvariablen durch Aussagen in einer Argumentform ergibt, wird als *Substitutionsinstanz* dieser Argumentform bezeichnet. Es ist deutlich, daß man jeder Substitutionsinstanz einer Argumentform diese Form zuschreiben kann, und daß jedes Argument, das eine bestimmte Form hat, eine Substitutionsinstanz dieser Form ist.

Argument als Ergebnis der Ersetzung von Aussagenvariablen durch Aussagen in einer Argumentform: Substitutionsinstanz

Es gibt normalerweise im Falle eines jeden Arguments mehrere Argumentformen, die das gegebene Argument als Substitutionsinstanz haben. Zum Beispiel ist das erste Argument in diesem Kapitel

$$B \supset G$$
$$G$$
$$\therefore B$$

eine Substitutionsinstanz einer jeden der folgenden vier Argumentformen:

$p \supset q$	$p \supset q$	$p \supset q$	p
q	r	r	q
$\therefore p$	$\therefore p$	$\therefore s$	$\therefore r$

Natürlich müssen die Aussagenvariablen in diesen verschiedenen Argumentformen durch verschiedene Aussagen substituiert werden, um das gegebene Argument als eine Substitutionsinstanz hervorzubringen. So erhalten wir das gegebene Argument, indem wir p durch B und q durch G in der ersten Argumentform substituieren; indem wir p durch B und sowohl q als auch r durch G in der zweiten substituieren; indem wir sowohl p als auch s durch B und sowohl q als auch r durch G in der dritten und p durch B ⊃ G, q durch G und r durch B in der vierten Argumentform substituieren. Von diesen vier Argumentformen entspricht die erste der Struktur des gegebenen Argumentes mehr als die anderen. Dies ist deshalb so, weil das gegebene Argument sich aus der ersten Argumentform ergibt, indem ihre verschiedenen Aussagenvariablen durch je verschiedene einfache Aussagen substituiert werden. Wir bezeichnen die erste Argumentform als ‚die spezifische Form' des gegebenen Arguments. Unsere Definition der ‚spezifischen Form' eines gegebenen Arguments lautet wie folgt: Wird ein Argument hervorgebracht, indem alle verschiedenen Aussagenvariablen einer Argumentform durch je verschiedene einfache Aussagen substituiert werden, dann ist diese Argumentform die *spezifische Form* dieses Arguments. Es gibt für jedes gegebene Argument eine einzige Argumentform, welche die *spezifische Form* dieses Arguments ist.

Definition der Gültigkeit und Ungültigkeit eines Arguments

Die Technik der Widerlegung durch logische Analogie kann nun genauer beschrieben werden. Hat die spezifische Form eines gegebenen Arguments irgendeine Substitutionsinstanz, deren Prämissen wahr und deren Konklusion falsch ist, dann ist das Argument ungültig. In Bezug auf Argumentformen können wir den Term ‚ungültig' wie folgt definieren: Eine Argumentform ist ungültig genau dann, wenn sie zumindest eine Substitutionsinstanz mit wahren Prämissen und einer falschen Konklusion hat. Die Widerlegung durch logische Analogie beruht auf der Tatsache, daß jedes Argument, dessen spezifische Form eine *ungültige Argumentform* ist, ein *ungültiges Argument* ist. Jede Argumentform, die nicht ungültig ist, muß gültig sein. Daher ist eine Argumentform genau dann gültig, wenn sie keine Substitutionsinstanzen mit wahren Prämissen und einer falschen Konklusion hat. Und da Gültigkeit ein formaler Begriff ist, ist ein Argument genau dann gültig, wenn die spezifische Form dieses Arguments eine gültige Argumentform ist.

Der Beweis der Ungültigkeit eines gegebenen Arguments ist erbracht, wenn eine widerlegende Analogie dafür gefunden werden kann. Doch solche widerlegenden Analogien zu erdenken mag nicht immer leicht sein. Glücklicherweise ist dies nicht notwendig, da es für Argumente von diesem Typus einen einfachen, rein mechanischen Test gibt, der auf demselben Prinzip beruht. Wir überprüfen die spezifische Form eines gegebenen Arguments: dessen Gültigkeit oder Ungültigkeit bestimmt die Gültigkeit oder Ungültigkeit des Arguments.

Gültigkeitsbeweis eines Arguments durch den Gültigkeitsbeweis der spezifischen Form

Um eine Argumentform zu überprüfen, untersuchen wir alle ihre möglichen Substitutionsinstanzen, um festzustellen, ob irgendeine von diesen wahre Prämissen und falsche Konklusionen hat. Natürlich hat jede Argumentform unendlich viele Substitutionsinstanzen, doch wir müssen nicht befürchten, eine nach der anderen untersuchen zu müssen. Da wir nur an der Wahrheit oder Falschheit ihrer Prämissen und Konklusionen interessiert sind, müssen wir nur die entsprechenden Wahrheitswerte betrachten. Die Argumente, mit denen wir uns hier beschäftigen, enthalten nur einfache und zusammengesetzte Aussagen, die aus einfachen Aussagen durch wahrheitsfunktionale Verknüpfungen aufgebaut und durch das Konjunktions-, das Negations-, das Disjunktions- und das Implikationszeichen symbolisch dargestellt sind. Wir erhalten also alle möglichen Substitutionsinstanzen, deren Prämissen und Konklusionen verschiedene Wahrheitswerte haben, indem wir alle möglichen Zusammenstellungen von Wahrheitswerten derjenigen Aussagen betrachten, die die verschiedenen Aussagevariablen in der zu überprüfenden Argumentform ersetzen können.

Wenn eine Argumentform nur zwei verschiedene Aussagenvariablen p und q enthält, dann sind alle ihre Substitutionsinstanzen das Ergebnis entweder der Ersetzung sowohl
von p und q durch wahre Aussagen, oder der Ersetzung von
p durch eine wahre Aussage und von q durch eine falsche,
oder von p durch eine falsche und von q durch eine wahre,
oder von sowohl p als auch von q durch falsche Aussagen.
Diese verschiedenen Fälle können der Bequemlichkeit halber in Form einer Wahrheitstafel zusammengestellt werden.
Um die Gültigkeit der Argumentform

*Wahrheitstafeln
als Hilfsmittel des
Beweises von Ar-
gumentformen*

$$p \supset q$$
$$q$$
$$\therefore p$$

zu entscheiden, konstruieren wir die folgende Wahrheitstafel:

p	q	p $\supset$ q
W	W	W
W	F	F
F	W	W
F	F	W

Jede Spalte in dieser Tafel gibt eine Gesamtklasse von Substitutionsinstanzen wieder. Die W's und F's in den beiden
ersten oder richtungsweisenden Spalten geben die Wahrheitswerte derjenigen Aussagen wieder, die die Variablen p
und q in der Argumentform ersetzen. Wir füllen die dritte
Spalte aus, indem wir uns auf die ersten oder richtungsweisenden Spalten und auf die Definition des Implikationssymbols rückbeziehen. Der Titel der dritten Spalte ist die
erste ‚Prämisse‘ und die erste Spalte ist die ‚Konklusion‘.
Untersuchen wir diese Wahrheitstafel, dann finden wir, daß
in der dritten Reihe W's unter beiden Prämissen und ein F
unter der Konklusion aufgeführt sind; dies weist daraufhin,
daß es zumindest eine Substitutionsinstanz dieser Argumentform gibt, die wahre Prämissen und eine falsche
Konklusion hat. Diese Reihe reicht hin um zu zeigen, daß
die Argumentform ungültig ist. Von jedem Argument dieser
spezifischen Form (d.h., von jedem Argument, dessen spezifische Form die gegebene Argumentform ist) sagt man, es
begehe den Fehlschluß der Behauptung des Konsequens, da

*Fehlschluß der
Behauptung des
Konsequens*

seine zweite Prämisse die Konsequenz seiner konditionalen
ersten Prämisse behauptet.

Bis diese Verwendung von Wahrheitstafeln zur Bestimmung der Gültigkeit oder Ungültigkeit von Argumentformen vertrauter ist, könnte der Gebrauch einer etwas
komplizierteren Version einfacher sein. Nachdem die
Spalte, die jeweils zu den Prämissen und der Konklusion
gehört, in angemessener Weise durch W's und F's ausgefüllt worden ist, sollten alle Prämissen nochmals aufgeführt
werden – und zwar in der Reihenfolge, in der sie im Argument auftreten –, unmittelbar gefolgt von der Konklusion,
und die dazugehörigen Spalten sollten ihrerseits mit W's
und F's ausgefüllt werden. Die erweiterte Wahrheitstafel
sieht folgendermaßen aus:

Wahrheitstafeln in
der Anordnung
des Arguments

p	q	p ⊃ q	q	p
W	W	W	W	W
W	F	F	F	W
F	W	W	W	F
F	F	W	F	F

Aus dieser Tafel läßt sich leichter ersehen, daß es eine
Reihe gibt (die dritte), in der alle Prämissen W sind, und die
Konklusion ein F, welches die Ungültigkeit der fraglichen
Argumentform bestimmt.

Um die Gültigkeit der disjunktiven Syllogismusform

$$p \lor q$$
$$\sim p$$
$$\therefore q$$

zu zeigen, konstruieren wir die folgende, von der vorhergehenden verschiedene Wahrheitstafel:

p	q	p ∨ q	∼ p	q
W	W	W	F	W
W	F	W	F	F
F	W	W	W	W
F	F	F	W	F

Auch hier treten in den ersten oder richtungsweisenden
Spalten alle möglichen verschiedenen Wahrheitswerte der-

jenigen Aussagen auf, die die Variablen p und q substituieren können. Wir füllen die dritte Spalte aus, indem wir uns auf die ersten beiden und auf die vierte ausschließlich unter Bezug auf die erste zurückbeziehen. In diesem Fall ist es allein die dritte Reihe, in der W's unter beiden Prämissen erscheinen (die dritte und die vierte Spalte); auch unter der Konklusion tritt ein W auf (in der fünften Spalte). Daher zeigt die Wahrheitstafel, daß die Argumentform keine Substitutionsinstanz mit wahren Prämissen und einer falschen Konklusion hat, und sie beweist damit die Gültigkeit der überprüften Argumentform.

Gültigkeitsbeweis einiger intuitiv gültigen Argumentformen mit Hilfe von Wahrheitstafeln

Die Technik der Wahrheitstafeln stellt eine vollständig mechanische Methode zur Überprüfung der Gültigkeit jedes Arguments des hier betrachteten allgemeinen Typus bereit. Zum Beispiel veranschaulicht das folgende Argument den einfachsten Typus eines intuitiv gültigen Arguments mit einer Konditionalaussage:

> Wenn der zweite Eingeborene die Wahrheit gesagt hat, dann ist nur ein Eingeborener ein Politiker.
> Der zweite Eingeborene sagte die Wahrheit.
> Daher ist nur ein Eingeborener ein Politiker.

– Modus ponens

Die spezifische Form dieses Arguments, bekannt als *modus ponens*, lautet

$$p \supset q$$
$$p$$
$$\therefore q$$

Die folgende Wahrheitstafel beweist deren Gültigkeit:

p	q	$p \supset q$	p	q
W	W	W	W	W
W	F	F	W	F
F	W	W	F	W
F	F	W	F	F

Wir entnehmen die Gültigkeit des *modus ponens* unmittelbar den letzten drei Spalten.

– hypothetischer Syllogismus

Ein weiterer verbreiteter Typus eines intuitiv gültigen Arguments enthält ausschließlich Konditionalaussagen und wird als hypothetischer Syllogismus bezeichnet. Ein Beispiel hierfür lautet:

Wenn der erste Eingeborene ein Politiker ist, dann lügt der erste Eingeborene.
Wenn der erste Eingeborene lügt, dann leugnet der erste Eingeborene, ein Politiker zu sein.
Daher leugnet der erste Eingeborene ein Politiker zu sein, wenn der erste Eingeborene ein Politiker ist.

Die spezifische Form dieses Arguments lautet:

$$p \supset q$$
$$q \supset r$$
$$\therefore p \supset r$$

Da dieses Argument drei verschiedene Aussagenvariablen enthält, muß es in der Wahrheitstafel hier drei anfängliche oder richtungsweisende Spalten und acht Reihen geben, um alle möglichen Substitutionsinstanzen aufzulisten. Neben den anfänglichen Spalten sind drei zusätzliche Spalten erforderlich, zwei für die Prämissen und die dritte für die Konklusion. Die Tafel nimmt also die folgende Form an:

p	q	r	$p \supset q$	$q \supset r$	$p \supset r$
W	W	W	W	W	W
W	W	F	W	F	F
W	F	W	F	W	W
W	F	F	F	W	F
F	W	W	W	W	W
F	W	F	W	F	W
F	F	W	W	W	W
F	F	F	W	W	W

Wir füllen bei der Konstruktion dieser Wahrheitstafel die vierte Spalte aus, indem wir uns auf die erste und die zweite rückbeziehen, die fünfte durch Rückbezug auf die zweite und dritte und die sechste durch Bezug auf die erste und die dritte. Betrachten wir die vollständige Tafel, dann beobachten wir, daß die Prämissen nur in der ersten, fünften, siebten und achten Reihe wahr sind, und daß in all diesen Reihen ebenfalls die Konklusion wahr ist. Diese Wahrheitstafel stellt die Gültigkeit der Argumentform fest und beweist, daß der hypothetische Syllogismus eine gültige Argumentform ist.

Wir verfügen nun über eine hinlängliche Anzahl an Beispielen, um den richtigen Gebrauch der Technik der Wahrheitstafeln zur Überprüfung von Argumenten zu veranschaulichen.

Komplexität der Wahrheitstafel abhängig von der Anzahl der Aussagenvariablen

Werden kompliziertere Argumentformen betrachtet, dann sind zu ihrer Überprüfung umfangreichere Wahrheitstafeln erforderlich, da eine eigene anfängliche oder richtungsweisende Spalte für jede einzelne Aussagenvariable in der Argumentform nötig ist. Nur zwei sind für eine Form mit gerade zwei Variablen erforderlich; diese Tafel wird vier Reihen aufweisen. Drei anfängliche Spalten sind für eine Form mit drei Variablen nötig, z. B. für den hypothetischen Syllogismus, und solche Wahrheitstafeln enthalten acht Reihen. Eine Wahrheitstafel mit vier anfänglichen Spalten und sechzehn Reihen ist erforderlich, um die Gültigkeit einer solchen Argumentform wie der des konstruktiven Dilemmas zu untersuchen, die vier verschiedene Aussagenvariablen enthält:

$$(p \supset q) \cdot (r \supset s)$$
$$p \vee r$$
$$\therefore q \vee s$$

Im allgemeinen erfordert die Überprüfung einer Argumentform mit *n* verschiedenen Aussagenvariablen eine Wahrheitstafel mit *n* anfänglichen Spalten und 2^n Reihen.

Die erste Argumentform, deren Ungültigkeit wir bewiesen haben:

$$p \supset q$$
$$q$$
$$\therefore p$$

ähnelt oberflächlich der gültigen Argumentform des *modus ponens*; sie wurde als Fehlschluß der Behauptung des Konsequens etikettiert. Eine weitere ungültige Form, die eine besondere Bezeichnung trägt, lautet:

$$p \supset q$$
$$\sim p$$
$$\therefore \sim q$$

Dies ist der Fehlschluß der Verneinung des Antezedens, dessen Ungültigkeit mit Hilfe der Wahrheitstafeln unschwer festgestellt wird. Dieser letztere Fehlschluß weist eine oberflächliche Ähnlichkeit mit der gültigen Argumentform des *modus tollens* auf:

Fehlschluß der Verneinung des Antezedens

$$p \supset q$$
$$\sim q$$
$$\therefore \sim p$$

Wie oben dargelegt wurde, kann ein gegebenes Argument die Substitutionsinstanz verschiedener Argumentformen sein. Ein gegebenes gültiges Argument wie der oben in diesem Kapitel vorgestellte disjunktive Syllogismus, der symbolisch dargestellt werden kann als:

Argumente und Argumentformen

$$E \lor G$$
$$\sim E$$
$$\therefore G$$

ist eine Substitutionsinstanz der gültigen Argumentform:

$$p \lor q$$
$$\sim p$$
$$\therefore q$$

ebenso aber auch eine Substitutionsinstanz der ungültigen Argumentform:

$$p$$
$$q$$
$$\therefore r.$$

Es gibt keinen Grund dafür, warum eine ungültige Argumentform nicht ein gültiges Argument als Substitutionsinstanz haben könnte. Doch die spezifische Form eines gültigen Arguments muß eine gültige Argumentform sein. Daher ist die erste Argumentform gültig und sie ist die spezifische Form des gegebenen gültigen Arguments. Hingegen ist die zweite Argumentform ungültig und kann daher nicht die spezifische Form des gegebenen gültigen Arguments sein.

Andererseits kann eine gültige Argumentform *ausschließlich* gültige Argumente als Substitutionsinstanzen haben. Dies beweist der Gültigkeitsbeweis der Wahrheitstafel für die gültige Argumentform, der zeigt, daß es für diese keine mögliche Substitutionsinstanz mit wahren Prämissen und falscher Konklusion gibt.

Ungültigkeitsbeweis eines Arguments nur durch Ungültigkeitsbeweis von dessen spezifischer Form

Es sollte betont werden, daß, obwohl eine gültige Argumentform nur gültige Argumente als Substitutionsinstanzen aufweist, eine ungültige Argumentform sowohl gültige wie auch ungültige Substitutionsinstanzen haben kann. Wir müssen daher die Ungültigkeit der *spezifischen Form* des betreffenden Arguments beweisen, wenn wir beweisen wollen, daß ein gegebenes Argument ungültig ist.

Übungsaufgabe 6

Übungsaufgabe 6

Beweisen Sie die Gültigkeit oder Ungültigkeit der folgenden Argumentformen unter Zuhilfenahme von Wahrheitstafeln:

6.1 $p \supset q$
  $\therefore \sim q \supset \sim p$

6.2 $p \supset q$
  $\therefore \sim p \supset \sim q$

6.3 $p \cdot q$
  $\therefore p$

6.4 p
  $\therefore p \vee q$

6.5 $p \supset q$
  $p \supset r$
  $\therefore q \vee r$

6.6 $p \supset (q \supset r)$
  $p \supset q$
  $\therefore p \supset r$

Wir explizieren nunmehr einen im vorhergehenden Kapitel stillschweigend vorausgesetzten Begriff, den Begriff der *Aussageform*. Es besteht eine genaue Parallele zwischen der Beziehung von Argument und Argumentform einerseits und der Beziehung von Aussage und Aussageform andererseits. Die Definition von ‚Aussageform' macht dies deutlich: „Eine Aussageform ist jedwede Sequenz von Symbolen, die Aussagenvariablen, aber keine Aussagen enthält, so daß die Substitution der Aussagenvariablen durch Aussagen – wobei durchweg dieselbe Aussagenvariable durch dieselbe Aussage ersetzt wird – eine Aussage ergibt." So ist p $\vee$ q eine Aussageform, denn die Ersetzung der Variablen p und q ergibt eine Aussage. Da die sich hier ergebende Aussage eine Disjunktion ist, wird p $\vee$ q als *disjunktive Aussageform* bezeichnet.

Analog werden p·q und p $\supset$ q als *konjunktive* und als *konditionale Aussageformen* bezeichnet, man nennt $\sim$ p eine *Negationsform* oder eine *Verneinungsform*. Ebenso wie jedes Argument von einer bestimmten Form als Substitutionsinstanz dieser Argumentform bezeichnet wird, so wird jede Aussage einer bestimmten Form als Substitutionsinstanz dieser Aussageform bezeichnet. Und ebenso, wie wir die *spezifische Form* eines gegebenen Arguments unterschieden haben, so unterscheiden wir auch die *spezifische Form* einer gegebenen Aussage als jene Aussageform, aus der sich die Aussage ergibt, indem man jede der verschiedenen Aussagenvariablen durch eine verschiedene *einfache* Aussage substituiert. Daher ist p $\vee$ q die *spezifische Form* der Aussage „Entweder Reichtum ist böse oder Reichtum ist ein Gut".

Obwohl die Aussagen „Lincoln wurde ermordet" (symbolisch dargestellt als L) und „Lincoln wurde entweder ermordet oder er wurde nicht ermordet" (symbolisch dargestellt als L $\vee$ $\sim$ L) *beide wahr* sind, ist das Empfinden, daß sie „auf verschiedene Weisen" wahr sind oder daß sie „verschiedene Arten" von Wahrheit besitzen, ganz natürlich. Und obwohl die Aussagen „Washington wurde ermordet" (symbolisch dargestellt als W) und „Washington wurde sowohl ermordet als auch nicht ermordet" (symbolisch dargestellt als W. $\sim$ W) *beide falsch* sind, ist das Empfinden, daß sie „auf verschiedene Weise" falsch sind, oder daß ihnen „verschiedene Arten" der Falschheit zukommen, voll-

kommen natürlich. Wir wollen nicht vorgeben, diese „Empfindungen" in irgendeiner Art und Weise psychologisch zu
erklären; dennoch können wir bestimmte logische Unterschiede herausstellen, denen diese Empfindungen wahrscheinlich angemessen sind.

Logische
Notwendigkeit

Die Aussage L ist wahr und die Aussage W ist falsch; dies
sind historische Tatsachen. Ihnen haftet keine logische Notwendigkeit an. Ereignisse können sich in anderer Weise zu-
getragen haben, und die Wahrheitswerte solcher Aussagen
wie L und W müssen durch empirische historische Untersuchungen entdeckt werden. Doch die Aussage L $\vee \sim$ L ist,
obwohl wahr, keine geschichtliche Wahrheit.

Hier liegt logische Notwendigkeit vor; kein Geschehen
hätte sich so abspielen können, daß es diese Aussage falsifizieren würde; seine Wahrheit kann unabhängig von jeder
besonderen empirischen Untersuchung erkannt werden. Die
Aussage L $\vee \sim$ L ist eine logische Wahrheit; eine formale
Wahrheit, wahr allein aufgrund ihrer Form. Die Aussage ist
eine Substitutionsinstanz einer Aussageform, deren Substitutionsinstanzen *insgesamt* wahre Aussagen sind.

– Tautologie

Eine Aussageform, die nur wahre Substitutionsinstanzen
hat, wird als *tautologische Aussageform* oder als *Tautologie*
bezeichnet. Wir konstruieren die folgende Wahrheitstafel,
um zu zeigen, daß die Aussageform p $\vee \sim$ p eine Tautologie ist:

p	$\sim$ p	p $\vee \sim$ p
W	F	W
F	W	W

Diese Wahrheitstafel hat nur eine einzige anfängliche oder
richtungsweisende Spalte, da die betrachtete Form nur eine
einzige Aussagenvariable enthält. Dementsprechend gibt es
nur zwei Reihen, die alle möglichen Substitutionsinstanzen
wiedergeben. Die Spalte der betreffenden Aussageform enthält nur W's, und dies zeigt, daß all ihre Substitutionsinstanzen wahr sind. Jede Aussage, die eine Substitutionsinstanz einer tautologischen Aussageform ist, ist aufgrund
ihrer Form wahr und wird selbst tautologisch oder eine Tautologie genannt.

– Kontradiktion

Eine Aussageform, die nur falsche Substitutionsinstanzen
hat, wird als *widersprüchlich* oder als *Kontradiktion* be-

zeichnet und ist logisch falsch. Die Aussageform p.∼ p ist widersprüchlich, da in der ihr zugehörigen Wahrheitstafel in ihrer Spalte nur F's auftreten, und dies heißt, daß all ihre Substitutionsinstanzen falsch sind. Jede Aussage wie W. ∼ W, die die Substitutionsinstanz einer widersprüchlichen Aussageform ist, ist aufgrund ihrer Form falsch und wird selbst als widersprüchlich oder als Kontradiktion bezeichnet.

Aussageformen, die als Substitutionsinstanzen sowohl wahre als auch falsche Aussagen haben, werden als *kontingente* Aussageformen bezeichnet. Jede Aussage, deren spezifische Form kontingent ist, wird als kontingente Aussage bezeichnet. So sind die Aussagen p, ∼ p, p·q, p ⋁ q und p ⊃ q allesamt kontingente Aussageformen. Und solche Aussagen wie L, ∼ L, L·W, L ⋁ W und L ⊃ W sind kontingente Aussagen, da ihre Wahrheitswerte eher von ihrem Gehalt abhängen, als ausschließlich von ihrer Form.

Kontingenz

Nicht alle Aussageformen sind so offensichtlich tautologisch oder widersprüchlich, wie die aufgeführten einfachen Beispiele. So ist z. B. die Aussageform [(p ⊃ q) ⊃ p]⊃ p keineswegs leicht zu durchschauen, obwohl die dazugehörige Wahrheitstafel zeigen wird, daß es sich hier um eine Tautologie handelt. Sie trägt den besonderen Namen ‚Peirce's Gesetz‘.

Man nennt zwei Aussagen *material äquivalent* oder *wahrheitswertäquivalent*, wenn sie entweder beide wahr oder beide falsch sind. Diese Äquivalenz wird symbolisch mit dem Zeichen „≡" zum Ausdruck gebracht. Materiale Äquivalenz ist eine Wahrheitsfunktion und kann durch die folgende Wahrheitstafel definiert werden:

Materiale und logische Äquivalenz

p	q	p ≡ q
W	W	W
W	F	F
F	W	F
F	F	W

Die Aussageform [(p·q)⋁(∼ p·∼q)] ≡ [(p⊃q)·(q⊃p)] ist eine Tautologie, wie anhand einer Wahrheitstafel leicht verifiziert werden kann. Daher kann das Symbol „≡" als ‚genau dann, wenn‘ gelesen werden. Eine Aussage der Form p ≡ q wird als *bikonditional* bezeichnet, ihre Form

Das Prinzip der doppelten Negation

heißt *Bikonditionale*. Der Begriff der ‚logischen Äquivalenz' ist sowohl wichtiger als auch komplizierter. Was die Verwendung wahrheitsfunktionaler zusammengesetzter Aussagen angeht, so geben wir die folgende Definition: Zwei Aussagen sind logisch äquivalent, wenn die (bikonditionale) Aussage ihrer Äquivalenz eine Tautologie ist. So wird der Beweis, daß das ‚Prinzip der doppelten Negation', ausgedrückt als das bikonditionale p ≡ ~ ~ p, tautologisch ist, durch die folgende Wahrheitstafel erbracht:

p	~ p	~ ~ p	p ≡ ~ ~ p
W	F	W	W
F	W	F	W

De Morgans Theoreme

Es gibt zwei logische Äquivalenzen (d.h. logisch wahre Bikonditionale) von besonderem Interesse und Gewicht, die die gegenseitigen Beziehungen von Konjunktion, Disjunktion und Negation zum Ausdruck bringen. Da die Disjunktion p ∨ q lediglich behauptet, daß *zumindest eines* ihrer beiden Disjunkte *wahr* ist, stellt die Behauptung, daß *zumindest eines falsch* ist, keine Kontradiktion dar; dies ist erst dann der Fall, wenn behauptet wird, daß *beide* falsch sind. Daher ist die Behauptung der Negation der Disjunktion p ∨ q logisch äquivalent mit der Behauptung der Konjunktion der Negationen von p und von q. In symbolischer Darstellung erhalten wir das Bikonditionale ~ (p ∨ q) ≡ (~ p· ~ q), dessen logische Wahrheit durch die folgende Wahrheitstafel explizit gemacht wird:

p	q	p ∨ q	~(p ∨ q)	~p	~q	~p.~q	(p ∨ q)≡(~p·~q)
W	W	W	F	F	F	F	W
W	F	W	F	F	W	F	W
F	W	W	F	W	F	F	W
F	F	F	W	W	W	W	W

In ähnlicher Weise gilt: Da die Behauptung der Konjunktion von p und q soviel heißt, wie zu behaupten, daß *beide wahr* sind, benötigen wir für ihre Kontradiktion lediglich die Behauptung, daß *zumindest eine* von beiden *falsch* ist. Daher ist die Behauptung der Negation der Konjunktion p·q der Behauptung der Disjunktion der Negationen von p und q logisch äquivalent. In symbolischer Darstellung erhalten wir das Bikonditionale $\sim (p \cdot q) \equiv (\sim p \lor \sim q)$, das leicht als Tautologie bewiesen werden kann. Diese beiden tautologischen Bikonditionale sind als De Morgans Theoreme bekannt, die durch den Mathematiker und Logiker Augustus De Morgan (1806-1871) festgelegt wurden. De Morgans Theoreme können in der folgenden Weise miteinander verbunden formuliert werden:

Die Negation der $\left\{ \begin{array}{l} \text{Disjunktion} \\ \text{Konjunktion} \end{array} \right\}$ zweier Aussagen

ist mit der $\left\{ \begin{array}{l} \text{Konjunktion} \\ \text{Disjunktion} \end{array} \right\}$ der Negation der beiden Aussagen

logisch äquivalent.

Zwei Aussageformen sind logisch äquivalent, wenn, unabhängig davon, welche Aussagen für ihre Aussagenvariablen substituiert werden, daraus resultierende Aussagenpaare miteinander äquivalent sind, wobei dieselben Aussagenvariablen in beiden Aussageformen durch die gleichen Aussagen ersetzt werden. Da $\sim (p \cdot \sim q)$ und $\sim p \lor q$ (De Morgans Theorem und dem Prinzip der doppelten Negation zufolge) logisch äquivalent sind, gibt es keinen logischen Grund, $p \supset q$ eher als $\sim (p \cdot \sim q)$, denn als $\sim p \lor q$ zu definieren. Der letztere Ausdruck ist die gebräuchlichere Definition des Implikationssymbols.

Es gibt eine wichtige Beziehung zwischen Tautologien und gültigen Argumenten. Jedem Argument entspricht eine Konditionalaussage, deren Antezedens die Konjunktion der Prämissen eines Arguments und deren Konsequens die Konklusion des Arguments ist. So entspricht jedem Argument von der Form

Gültige Argumente und Tautologien

$$p \supset q$$
$$p$$
$$\therefore q$$

eine Konditionalaussage von der Form $[(p \supset q) \cdot p] \supset q$. Es ist deutlich, daß eine Wahrheitstafel, die die Gültigkeit einer

Argumentform beweist, ebenso zeigt, daß die ihr entsprechende konditionale Aussageform tautologisch ist. Eine
Aussageform ist genau dann gültig, wenn in ihrer Wahrheitstafel in jeder Reihe ein W in der Konklusionsspalte
aufgeführt ist, in der auch ein W in allen Prämissenspalten
erscheint. Doch ein F kann in der einer konditionalen Aussageform entsprechenden Spalte nur in einer Reihe auftreten, in der W's unter allen Prämissen und ein F unter der
Konklusion steht. Daher werden nur W's in der zu einem
Konditionale gehörigen Spalte auftreten, das einem gültigen Argument entspricht. Dementsprechend ist für jedes
gültige Argument, das eine Verteilung der Wahrheitswerte
aufweist, wie wir sie in diesem Kapitel besprachen, die
Aussage, daß aus der Konjunktion ihrer Prämissen ihre
Konklusion folgt, eine Tautologie.

Übungsaufgabe 7   **Übungsaufgabe 7**

*Kennzeichnen Sie unter der Verwendung von Wahrheitsta-
feln die folgenden Aussageformen als tautologisch, widersprüchlich oder kontingent:*

7.1 $[p \supset (p \supset q)] \supset q$

7.2 $p \supset [(p \supset q) \supset q]$

7.3 $(p \cdot q) \cdot (p \supset \sim q)$

5. Die Methode der Deduktion

Theoretisch sind Wahrheitstafeln das angemessene Mittel, um die Gültigkeit jedes Arguments des hier betrachteten allgemeinen Typus zu überprüfen. Doch in der Praxis werden sie in dem Maße schwerer handhabbar, wie die Anzahl der Teilaussagen wächst. Eine effizientere Methode, die Gültigkeit eines umfangreichen Arguments festzustellen, besteht in der Deduktion ihrer Konklusion aus den Prämissen durch eine Reihe elementarer Argumente, deren jedes als gültig bekannt ist. Diese Technik paßt recht gut zu gewöhnlichen Argumentationsmethoden. Betrachten Sie z.B. das folgende Argument:

Vereinfachung des Gültigkeitsbeweises von Argumenten

Wäre Anderson nominiert worden, dann wäre sie nach Boston gekommen.

Wäre sie nach Boston gekommen, dann hätte sie dort eine Wahlkampagne durchgeführt.

Hätte sie dort eine Wahlkampagne durchgeführt, dann hätte sie Douglas getroffen.

Anderson hat Douglas nicht getroffen.

Anderson wurde entweder nominiert oder jemand, der wählbarer war, wurde ausgesucht.

Daher wurde jemand ausgesucht, der wählbarer war.

Vielleicht ist die Gültigkeit dieses Arguments intuitiv einsichtig, doch wir wollen uns der Frage des Beweises zuwenden. Eine Übersetzung des Arguments in unsere symbolische Darstellung wird die Diskussion erleichtern:

$$A \supset B$$
$$B \supset C$$
$$C \supset D$$
$$\sim D$$
$$A \lor E$$
$$\therefore E$$

Da dieses Argument fünf verschiedene einfache Aussagen enthält, wäre zur Feststellung seiner Gültigkeit eine Wahrheitstafel mit zweiunddreißig Reihen erforderlich. Wir können jedoch die Gültigkeit des Arguments beweisen, indem wir seine Konklusion aus seinen Prämissen durch eine Sequenz von genau vier elementaren gültigen Argumenten deduzieren. Aus den ersten beiden Prämissen A ⊃ B und B ⊃ C leiten wir A ⊃ C durch einen hypothetischen Syllogismus gültig ab. Aus A ⊃ C und der dritten Prämisse C ⊃ D leiten wir A ⊃ D durch einen weiteren hypothetischen Syllogismus gültig ab. Aus A ⊃ D und der vierten Prämisse ∼ D leiten wir durch *modus tollens* ∼ A gültig ab. Und aus ∼ A und der fünften Prämisse A ∨ E leiten wir durch einen disjunktiven Syllogismus E gültig ab, die Konklusion des ursprünglichen Arguments. Die Tatsache, daß die Konklusion aus den fünf Prämissen des ursprünglichen Arguments durch vier elementare gültige Argumente abgeleitet werden kann, beweist, daß das ursprüngliche Argument gültig ist. Hier werden die elementaren gültigen Argumentformen des Hypothetischen Syllogismus (H.S.), des *modus tollens* (M.T.), und des Disjunktiven Syllogismus (D.S.) als *Ableitungsregeln* verwendet, durch welche Konklusionen gültig aus Prämissen abgeleitet oder deduziert werden.

Rechtfertigung der Beweisschritte; formaler Gültigkeitsbeweis
Ein formaler Gültigkeitsbeweis wird erbracht, indem wir die Prämissen und die Aussagen, die wir aus diesen deduzieren, in einer einzigen Spalte aufführen, und indem wir in einer zweiten Spalte, auf der rechten Seite einer jeden Aussage, deren ‚Rechtfertigung‘ niederlegen, oder den Grund, den wir dafür angeben können, daß wir die betreffende Aussage in unseren Beweis mit aufnehmen. Es bietet sich an, zuerst alle Prämissen aufzuzählen und die Konklusion leicht auf eine Seite verschoben aufzuschreiben, indem wir sie durch eine Diagonale von den Prämissen trennen. Die Diagonale kennzeichnet automatisch alle ihr vorhergehenden Aussagen als Prämissen.

Werden alle Aussagen in der Spalte numeriert, dann besteht die ‚Rechtfertigung‘ einer jeden Aussage aus den Nummern der vorhergehenden Aussagen, aus denen sie abgeleitet wurde, zusammen mit der Abkürzung der Ableitungsregeln, kraft welcher sie aus diesen folgt. Der formale Beweis wird in der folgenden Form niedergeschrieben:

1. A ⊃ B
2. B ⊃ C
3. C ⊃ D
4. ∼ D

5. A $\vee$ E / $\therefore$ E
6. A $\supset$ C   1,2 H.S.
7. A $\supset$ D   6,3 H.S.
8. $\sim$ A   7,4 M.T.
9. E   5,8 D.S.

Wir definieren den *formalen Beweis* der Gültigkeit eines Arguments als eine Sequenz von Aussagen, wobei jede Aussage entweder eine Prämisse des betreffenden Arguments ist oder aus den vorhergehenden Aussagen der Sequenz durch ein elementares gültiges Argument folgt, so daß die letzte Aussage der Sequenz die Konklusion des Arguments darstellt, dessen Gültigkeit bewiesen wird.

Wir definieren ein *elementares gültiges Argument* als ein solches Argument, welches eine Substitutionsinstanz einer elementaren gültigen Argumentform ist. Hier muß betont werden, daß *jede* Substitutionsinstanz einer elementaren gültigen Argumentform ein elementares gültiges Argument ist. So ist das Argument

$$(A \cdot B) \supset [C \equiv (D \vee E)]$$
$$A \cdot B$$
$$\therefore C \equiv (D \vee E)$$

ein elementares gültiges Argument, weil es eine Substitutionsinstanz einer elementaren gültigen Argumentform des *modus ponens* (M.P.) darstellt. Es ergibt sich daraus

$$p \supset q$$
$$p$$
$$\therefore q$$

durch die Substitution von p durch A$\cdot$B und von q durch C $\equiv$ (D $\vee$ E) und weist daher diese Form auf, obwohl der *modus ponens* nicht die *spezifische Form* des gegebenen Arguments ist.

Der *modus ponens* ist allerdings eine elementare gültige Argumentform. Doch welche weiteren gültigen Argumentformen müssen als Ableitungsregeln mit berücksichtigt werden? Wir beginnen mit einer Liste von genau neun Ableitungsregeln, die bei der Konstruktion formaler Gültigkeitsbeweise zu verwenden sind.

Ableitungsregeln

1. *Modus Ponens* (M.P.)
   $p \supset q$
   p
   $\therefore q$

2. *Modus Tollens* (M.T.)
   $p \supset q$
   $\sim q$
   $\therefore \sim p$

3. *Hpothetischer Syllogismus* (H.S.)
   $p \supset q$
   $q \supset r$
   $\therefore p \supset r$

4. *Disjunktiver Syllogismus* (D.S.)
   $p \vee q$
   $\sim p$
   $\therefore q$

5. *Konstruktives Dilemma* (K.D.)
   $(p \supset q) \cdot (r \supset s)$
   $p \vee r$
   $\therefore q \vee s$

6. *Absorption* (Abs.)
   $p \supset q$
   $\therefore p \supset (p \cdot q)$

7. *Simplifikation* (Simp.)
   $p \cdot q$
   $\therefore p$

8. *Konjunktion* (Konj.)
   p
   q
   $\therefore p \cdot q$

9. *Addition* (Add.)
   p
   $\therefore p \vee q$

Diese neun Ableitungsregeln entsprechen elementaren Argumentformen, deren Gültigkeit leicht durch Wahrheitstafeln festgestellt werden kann. Mit ihrer Hilfe können formale Gültigkeitsbeweise für einen weiten Bereich komplizierterer Argumente konstruiert werden. Die aufgeführten Bezeichnungen sind zum größten Teil Fachtermini; die Verwendung ihrer Abkürzungen erlaubt die Bearbeitung formaler Beweise unter einem Minimum an Schreibaufwand.

Übungsaufgabe 8

8.1 Jeder der folgenden Ausdrücke ist ein formaler Gültigkeitsbeweis für die aufgeführten Argumente. Formulieren Sie die Rechtfertigung für jede Zeile, die keine Prämisse darstellt:

8.1.1. 1. $A \cdot B$
2. $(A \lor C) \supset D$ / $\therefore A \cdot D$
3. A
4. $A \lor C$
5. D
6. $A \cdot D$

8.1.2. 1. $I \supset J$
2. $J \supset K$
3. $L \supset M$
4. $I \lor L$ / $\therefore K \lor M$
5. $I \supset K$
6. $(I \supset K) \cdot (L \supset M)$
7. $K \lor M$

8.1.3. 1. $Q \supset R$
2. $\sim S \supset (T \supset U)$
3. $S \lor (Q \lor T)$
4. $\sim S$ / $\therefore R \lor U$
5. $T \supset U$
6. $(Q \supset R) \cdot (T \supset U)$
7. $Q \lor T$
8. $R \lor U$

8.1.4. 1. $(A \lor B) \supset C$
     2. $(C \lor B) \supset [A \supset (D \equiv E)]$
     3. $A \cdot D / \therefore D \equiv E$
     4. A
     5. $A \lor B$
     6. C
     7. $C \lor B$
     8. $A \supset (D \equiv E)$
     9. $D \equiv E$

8.1.5. 1. $I \supset J$
     2. $I \lor (\sim \sim K \cdot \sim \sim J)$
     3. $L \supset \sim K$
     4. $\sim (I \cdot J) / \therefore \sim L \lor \sim J$
     5. $I \supset (I \cdot J)$
     6. $\sim I$
     7. $\sim \sim K \cdot \sim \sim J$
     8. $\sim \sim K$
     9. $\sim L$
    10. $\sim L \lor \sim J$

8.2.   *Konstruieren Sie einen formalen Gültigkeitsbeweis für jedes der folgenden Argumente:*

8.2.1 $A \supset B$
      $A \lor (C \cdot D)$
      $\sim B \cdot \sim E$
      $\therefore C$

8.2.2 $(F \supset G) \cdot (H \supset I)$
      $J \supset K$
      $(F \lor J) \cdot (H \lor L)$
      $\therefore G \lor K$

8.2.3 $(\sim M \cdot \sim N) \supset (O \supset N)$
      $N \supset M$
      $\sim M$
      $\therefore \sim O$

8.2.4 $(K \lor L) \supset (M \lor N)$
      $(M \lor N) \supset (O \cdot P)$
      K
      $\therefore O$

8.2.5 $(Q \supset R) \cdot (S \supset T)$
      $(U \supset V) \cdot (W \supset X)$
      $Q \lor U$
      $\therefore R \lor V$

Es gibt viele gültige wahrheitsfunktionale Argumente, deren Gültigkeit nicht bewiesen werden kann, indem man sich allein auf die bisher angegebenen neun Ableitungsregeln bezieht. So sind z.B. zusätzliche Regeln erforderlich, um einen formalen Gültigkeitsbeweis für das offensichtlich gültige Argument

Die Ersetzungsregel und zusätzliche Ableitungsregeln

$$A \supset B$$
$$C \supset \sim B$$
$$\therefore A \supset \sim C$$

zu konstruieren.

In jeder wahrheitsfunktionalen zusammengesetzten Aussage wird der Wahrheitswert der zusammengesetzten Aussage dann unverändert bleiben, wenn eine zusammengesetzte Aussage in ihr durch eine andere Aussage ersetzt wird, der derselbe Wahrheitswert zukommt. Doch die einzigen zusammengesetzten Aussagen, mit denen wir uns hier beschäftigen, sind wahrheitsfunktionale zusammengesetzte Aussagen. Daher können wir als zusätzliches Ableitungsprinzip die Ersetzungsregel akzeptieren, die sich durch Ersetzung einer Teilaussage dieser Aussage durch eine andere Aussage ergibt, die mit der ersetzten Teilaussage *logisch* äquivalent ist. Wenn wir uns des Prinzips der doppelten Negation (D.N.) bedienen, das behauptet, daß p mit $\sim \sim$ p logisch äquivalent ist, dann können wir aus A $\supset \sim \sim$ B jeden der folgenden Ausdrücke ableiten:

$$A \supset B, \sim \sim A \supset \sim \sim B, \sim \sim (A \supset \sim \sim B),$$
$$\text{oder } A \supset \sim \sim \sim \sim B$$

und zwar durch Ersetzung.

Um die neue Regel zu präzisieren, führen wir eine Anzahl tautologischer oder logisch wahrer Bikonditionale an, mit denen sie verwendet werden kann. Diese Bikonditionale stellen zusätzliche Ableitungsregeln bereit, die für den Gültigkeitsbeweis umfangreicherer Argumente verwendet werden können.
Wir numerieren sie im Anschluß an die ersten neun bereits aufgeführten Regeln.

Ersetzungsregel: Alle folgenden logisch äquivalenten Aus-
drücke können einander ersetzen, wo immer sie auftreten:

10. De Morgans Theoreme $\sim (p \cdot q) \equiv (\sim p \vee \sim q)$
(De.M.): $\sim (p \vee q) \equiv (\sim p \cdot \sim q)$

11. Kommutation (Komm.): $(p \vee q) \equiv (q \vee p)$
                                  $(p \cdot q) \equiv (q \cdot p)$

12. Assoziation (Assoz.): $[p \vee (q \vee r)] \equiv [(p \vee q) \vee r]$
                                  $[p \cdot (q \cdot r)] \equiv [(p \cdot q) \cdot r]$

13. Distribution (Dist.): $[p \cdot (q \vee r)] \equiv [(p \cdot q) \vee (p \cdot r)]$
                                  $[p \vee (q \cdot r)] \equiv [(p \vee q) \cdot (p \vee r)]$

14. Doppelte Negation (D.N.): $p \equiv \sim \sim p$

15. Transposition (Trans.): $(p \supset q) \equiv (\sim q \supset \sim p)$

16. Materiale Implikation $(p \supset q) \equiv (\sim p \vee q)$
(Impl.):

17. Materiale Äquivalenz $(p \equiv q) \equiv [(p \supset q) \cdot (q \supset p)]$
(Äquiv.): $(p \equiv q) \equiv [(p \cdot q) \vee (\sim p \cdot \sim q)]$

18. Exportation (Exp.): $[(p \cdot q) \supset r] \equiv [p \supset (q \supset r)]$

19. Tautologie (Taut.):[8] $p \equiv (p \vee p)$
                                  $p \equiv (p \cdot p)$

Ersetzung vs.   Der Prozeß der Ersetzung ist von dem der Substitution
Substitution   durchaus zu unterscheiden: Wir substituieren Aussagen für
                        Aussagenvariablen, während wir Aussagen durch andere
                        Aussagen ersetzen. Wenn wir uns von einer Aussageform
                        zu einer ihrer Substitutionsinstanzen bewegen, oder von
                        einer Argumentform zu einer ihrer Substitutionsinstanzen,
                        dann können wir jede Aussagenvariable durch jede Aussage
                        substituieren, vorausgesetzt, daß, wenn eine Aussagenva-
                        riable im einen Fall durch eine Aussage substituiert wird,
                        sie dann auch in jedem anderen Fall zu substituieren ist.
                        Gehen wir hingegen von einer Aussage zu einer anderen
                        durch Ersetzung über, dann können wir einen Teil der ersten

nur durch eine solche Aussage ersetzen, die mit dieser Teilaussage logisch äquivalent ist, wobei der Nachweis hierfür
durch die logischen Äquivalenzen 10-19 erbracht wird, und
wir können diese Teilaussage in diesem einen Fall ihres
Auftretens ersetzen, ohne sie in irgendeinem anderen Fall
ebenfalls ersetzen zu müssen.

Diese neunzehn Ableitungsregeln sind in einem gewissen
Ausmaß redundant, und zwar in dem Sinne, daß sie nicht
das notwendige Minimum darstellen, das für die Konstruktion formaler Gültigkeitsbeweise umfangreicher Argumente
hinreichend wäre. Auch sind sie durch einen gewissen
Mangel gekennzeichnet. Obwohl z.B. das Argument

*Die Vollständig-
keit der Liste von
Ableitungsregeln*

$$A \lor B$$
$$\sim B$$
$$\therefore A$$

intuitiv gültig ist, wird seine Form

$$p \lor q$$
$$\sim q$$
$$\therefore p$$

nicht als Ableitungsregel mit aufgeführt. Die Konklusion A
folgt nicht durch eine einzelne Ableitungsregel aus den Prämissen $A \lor B$ und $\sim B$, obwohl sie aus diesen durch zwei
Ableitungsregeln deduziert werden kann. Ein formaler Gültigkeitsbeweis dieses Arguments kann in der folgenden Formel niedergeschrieben werden:

$$1.\ A \lor B$$
$$2.\ \sim B\ /\therefore A$$
$$3.\ B \lor A \qquad 1,\text{Kom.}$$
$$4.\ A \qquad\qquad 3,2\ \text{D.S.}$$

Wir könnten den angesprochenen Mangel ausräumen, indem wir unserer Liste eine weitere Regel hinzufügen, doch
wenn wir für alle vergleichbaren Fälle Zusätze hinzufügen
würden, dann stünden wir am Ende mit einer Liste da, die
sehr viel länger und daher schlechter handhabbar wäre. Die
vorliegende Liste von neunzehn Ableitungsregeln konsti-
tuiert ein *vollständiges* System der wahrheitsfunktionalen

Logik in dem Sinne, daß sie die Konstruktion eines formalen Gültigkeitsbeweises eines *jeden* gültigen wahrheitsfunktionalen Arguments zuläßt.

Formaler Beweis und Effektivität

Der Begriff des *formalen Beweises* ist ein *effektiver* Begriff, d.h. es kann fast mechanisch, in einer endlichen Anzahl von Schritten, entschieden werden, ob eine gegebene Reihe von Aussagen einen formalen Beweis darstellt oder nicht (unter Bezug auf eine gegebene Liste von Ableitungsregeln). Hierzu ist kein Denken erforderlich, sei es im Sinne des Nachdenkens über die Bedeutung der Aussagen in der Reihe, sei es im Sinne logischer Intuition, um die Gültigkeit eines jeden Schrittes zu überprüfen. Erforderlich ist nur zweierlei: Erstens die Fähigkeit zu erkennen, daß eine Aussage, die an einer Stelle auftritt, genau dieselbe Aussage ist, die an einer anderen Stelle auftritt, denn wir müssen imstande sein zu überprüfen, ob einige Aussagen des Beweises Prämissen in dem Argument darstellen, dessen Gültigkeit bewiesen wird, und ob die letzte Aussage des Beweises die Konklusion des Arguments ist. Zweitens ist vonnöten erkennen zu können, ob eine gegebene Aussage ein bestimmtes Muster aufweist oder nicht, das heißt zu erkennen, ob es sich hierbei um die Substitutionsinstanz einer gegebenen Aussageform handelt.

Daher kann jede Frage danach, ob die vorhergehende Reihe von Aussagen einen formalen Gültigkeitsbeweis darstellt, unschwer auf vollständig mechanische Weise beantwortet werden. Daß die Zeilen 1 und 2 Prämissen sind, und daß die Zeile 4 die Konklusion des gegebenen Arguments darstellt, ist offensichtlich. Daß die Zeile 3 aufgrund der gegebenen Ableitungsregeln aus den vorhergehenden Zeilen folgt, kann in einer endlichen Anzahl von Schritten entschieden werden – selbst dort, wo die Anmerkung „1, Kom." nicht am Rand erscheint. Die erklärende Anmerkung in der zweiten Spalte ist hilfreich und sollte stets mitaufgeführt werden, sie ist jedoch streng genommen kein notwendiger Teil des Beweises selbst. Es gibt zu jeder Zeile nur eine begrenzte Anzahl vorhergehender Zeilen und nur eine begrenzte Anzahl von Ableitungsregeln, die berücksichtigt werden müssen. Obwohl zeitaufwendig, kann durch Betrachtung und Vergleich der Gestalten verifiziert werden, daß 3 aus 1 und 2 durch *modus ponens* oder *modus tollens* oder durch einen hypothetischen Syllogismus, usw. solange nicht folgt, bis wir in Fortsetzung dieser Verfahrensweise bei der Frage ankommen, ob 3 aus 1 aufgrund des Prinzips der Kommutation folgt, und dann sehen wir, daß dies der Fall ist, indem wir einfach die Formen betrachten. In der gleichen Art und Weise kann die Legitimität *jeder* Aussage in jedem formalen Beweis in einer endlichen Anzahl von Schritten überprüft werden, wobei keiner dieser Schritte mehr beinhaltet als den Vergleich von Formen und Gestalten.

Es geschieht um der Erhaltung dieser Eigenschaft der Effektivität willen, daß wir die Regel festlegen, nur jeweils einen Schritt vorzunehmen. Vielleicht könnte man versucht sein, einen Beweis abzukürzen, indem man Schritte miteinander kombiniert, doch was sich hier an Zeit- und Raumersparnis ergibt, ist unerheblich. Wichtiger ist die Effektivität, die wir erreichen, wenn wir jeweils jeden Schritt vermittels einer einzigen Ableitungsregel vollziehen.

Obwohl ein formaler Gültigkeitsbeweis in dem Sinne effektiv ist, daß im Hinblick auf jede gegebene Sequenz mechanisch entschieden werden kann, ob es sich bei ihr um einen Beweis handelt, ist die *Konstruktion* eines formalen Beweises keine effektive Vorgehensweise. In dieser Hinsicht unterscheiden sich Beweise von Wahrheitstafeln. Die Verwendung von Wahrheitstafeln ist vollständig mechanisch: Wir können stets zu jedem gegebenen Argument von der Art, mit der wir uns jetzt beschäftigen, eine Wahrheitstafel konstruieren, um die Gültigkeit des betreffenden Arguments zu überprüfen, indem wir einfach in der dargelegten Art und Weise verfahren. Doch wir verfügen nicht über effektive oder mechanische Regeln zur Konstruktion formaler Beweise. Hier müssen wir darüber nachdenken oder „uns ausdenken", wo wir zu beginnen und wie wir zu verfahren haben. Dennoch ist der Gültigkeitsbeweis eines Arguments durch die Konstruktion eines formalen Gültigkeitsbeweises sehr viel einfacher als die Konstruktion einer Wahrheitstafel mit möglicherweise hunderten oder gar tausenden von Reihen.

Effektivität des Beweises vs. Non-Effektivität

Es besteht ein wichtiger Unterschied zwischen den ersten neun und den letzten zehn Ableitungsregeln. Die ersten neun Regeln können nur auf ganze Zeilen eines Beweises angewendet werden. So kann in einem formalen Gültigkeitsbeweis die Aussage A aus der Aussage A·B durch Simplifikation nur dann abgeleitet werden, wenn A·B eine ganze Zeile darstellt. Offensichtlich kann A weder aus (A·B) ⊃ C noch aus C ⊃ (A·B) gültig abgeleitet werden, da die beiden letzteren Aussagen wahr sein können, während A falsch ist. Und die Aussage A ⊃ C folgt aus der Aussage (A·B) ⊃ C nicht durch Simplifikation oder aus irgendeiner anderen Ableitungsregel, und zwar deshalb nicht, weil, wenn A wahr ist, aber sowohl B als auch C falsch sind, (A·B) ⊃ C wahr, A ⊃ C hingegen falsch ist. Ebensowenig können wir, obwohl A ∨ B aus A durch Addition folgt, (A ∨ B) ⊃ C aus A ⊃ C aufgrund von Addition oder irgendeiner anderen Ableitungsregel folgern. Denn A ⊃ C ist wahr, (A ∨ B) ⊃ C hingegen falsch, wenn A und C beide falsch sind und B wahr ist. Andererseits kann jede der letzten zehn Regeln entweder auf ganze Zeilen oder auf Teile von Zeilen angewendet werden. Nicht nur kann die Aussage A ⊃ (B ⊃ C) aus der ganzen Zeile (A·B) ⊃ C durch Exportation abgeleitet werden, sondern wir können durch Exportation aus der Zeile [(A·B)⊃ C]∨ D den Ausdruck [A ⊃(B ⊃ C)] ∨ D ableiten. Logisch äquivalente Ausdrücke können, wo immer sie auftreten, einander aufgrund der Ersetzungsregel ersetzen, sogar dort, wo sie keine ganzen Zeilen eines Beweises darstellen. Hingegen können die ersten neun Ableitungsregeln nur auf ganze Zeilen eines Beweises, die als Prämissen dienen, angewendet werden.

Hinweise zur Konstruktion formaler Beweise

Obwohl wir nicht über rein mechanische Konstruktionsregeln formaler Beweise verfügen, können wir einige Faustregeln und Verfahrenshinweise vorschlagen. Die erste besagt, einfach damit zu beginnen, aufgrund der angegebenen Ableitungsregeln Konklusionen aus den gegebenen Prämissen zu deduzieren. Je mehr Subkonklusionen als Prämissen für weitere Deduktionen verfügbar werden, um so eher ist man imstande wahrzunehmen, wie die Konklusionen des Arguments, dessen Gültigkeit bewiesen werden soll, deduziert werden können. Ein zweiter Hinweis besteht darin, daß man versuchen sollte, Aussagen zu eliminieren, die in den Prämissen, nicht aber in der Konklusion auftreten. Natürlich kann eine solche Elimination nur in Übereinstimmung mit den Ableitungsregeln vorgenommen werden. Doch die Regeln enthalten viele Techniken der Elimination von Aussagen. Eine solche Regel ist die Simplifikation, durch die das rechtsliegende Konjunkt einer Zeile, die insgesamt eine

Konjunktion darstellt, ausgeschlossen werden kann. Mit Hilfe der Kommutationsregel ist es möglich, das linksliegende Konjunkt einer Konjunktion auf die rechte Seite zu verschieben, auf der es dann durch Simplifikation ausgeschlossen werden kann. Bei zwei Aussagen, die die Muster $p \supset q$ und $q \supset r$ aufweisen, kann der ‚Mittelbegriff' q durch einen hypothetischen Syllogismus ausgeschlossen werden. Distribution ist eine nützliche Regel zur Transformation einer Disjunktion des Musters $p \lor (q \cdot r)$ in die Konjunktion $(p \lor q) \cdot (p \lor r)$, deren rechtsliegendes Konjunkt sodann durch Simplifikation eliminiert werden kann. Einer weiteren Faustregel zufolge kann durch Addition eine Aussage eingeführt werden, die zwar in der Konklusion, doch nicht in irgendeiner Prämisse auftritt. Eine andere Methode besteht darin, sich von der Konklusion aus zurückzuarbeiten, indem man nach einer Aussage oder nach Aussagen sucht, aus denen sie deduziert werden kann, wobei man anschließend versucht, die dazwischen liegenden Aussagen aus den Prämissen zu deduzieren. Es gibt jedoch für die Praxis als einer Methode, Fertigkeiten in der Konstruktion formaler Beweise zu erwerben, keinen Ersatz.

Übungsaufgabe 9

9.1   *Jeder der folgenden Ausdrücke ist ein formaler Gül-*
       tigkeitsbeweis des betreffenden Arguments. Notieren
       Sie die Rechtfertigung jeder Zeile, die keine Prä-
       misse darstellt.

9.1.1 1. $A \supset B$
       2. $C \supset \sim B / \therefore A \supset \sim C$
       3. $\sim \sim B \supset \sim C$
       4. $B \supset \sim C$
       5. $A \supset \sim C$

9.1.2 1. $(H \vee I) \supset [J \cdot (K \cdot L)]$
       2. $I / \therefore J \cdot K$
       3. $I \vee H$
       4. $H \vee I$
       5. $J \cdot (K \cdot L)$
       6. $(J \cdot K) \cdot L$
       7. $J \cdot K$

9.1.3 1. $(Q \vee \sim R) \vee S$
       2. $\sim Q \vee (R \cdot \sim Q) / \therefore R \supset S$
       3. $(\sim Q \vee R) \cdot (\sim Q \vee \sim Q)$
       4. $(\sim Q \vee \sim Q) \cdot (\sim Q \vee R)$
       5. $\sim Q \vee \sim Q$
       6. $\sim Q$
       7. $Q \vee (\sim R \vee S)$
       8. $\sim R \vee S$
       9. $R \supset S$

9.1.4 1. $Y \supset Z$
       2. $Z \supset [Y \supset (R \vee S)]$
       3. $R \equiv S$
       4. $\sim (R \cdot S) / \therefore \sim Y$
       5. $(R \cdot S) \vee (\sim R \cdot \sim S)$
       6. $\sim R \cdot \sim S$
       7. $\sim (R \vee S)$
       8. $Y \supset [Y \supset (R \vee S)]$
       9. $(Y \cdot Y) \supset (R \vee S)$
       10. $Y \supset (R \vee S)$
       11. $\sim Y$

9.1.5 1. $(D \cdot E) \supset \sim F$
    2. $F \lor (G \cdot H)$
    3. $D \equiv E / \therefore D \supset G$
    4. $(D \supset E) \cdot (E \supset D)$
    5. $D \supset E$
    6. $D \supset (D \cdot E)$
    7. $D \supset \sim F$
    8. $(F \lor G) \cdot (F \lor H)$
    9. $F \lor G$
   10. $\sim \sim F \lor G$
   11. $\sim F \supset G$
   12. $D \supset G$

9.2   *Konstruieren Sie einen formalen Gültigkeitsbeweis*
       für jedes der folgenden Argumente:

9.2.1 $\sim A$
       $\therefore A \supset B$

9.2.2 $E \supset (F \supset G)$
       $\therefore F \supset (E \supset G)$

9.2.3 $K \supset L$
       $\therefore K \supset (L \lor M)$

9.2.4 $(Q \lor R) \supset S$
       $\therefore Q \supset S$

9.2.5 $W \supset X$
       $Y \supset X$
       $\therefore (W \lor Y) \supset X$

Ungültigkeits-
beweis durch
Zuweisung von
Wahrheitswerten
ohne Verwendung
der Wahrheitstafel

Es gibt naturgemäß keinen formalen Gültigkeitsbeweis für ein ungültiges Argument. Wenn wir jedoch daran scheitern, einen formalen Gültigkeitsbeweis für ein gegebenes Argument zu entdecken, dann beweist dieses Scheitern nicht, daß dieses Argument ungültig ist, und daß solch ein Beweis nicht erbracht werden kann. Es mag lediglich bedeuten, daß wir uns nicht ausreichend bemüht haben. Unsere Unfähigkeit, einen Gültigkeitsbeweis zu finden, mag durch die Tatsache verursacht sein, daß das Argument ungültig ist, sie mag aber auch statt dessen an einem Mangel unseres Einfallsreichtums liegen – infolge des ineffektiven Charakters des Prozesses der Beweiskonstruktion. Den formalen Beweis der Gültigkeit eines Arguments nicht konstruieren zu können, beweist natürlich nicht, daß das Argument ungültig ist. Was macht den Beweis aus, daß ein gegebenes Argument ungültig ist?

Die Methode, die nun beschrieben wird, ist eng mit der Methode der Wahrheitstafeln verwandt, sie ist jedoch wesentlich knapper. Hier wird es hilfreich sein, sich ins Gedächtnis zurückzurufen, wie der Ungültigkeitsbeweis einer ungültigen Argumentform durch eine Wahrheitstafel erbracht wird. Die Argumentform ist dann ungültig, wenn ein einzelner Fall (eine einzelne Reihe) gefunden werden kann, in dem (in der) Wahrheitswerte Aussagenvariablen derart zugewiesen sind, daß die Prämissen wahr werden, und die Konklusion falsch. Weisen wir auf irgendeine Weise einfachen Teilaussagen eines Arguments Wahrheitswerte zu, welche die Prämissen wahr und seine Konklusion falsch machen, dann ist die Wirkung dieser Zuweisung mit der Wirkung der Wahrheitstafel identisch. Sind wir jedoch imstande, eine solche Zuweisung von Wahrheitswerten vorzunehmen, ohne in dem betreffenden Fall die gesamte Wahrheitstafel zu konstruieren, dann ersparen wir uns damit ein gewisses Ausmaß an Arbeit. Betrachten Sie das folgende Argument:

> Wenn der Bürgermeister das Wohnen in öffentlich finanzierten Wohnungen begünstigt, dann favorisiert er die Beschränkung des privaten Unternehmertums.

Wenn der Bürgermeister ein radikaler Linker
wäre, dann würde er die Beschränkung des
privaten Unternehmertums favorisieren.

Daher: Wenn der Bürgermeister das Wohnen
in öffentlich finanzierten Wohnungen begün-
stigt, dann ist er ein radikaler Linker.

Dies läßt sich in der folgenden Weise symbolisch darstellen:

$$F \supset R$$
$$P \supset R$$
$$\therefore F \supset P.$$

Wir können die Ungültigkeit dieses Arguments beweisen,
ohne eine vollständige Wahrheitstafel konstruieren zu müssen. Wir fragen zunächst: Welche Zuweisung von Wahrheitswerten macht die Konklusion falsch? Es ist klar, daß
ein Konditionale nur dann falsch ist, wenn seine Antezedentien wahr sind und sein Konsequens falsch ist. Daher
wird die Zuweisung des Wahrheitswertes ,wahr' zu F und
,falsch' zu P die Konklusion $F \supset P$ falsch machen. Wird
nun R der Wahrheitswert ,wahr' zugewiesen, dann werden
damit beide Prämissen wahr gemacht, da ein Konditionale
dann wahr ist, wann immer sein Konsequens wahr ist. Wir
können also sagen, daß, wenn F und R der Wahrheitswert
,wahr' und P der Wahrheitswert ,falsch' zugewiesen wird,
das Argument wahre Prämissen und eine falsche Konklusion haben wird; damit ist seine Ungültigkeit bewiesen.
Diese Methode des Beweises der Ungültigkeit ist eine Alternative zur Beweismethode durch Wahrheitstafeln. Die
beiden Methoden sind jedoch eng miteinander verwandt,
und ihre wesentliche Verbindung sollte beachtet werden.
Was wir taten, als wir die betreffende Zuweisung von
Wahrheitswerten vornahmen, war schließlich nichts anderes als die Konstruktion einer Reihe der Wahrheitstafeln des
gegebenen Arguments. Vielleicht ist die Beziehung deutlicher ersichtlich, wenn die Zuweisungen von Wahrheitswerten horizontal aufgeschrieben werden:

F	R	P	$F \supset R$	$P \supset R$	$F \supset P$
wahr	wahr	falsch	wahr	wahr	falsch

Hier stellen die Zuweisungen der Wahrheitswerte eine
Reihe (die siebte) der Wahrheitstafel des gegebenen Arguments dar. Der Beweis der Ungültigkeit eines Arguments ist
erbracht, wenn es zumindest eine Reihe in seiner Wahrheitstafel gibt, in der all seine Prämissen wahr sind, seine
Konklusion hingegen falsch ist. Dementsprechend brauchen wir nicht *alle* Reihen der Wahrheitstafel eines Arguments zu untersuchen, um dessen Ungültigkeit herauszufinden: die Entdeckung einer einzigen Reihe, in der all seine
Prämissen wahr sind und seine Konklusion falsch ist, wird
hinreichen. Diese Methode des Beweises der Ungültigkeit
ist eine Konstruktionsmethode einer solchen Reihe, bei der
wir nicht die gesamte Wahrheitstafel konstruieren müssen.
Die vorliegende Methode ist gegenüber dem Ausschreiben
einer ganzen Wahrheitstafel kürzer, und die gesamte Zeit-
und Arbeitsersparnis ist bei solchen Argumenten größer, die
eine größere Anzahl einfacher Aussagen als Bestandteile
enthalten. Bei Argumenten mit einer beträchtlichen Anzahl
von Prämissen oder mit Prämissen von erheblicher Komplexität ist möglicherweise die erforderliche Zuweisung
von Wahrheitswerten nicht so einfach zu bewerkstelligen.
Es mag wünschenswert sein, einige Wahrheitswerte zuzuweisen, um einige Prämissen wahr zu machen, bevor man
daran geht, eine Zuweisung vorzunehmen, um die Konklusion falsch zu machen. Hier ist vielleicht eine gewisse Anzahl von Fehlversuchen unumgänglich. Dennoch wird dies
Verfahren im allgemeinen kürzer und leichter sein, als eine
vollständige Wahrheitstafel auszuschreiben.

Übungsaufgabe 10

Beweisen Sie die Ungültigkeit jedes folgenden Ausdrucks durch die Methode der Zuweisung von Wahrheitswerten:

10.1 A ⊃ B
C ⊃ D
A ∨ D
∴ B ∨ C

10.2 I ∨ ~ J
~ (~K·L)
~ (~I·~L)
∴ ~J ⊃ K

10.3 S ⊃ (T ⊃ U)
V ⊃ (W ⊃ X)
T ⊃ (V·W)
~ (T·X)
∴ S ≡ U

10.4 D ⊃(E ∨ F)
G ⊃(H ∨ I)
~ E ⊃ (I ∨ J)
(I ⊃ G)·(~ H ⊃ ~G)
~ J
∴ D ⊃ (G ∨ I)

10.5 (S ⊃ T)·(T ⊃ S)
(U·T) ∨ (~ T·~ U)
(U ∨ V) ∨ (S ∨ T)
~ U ⊃ (W·X)
(V ⊃ ~ S)·(~ V ⊃ ~ Y)
X ⊃ (~Y ⊃ ~ X)
(U ∨ S) · (V ∨ Z)
∴ X·Z

Können den einfachen Teilaussagen eines Arguments nicht derart Wahrheitswerte zugewiesen werden, daß ihre Prämissen wahr werden und ihre Konklusion falsch wird, dann muß das Argument gültig sein. Obwohl dies aus der Definition von ‚Gültigkeit‘ folgt, hat es doch eine seltsame Konsequenz. Man betrachte das folgende Argument, dessen Prämissen für die Konklusion vollkommen irrelevant zu sein scheinen:

Die Gültigkeit des Schlusses einer beliebigen Konklusion aus inkonsistenten Prämissen

Wenn das Flugzeug einen Motorschaden gehabt hätte, dann wäre es in Bridgeport gelandet.

Wenn das Flugzeug keinen Motorschaden gehabt hätte, wäre es in Cleveland gelandet.

Das Flugzeug landete weder in Bridgeport
noch in Cleveland.

Daher muß das Flugzeug in Denver gelandet
sein.

Die Formalisierung dieses Arguments hat die Form:

$$A \supset B$$
$$\sim A \supset C$$
$$\sim (B \lor C)$$
$$\therefore D$$

Jeder Versuch, den einfachen Teilaussagen dieses Arguments derart Wahrheitswerte zuzuweisen, daß die Konklusion falsch und alle Prämissen wahr werden, ist zum
Scheitern verurteilt. Wenn wir die Konklusion ignorieren
und uns auf den anderen Teil unseres Ziels konzentrieren,
alle Prämissen wahr zu machen, indem wir deren einfachen
Teilsätzen Wahrheitswerte zuweisen, dann werden wir sogar mit diesem scheinbar weniger anspruchsvollen Vorha-
ben mit Sicherheit scheitern.
Der Grund dafür, daß weder die Prämissen bewahrheitet
noch die Konklusion falsch gemacht werden kann, besteht
darin, daß die Prämissen durch keine *irgendwie* geartete
Zuweisung von Wahrheitswerten bewahrheitet werden
können. Die Prämissen können deshalb durch keine Zuweisung von Wahrheitswerten bewahrheitet werden, weil
sie miteinander inkonsistent sind. Ihre Konjunktion ist
widersprüchlich, da sie eine Substitutionsinstanz einer
widersprüchlichen Aussageform darstellt. Würden wir
eine Wahrheitstafel des gegebenen Arguments aufstellen,
dann würden wir herausfinden, daß in jeder Reihe zumindest eine der Prämissen falsch ist. Da es keine Reihe gibt, in
der alle Prämissen wahr sind, gibt es auch keine Reihe, in
der alle Prämissen wahr sind und die Konklusion falsch ist.
Daher würde die Wahrheitstafel dieses Arguments seine
Gültigkeit festlegen. Dies kann auch durch den folgenden
formalen Beweis festgelegt werden:

1. $A \supset B$
2. $\sim A \supset C$
3. $\sim (B \lor C) / \therefore D$
4. $\sim B \cdot \sim C$ 3, De M.
5. $\sim B$ 4, Simp.
6. $\sim A$ 1,5, M.T.
7. C 2,6, M.P.
8. $\sim C \cdot \sim B$ 4, Kom.
9. $\sim C$ 8, Simp.
10. $C \lor D$ 7, Add.
11. D 10,9, D.S.

In diesem Beweis sind die Zeilen 1 – 9 der Erläuterung der Inkonsistenz gewidmet, die in den Prämissen implizit enthalten war. Diese Inkonsistenz zeigt sich in den Zeilen 7 und 9, welche C bzw. ~ C behaupten. Ist diese Explikation des Widerspruchs einmal erreicht, dann folgt die Konklusion sofort aus dem Prinzip der Addition und aus dem disjunktiven Syllogismus.

Wir sehen also, daß, wenn ein Satz von Prämissen inkonsistent ist, aus diesen Prämissen *jede* Konklusion, wie irrelevant sie auch sein mag, gültig folgt. Der Kern dieser Überlegung läßt sich im Falle des folgenden Arguments einfacher zeigen, aus dessen offensichtlich inkonsistenten Prämissen wir eine irrelevante und fantastische Konklusion ableiten können:

> Heute ist Sonntag. Heute ist nicht Sonntag.
> Daher besteht der Mond aus grünem Käse.

In symbolischer Darstellung erhalten wir:

1. S
2. $\sim S / \therefore M$

Der formale Gültigkeitsbeweis dieses Ausdrucks ist nahezu unmittelbar deutlich:

3. $S \lor M$ 1, Add.
4. M 3,2, D.S.

Was ist hier falsch? Wie können so inhaltsarme und sogar inkonsistente Prämissen jedes beliebige Argument, in dem sie vorkommen, gültig machen?

Man sollte zunächst beachten, daß ein Argument, welches aufgrund einer Inkonsistenz in seinen Prämissen gültig ist, auf keinen Fall ein stichhaltiges Argument ist. Wenn Prämissen miteinander inkonsistent sind, dann können sie jedenfalls nicht alle wahr sein.

Dies erklärt mit, warum Konsistenz eine besonders hohe Wertschätzung erfährt. Einer der Gründe hierfür ist natürlich der, daß inkonsistente Aussagen nicht alle wahr sein können: Diese Tatsache liegt der Strategie des Kreuzverhörs zugrunde, in dem ein Anwalt versucht, einen gegnerischen Zeugen dahin zu bringen, sich selbst zu widersprechen. Enthält eine Zeugenaussage miteinander unverträgliche oder inkonsequente Behauptungen, dann kann sie nicht insgesamt wahr sein, und die Glaubwürdigkeit des Zeugen ist zerstört, oder zumindest aber erschüttert. Doch ein weiterer Grund, warum Inkonsistenz so unerträglich ist, besteht darin, daß jede beliebige Konklusion logisch aus inkonsistenten Aussagen folgt, die als Prämissen herangezogen werden. Inkonsistente Aussagen sind nicht ‚bedeutungslos‘; man hat mit ihnen gerade das entgegengesetzte Problem: Sie bedeuten zuviel – sie bedeuten alles in dem Sinne, daß alles aus ihnen folgt. Und wenn *alles und jedes* behauptet wird, dann ist die Hälfte all dessen, was behauptet wird, *falsch*, da jede Aussage auch eine Verneinung hat.

6. Theorie der Quantifikation

Die logischen Techniken der beiden vorhergehenden Kapitel erlauben uns, zwischen gültigen und ungültigen Argumenten eines bestimmten Typus zu unterscheiden; wir können sie grob als solche charakterisieren, deren Gültigkeit allein von der Art und Weise abhängt, in der einfache Aussagen wahrheitsfunktional zu zusammengesetzten Aussagen verknüpft werden können. Es gibt jedoch andere Argumenttypen, auf die die Gültigkeitskriterien dieser Kapitel nicht zutreffen, wie z. B. das offensichtlich gültige Argument

Alle Menschen sind sterblich.

Sokrates ist ein Mensch.

Daher ist Sokrates sterblich.

Sollten wir auf dieses Argument die zuvor eingeführten Bewertungsmethoden anwenden, dann würden wir es symbolisch wie folgt darstellen:

$$M$$
$$S$$
$$\therefore H^9$$

In dieser Darstellung erscheint das Argument als ungültig. Die bisher vorgestellten Techniken der symbolischen Logik können auf Argumente von diesem Typus nicht angewendet werden. Die Gültigkeit des gegebenen Arguments hängt nicht davon ab, in welcher Weise einfache Aussagen zusammengesetzt sind, weil es in ihm keine zusammengesetzten Aussagen gibt. Seine Gültigkeit hängt vielmehr von der inneren logischen Struktur der beteiligten nicht-zusammengesetzten Aussagen ab. Zur Formulierung von Methoden zur Überprüfung der Gültigkeit von Argumenten dieser neuen Art wurden Techniken der Beschreibung und Formalisierung nicht-zusammengesetzter Aussagen durch Bezug auf ihre innere logische Struktur entworfen.

Singuläre Propositionen

Die einfachste Art einer nicht zusammengesetzten Aussage wird durch die zweite Prämisse des vorhergehenden Arguments veranschaulicht, durch „Sokrates ist ein Mensch". Aussagen dieser Art werden herkömmlich als *singuläre Propositionen* bezeichnet. Eine (bejahende) singuläre Proposition behauptet, daß einem bestimmten Individuum ein besonderes Attribut zukommt. Im Falle des vorliegenden Beispiels würden die gewöhnliche Grammatik und die traditionelle Logik darin übereinstimmen, „Sokrates" als den *Subjekts*begriff und „menschlich" als den *Prädikats*begriff zu klassifizieren. Der Subjektsbegriff denotiert ein bestimmtes Individuum und der Prädikatsbegriff bezeichnet ein Merkmal, das von dem Individuum ausgesagt wird.

Subjekts- und Prädikatsbegriff; Individuen und Merkmale

Hier bezieht sich das Wort „Individuum" auf jederlei *Gegenstand*, wie etwa ein Land, eine Stadt oder tatsächlich alles das, wovon Merkmale wie *menschlich* oder *sterblich* bedeutungsvoll prädiziert werden können. Vom Standpunkt

*Individual-
konstanten,
Merkmalssymbole,
Individual-
variablen*

der Grammatik aus ist die Unterscheidung zwischen Adjektiv und Nomen von beträchtlicher Bedeutung, nicht aber aus logischer Sicht. So besteht logisch kein Unterschied zwischen „Sokrates ist sterblich" und „Sokrates ist ein Sterblicher". Ein Prädikat kann entweder ein Adjektiv oder ein Nomen oder gar ein Verb sein, wie z.B. in „Aristoteles schreibt", was sich als „Aristoteles ist ein Schreibender" paraphrasieren läßt.

Bei der Unterscheidung von Individuen und ihren Merkmalen verwenden wir zwei unterschiedliche Arten von Symbolen, um uns auf beide zu beziehen. Wir verwenden Kleinbuchstaben von a – w, um Individuen zu denotieren. Diese Symbole sind *Individualkonstanten*. In jedem beliebigen Einzelkontext wird jede Individualkonstante ein bestimmtes Individuum bezeichnen. Es bietet sich gewöhnlich an, ein Individuum durch den ersten Buchstaben seines (oder ihres) Namens zu denotieren. Mit Großbuchstaben werden wir Merkmale symbolisieren, und auch hier bietet sich dasselbe Prinzip als Richtlinie an.

Wir legen konventionell fest, daß ein unmittelbar links neben dem Individualsymbol niedergeschriebenes Merkmalsymbol unsere symbolische Formulierung der singulären Proposition sein wird, die behauptet, daß dem benannten Individuum das herausgestellte Merkmal zukommt. So wird die singuläre Proposition „Sokrates ist ein Mensch" symbolisch als Ms dargestellt. Wir verwenden Mx, manchmal auch in der Schreibweise M(x), um das gemeinsame Muster aller singulären Propositionen zu symbolisieren, die das Merkmal „Menschlich sein" einem Individuum zuweisen. Der Buchstabe x, als Individualvariable bezeichnet, markiert nur eine Stellung und dient dem Hinweis, wo die verschiedenen Buchstaben von a bis w – unsere Individualkonstanten – niedergeschrieben werden können, damit sich singuläre Propositionen ergeben.

*Propositional-
funktionen: – ein-
fache Prädikate*

Die verschiedenen singulären Propositionen Ma, Mb, Md sind entweder wahr oder falsch, Mx ist hingegen weder wahr noch falsch, da es überhaupt keine Aussage oder Proposition darstellt. Der Ausdruck Mx ist eine Propositionalfunktion, die als ein Ausdruck definiert werden kann, der (1) eine Individualvariable enthält und (2) zu einer Aussage wird, wenn die Individualvariable durch eine Individualkonstante ersetzt wird. Man kann sich Individualkonstanten als Eigennamen von Individuen vorstellen. Jede singuläre Proposition ist eine *Substitutionsinstanz* einer Propositionalfunktion, das Ergebnis der Substitution der Individualvariable dieser Propositionalfunktion durch eine Individualkonstante. Gewöhnlich wird eine Propositionalfunktion einige wahre und einige falsche Substitutionsinstanzen aufweisen. Wir nennen solche Propositionalfunktionen ‚einfache Prädikate‘, um sie von den komplexeren Propositionalfunktionen zu unterscheiden, die wir bald einführen werden. Ein *einfaches Prädikat* ist dann eine Propositionalfunktion, die einige wahre und einige falsche Substitutionsinstanzen aufweist, deren jede eine bejahende singuläre Proposition ist.

Quantifizierung, Generalisierung; allgemeine Propositionen

Die Substitution von Individualvariablen durch Individualkonstanten ist nicht die einzige Art und Weise, in der man von Propositionalfunktionen zu Propositionen kommen kann. Zu Propositionen kommt man auch durch den Prozess der sogenannten Generalisierung der Quantifizierung. Prädikatsbegriffe treten häufig in Propositionen von anderer als singulärer Art auf. So enthalten die Propositionen „Alles ist sterblich“ und „Etwas ist schön“ Prädikatsbegriffe; sie sind dennoch keine singulären Propositionen, da sie nicht die Namen irgendwelcher bestimmter Individuen enthalten. Tatsächlich beziehen sie sich auf *kein* bestimmtes Individuum im besonderen, da sie *allgemeine* Propositionen sind. Die erste Proposition kann auf unterschiedliche Weise zum Ausdruck gebracht werden, wobei all diese Ausdrücke einander logisch äquivalent sind: entweder als „Alle Dinge sind sterblich“ oder als

Allquantor

> Gegeben sei ein beliebiges individuelles Ding, dann ist es sterblich.

In dieser zweiten Formulierung ist das Wort „es“ ein Relativpronomen, das sich auf das Wort „Ding“ bezieht, welches ihm in der Aussage vorangeht. Indem wir den Buchstaben x, unsere Individualvariable, anstelle des Pronomens „es“ und des Ausdrucks, auf den dieses sich bezieht, verwenden, können wir die erste allgemeine Proposition umschreiben, und zwar als:

> Für alle gegebenen x gilt, x ist sterblich.

Oder wir können, indem wir die Notation verwenden, die wir im vorhergehenden Kapitel eingeführt haben, schreiben

Für alle gegebenen x gilt, Sx.

Obwohl die Propositionalfunktion Sx keine Proposition ist, haben wir hier einen Ausdruck, der sie enthält, und seinerseits eine Proposition *ist*. Die Phrase „Für alle gegebenen x gilt" wird üblicherweise symbolisch durch „(x)" dargestellt und als Allquantor bezeichnet. Unsere erste allgemeine Proposition kann vollständig symbolisch dargestellt werden als

Existenzquantor

$$(x) \, S \, x$$

Die zweite allgemeine Proposition, „Etwas ist schön", kann auch wiedergegeben werden als

Es gibt zumindest ein Ding, das schön ist.

In dieser Formulierung ist das Wort „das" ein Relativpronomen, das sich auf das vorhergehende „Ding" bezieht. Indem wir unsere Individualvariable x anstelle des Pronomens „das" sowie desjenigen Ausdrucks, auf den das Relativpronomen sich bezieht, verwenden, können wir die zweite allgemeine Proposition umschreiben zu:

Es gibt zumindest ein x, derart daß x schön ist.

oder wir schreiben, indem wir uns der schon bekannten Notation bedienen:

Es gibt zumindest ein x, derart daß Sx.

Wie zuvor haben wir hier einen Ausdruck, der Sx als Proposition enthält, obwohl Sx eine Propositionalfunktion ist. Die Phrase „Es gibt zumindest ein x, derart daß" wird üblicherweise symbolisch dargestellt als „ ($\exists$x)"; dieser Ausdruck wird als Existenzquantor bezeichnet. Die zweite allgemeine Proposition kann in der folgenden Weise symbolisch vollständig dargestellt werden:

Existenz- vs. All-
quantifizierung

$$(\exists x) \, S x$$

Wir stellen also fest, daß Propositionen aus Propositionalfunktionen entweder durch *Instantiation* gebildet werden
können, daß heißt, indem wir eine Individualvariable
durch eine Individualkonstante substituieren, oder aber
durch Generalisierung, das heißt, indem wir einen Allquantor oder einen Existenzquantor voranstellen. Es ist
deutlich, daß die Allquantifizierung einer Propositionalfunktion genau dann wahr ist, wenn alle ihre Substitutionsinstanzen wahr sind, und daß die Existenzquantifizierung einer Propositionalfunktion genau dann wahr ist,
wenn sie zumindest eine wahre Substitutionsinstanz hat.
Wenn wir davon ausgehen, daß es zumindest ein Individuum gibt, dann hat jede Propositionalfunktion zumindest
eine Substitutionsinstanz, die natürlich nicht notwendig
wahr ist. Aufgrund dieser Annahme ist die Existenzquantifizierung einer Propositionalfunktion dann wahr, wenn
auch deren Allquantifizierung wahr ist.

*Komplexe Prädi-
kate: – Negation*

Alle bisher erwähnten Propositionalfunktionen hatten nur
bejahende singuläre Propositionen als Substitutionsinstanzen. Doch nicht alle Propositionen sind bejahend. Die Verneinung der bejahenden singulären Proposition „Sokrates
ist sterblich" ist die negative singuläre Proposition „Sokrates ist nicht sterblich". In symbolischer Darstellung haben
wir Ss und ~ Ss. Der erste Ausdruck bezeichnet eine Substitutionsinstanz der Propositionalfunktion Sx. Der zweite
kann als Bezeichnung einer Substitutionsinstanz der Propositionalfunktion ~ Sx betrachtet werden. Hier erweitern wir
unsere Auffassung von Propositionalfunktionen über die
einfachen Prädikate hinaus, die wir oben eingeführt hatten,
um zu ermöglichen, daß Propositionalfunktionen auch das
Negationssymbol „~" mit enthalten können. Daher kann
die allgemeine Proposition

> Nichts ist vollkommen.

entweder paraphrasiert werden als

> Alles ist unvollkommen.

oder als

> Gegeben sei ein beliebiges individuelles
> Ding, dann ist es nicht vollkommen.

Wenn wir nun das Merkmal, vollkommen zu sein, durch den Buchstaben V darstellen und uns der bereits eingeführten Notation bedienen, dann erhalten wir

$$(X) \sim Vx$$

Die weiteren Verbindungen zwischen All- und Existenzquantifizierung können nun veranschaulicht werden. Die allgemeine (All-) Proposition „Alles ist sterblich" wird durch die allgemeine (Existenz-) Proposition „Etwas ist nicht sterblich" verneint. Diese beiden Propositionen werden als (x)Sx und durch (∃x)∼ Sx symbolisch dargestellt. Da der eine Ausdruck die Verneinung des anderen ist, sind die beiden Bikonditionale

$$[\sim(x)Sx] \equiv [(\exists x) \sim Sx] \text{ und}$$
$$[(x)Sx] \equiv [\sim(\exists x)\sim Sx)]$$

logisch wahr. Ähnlich wird die allgemeine (All-) Proposition „Nichts ist sterblich" durch die allgemeine (Existenz-) Proposition „Etwas ist sterblich" verneint. Diese werden durch (x)∼ Sx und (∃x) Sx symbolisch dargestellt. Da der eine Ausdruck die Verneinung des anderen ist, sind auch die beiden weiteren Bikonditionale

$$[\sim(x)\sim Sx] \equiv [(\exists \underline{x)} Sx] \text{ und}$$
$$[(x)\sim Sx] \equiv [\sim (\exists \quad x) Sx]$$

logisch wahr. Wenn wir den griechischen Buchstaben φ (phi) verwenden, um einfache Prädikate überhaupt wiederzugeben, dann können die Beziehungen zwischen All- und Existenzquantifizierungen in der folgenden Weise festgelegt werden:

$$[(x)\phi x] \equiv [\sim(\exists x)\sim \phi x]$$
$$[(\exists x)\phi x] \equiv [\sim(x) \sim \phi x]$$
$$[(x)\sim \phi x] \equiv [\sim(\exists x) \phi x]$$
$$[(\exists x)\sim \phi x] \equiv [\sim(x)\phi x]$$

Die allgemeinen Verbindungen zwischen All- und Existenzquantifizierungen können übersichtlicher in Form des Quadratmusters der folgenden Abbildung 1 beschrieben werden.

(x) φx   (x) ~ φ x

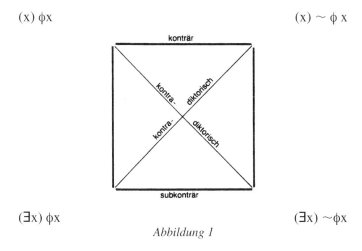

(∃x) φx   (∃x) ~φx

Abbildung 1

Gehen wir weiterhin von der Annahme der Existenz zumindest eines Individuums aus, dann können wir sagen, daß die
beiden oberen Propositionen *konträr* sind, das heißt, sie
können zwar beide falsch, nicht aber beide wahr sein; die
beiden unteren Propositionen sind *subkonträr*, das heißt sie
können zwar beide wahr, nicht aber beide falsch sein; Propositionen die einander an den entgegengesetzten Enden
der Diagonalen gegenüberliegen, sind *kontradiktorisch*, das
heißt, eine von beiden muß wahr und die andere falsch sein;
und schließlich impliziert auf jeder Seite des Quadrats die
Wahrheit der oberen Proposition die Wahrheit der unteren
Proposition. Dies sollte mit der Figur auf Seite 80 in Kapitel 8 Kurseinheit 1 verglichen werden.

Wir können die folgenden Beispiele für die vier allgemeinen Propositionstypen angeben, die herkömmlich bei der
Einführung in die Logik besonders hervorgehoben werden:

Komplexe Prädi-
kate; Allgemeine
Typen von Propo-
sitionen

      Alle Menschen sind sterblich.

      Kein Mensch ist sterblich.

      Einige Menschen sind sterblich.

      Einige Menschen sind nicht sterblich.

Diese wurden als „allgemein bejahend", „allgemein verneinend", „partikulär bejahend" und „partikulär verneinend"
klassifiziert und ihre Typen als A, E, I und O abgekürzt.

Allgemein beja-
hende Proposition
(„A"-Proposition)
Stellen wir diese Proposition mit Hilfe von Quantoren symbolisch dar, dann kommen wir zu einer weiteren Erweiterung unserer Auffassung von Propositionalfunktionen. Wenden wir uns zunächst der A-Proposition zu, so schreiten wir von Paraphrase zu Paraphrase fort, indem wir beginnen mit

> Gegeben sei ein beliebiges individuelles Ding; wenn es menschlich ist, dann ist es sterblich.

In beiden Fällen bezieht sich das Relativpronomen „es" eindeutig auf das ihnen vorangehende Wort „individuelles Ding". Da alle drei Worte den gleichen (unbestimmten) Bezug haben, können sie durch den Buchstaben „x" ersetzt werden, so daß die Proposition umgeschrieben werden kann in

> Für alle gegebenen x gilt, wenn x menschlich ist, dann ist x sterblich

Bedienen wir uns nun der zuvor eingeführten Notation für „wenn – dann", dann können wir das Vorhergehende umschreiben in

> Für alle gegebenen x gilt, x ist menschlich $\supset$ ist sterblich.

Schließlich wird die ursprüngliche A-Proposition unter Verwendung der nun vertrauten Notation für Propositionalfunktionen und Quantoren ausgedrückt als

A – Proposition

$$(x)(Mx \supset Sx)$$

Unsere symbolische Übersetzung der A-Proposition erscheint als die Allquantifizierung einer neuen Art von Propositionalfunktion. Der Ausdruck $Mx \supset Sx$ ist eine Propositionalfunktion, deren Substitutionsinstanzen weder bejahende noch verneinende singuläre Propositionen sind, sondern Konditionalaussagen, deren Antezedentien und Konsequenzen singuläre Propositionen mit demselben Subjektbegriff sind. Substitutionsinstanzen der Propositionalfunktion Mx ⊃ Sx sind unter anderem die Konditionalaussagen Ma ⊃ Sa, Mb ⊃ Sb, Mc ⊃ Sc, Md ⊃ Sd usw. Ebenso gibt es Propositionalfunktionen, deren Substitutionsinstanzen Konjunktionen von singulären Propositionen mit denselben Subjektsbegriffen sind. So sind die Konjunktionen Ma·Sa, Mb·Sb, Mc·Sc, Md.Sd usw. Substitutionsinstanzen der Propositionalfunktion Mx.Sx. Auch gibt es Propositionalfunktionen wie Wx ∨ Bx, deren Substitutionsinstanzen Disjunktionen sind, wie Wa ∨ Ba und Wb ∨ Bb. De facto kann jede wahrheitsfunktionale zusammengesetzte Aussage, deren einfache Teilaussagen singuläre Propositionen mit denselben Subjektsbegriffen sind, als Substitutionsinstanz einer Propositionalfunktion betrachtet werden, die einige oder alle der verschiedenen wahrheitsfunktionalen Symbole ·, ∼, ⊃, ≡, ∨ zusätzlich zu den einfachen Prädikaten Ax, Bx, Cx, Dx ... enthält. In unserer Übersetzung der A-Propositionen als (x)(Mx ⊃ Sx) dienen die Klammern als Interpunktionszeichen. Sie zeigen an, daß der Allquantor (x) auf die gesamte (zusammengesetzte) Propositionalfunktion Mx ⊃ Sx „Anwendung findet" oder „diese in ihrem Bereich enthält".

Die aufeinanderfolgenden Paraphrasen der E-Proposition „Kein Mensch ist sterblich" können lauten:

Allgemein verneinende Propositionen („E-"Propositionen)

> Gegeben sei ein beliebiges individuelles Ding; wenn es menschlich ist, dann ist es nicht sterblich.

> Für alle gegebenen x gilt, wenn x menschlich ist, dann ist x nicht sterblich.

> Für alle gegebenen x gilt, x ist menschlich ⊃ x ist nicht sterblich.

und schließlich

> (x)(Mx ⊃ ∼ Sx)

E-Proposition

Ähnlich lauten die aufeinanderfolgenden Propositionen der I-Proposition „Einige Menschen sind sterblich":

Partikulär bejahende Propositionen („I-"Propositionen)

> Es gibt zumindest ein Ding, das menschlich und sterblich ist.

Es gibt zumindest ein x, derart daß x menschlich und sterblich ist.

Es gibt zumindest ein x, derart daß x menschlich ·x ist sterblich.

und schließlich

I-Proposition   ($\exists$x) (Mx·Sx)

Partikulär vernei-   Schließlich lauten die aufeinanderfolgenden Paraphrasen
nende Proposition   der O-Proposition „Einige Menschen sind nicht sterblich":
("O-"Propositio-
nen)   Es gibt zumindest ein Ding, das menschlich,
                                         aber nicht sterblich ist.

Es gibt zumindest ein x, derart daß x menschlich und x nicht sterblich ist.

Es gibt zumindest ein x, derart daß x ist menschlich .x ist nicht sterblich.

O-Proposition   und in vollständiger formaler Darstellung:

($\exists$x) (Mx· $\sim$ Sx)

Relationen der   Wenn die griechischen Buchstaben ϕ und ψ (psi) zur Wie-
Propositionstypen   dergabe beliebiger Prädikate verwendet werden können,
im Logischen   dann können die vier allgemeinen Subjekts-Prädikats-Pro-
Quadrat   positionen der traditionellen Logik in einem Quadrat, wie in
                             Abbildung 2 gezeigt, wiedergegeben werden. Von diesen
                             sind A und O kontradiktorisch, da jede von ihnen die Ver-
                             neinung des anderen darstellt; E und I sind ebenfalls kon-
                             tradiktorisch.

$(x)(\phi x \supset \psi x)$ $(x)(\phi x \supset \sim \psi x)$

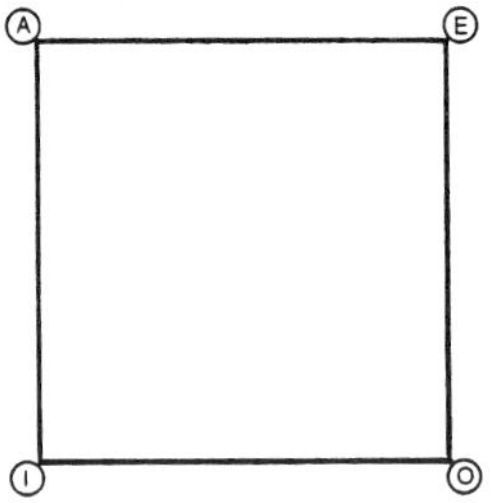

$(\exists x)(\phi x \cdot \psi x)$ $(\exists x)(\phi x \cdot \sim \psi x)$

Abbildung 2

Man könnte meinen, daß eine I-Proposition aus der ihr entsprechenden A-Proposition, und eine O-Proposition aus der ihr entsprechenden E-Proposition folgt; doch dies ist nicht der Fall. Eine A-Proposition kann sehr wohl wahr sein, während die ihr entsprechende I-Proposition falsch ist. Wenn ϕx eine Propositionalfunktion ohne wahre Substitutionsinstanzen ist, dann ist die allgemeine Quantifizierung der (komplexen) Propositionalfunktion $\phi x \supset \psi x$ wahr, ungeachtet der Arten von Substitutionsinstanzen, welche die Propositionalfunktion ψx haben mag. Man betrachte z.B. die Propositionalfunktion ‚x ist ein Kentaur', die wir als Kx schreiben. Da es keine Kentauren gibt, ist jede Substitutionsinstanz der komplexen Propositionalfunktion $Kx \supset Sx$ eine Konditionalaussage, deren Antezedens falsch ist. Die Substitutionsinstanzen $Ka \supset Sa$, $Kb \supset Sb$, $Kc \supset Sc$ sind daher insgesamt wahr, da jede Konditionalaussage wahr sein muß, wenn ihr Antezedens falsch ist. Da all ihre Substitutionsinstanzen wahr sind, ist die allgemeine Quantifizierung der Propositionalfunktion $Kx \supset Sx$ wahr, die die A-Proposition $(x)\ (Kx \supset Sx)$ ist. Hingegen ist die entsprechende I-Proposition $(\exists x)\ (Kx \cdot Sx)$ falsch, da die Propositionalfunktion $Kx \cdot Sx$ keine wahren Substitutionsinstanzen hat. Daß $Kx \cdot Sx$ keine wahren Substitutionsinstanzen hat, folgt aus der Tatsache, daß Kx keine wahren Substitutionsinstanzen hat. Die verschiedenen Substitutionsinstanzen von $Kx \cdot Sx$ lauten $Ka \cdot Sa$, $Kb \cdot Sb$, $Kc \cdot Sc$, ..., wobei jede eine Konjunktion darstellt, deren erstes Konjunkt falsch ist, weil Ka, Kb, Kc, ... insgesamt falsch sind. Da alle ihre Substitutionsinstanzen falsch sind, ist die Existenzquantifizierung der Propositionalfunktion $Kx \cdot Bx$, welche die I-Proposition $(\exists x)(Kx \cdot Sx)$ ist, falsch. Daher kann eine A-Proposition wahr sein, während die ihr entsprechende I-Proposition falsch ist. Wird die Propositionalfunktion Sx durch die Propositionalfunktion $\sim Sx$ in der vorhergehenden Diskussion ersetzt, dann lautet die Folgerung, daß eine E-Proposition wahr sein kann, während die ihr entsprechende O-Proposition falsch ist.

Gehen wir von der allgemeinen Annahme aus, daß es zumindest ein Individuum gibt, dann impliziert $(x)(Kx \supset Sx)$ den Ausdruck $(\exists x)(Kx \supset Sx)$. Doch der letztere Ausdruck bezeichnet keine I-Proposition. Die I-Proposition „Einige Kentauren sind schön" wird symbolisch wiedergegeben als

($\exists$x)(Kx·Sx), und dieser Ausdruck besagt, daß es zumindest einen Kentauren gibt, der schön ist. Doch die Aussage, die durch ($\exists$x)(Kx $\supset$ Sx) symbolisch dargestellt wird, besagt nicht, daß es einen Kentauren gibt, sondern nur, daß es ein Individuum gibt, welches entweder kein Kentaur oder aber schön ist. Und diese Proposition wäre nur in zwei möglichen Fällen falsch: Erstens, wenn es überhaupt keine Individuen gäbe; und zweitens, wenn alle Individuen Kentauren und keines von diesen schön wäre. Wir schließen den ersten Fall aus, indem wir die (offensichtlich wahre) Annahme explizit machen, daß es zumindest ein Individuum im Universum gibt. Der zweite Fall ist äußerst unplausibel, so daß jede Proposition von der Form ($\exists$x)(ϕx $\supset$ ψx) ziemlich trivial sein muß – im Gegensatz zu der signifikanten I-Form ($\exists$x)(ϕx·ψx).

Die normale
Formformel

Die vier oben aufgeführten logischen Äquivalenzen versehen uns zusammen mit den verschiedenen logischen Äquivalenzen, die die Ersetzungsregel begleiten, mit Methoden, um eine gegebene Formel durch eine einfachere Formel, die mit der gegebenen logisch äquivalent ist, zu ersetzen. Die hier beabsichtigte Art der Vereinfachung wird erreicht, indem man die Negationszeichen solange verschiebt, bis die sich nicht mehr auf zusammengesetzte Ausdrücke, sondern nurmehr auf einfache Prädikate beziehen. So kann die Formel

$$\sim (\exists x)(Fx \cdot \sim Gx)$$

nach und nach umgeschrieben werden. Sie wird unter Rekurs auf die dritte logische Äquivalenz zunächst in

$$(x) \sim (Fx \cdot \sim Gx)$$

und anschließend unter Verwendung des Theorems von De Morgan in

$$(x) (\sim Fx \lor \sim \sim Gx)$$

transformiert.

Sodann ergibt das Prinzip der doppelten Negation:

$$(x) (\sim Fx \lor Gx)$$

und schießlich wird die ursprüngliche Formel unter Verwendung der Definition der materialen Implikation als die A-Proposition

(x) (Fx ⊃ Gx)

wiedergegeben.

Eine Formel, in der sich Negationszeichen nur auf einfache Prädikate beziehen, wird manchmal als *normale Formformel* bezeichnet.

Übungsaufgabe 11

Übersetzen Sie jede der folgenden Aussagen in die logische Notation von Propositionalfunktionen und Quantoren, indem sie jeweils die vorgeschlagenen Abkürzungen verwenden, und zwar so, daß jede Formel mit einem Quantor, nicht mit einem Negationszeichen beginnt.

11.1 Fledermäuse sind Säugetiere. (Fx: x ist eine Fledermaus; Sx: x ist ein Säugetier)

11.2 Tauben sind keine Säugetiere. (Tx: x ist eine Taube; Sx: x ist ein Säugetier)

11.3 Berichterstatter sind anwesend. (Bx: x ist ein Berichterstatter; Ax: x ist anwesend)

11.4 Krankenschwestern sind immer fürsorglich. (Kx: x ist eine Krankenschwester; Fx: x ist fürsorglich)

11.5 Diplomaten sind nicht immer reich. (Dx: x ist ein Diplomat; Rx: x ist reich)

11.6 Botschafter sind immer würdevoll. (Bx: x ist ein Botschafter; Wx: x ist würdevoll)

11.7 Kein Pfadfinder betrügt jemals. (Px: x ist ein Pfadfinder; Bx: x betrügt)

11.8 Nur approbierte Ärzte können eine medikamentöse Behandlung in Rechnung stellen. (Ax: x ist ein ap-

*probierter Arzt; Rx: x kann eine medikamentöse Be-
handlung in Rechnung stellen)*

*11.9   Schlangenbisse sind manchmal tödlich. (Sx: x ist ein
Schlangenbiß; Tx: x ist tödlich)*

*11.10 Ein Schnupfen ist nie tödlich. (Sx: x ist ein Schnup-
fen; Tx: x ist tödlich)*

*Ableitungsregeln
für Argumente mit
quantifizierten
Aussagen*

Wenn wir formale Gültigkeitsbeweise solcher Argumente
konstruieren, deren Gültigkeit von den inneren Strukturen
der nicht-zusammengesetzten Aussagen abhängt, die in
ihnen vorkommen, so müssen wir unsere Liste von Ableitungsregeln erweitern. Hierbei sind nur vier zusätzliche Regeln erforderlich; sie werden in Verbindung mit jenen
Argumenten eingeführt, für die sie benötigt werden. Wir
wollen zuerst das Argument betrachten: „Alle Menschen
sind sterblich. Sokrates ist ein Mensch. Deshalb ist Sokrates sterblich". Die symbolische Darstellung dieses Arguments lautet

*1. Prinzip der all-
gemeinen Instan-
tiation (AI)*

$$(x) \, (Mx \supset Sx)$$
$$Ms$$
$$\therefore Ss$$

Die erste Prämisse bejaht die Wahrheit der allgemeinen
Quantifizierung der Propositionalfunktion $Mx \supset Sx$. Da die
allgemeine Quantifizierung einer Propositionalfunktion
genau dann wahr ist, wenn alle ihre Substitutionsinstanzen
wahr sind, können wir aus der ersten Prämisse jede ge-
wünschte Substitutionsinstanz der Propositionalfunktion
$Mx \supset Sx$ ableiten. Insbesondere können wir die Substitutionsinstanz $Ms \supset Ss$ ableiten. Aus dieser und aus der zweiten Prämisse Ms folgt die Konklusion Ss unmittelbar durch
modus ponens.
Wenn wir unserer Liste von Ableitungsregeln das Prinzip
hinzufügen, daß jede Substitutionsinstanz einer Propositionalfunktion gültig aus ihrer allgemeinen Quantifizierung
ableitbar ist, dann können wir den formalen Gültigkeitsbeweis des gegebenen Arguments durch Bezug auf die erwei-

terte Liste elementarer gültiger Argumentformen angeben. Diese neue Ableitungsregel ist das Prinzip der *allgemeinen Instantiation*[10], die als „AI" abgekürzt wird. Wenn wir den Griechischen Buchstaben ν (nü) verwenden, um irgendwelche Individuensymbole wiederzugeben, dann können wir die neue Regel in der folgenden Form niederlegen:

AI: (x)(φx)   (wobei ν jedes Individuen-
                        symbol ist)
        ∴ φν

Ein formaler Gültigkeitsbeweis kann nun folgendermaßen geschrieben werden:

1. (x) (Mx ⊃ Sx)
2. Ms / ∴ Ss
3. Ms ⊃ Ss   1, AI
4. Ss   3,2, M.P.

Die Hinzunahme von AI verstärkt unseren Beweisapparat beträchtlich; dennoch ist mehr erforderlich. Die Notwendigkeit, weitere Quantifizierungsregeln hinzuzunehmen, entsteht in Verbindung mit Argumenten wie dem folgenden: „Alle Menschen sind sterblich. Alle Griechen sind Menschen. Daher sind alle Griechen sterblich." Die symbolische Übersetzung dieses Arguments lautet:

(x) (Mx ⊃ Sx)
(x) (Gx ⊃ Mx)
∴ (x) (Gx ⊃ Sx)

Hier sind sowohl die Prämissen als auch die Konklusion allgemeine und nicht singuläre Propositionen, allgemeine Quantifizierungen von Propositionalfunktionen und nicht deren Substitutionsinstanzen. Wir können aus den beiden Prämissen aufgrund von AI die folgenden Paare von Konditionalaussagen gültig ableiten:

$$\left\{\begin{array}{l} Ga \supset Ma \\ Ma \supset Sa \end{array}\right\}, \left\{\begin{array}{l} Gb \supset Mb \\ Mb \supset Sb \end{array}\right\}, \left\{\begin{array}{l} Gc \supset Mc \\ Mc \supset Sc \end{array}\right\}, \left\{\begin{array}{l} Gd \supset Md \\ Md \supset Sd \end{array}\right\}, \ldots$$

Durch aufeinander folgende Verwendungen des Prinzips des hypothetischen Syllogismus können wir gültig die Konklusionen ableiten:

$$Ga \supset Sa \qquad Gb \supset Sb \qquad Gc \supset Sc \qquad Gd \supset Sd$$

Wenn a, b, c, d, ... die insgesamt vorhandenen Individuen sind, dann folgt, daß man aus der Wahrheit der Prämissen gültig die Wahrheit aller Substitutionsinstanzen der Propositionalfunktion Gx $\supset$ Sx ableiten kann. Da die allgemeine Quantifizierung einer Propositionalfunktion genau dann wahr ist, wenn alle ihre Substitutionsinstanzen wahr sind, können wir weiter auf die Wahrheit von (x) (Gx $\supset$ Sx) schließen, und dieser Ausdruck stellt die Konklusion des gegebenen Arguments dar.

2. Prinzip der all- Der vorausgegangene Absatz kann als *informaler* Gültig-
gemeinen Genera- keitsbeweis des gegebenen Arguments betrachtet werden,
lisierung (AG) indem man sich auf das Prinzip des hypothetischen Syllogismus und auf die beiden Quantifizierungsprinzipien beruft. Dieser Beweis beschreibt jedoch unbegrenzt lange Reihen von Aussagen: die Listen aller Substitutionsinstanzen der beiden in den Prämissen allquantifizierten Propositionalfunktionen und die Liste aller Substitutionsinstanzen der Propositionalfunktion, deren Allquantifizierung die Konklusion darstellt. Da ein *formaler* Beweis nicht solche unbegrenzt langen Reihen von Aussagen enthalten kann, muß eine Methode gesucht werden, mit deren Hilfe derartige unbegrenzt lange Reihen in einer begrenzten, wohlbestimmten Art und Weise zum Ausdruck gebracht werden kann.

Eine Methode, die dies ermöglicht, bietet sich mit einer in der elementaren Mathematik gebräuchlichen Technik an. Ein Geometer, der zu beweisen versucht, daß *allen* Dreiecken ein bestimmtes Merkmal zukommt, kann mit den Worten beginnen: „Gegeben sei ein beliebig gewähltes Dreieck ABC". Der Geometer denkt dann über das Dreieck ABC nach und stellt fest, daß diesem das fragliche Attribut zukommt. Hieraus schließt er, daß dieses Attribut *allen* Dreiecken zukommt. Was rechtfertigt die zuletzt genannte Konklusion? Warum folgt, wenn man von dem besonderen Dreieck ABC voraussetzt, daß *diesem* das Merkmal zukommt, daß es *allen* Dreiecken zukommt? Die Antwort hierauf fällt nicht schwer. Wenn von dem Dreieck ABC nichts weiter vorausgesetzt wird als seine Dreieckigkeit, dann kann das Symbol „ABC" als Bezeichnung beliebiger Dreiecke betrachtet werden. Das Argument des Geometers legt dann fest, daß *jedes* Dreieck das fragliche Attribut aufweist, und wenn dies von *jedem* Dreieck gilt, dann von allen. Wir wollen nun eine Notation einführen, die der des Geometers analog ist, wenn er von „jedem beliebig gewählten Dreieck ABC" spricht. Wir vermeiden auf diese Weise die angebliche Aufzählung der unendlich oder unbestimmt vielen Substitutionsinstanzen in einer Propositionalfunktion, da wir statt dessen von *jeder* Substitutionsinstanz dieser Propositionalfunktion sprechen.

Wir werden den (bis hierher nicht verwendeten) Kleinbuchstaben y verwenden, um *jedes beliebig gewählte* Individuum zu denotieren. Wir werden hiervon in ähnlicher Weise Gebrauch machen, wie der Geometer von den Buchstaben ABC. Da die Wahrheit *jeder* Substitutionsinstanz einer Propositionalfunktion aus ihrer allgemeinen Quantifizierung folgt, können wir auf die Substitutionsinstanz schließen, die sich ergibt, wenn wir x durch y ersetzen, wobei y „jedes beliebig ausgewählte" Individuum denotiert. Wir können also den formalen Gültigkeitsbeweis des gegebenen Arguments in der folgenden Art und Weise beginnen:

1. (x) (Mx ⊃ Sx)
2. (x) (Gx ⊃ Mx)   /   ∴ (x) (Gx ⊃ Sx)
3. My ⊃ Sy   1, AI
4. Gy ⊃ My   2, AI
5. Gy ⊃ Sy   4,3, H.S.

Wir haben die Aussage Gy ⊃ Sy aus den Prämissen abgeleitet, die letztlich, da y „jedes beliebig ausgewählte Individuum" denotiert, die Wahrheit *jeder* Substitutionsinstanz der Propositionalfunktion Gx ⊃ Sx behauptet. Da *jede* Substitutionsinstanz wahr ist, müssen alle Substitutionsinstanzen wahr sein, und daher ist auch die allgemeine Quantifizierung dieser Propositionalfunktion wahr. Wir können dieses Prinzip unserer Liste von Ableitungsregeln hinzufügen und es in der folgenden Art und Weise formulieren: „Aus der Substitutionsinstanz der Propositionalfunktion kann im Hinblick auf den Namen eines *jeden*

beliebig ausgewählten Individuums gültig die allgemeine
Quantifikation dieser Propositionalfunktion abgeleitet werden". Da dieses neue Prinzip zu generalisieren erlaubt, das
heißt, von einer besonderen Substitutionsinstanz zu einem
generalisierten oder allgemein quantifizierten Ausdruck
überzugehen, beziehen wir uns auf dieses Prinzip der allgemeinen Generalisierung und kürzen es ab als „AG". Die
Generalisierung lautet:

$$\phi y$$
AG: $\therefore$ (x)(ϕx)   (wobei y „jedes beliebig ausge-
                                wählte Individuum" denotiert)

Die sechste und letzte Zeile des bereits begonnenen formalen Beweises kann nun in der folgenden Form niedergeschrieben und gerechtfertigt werden:

6. (x) (Gx $\supset$ Sx)   5, AG

Wir wollen die hier vorausgegangene Diskussion nochmals
betrachten. Im Beweis des Geometers lautet die einzige Annahme über ABC, daß es ein Dreieck ist, und daher wird
dasjenige, was von ABC als wahr bewiesen wird, von
jedem Dreieck als wahr bewiesen. In unserem Beweis ist
die einzige Annahme über y, daß y ein Individuum ist; was
also von y als wahr bewiesen wird, wird von *jedem* Individuum als wahr bewiesen. Das Symbol ist ein Individualsymbol, doch es handelt sich bei ihm um ein ganz
besonderes. Es ist gebräuchlich, dieses Symbol durch AI in
einen Beweis einzuführen. Und sein Vorkommen erlaubt
den Gebrauch von AG.
Vielleicht erscheint diese Vorgehensweise als etwas künst-
lich. Man mag einwenden, daß die sorgsame Unterscheidung zwischen (x)(ϕx) und ϕy derart, daß sie miteinander
nicht identifiziert werden, sondern auseinander aufgrund
von AI und AG abgeleitet werden müssen, auf einer Di-
stinktion ohne Unterschied zu bestehen bedeutet. Doch zwischen ihnen besteht sicherlich ein *formaler* Unterschied.
Die Aussage (x)(Mx $\supset$ Sx) ist eine nicht-zusammengesetzte Aussage, während My $\supset$ Sy zusammengesetzt ist, da
es sich hier um eine Konditionalaussage handelt. Aus den
beiden nicht-zusammengesetzten Aussagen (x) (Gx $\supset$ Mx)

und (x) (Mx ⊃ Sx) kann vermittels der ursprünglichen Liste von neunzehn Ableitungsregeln nichts Wesentliches abgeleitet werden. Hingegen folgt aus den zusammengesetzten Aussagen Gy ⊃ My und My ⊃ Sy die angeführte Konklusion Gy ⊃ Sy aufgrund des hypothetischen Syllogismus. Das Prinzip AI wird verwendet, um von nicht zusammengesetzten Aussagen, für die unsere früheren Ableitungsregeln nicht nutzbar gemacht werden können, zu zusammengesetzten Aussagen überzugehen, auf die die früheren Regeln angewendet werden *können*, um die Konklusion abzuleiten. Auf diese Weise reichern unsere Quantifizierungsprinzipien unseren logischen Apparat an und befähigen ihn, Argumente zu bewerten, die wesentlich nicht-zusammengesetzte (generalisierte) Propositionen enthalten wie auch jene andere, (einfachere) Art von Argumenten, die wir zuvor erörterten. Auf der anderen Seite muß trotz dieses formalen Unterschieds logische Äquivalenz zwischen (x) (φx) und φy bestehen, da sonst die Regeln AI und AG nicht gültig wären. Sowohl der Unterschied als auch die logische Äquivalenz sind für unser Ziel der Bewertung von Argumenten durch Bezug auf eine Liste von Ableitungsregeln wesentlich. Die Hinzunahme von AI und AG zu unserer Liste stärkt diese beträchtlich.

Die Liste muß noch erweitert werden, wenn wir uns Argumenten, die Existenzpropositionen beinhalten, zuwenden. Um mit einem passenden Beispiel zu beginnen: „Alle Kriminellen sind lasterhaft. Einige Menschen sind kriminell; daher sind einige Menschen lasterhaft". Die entsprechende symbolische Darstellung lautet:

3. Prinzip der Existenzinstantiation (EI)

(x) (Kx ⊃ Lx)
(∃ x) (Mx ·Kx)
∴ (∃x) (Mx·Lx)

Die Existenzquantifizierung einer Propositionalfunktion ist genau dann wahr, wenn sie zumindest eine wahre Substitutionsinstanz aufweist. Welches Merkmal auch immer durch φ bezeichnet werden mag (∃x) (φx) besagt, daß es zumindest ein Individuum gibt, dem das Attribut φ zukommt. Wenn eine Individualkonstante (im Unterschied zum besonderen Symbol y) vorher im Kontext nirgendwo verwendet wurde, dann können wir sie verwenden, um das Individuum, dem das Merkmal ϕ zukommt, zu denotieren, oder eines der Individuen, denen ϕ zukommt, wenn es mehrere gibt. Wenn bekannt ist, daß es ein solches Individuum gibt, z.B. *a*, dann wissen wir, daß ϕ*a* eine wahre Substitutionsinstanz der Propositionalfunktion ϕx ist. Daher nehmen wir in unsere Listen von Ableitungsregeln das Prinzip mit auf, daß wir aus der Existentialquantifizierung einer Propositionalfunktion die Wahrheit ihrer Substitutionsinstanz im Hinblick auf eine Individualkonstante (die anders lautet als y) ableiten können, die nirgendwo zuvor in diesem Kontext auftritt. Die neue Ableitungsregel ist das Prinzip der Existenzinstantiation und wird abgekürzt als EI. Ihre Formulierung lautet

$$\text{EI:} \quad \frac{(\exists x)\,(\phi x)}{\therefore\; \phi v} \qquad \text{wobei } v \text{ jede Individualkonstante (die anders lautet als } y) \text{ ist, die in diesem Kontext zuvor nicht auftritt.}$$

Unter Voraussetzung der zusätzlichen Ableitungsregel EI können wir damit beginnen, die Gültigkeit des formulierten Arguments vorzuführen.

1. $(x)(Kx \supset Lx)$
2. $(\exists x)\,(Mx \cdot Kx)$ / $\therefore\; (\exists x)\,(Mx.Lx)$
3. $Ma \cdot Ka$ 2,EI
4. $Ka \supset La$ 1,AI
5. $Ka \cdot Ma$ 3,Kom.
6. Ka 5,Simp.
7. La 4,6,M.P.
8. Ma 3,Simp.
9. $Ma \cdot La$ 8,9,Konj.

4. Prinzip der Existenzgeneralisierung (EG)

Wir haben bisher Ma·La abgeleitet; dieser Ausdruck bezeichnet eine Substitutionsinstanz der Propositionalfunktion, deren Existenzquantifizierung in der Konklusion behauptet wird. Da die Existenzquantifizierung einer Propositionalfunktion genau dann wahr ist, wenn sie zumindest eine wahre Substitutionsinstanz aufweist, nehmen wir in unsere Liste von Ableitungsregeln das Prinzip der Existenzgeneralisierung mit auf, abgekürzt als „EG" und formuliert als

$$\phi\nu$$

EG: ∴ (∃x)(φx)   (wobei ν ein beliebiges
Individualsymbol ist)

Die zehnte und letzte Zeile des bereits begonnenen Beweises kann nun in der folgenden Weise geschrieben und gerechtfertigt werden:

10. (∃x) (Mx.Lx) 9,EG

Die Notwendigkeit für die erwähnte Restriktion in der Anwendung von EI läßt sich einsehen, wenn man das folgende offensichtlich ungültige Argument beachtet: „Einige Alligatoren werden in Gefangenschaft gehalten. Einige Vögel werden in Gefangenschaft gehalten. Daher sind einige Alligatoren Vögel." Würden wir die Einschränkung in der Anwendung von EI nicht beachten, daß eine Substitutionsinstanz einer Propositionalfunktion, die durch sie aus der Existenzquantifizierung dieser Propositionalfunktion abgeleitet ist, nur ein Individualsymbol (das anders lautet als y), das zuvor in diesem Kontext nicht auftritt, enthalten kann, dann könnten wir fortfahren, einen Gültigkeits-"Beweis" dieses ungültigen Arguments zu konstruieren. Solch ein fehlerhafter „Beweis" könnte wie folgt verfahren:

1. (∃x)(Ax·Gx)
2. (∃x)(Vx·Gx)   / ∴ (x)(Ax·Vx)
3. Aa·Ga   1,EI
4. Va·Ga   2,EI (falsch)
5. Aa   3,Simp.
6. Va   4,Simp.
7. Aa·Va   5,6,Konj.
8. (∃x)(Ax·Vx)   7,EG

Der Fehler tritt in diesem „Beweis" in der Zeile 4 auf. Wir wissen aus der zweiten Prämisse (∃x)(Vx·Gx), daß es zumindest ein Ding gibt, daß sowohl ein Vogel ist als auch in Gefangenschaft gehalten wird. *Wenn* wir die Freiheit besäßen, diesem Ding den Namen „a" zuzuweisen, dann könnten wir natürlich Va·Ga behaupten. Wir besitzen jedoch nicht die Freiheit zu einer solchen Zuweisung von „a", denn diese wurde uns bereits in der Zeile 3 genommen, wo dieser Ausdruck als Name für einen Alligator, der gefangengehalten wird, dient. Um Fehler von dieser Art zu vermeiden, müssen wir uns im Gebrauch von EI immer in der erwähnten Art und Weise einschränken. Die vorhergehende Diskussion sollte klarstellen, daß in jedem Beweis, der die Verwendung sowohl von EI als auch von AI erfordert, EI zuerst verwendet werden sollte.

Übungsaufgabe 12   **Übungsaufgabe 12**

12.1   Konstruieren Sie einen formalen Gültigkeitsbeweis für jedes der folgenden Argumente:

12.1.1   (x)(Ax ⊃ ~ Bx)
          (∃x) (Cx·Ax)
          ∴ (∃x) (Cx·~ Bx)

12.1.2   (x) (Dx ⊃ ~ Ex)
          (x) (Fx ⊃ Ex)
          ∴ (x)(Fx ⊃ ~Dx)

12.1.3   (x)(Gx ⊃ Hx)
          (x)(Ix ⊃ ~ Hx)
          ∴ (x) (Ix ⊃ ~ Gx)

12.1.4   (∃ x) (Jx·Kx)
          (x)(Jx ⊃ Lx)
          ∴ (∃x)(Lx·Kx)

12.1.5   (x) (Mx ⊃ Nx)
          (∃x)(Mx·Ox)
          ∴ (∃x)(Ox·Nx)

12.2   Konstruieren Sie einen formalen Gültigkeitsbeweis für jedes der folgenden Argumente, indem Sie sich jeweils der vorgeschlagenen Notation bedienen.

12.2.1   Kein Athlet ist ein Bücherwurm. Carola ist ein Bücherwurm. Daher ist Carola keine Athletin. (Ax, Bx, c)

12.2.2   Alle Tänzer sind überschwenglich. Einige Mauerblümchen sind nicht überschwenglich. Daher sind einige Mauerblümchen keine Tänzer. (Tx, Ux, Mx)

12.2.3 *Kein Spieler ist glücklich. Einige Idealisten sind glücklich. Daher sind einige Idealisten keine Spieler. (Sx, Gx, Ix)*

12.2.4 *Alle Narren sind Schurken. Kein Schurke ist glücklich. Daher ist kein Narr glücklich. (Nx, Sx, Gx)*

12.2.5 *Alle Bergbewohner sind freundlich. Einige Gesetzlose sind Bergbewohner. Daher sind einige Gesetzlose freundlich. (Bx, Fx, Gx)*

Der Ungültigkeitsbeweis eines Arguments mit Quantoren

Um die Ungültigkeit eines Arguments, das Quantoren enthält, nachzuweisen, können wir uns der Methode der Widerlegung durch logische Analogie bedienen. Z.B. wird die Gültigkeit des Arguments „Alle Kommunisten sind Gegner der Regierung; einige Delegierte sind Gegner der Regierung; deshalb sind einige Delegierte Kommunisten" mit Hilfe der folgenden Analogie widerlegt: „Alle Katzen sind Tiere; einige Hunde sind Tiere, daher sind einige Hunde Katzen". Dies Argument ist offensichtlich ungültig, da die Prämissen bekanntermaßen wahr sind und seine Konklusion bekanntermaßen falsch ist. Doch es ist nicht immer leicht, solche Analogien zu entwerfen. Eine effektivere Methode des Ungültigkeitsbeweises ist wünschenswert.

Wir haben zuvor eine Methode entwickelt, um die Ungültigkeit solcher Argumente zu beweisen, die zusammengesetzte Aussagen enthalten. Die betreffende Methode bestand darin, den einfachen Teilaussagen in Argumenten derart Wahrheitswerte zuzuweisen, daß die Prämissen wahr werden und die Konklusion falsch. Diese Methode läßt sich auch auf Argumente anwenden, die Quantoren enthalten. Die Anwendung setzt andererseits die allgemeine Annahme voraus, daß es zumindest ein Individuum gibt. Damit ein Argument mit Quantoren gültig sein kann, muß es unmöglich sein, daß seine Prämissen wahr und seine Konklusion falsch sein können, solange es zumindest ein Individuum gibt.

Die allgemeine Annahme, daß es zumindest ein Individuum gibt, ist erfüllt, wenn es genau ein Individuum gibt, oder genau zwei Individuen, oder genau drei Individuen, oder ... Liegt eine dieser Annahmen hinsichtlich der genauen Anzahl von Individuen vor, dann besteht Äquivalenz zwischen allgemeinen Propositionen und wahrheitsfunktionalen Zusammensetzungen von Einzelpropositionen. Gibt es genau ein Individuum, z.b. *a*, dann gilt:

$$(x)(\phi x) \equiv \phi\, a \equiv (\exists x)(\phi x)$$

Gibt es genau zwei Individuen, z.b. a und b, dann gilt:

$$(x)(\phi x) \equiv (\phi a \cdot \phi b) \text{ und } (\exists x)(\phi x) \equiv [\phi a \bigvee \phi b]$$

Gibt es genau drei Individuen, z.b. a, b und c, dann gilt:

$$(x)(\phi x) \equiv [\phi a.\phi b \cdot \phi c] \qquad \text{und}$$
$$(\exists x)(\phi x) \equiv [\phi a \bigvee \phi b \bigvee \phi c]$$

Im allgemeinen gilt, wenn es genau n Individuen gibt, z.b. a, b, c, ..., n, :

$$(x)(\phi x) \equiv [\phi a \cdot \phi b.\ \phi c \cdot\ ...\phi n] \text{ und}$$
$$(\exists x)(\phi x) \equiv [\phi a \bigvee \phi b \bigvee \phi\, c \bigvee ...\bigvee \phi n]$$

Diese Bikonditionale sind als Konsequenz unserer Definition der All- und Existenzquantoren wahr. Die vier zuvor eingeführten Quantifizierungsregeln werden hier nicht verwendet.

Ungültigkeit eines Arguments mit Quantoren

Ein Argument mit Quantoren ist *genau dann* gültig, *wenn* es ungeachtet der Anzahl der existierenden Individuen gültig ist, vorausgesetzt, daß es zumindest ein Individuum gibt. Daher ist ein Argument mit Quantoren bewiesenermaßen ungültig, wenn es eine mögliche Welt oder ein mögliches *Modell* mit zumindest einem Individuum gibt, derart daß die Prämissen des Arguments wahr und dessen Konklusion falsch sind, *bezogen auf dieses Modell.*

Modellbezogene Gültigkeit oder Ungültigkeit

Man betrachte das Argument „Alle Söldner sind unabhängig. Kein Guerillero ist ein Söldner. Daher ist kein Guerillero unabhängig." Dies kann symbolisch dargestellt werden als:

$$(x)(Sx \supset Ux)$$
$$(x)(Gx \supset\ \sim Sx)$$
$$\therefore (x)(Gx \supset\ \sim Ux)$$

Gibt es genau ein Individuum, z.B. *a*, dann ist dies Argument logisch äquivalent mit

     Sa ⊃ Ua
     Ga ⊃ ~ Sa
     ∴ Ga ⊃ ~ Ua

Die Ungültigkeit dieses letzteren Ausdrucks kann bewiesen werden, indem man Ga und Ua den *Wahrheitswert*, und Sa den *Falschheitswert* zuweist. (Diese Zuweisung von Wahrheitswerten ist eine verkürzte Beschreibung des fraglichen Modells, und zwar als eines solchen, das nur das eine Individuum *a* enthält, welches ein Guerillero und unabhängig, doch kein Söldner ist.)

Daher ist das ursprüngliche Argument nicht gültig für ein Modell, das genau ein Individuum enthält, und ist daher *ungültig*. Ähnlich können wir die Ungültigkeit des ersten Arguments, das in diesem Abschnitt erwähnt wurde, beweisen, indem wir ein Modell beschreiben, das genau ein Individuum *a* enthält, so daß Ra und Da der *Wahrheitswert* und Ka der *Falschheitswert* zugewiesen wird. (vgl. oben, Seite 104). Einige Argumente, z. B.

     (∃x) Fx
     ∴(x)Fx

können für jedes Modell gültig sein, in dem es genau ein Individuum gibt, doch ungültig für ein Modell, das zwei oder mehr Individuen enthält. Solche Argumente müssen ebenfalls als ungültig gelten, denn ein gültiges Argument muß ungeachtet der Anzahl der existierenden Individuen gültig sein, solange es zumindest ein Individuum gibt. Ein anderes Beispiel von dieser Art ist das Argument „Alle Collies sind zutraulich. Einige Collies sind Wachhunde. Daher sind alle Wachhunde zutraulich". Seine symbolische Übersetzung lautet:

     (x)(Cx ⊃ Zx)
     (∃x)(Cx·Wx)
     ∴(x)(Wx ⊃ Zx)

Für ein Modell, das genau ein Individuum *a* enthält, ist dieses Argument logisch äquivalent mit

$$Ca \supset Za$$
$$Ca \cdot Wa$$
$$\therefore Wa \supset Za$$

welches gültig ist. Doch für ein Modell, das zwei Individuen a und b enthält, ist es logisch äquivalent mit

$$(Ca \supset Za) \cdot (Cb \supset Zb)$$
$$(Ca \cdot Wa) \vee (Cb \cdot Wb)$$
$$\therefore (Wa \supset Za) \cdot (Wb \supset Zb)$$

dessen Ungültigkeit bewiesen wird, indem man Ca, Za, Wa, Wb den *Wahrheitswert* und Cb und Zb den *Falschheitswert* zuweist. Daher gilt das ursprüngliche Argument nicht für ein Modell, das nur zwei Individuen enthält; es ist daher *ungültig*. Es ist möglich, für jedes ungültige Argument von diesem allgemeinen Typ ein Modell zu beschreiben, das eine begrenzte Anzahl von Individuen enthält, derart daß die Ungültigkeit des logisch äquivalenten wahrheitsfunktionalen Arguments, das sich auf diese Individuen bezieht, durch die Methode der Zuweisung von Wahrheitswerten bewiesen werden kann.

Hier sollte nochmals betont werden, daß, wenn man von einem gegebenen Argument mit allgemeinen Propositionen zu einem wahrheitsfunktionalen Argument übergeht, welches für ein spezifisches Modell mit dem gegebenen Argument logisch äquivalent ist, man sich nicht der vier Quantifizierungsregeln bedient. Hingegen ist jede Aussage des wahrheitsfunktionalen Arguments der entsprechenden allgemeinen Proposition des gegebenen Arguments mit Hilfe von Bikonditionalen logisch äquivalent, deren logische Wahrheit für das fragliche Modell aus gerade der Definition der All- und Existenzquantoren folgt. Man geht in der folgenden Weise vor, um die Ungültigkeit eines Arguments zu beweisen, das allgemeine Propositionen enthält. Man betrachte zuerst ein Modell mit einem Element, und zwar dem Individuum *a*. Man schreibe sodann das logisch äquivalente wahrheitsfunktionale Argument des Modells nieder, das man erhält, indem man von jeder allgemeinen Proposition (quantifizierten Propositionalfunktion) des ursprünglichen Arguments zu der Substitutionsinstanz der betreffenden Propositionalfunktion im Hinblick auf *a* übergeht. Gelingt es, die Ungültigkeit des wahrheitsfunktionalen Arguments nachzuweisen, indem man ihren einfachen Teilaussagen Wahrheitswerte zuweist, dann reicht dies hin, um die Ungültigkeit des ursprünglichen Arguments zu beweisen.

Ist letzteres nicht möglich, dann betrachte man ein Modell mit zwei Elementen, und zwar den Individuen *a* und *b*. Um das logisch äquivalente wahrheitsfunktionale Argument für dieses umfangreichere Modell zu erhalten, kann man einfach jeder ursprünglichen Substitutionsinstanz im Hinblick auf *a* eine neue Substitutionsinstanz derselben Propositionalfunktion im Hinblick auf *b* hinzufügen. Diese „Hinzufügung" muß mit den oben niedergelegten Äquivalenzen übereinstimmen: d.h. die neue Substitutionsinstanz φb wird mit der ersten Substitutionsinstanz φa durch Konjunktion („·")verknüpft, wenn das ursprüngliche Argument eine allquantifizierte Propositionalfunktion (x)(φx) enthält; enthält das ursprüngliche Argument dagegen eine existenzquantifizierte Propositionalfunktion (∃x))φx), dann wird die neue Substitutionsinstanz φa durch Disjunktion („∨") verknüpft. Das vorangegangene Beispiel veranschaulicht diese Vorgehensweise. Kann die Ungültigkeit des neuen wahrheitsfunktionalen Arguments bewiesen werden, indem ihren einfachen Teilaussagen Wahrheitswerte zugewiesen werden, dann reicht dies hin, um die Ungültigkeit des ursprünglichen Arguments zu beweisen. Wenn dies nicht möglich ist, dann betrachten Sie ein Modell mit drei Elementen, und zwar den Individuen a, b, c usw.
Übungsaufgabe 13

Übungsaufgabe 13

13.1 *Beweisen Sie die Ungültigkeit der folgenden Argumente:*

13.1 $(\exists x)(Ax \cdot Bx)$
        $(\exists x)(Cx \cdot Bx)$
        $\therefore (x)(Cx \supset \sim Ax)$

13.2 $(x)(Dx \supset \sim Ex)$
        $(x)(Ex \supset Fx)$
        $\therefore (x)(Fx \supset \sim Dx)$

13.3 $(x)(Gx \supset Hx)$
        $(x)(Gx \supset Ix)$
        $\therefore (x)(Ix \supset Hx)$

13.4 $(\exists x)(Jx \cdot Kx)$
        $(\exists x)(Kx \cdot Lx)$
        $\therefore (\exists x)(Lx \cdot Jx)$

13.5 $(\exists x)(Mx \cdot Nx)$
        $(\exists x)(Mx \cdot Ox)$
        $\therefore (x)(Ox \supset Nx)$

13.6   *Alle Anarchisten sind bärtig. Alle Kommunisten sind*
        bärtig. Daher sind alle Anarchisten Kommunisten.
        (Ax, Bx, Kx)

13.7   *Kein Diplomat ist ein Extremist. Einige Fanatiker*
        sind Extremisten. Daher sind einige Diplomaten
        nicht Fanatiker. (Dx, Ex, Fx)

13.8   *Alle Generäle sind ansehnlich. Einige Intellektuelle*
        sind ansehnlich. Daher sind einige Generäle Intel-
        lektuelle. (Gx, Ax, Ix)

13.9   *Einige Journalisten sind nicht Voyeure. Einige Voy-*
        eure sind nicht glücklich. Daher sind einige Journa-
        listen nicht glücklich. (Jx, Vx, Gx)

13.10   *Einige Unzufriedene schlagen Lärm. Einige Beamte*
        schlagen keinen Lärm. Daher gibt es keine unzufrie-
        denen Beamten. (Ux, Lx, Bx)

Anmerkungen

1   Peter S. Prescott, Review of Bruno Bettelheim's *Freud and Man's Soul, Newsweek*, 10. Januar 1983, S. 64.
2   John A. Moore, „Countering the Creationists", *Academe*, Bd. 68, Nr. 2, März/April 1982, S. 6.
3   Wilfred Beckermann, *The Cheers for the Affluent Society*, New York 1974, S. 48.
4   A. N. Whitehead, *An Introduction to Mathematics*, New York 1911
5   Sextus Empiricus, *Wider die Logiker*.
6   Thomas D. Nicholson, ‚The Enigma of Pluto', *Natural History*, Bd. 76, März 1967
7   Gottlob Frege, *Die Grundlagen der Arithmetik*.
8   Man beachte, daß das Wort ‚Tautologie' in drei verschiedenen Bedeutungen verwendet wird: (1) als Aussageform, deren Substitutionsinstanzen insgesamt wahr sind, (2) als Aussage, deren spezifische Form eine Tautologie im Sinne von (1) ist, und (3)

als jene besonders logische Äquivalenz, die in unserer Liste
von Ableitungsregeln die Nummer 19 trägt.

9   Wir bedienen uns hier willkürlich gewählter Buchstaben als
Abkürzungen der betreffenden Aussagen.

10   Diese Regel und die drei folgenden sind Varianten der Regeln
für „natürliche Deduktion". Sie wurden von Gerhard Gentzen
und Standislaw Jaskowski im Jahre 1934 unabhängig voneinander entworfen.

Musterlösungen zu den Übungsaufgaben

Übungsaufgabe 1

1.1 Alle Zweifüßler sind Astronauten, denn alle Astronauten sind Menschen, und alle Menschen sind Zweifüßler.

1.2 Gültig.

1.3 Kein Hund ist ein Reptil, daher sind einige Reptilien Säugetiere, da einige Säugetiere keine Hunde sind.

1.4 Kein Hund ist eine Katze, doch alle Katzen sind Säugetiere, und daher ist kein Hund ein Säugetier.

1.5 Einige Frauen sind schön; daher sind einige Frauen Pfauen, da alle Pfauen schön sind.

Übungsaufgabe 2

2.1 Alle aktiven Gegner einer Steigerung der Korporationssteuern sind Mitglieder der Handelskammer.
Alle Mitglieder der Handelskammer sind Geschäftsführer.
Daher sind alle Geschäftsführer aktive Gegner einer Steigerung der Korporationssteuer. A-A-A 4

2.2 Kein Arzneimittel, das ohne ärztliche Verschreibung käuflich ist, führt zu Suchtverhalten.
Einige Narkotika sind Arzneimittel, die ohne ärztliche Verschreibung käuflich sind. Daher sind einige Narkotika Arzneimittel, die nicht zu Suchtverhalten führen. E-I-O 1

2.3 Einige reiche Effektenmakler sind keine Republikaner.
Kein Republikaner ist ein Demokrat. Daher sind einige Demokraten reiche Effektenmakler. O-E-I 4

2.4 Alle Menschen mit eine IQ unter 70 sind schwachsinnig.
Kein College-Absolvent ist ein Mensch, der einen IQ unter 70 hat.
Daher ist kein College-Absolvent schwachsinnig. A-E-E 1

2.5 Alle talentierten Mathematiker sind vielversprechende Physiker.
Einige TH-Studenten sind vielversprechende Physiker.
Daher sind einige TH-Studenten talentierte Mathematiker.
A-I-I 2

Obungsaufgabe 3

3.1.1 Regel 3; unerlaubter Subjektsbegriff

3.1.2 Gültig

3.1.3 Regel 4; Fehlschluß der ausschließenden Prämissen

3.1.4 Regel 3; unerlaubter Prädikatsbegriff

3.1.5 Regel 2; undistribuierter Mittelbegriff

3.2.1 A-A-A 2; Regel 2; undistribuierter Mittelbegriff

3.2.2 E-A-A 1; Regel 5; Fehlschluß einer bejahenden Konklusion aus einer negativen Prämisse

3.2.3 I-A-O 3; Regel 3; unerlaubter Prädikatsbegriff; und Regel 6; eine negative Prämisse

3.2.4 O-E-O 4; Regel 4; Fehlschluß der ausschließenden Prämissen

3.2.5 A-A-A 3; Regel 3; unerlaubter Subjektsbegriff

3.2.6 I-A-I 2; Regel 2; undistribuierter Mittelbegriff

3.3.1 E-A-E 1; gültig

3.3.2 A-E-E 2; gültig

3.3.3 A-A-A 2; undistribuierter Mittelbegriff

3.3.4 E-A-E 1; gültig

3.3.5 E-A-E 1; gültig

3.4.1 Nein, denn er müßte den Modus E-E-E haben und damit Regel 4 verletzen.

3.4.2 In der Figur 3 müßten beide Prämissen negativ sein und damit Regel 4 verletzen. In allen anderen Figuren (1, 2, 4) ist die angesprochene Distribution möglich, wie die Gültigkeit von E-A-E 1, E-A-E 2 und A-E-E 4 zeigt.

3.4.3 In keiner. Unabhängig von der Figur würde ein kategorischer Syllogismus im Modus I-I die Regel 2 und im Modus O-O die Regel 4 verletzen. Hätte eine Prämisse die Form I und eine die Form O, dann wäre die Konklusion Regel 5 zufolge negativ und würde ihr Prädikat distribuieren. Regel 3 zufolge würde der Prädikatsbegriff in der Prädikatsprämisse distribuiert sein, da jedoch I und O nur einen Begriff distribuieren, wäre Regel 2 dann verletzt.

3.4.4 In Figur 2 müßte eine Prämisse negativ sein, damit Regel 2 nicht verletzte wird. Dann müßte jedoch Regel 5 zufolge die Konklusion negativ sein und ihr Prädikat distribuieren, wodurch Regel 3 verletzt wird. In allen anderen Figuren (1, 3, 4) kann ein gültiger kategorischer Syllogismus einen einzigen Begriff einmal distribuiert haben, wie die Gültigkeit von A-I-I 1, A-I-I 3 und I-A-I 4 zeigt. (I-A-I 3 ist ebenfalls gültig).

Übungsaufgabe 4

4.1   4.1.1   W   4.1.2   F   4.1.3   W   4.1.4   W   4.1.5   F
      4.1.6   W   4.1.7   W   4.1.8   F   4.1.9   W   4.1.10   W

4.2.1   P.∼L   4.2.2   P v L   4.2.3   P.L
4.2.4   ∼(P.L)   4.2.5   ∼P.∼L   4.2.6   (PvL).∼(P.L)
4.2.7   S.(PvJ)   4.2.8   (S.P)vJ   4.2.9   ∼Ä.J
4.2.10   ∼(ÄvJ)

Übungsaufgabe 5

5.1   5.1.1   W   5.1.2   F   5.1.3   F   5.1.4   W   5.1.5   F
      5.1.6   F   5.1.7   W   5.1.8   W   5.1.9   F   5.1.10   W

5.2   5.2.1   A ⊃(B ⊃ C)   5.2.2   A ⊃(B v C)
     5.2.3   A ⊃(B.C)   5.2.4   (A ⊃ B).C
     5.2.5   (A.B) ⊃ C   5.2.6   (A v B) ⊃ C
     5.2.7   A v (B ⊃ C)   5.2.8   ∼A ⊃ (∼B v∼C)
     5.2.9   ∼A ⊃ (∼B. ∼C)
     5.2.10   ∼[A ⊃ (B.C)]

Übungsaufgabe 6

6.1

p	q	∼p	∼q	p ⊃ q	∼q ⊃ ∼p	
W	W	F	F	W	W	
W	F	F	W	F	F	
F	W	W	F	W	W	
F	F	W	W	W	W	gültig

6.2

p	q	∼p	∼q	p ⊃ q	∼p ⊃ ∼q	
W	W	F	F	W	W	
W	F	F	W	F	W	
F	W	W	F	W	F	
F	F	W	W	W	W	

             Ungültig aufgrund von Reihe 3

6.3

p	q	p.q	p	
W	W	W	W	
W	F	F	W	
F	W	F	F	
F	F	F	F	gültig

6.4

p	q	p v q	
W	W	W	
W	F	W	
F	W	W	
F	F	F	gültig

6.5

p	q	r	p ⊃ q	p ⊃ r	q v r	
W	W	W	W	W	W	
W	W	F	W	F	W	
W	F	W	F	W	W	
W	F	F	F	F	F	
F	W	W	W	W	W	
F	W	F	W	W	W	
F	F	W	W	W	W	
F	F	F	W	W	F	ungültig aufgrund von Reihe 8

6.6

p	q	r	p ⊃ q	p ⊃ r	q ⊃ r	p ⊃ (q ⊃ r)	
W	W	W	W	W	W	W	
W	W	F	W	F	F	F	
W	F	W	F	W	W	W	
W	F	F	F	F	W	W	
F	W	W	W	W	W	W	
F	W	F	W	W	F	W	
F	F	W	W	W	W	W	
F	F	F	W	W	W	W	gültig

Übungsaufgabe 7

Übungsaufgabe 7

7.1 Kontingent   7.2 Tautologisch   7.3 Widersprüchlich

Übungsaufgabe 8

8.1.1 1. A.B
     2. (A v C) ⊃ D / .·. A.D
     3. A   1, Simp.
     4. A v C   3, Add.
     5. D   2,4, M.P.
     6. A.D.   3,5, Konj.

8.1.2 1. I ⊃ J
     2. J ⊃ K
     3. L ⊃ M
     4. I v L / .·. K v M
     5. I ⊃ K   1,2, H.S.
     6. (I ⊃ K).(L ⊃ M) 5,3, Konj,
     7. K v M   6,4, K.D.

8.1.3 1. Q ⊃ R
     2. ∼S ⊃ (T ⊃ U)
     3. S v (Q v T)
     4. ∼S/ .·. R v U
     5. T ⊃ U   2,4, M.P.
     6. (Q ⊃ R).(T ⊃ U) 1,5, Konj.
     7. Q v T   3,4, D.S.
     8. R v U   6,7, K.D.

8.1.4 1. (A v B) ⊃ C
     2. (C v B) ⊃[A ⊃ (D ≡ E)]
     3. A.D / .·. D ≡ E
     4. A   3, Simp.
     5. A v B   4, Add.
     6. C   1,5, M.P.
     7. C v B   6, Add.
     8. A ⊃(D ≡ E)   2,7 M.P.
     9. D ≡ E   8,4, M.P.

8.1.5 1. I ⊃ J
     2. I v (∼.∼K.∼∼J)
     3. L ⊃∼K
     4. ∼(I.J) / .·.∼L v ∼
     5. I⊃(I.J)   1 ,Abs.
     6. ∼I   5,4, M.T.
     7. ∼∼K. ∼∼J 2,6, D.S.
     8. ∼∼ K   7, Simp.
     9. ∼ L   3,8, M.T.
   10. ∼L v ∼ J   9, Add.

8.2.1 1. A⊃B
     2. A v (C.D)
     3. ∼B.∼E / .·. C
     4. ∼B   3, Simp.
     5. ∼A   4,1, M.T.
     6. C.D   5,2, D.S.
     7. C   6, Simp.

8.2.2   1. (F⊃G).(H⊃I)
        2. J ⊃ K
        3. (F v J).(H v L)   / ∴ G v K
        4. F ⊃ G   1, Simp.
        5. (F ⊃ G).(J ⊃ K)   4,2, Konj.
        6. F v J   3, Simp.
        7. G v K   5,6 K. D.

8.2.3   1. (∿M.∿N)⊃ (O⊃N)
        2. N ⊃ M
        3. ∿M/ ∴ ∿O
        4. ∿N   2,3,M.T.
        5. ∿M. ∿N   3,4,Konj.
        6. O⊃N   1,5, M.P.
        7. ∿O   6,4, M.T.

8.2.4   1. (K v L)⊃ (M v N)
        2. (M v N)⊃ (O.P)
        3. K / ∴ O
        4. K v L   3, Add.
        5. M v N   1,4, M.P.
        6. O.P   2,5, M.P.
        7. O   6, Simp.

8.2.5   1. (Q ⊃ R).(S ⊃ T)
        2. (U ⊃ V).(W ⊃ X)
        3. Q v U / ∴ R v V
        4. Q ⊃ R   1, Simp.
        5. U ⊃ V   2, Simp.
        6. (Q ⊃ R).(U ⊃ V)   4,5 Konj.
        7, R v V   6,3 K.D.

Übungsaufgabe 9

Obungsaufgabe 9

9.1.1   1. A ⊃ B
        2. C ⊃ ∿B / ∴ A⊃ ∿C
        3. ∿∿B⊃∿C   2, Trans.
        4. B ⊃ ∿C   3, D.N.
        5. A ⊃ ∿C   1,4, H.S.

9.1.2   1. (H v I)⊃ [J.(K.L)]
        2. I / ∴ J.K
        3. I v H   2, Add.
        4. H v I   3, Komm.
        5. J.(K.L)   1,4, M.P.
        6. (J.K).L   5, Assoz.
        7. J.K   6, Simp.

9.1.3   1. (Q v ∿R) v S
        2. ∿Q v (R. ∿Q) / ∴ R ⊃ S
        3. (∿Q v R).(∿Q v Q)   2, Dist.
        4. (∿Q v ∿Q).(∿Q v R)   3, Komm.
        5. ∿Q v ∿Q   4, Simp.
        6. ∿Q   5, Taut.
        7. Q v (∿R v S)   1, Assoz.
        8. ∿R v S   6,7, D.S.
        9. R ⊃ S   8, Impl.

```
9.1.4   1. Y ⊃ Z
        2. Z ⊃ [Y ⊃ (R v S)]
        3. R ≡ S
        4. ~ (R.S) / ∴ ~ Y
        5. (R.S) v (~ R.~ S)        3, Äquiv.
        6. ~ R. ~ S                 5,4, D.S.
        7. ~ (R v S)                6, De M.
        8. Y ⊃ [Y ⊃(R v S)]         1,2, H.S.
        9. (Y.Y) ⊃(R v S)           8, Exp.
       10. Y ⊃ (R v S)              9, Taut.
       11. ~ Y                      10,7, M.T.

9.1.5   1. (D.E)⊃ ~ F
        2. F v (G.H)
        3. D ≡ E / ∴ D ⊃ G
        4. (D ⊃ E) . (E ⊃ D)        3, Äquiv.
        5. D ⊃ E                    4, Simp.
        6. D ⊃ (D.E)                5, Abs.
        7. D ⊃ ~ F                  6,1, H.S.
        8. (F v G).(F v H)          2, Dist.
        9. F v G                    8, Simp.
       10. ~ ~ F v G                9, D.N.
       11. ~ F ⊃ G                  10,Impl.
       12. D ⊃ G                    7,11, H.S.

9.2.1   1. ~ A / ∴  A ⊃ B
        2. ~ A v B                  1, Add.
        3. A ⊃ B                    2, Impl.

9.2.2   1. E ⊃ (F ⊃ G) / ∴  F ⊃(E ⊃ G)
        2. (E.F) ⊃ G                1, Exp.
        3. (F.E) ⊃ G                2, Komm.
        4. F ⊃ (E ⊃ G)             3, Exp.

9.2.3   1. K ⊃ L / ∴ K ⊃ (L v M)
        2. ~ K v L                  1, Impl.
        3. ( ~ K v L) v M           2, Add.
        4. ~ K v (L v M)            3, Assoz.
        5. K ⊃ (L v M)              4, Impl.

9.2.4   1. (Q v R) ⊃ S / ∴ Q ⊃ S
        2. ~ (Q v R) v S            1, Impl.
        3. S v ~ (Q v R)            2, Komm.
        4. S v ( ~ Q.~ R)           3, DeM.
        5. (S v ~ Q).(S v ~ R)      4, Dist.
        6. S v ~ Q                  5, Simp.
        7. ~ Q v S                  6, Komm.
        8. Q ⊃ S                    7, Impl.

9.2.5   1. W ⊃ X
        2. Y ⊃ X / ∴ (W v Y) ⊃ X
        3. (W ⊃ X).(Y ⊃ X)         1,2 Konj.
        4. (~ W v X).( ~ Y v X)     3, Impl.
        5. (X v ~ W).(X v ~Y)       4, Komm.
        6. X v ( ~ W. ~ Y)          5, Dist.
        7. (~ W. ~ Y) v X           6, Komm.
        8. ~(W v Y) v X             7, DeM.
        9. (W v Y) ⊃ X              8, Impl.
```

Obungsaufgabe 10

10.1	A	B	C	D		10.2	I	J	K	L
	f	f	f	w			w	f	f	f

10.3	S	T	U	V	X	W	10.4	D	E	F	G	H	I	J
	w	f	f	w	w	w		w	w	w	f	w	f	f
oder irgendeine der							oder	w	w	w	f	f	f	f
anderen 13 Wahrheits-							oder	w	w	f	f	w	f	f
wertzuweisungen							oder	w	w	f	f	f	f	f

10.5	S	T	U	V	W	X	Y	Z
	w	w	w	f	w	f	f	w
	w	w	w	f	f	f	f	w

Obungsaufgabe 11

11.1	$(x)(Fx \supset Sx)$	11.2	$(x)(Tx \supset \sim Sx)$
11.3	$(\exists x)(Bx.Ax)$	11.4	$(x)(Kx \supset Fx)$
11.5	$(\exists x)(Dx. \sim Rx)$	11.6	$(x)(Bx \supset Wx)$
11.7	$(x)(Px \supset \sim Bx)$	11.8	$(x)(Rx \supset Ax)$
11.9	$(\exists x)(Sx.Tx)$	11.10	$(x)(Sx \supset \sim Tx)$

Obungsaufgabe 12

12.1.1
1.	$(x)(Ax \supset \sim Bx)$	
2.	$(\exists x)(Cx.Ax)$ / ∴ $(\exists x)(Cx. \sim Bx)$	
3.	Ca.Aa	2, EI
4.	Aa $\supset \sim$ Ba	1, AI
5.	Aa.Ca	3, Komm.
6.	Aa	5, Simp.
7.	$\sim$ Ba	4,6, M.P.
8.	Ca	3, Simp.
9.	Ca. $\sim$ Ba	8,7, Konj.
10.	$(\exists x)(Cx. \sim Bx)$	9. EG

12.1.2
1.	$(x)(Dx \supset \sim Ex)$	
2.	$(x)(Fx \supset Ex)$ / ∴ $(x)(Fx \supset \sim Dx)$	
3.	Fy $\supset$ Ey	2, AI
4.	Dy $\supset \sim$ Ey	1, AI
5.	$\sim \sim$ Dy $\supset \sim$ Ey	4, D.N.
6.	Ey $\supset \sim$ Dy	5, Trans.
7.	Fy $\supset \sim$ Dy	3,6, H.S.
8.	$(x)(Fx \supset \sim Dx)$	7, AG

```
12.1.3  1. (x)(Gx ⊃ Hx)
        2. (x)(Ix ⊃ ∼ Hx)  / ∴ (x)(Ix ⊃ ∼ Gx)
        3. Iy ⊃ ∼Hy              2, AI
        4. Gy ⊃ Hy              1, AI
        5. ∼ Hy ⊃ ∼ Gy          4, Trans.
        6. Iy ⊃ ∼ Gy            3,5, H.S.
        7. (x)(Ix ⊃ ∼ Gx)       6, AG

12.1.4  1. (∃x)(Jx.Kx)
        2. (x)(Jx ⊃ Lx)  / ∴ (∃x)(Lx.Kx)
        3. Ja. Ka               1, EI
        4. Ja ⊃ La              2, AI
        5. Ja                   3, Simp.
        6. La                   4,5, M.P.
        7. Ka.Ja                3, Komm.
        8. Ka                   7, Simp.
        9. La.Ka                6,8, Konj.
       10. (∃x)(Lx.Kx)          9, EG

12.1.5  1. (x)(Mx ⊃ Nx)
        2. (∃x)(Mx.Ox)  / ∴ (∃x)(Ox.Nx)
        3. Ma.Oa                2, EI
        4. Ma ⊃ Na              1, AI
        5. Ma                   3, Simp.
        6. Na                   5,4, M.P.
        7. Oa. Ma               3, Komm.
        8. Oa                   7, Simp.
        9. Oa.Na                8,6, Konj.
       10. (∃x)(Ox.Nx)          9, EG

12.2.1  1. (x)(Ax ⊃ ∼ Bx)
        2. Bc          / ∴∼ Ac
        3. Ac ⊃ ∼ Bc            1, AI
        4. ∼ ∼Bc                2, DN.
        5. ∼ Ac                 3,4, M.T.

12.2.2  1. (x)(Tx ⊃ Ux)
        2. (∃x)(Mx. ∼ Ux)  / ∴ (∃x)(Mx. ∼ Tx)
        3. Ma.∼ Ua              2, EI
        4. Ta ⊃ Ua              1, AI
        5. Ma                   3, Simp.
        6. ∼ Ua.Ma              3, Komm.
        7. ∼ Ua                 6, Simp.
        8. ∼ Ta                 4,7, M.T.
        9. Ma.∼ Ta              5,8 Konj.
       10. (∃x)(Mx.∼ Tx)        9, EG

12.2.3  1. (x) (Sx⊃∼Gx)
        2. (∃x) (Ix.Gx)  / ∴ (∃x)(Ix.∼Sx)
        3. Ia.Ga                2, EI
        4. Sa ⊃∼Ga              1, AI
        5. Ia                   3, Simp.
        6. Ga.Ia                3, Komm.
        7. Ga                   6, Simp.
        8. ∼∼Ga                 7, D.N.
        9. ∼Sa                  4,8, M.T.
       10. Ia.∼ Sa             5,9, Konj.
       11. (∃x)(Ix. ∼Sx)        10, EG
```

12.2.4   1. (x)(Nx ⊃ Sx)
         2. (x)(Sx ⊃ ~ Gx) / ∴ (x)(Nx ⊃ ~ Gx)
         3. Ny ⊃ Sy   1, AI
         4. Sy ⊃ ~ Gy   2, AI
         5. Ny ⊃ ~ Gy   3,4, H.S.
         6. (x)(Nx ⊃ ~ Sx)   5, AG

12.2.5   1. (x)(Bx ⊃ Fx)
         2. (∃ x)(Gx.Bx) / ∴ (∃ x)(Gx.Fx)
         3. Ga.Ba   2, EI
         4. Ba ⊃ Fa   1, AI
         5. Ga   3, Simp.
         6. Ba.Fa   3, Komm.
         7. Ba   6, Simp.
         8. Fa   4,7, M.P.
         9. Ga.Fa   5,8, Konj.
        10. (∃ x)(Gx.Fx)   9, EG

Übungsaufgabe 13   Obungsaufgabe 13

13.1   Logisch äquivalent in $\boxed{a}$ [1] mit

       Aa. Ba

       Ca. Ba

       ∴ Ca ⊃ ~ Aa

       und ungültig bewiesen durch

Aa	Ba	Ca
w	w	w

13.2   Logisch äquivalent in $\boxed{a}$ mit

       Da ⊃ ~Ea

       Ea ⊃ Fa

       ∴ Fa ⊃ ~ Da

       und ungültig bewiesen durch

Da	Ea	Fa
w	f	w

       [1] " $\boxed{a}$ " bedeutet ein Modell, das genau das Indivi-
       duum a enthält

13.3   Logisch äquivalent in $\boxed{a}$ mit

   Ga ⊃ Ha
   Ga ⊃ Ia
   .˙. Ia ⊃ Ha

   und ungültig bewiesen durch

Ga	Ha	Ia
f	f	w

13.4   Logisch äquivalent in $\boxed{a,b}$ mit

   (Ja.Ka) v (Jb.Kb)
   (Ka.La) v (Kb.Lb)
   .˙. (La.Ja) v (Lb.Jb)

   und ungültig bewiesen durch

	Ja	Jb	Ka	Kb	La	Lb
	w	f	w	w	f	f
oder	f	w	w	w	w	f

13.5   Logisch äquivalent in $\boxed{a,b}$ mit

   (Ma.Na) v (Mb.Nb)
   (Ma.Oa) v (Mb.Ob)
   .˙. (Oa ⊃ Na).(Ob ⊃ Nb)

   und ungültig bewiesen durch

Ma	Mb	Na	Nb	Oa	Ob
w	w	w	f	w	w

13.6   (x)(Ax ⊃ Bx)   Aa ⊃ Ba
       (x)(Kx ⊃ Bx)   logisch äquivalent in $\boxed{a}$ mit Ka ⊃ Ba
       .˙. (x)(Ax ⊃ Kx)   .˙.Aa ⊃ Ka

und ungültig bewiesen durch

Aa	Ba	Ka
w	w	f

13.7   (x)(Dx ⊃ ∿ Ex)   Da ⊃ ∿ Ea

        (∃ x)(Fx.Ex)   logisch äquivalent in ⟨a⟩mit   Fa.   Ea

        .˙.(∃ x)(Dx. ∿ Fx)   .˙.Da.∿Fa

und ungültig bewiesen durch

Da	Ea	Fa
f	w	w

13.8   (x)(Gx ⊃ Ax)   Ga ⊃ Aa

        (∃ x)(Ix.Ax)   logisch äquivalent in   Ia.Aa

        .˙. (∃ x)(Gx.Ix)   ⟨a⟩ mit   .˙.Ga.Ia

und ungültig bewiesen durch

Ga	Aa	Ia
f	w	w

13.9   (∃x)(Jx. ∿Vx)   logisch äquivalent in ⟨a, b⟩ mit

        (∃x)(Vx.∿ Gx)

        .˙. (∃x)(Jx.∿ Gx)

                           (Ja.∿ Va) v (Jb. ∿ Vb)

                           (Va.∿ Ga) v (Vb. ∿ Gb)

                          .˙. (Ja. ∿ Ga)v(Jb. ∿ Gb)

und ungültig bewiesen durch

Ja	Jb	Va	Vb	Ga	Gb
w	f	f	w	w	f

13.10 $(\exists x)(Ux.Lx)$ logisch äquivalent in $\boxed{a,b}$ mit
          $(\exists x)(Bx. \sim Lx)$
          $\therefore$ $(x)(Bx \supset \sim Ux)$

                        $(Ua.La) \lor (Ub.Lb)$
                        $(Ba. \sim La) \lor (Bb. \sim Lb)$
                        $\therefore$ $(Ba \supset \sim Ua)$. $(Bb. \supset \sim Ub)$

und ungültig bewiesen durch

Ua	Ub	La	Lb	Ba	Bb
w	w	w	f	w	f

Kurseinheit 5 + 6

Kurseinheit 5 + 6

Bibliographische Hinweise

Ackermann, Robert, *Introduction to Many-valued Logics*, London, Routledge Kegan Paul, 1967.

Aristoteles, Metaphysik, Hermeneutik.

Bochvar, D.A., „Ob odnom trehznacnom iscislenii i ego primeneii k analizu paradoksov klassiceskogo rassirennogo funkcional ,nogo iscislenia" *Matematiceskij sbornik*, vol. 4 (1939), pp. 287-308.

Brouwer, L.E.J., „Intuitionistische Zerlegung mathematischer Grundbegriffe", *Jahresbericht der deutschen Mathematikervereinigung*, vol. 33 (1925), pp. 251-256.

Brouwer, L.E.J., *Intuitionisme en Formalisme*. Amsterdam, 1912, auch in: *Wiskundig Tijdschrift* Bd. 9, 1913, pp. 180-211.

Bull, R.A. und Segerberg, K., „Basical Modal Logic" in: D.M. Gabbay (Hrsg.), *Handbook of Philosophical Logic* Bd. II, Dordrecht, D. Reidel, 1984.

Burgess, J.P., „Basic Tense Logic" in: D.M. Gabbay (Hrsg.), *Handbook of Philosophical Logic* Bd. II, Dordrecht, D. Reidel, 1984.

Chellas, B.F., *Modal Logic: An Introduction*. Cambridge, Cambridge University Press, 1980.

Frege, Gottlob, *Begriffsschrift, eine der arithmetischen nachgebildete Formelsprache des reinen Denkens*. Halle, 1879.

Gentzen, Gerhard, „Untersuchungen über das logische Schliessen", *Mathematische Zeitschrift* Bd. 39 (1934), pp. 176-210, 405-431.

Heyting, Arend, *Intuitionism, An Introduction*, Amsterdam, North-Holland Publishing Company, 1956.

Heyting, Arend, „Die intuitionistische Grundlegung der Mathematik", in: *Erkenntnis*, Bd. 2, 1931, pp. 100-115.

Hilbert, David und Ackermann, Wilhelm, *Grundzüge der theoretischen Logik*, Berlin, 1928.

Hilpinen, R. (Hrsg.), *Deontic Logic; Introductory and Systematic Readings*, Dordrecht, D. Reidel, 1971.

Hintikka, K.J.J., *Knowledge and Belief*, Ithaca, Cornell University Press, 1962.

Hughes, G.E. und Cresswell, M.J., *An Introduction to Modal Logic*, London, Methuen, 1968.

Jaskowski, Stanislaw, „On the rules of Suppositions in Formal Logik", *Studia Logica*, Nr. 1, Warschau, 1934, 32pp. Wiederabgedruckt in: *Polish Logic 1920-1939*, Storrs McCall (Hrsg.), Oxford, Claredon Press, 1967, pp. 232-258.

Kant, Immanuel, *Kritik der reinen Vernunft*, Riga, 1787.

Lewis, C.I., *A Survey of Symbolic Logic*, Berkeley, University of California Press, 1918.

Lewis, C.I. and Langford, C.H., *Symbolic Logic*, New York, The Century Co., 1932.

Lewis, D., *Counterfactuals*, Oxford, Basil Blackwell, 1973.

Lukasiewicz, Jan, „O logice trojwartosciowej", *Ruch Filozoficzny*, vol. 5 (1920), pp. 169-171. Englische Übersetzung von H. Hiz in: *Polish Logic 1920-1939*, Storrs McCall (Hrsg.), Oxford, Clarendon Press, 1967, pp. 16-18

Lukasiewicz, Jan, „Philosophische Bemerkungen zu mehr-wertigen Systemen des Aussagenkalküls", *Comptes ren-dus des seances de la Societe des Sciences et des Lettres de Varsovie*, Classe III, vol. 23 (1930), pp. 51-77.

Mates, Benson, *Stoic Logic*, Berkeley and Los Angeles, University of California Press, 1953.

Post, Emil Leon, „Introduction to a general theory of ele-mentary propositions", *American Journal of Mathema-tics*, vol. 43 (1921), pp. 163-185, Wiederabgedruckt in: J. van Heijenoort (Hrsg.), *From Frege to Goedel: A Source Book in Mathematical Logic, 1879-1931*, Cambridge, Mass., 1967, pp. 264-283.

Prior, A.N., *Past, Present and Future*, Oxford, Clarendon Press, 1967.

Reichenbach, Hans, *Philosophical Foundations of Quan-tum Mechanics* (Berkeley and Los Angeles, University of California Press, 1944).

Rescher, Nicolas, *Many-valued Logic* (New York, McGraw Hill, 1969).

Rosser, J.B. and Turquette, A.R., *Many-valued Logics*, Am-sterdam, North-Holland Publishing Company, 1952.

Russell, Betrand, „Mathematical Logic as based on the theory of types", *American Journal of Mathematics*, vol. 30 (1908), pp. 222-262. Wiederabgedruckt in: J. van Heijenoort (Hrsg.), *From Frege to Goedel: A Source Book in Mathematical Logic, 1879-1931* (Cambridge, Mass., 1967), pp. 150-182.

Schröder, Ernst, *Vorlesungen über die Algebra der Logik (exakte Logik)*, 3 Bde., Leipzig, 1890, 1891, 1895.

Von Wright, G.H., „Deontic Logic", *Mind* 60 (1951).

Wajsberg, Mordechai, „Aksjomatyzacja trojwartosciowego rachunkuzdan", *Comptes rendus des seances de la Societe des Sciences et des Lettres de Varsovie*, vol. 24 (1931), pp. 126-145. Englische Übersetzung von

B. Gruchmann und S. McCall in: *Polish Logic 1920-1939*, Storrs McCall (Hrsg.), Oxford, Clarendon Press, 1967, pp. 264-284.

Whitehead, A.N. und Russell, Bertrand, *Principia Mathematica*, 3Bde., Cambridge, England, 1910, 1912, 1913.

Wittgenstein, Ludwig, „Logisch-philosophische Abhandlung", *Annalen der Naturphilosophie* (Leipzig), vol. 14, pp. 185-262.

Zermelo, Ernst, „Untersuchungen über die Grundlagen der Mengenlehre I", *Mathematische Annalen*, Vol. 65, (1908), pp. 107-128.

Zinov'ev Aleksander Aleksandrovich, „Dvuznacnaja i mnogoznacnaja logika", *Filosofskie Voprosy Sovremennoj Formal'noj Logiki*, Moskau, Institut Filosofii, Izdatel'stvo Akademii Nauk SSSR, 1962, pp. 111-139.

Lernziele der Kurseinheit 5+6

Das Studium der Kurseinheit 5+6 soll den Studenten

– mit einem über das der klassischen Logik hinausgehenden logischen Instrumentarium vertraut machen und, mit dessen Hilfe,
– befähigen, Logik auf materiale philosophische Probleme anzuwenden.

1. Zweiwertige wahrheitsfunktionale propositionale Logik

1.1 Der semantische Ansatz: Wahrheitstafeln

In ihren allerersten Anfängen war die Geometrie wichtig für die praktischen Belange der Landvermessung, des Landkartenzeichnens und der Grenzziehung. Nicht vor der Zeit Euklids (ca. 300 v. Chr.) wurde sie als ein axiomatisiertes theoretisches System entwickelt. Ähnlich wurde auch die Logik zuerst für praktische Belange entwickelt, zur Bewertung und Kritik von Argumenten. Aristoteles (384-322 v. Chr.) entwarf eine Version der syllogistischen Logik. Später erarbeiteten die Philosophen der Stoa, insbesondere Diodoros Kronos (etwa um 300 v. Chr.), die Anfänge der propositionalen Logik. Ihr Ansatz war im wesentlichen wahrheitsfunktional und natürlich zweiwertig. Im 19. Jahrhundert identifizierte Gottlob Frege die Referenz („Bedeutung") einer Proposition als deren Wahrheitswert (W oder F). Die Wahrheit oder Falschheit einer jeden zusammengesetzten Proposition war durch die Wahrheit oder Falschheit ihrer Teilpropositionen bestimmt. Und die Gültigkeit oder Ungültigkeit von Argumenten, die im wesentlichen aus zusammengesetzten Propositionen bestanden, war durch die Verbindungen von Wahrheitswerten der betreffenden Propositionen bestimmt.

Wahrheit als Bedeutung

Da „Referenz" ein semantischer Begriff ist, wird dieser frühe Ansatz der propositionalen Logik der Semantische Ansatz genannt. Die typische Exposition der Semantik der propositionalen Logik geschieht durch Wahrheitstafeln, so wie dies in der zweiten Kurseinheit auf den S. 119-148 erklärt wurde. Obwohl Wahrheitstafeln (auch als „Matrizen" bezeichnet) nicht vor den 20er Jahren unseres Jahrhunderts formell eingeführt wurden (und zwar unabhängig voneinander durch E.L. Post und Ludwig Wittgenstein), wurden sie in großem Ausmaß von Ernst Schröder 1890 und informell durch Frege selbst im Jahre 1879 vorweggenommen. Jene Symbole, die üblicherweise als Variablen verwendet werden, welche über Propositionen variieren, sind die Kleinbuchstaben p, q, r, s, t usw. Und die Symbole, die sehr oft verwendet werden, um die Junktoren oder Operationen *nicht, und, oder, wenn-dann* und *dann und nur dann* darzustellen, sind ∼, ·, ∨, ⊃, und ≡. Ihre semantischen Definitionen bzw. ihre Definitionen durch Wahrheitstafeln lauten:

Definition der
Junktoren

p	∼p	p q	p·q	p q	p∨q	p q	p⊃q	p q	p≡q
W	F	WW	W	WW	W	WW	W	WW	W
F	W	WF	F	WF	W	WF	F	WF	F
		FW	F	FW	W	FW	W	FW	F
		FF	F	FF	F	FF	W	FF	W

Hier stellen die Zeilen jeder Tafel jeden möglichen Wahrheitswert der nicht zusammengesetzten Propositionen dar und den resultierenden Wahrheitswert der zusammengesetzten Propositionen, welche jene Propositionen als Komponenten haben.

Wahrheitstafeln erlauben es, zusammengesetzte Propositionen unschwer als logisch (analytisch oder tautologisch) wahr auszumachen, nämlich dann, wenn nur W's unter ihnen stehen. So erfolgt der Beweis des Peirce'schen Gesetzes, [(p ⊃ q) ⊃ p] ⊃ p als tautologisch wahr durch die schrittweise Entwicklung der folgenden Wahrheitstafel:

p q	p ⊃ q	(p ⊃ q) ⊃ p	[(p ⊃ q) ⊃ p] ⊃ p
WW	W	W	W
WF	F	W	W
FW	W	F	W
FF	W	F	W

Daß eine zusammengesetzte Proposition der propositionalen Logik logisch wahr ist, wird bewiesen, indem gezeigt wird, daß ihr, für alle möglichen Wahrheitswertzuweisungen zu ihren einfachen Teilpropositionen, der Wahrheitswert W zukommt. Das besondere Symbol ⊨ dient der Kennzeichnung von Tautologien als solchen: ⊨ p sagt aus, daß p eine Tautologie gemäß ihrer Wahrheitstafel ist. Propositionen, die *nicht* logisch wahr sind, können daran erkannt werden, daß in ihren Wahrheitstafeln F's auftreten, so wie im Fall der Propositionen p ⊃ q und (p ⊃ q) ⊃ p in der vorausgehenden Wahrheitstafel. „ ⊨ p" kann also gelesen werden als „p ist in jeder Interpretation der propositionalen Symbole, die in ihr auftreten, wahr".

Gültigkeitsbeweis
von Argumenten

Wahrheitstafeln erlauben auch die Unterscheidung gültiger von ungültigen Argumenten innerhalb der propositionalen

Logik. So erfolgt der Gültigkeitsbeweis des Arguments (oder jedes Arguments von der Form):

$$p \supset q$$
$$\therefore\ p \supset (p \cdot q)$$

durch die schrittweise Entwicklung der folgenden Wahrheitstafel:

p q	p $\supset$ q	p $\cdot$ q	p $\supset$ (p $\cdot$ q)
WW	W	W	W
WF	F	F	F
FW	W	F	W
FF	W	F	W

Der Gültigkeitsbeweis dieses Arguments und anderer gültiger Argumente, die in der propositionalen Logik ausgedrückt werden können, erfolgt, indem gezeigt wird, daß seiner Konklusion der Wahrheitswert W zukommt, und zwar für jede Zuweisung von Wahrheitswerten zu ihren einfachen Teilpropositionen, die allen seinen Prämissen den Wahrheitswert W zuweist. Das zuvor eingeführte Symbol $\models$ wird (auch) verwendet, um jedes Argument als gültig zu kennzeichnen, dessen semantischer Gültigkeitsbeweis durch die Methode der Wahrheitstafeln erbracht wird. So schreiben wir für das soeben als gültig bewiesene Argument:

$$p \supset q \models p \supset (p \cdot q)$$

Allgemeiner gesprochen besagt der Ausdruck $P_1, P_2, ..., P_n \models Q$, daß es keine Zuweisung von W's und F's zu den einfachen Teilpropositionen in dem Argument $P_1, P_2, ..., P_n \therefore Q$ gibt, die $P_1, P_2, ..., P_n$ insgesamt wahr und Q falsch macht. „$P_1, P_2, ..., P_n \models Q$" kann auch in dem Sinne verstanden werden, daß die Konklusion Q in jeder Interpretation der propositionalen Symbole wahr ist, die alle Prämissen $P_1, P_2, ..., P_n$ wahr macht. Und der *Ungültigkeitsbeweis* eines Arguments wird erbracht, indem gezeigt wird, daß es zumindest eine Zuweisung von Wahrheitswerten zu seinen einfachen Teilpropositionen gibt, die allen Prämissen des Arguments den Wahrheitswert W zuweist, hingegen ihrer Konklusion den Wahrheitswert F, so wie im folgenden Beispiel.

$$p \supset q$$
$$\sim p$$
$$\therefore \sim q$$

Dessen Ungültigkeitsbeweis durch die Wahrheitstafel lautet:

p q	p $\supset$ q	$\sim$p	$\sim$q
WW	W	F	F
WF	F	F	W
FW	W	W	F
FF	W	W	W

Die dritte Zeile dieser Wahrheitstafel stellt eine Zuweisung von Wahrheitswerten zu den Komponenten p und q dar, die beide Prämissen des Arguments W, hingegen seine Konklusion F macht, und beweist so die Ungültigkeit des Arguments.

„designierte Wahrheitswerte"

Es ist einsichtig, daß wir in diesem System einen Schluß als gültig betrachten, wenn der Wahrheitswert W im Rahmen dieses Schlusses *vererbbar* ist, d.h.: Wenn allen Prämissen der Wahrheitswert W zukommt, dann muß auch der Konklusion dieser Wahrheitswert zukommen. Im Vorgriff auf das nächste Kapitel bedienen wir uns der folgenden Terminologie. In einem Logik-System nennen wir denjenigen Wahrheitswert (oder diejenige Menge von Wahrheitswerten) *designiert*, welcher (oder welche) im Rahmen eines gültigen Schlusses vererbbar ist (sind).

Die Zahlen 1 und 0 werden oft an Stelle der Großbuchstaben W und F verwendet, und eine andere Art der Matrizennotation wird oft verwendet, um die binären Junktoren $\cdot$, $\vee$, $\supset$, und $\equiv$ zu definieren. Diese treten auf als:

$$
\begin{array}{c|cc}
\cdot & 1 & 0 \\
\hline
1 & 1 & 0 \\
0 & 0 & 0
\end{array}
\qquad
\begin{array}{c|cc}
\vee & 1 & 0 \\
\hline
1 & 1 & 1 \\
0 & 1 & 0
\end{array}
\qquad
\begin{array}{c|cc}
\supset & 1 & 0 \\
\hline
1 & 1 & 0 \\
0 & 1 & 1
\end{array}
\qquad
\begin{array}{c|cc}
\equiv & 1 & 0 \\
\hline
1 & 1 & 0 \\
0 & 0 & 1
\end{array}
$$

In jedem dieser Schemata stellt die linke Kolumne die möglichen Wahrheitswerte der ersten oder linken Variablen p dar, und die Kopfzeile die möglichen Wahrheitswerte der zweiten oder rechten Variablen q.

Die Verwendung der Zahlen 1 und 0 für W und F erlaubt uns die Angabe äquivalenter analytischer (arithmetischer) Definitionen für den Negationsoperator und die vier binären Junktoren. Den Wahrheitswert von p stellen wir dar als |p|, und den Wahrheitswert von q als |q|; ‚min(x,y)‘ bezeichnet das Minimum der Zahlen x und y, ‚max(x,y)‘ bezeichnet das Maximum der Zahlen x und y:

$$|{\sim}p| = 1 - |p|$$
$$|p{\cdot}q| = \min(|p|,|q|) \text{ [oder, hier, einfach } |p|x|q|]$$
$$|p \vee q| = \max(|p|,|q|)$$
$$|p \supset q| = \max(1 - |p|, |q|)$$
$$|p \equiv q| = \min(\max(1 - |p|, |q|), \max(1 - |q|, |p|))$$

So liefert der semantische Ansatz der propositionalen Logik eine rein mechanische Methode zur Klassifikation wahrheitsfunktional zusammengesetzter Propositionen als logisch wahr und nicht logisch wahr sowie zur Klassifikation wahrheitsfunktionaler Argumente als gültig oder ungültig. In der Praxis jedoch wird die Verwendung von Wahrheitstafeln mit zunehmender Anzahl der Teilpropositionen schwerfällig. Die Überprüfung der Gültigkeit eines Arguments mit zehn verschiedenen einfachen Propositionen würde eine Wahrheitstafel im Umfang von 1.024 Zeilen erfordern.

1.2 Der Ansatz der natürlichen Deduktion: Schlußregeln

Im Jahre 1934 führten Gerhard Gentzen und Stanislaw Jaskowski den Ansatz der natürlichen Deduktion ein, in welchem Schlußregeln zur Ableitung oder Deduktion der Konklusion eines gültigen Arguments aus seinen Prämissen verwendet werden, so wie in Kurseinheit 3+4 auf den Seiten 149-170 erläutert. Diese Methode wurde als ein realistisches, jedoch diszipliniertes Modell der Vorgehensweise von Mathematikern und Logikern vorgeschlagen, wie diese von schon etablierten Propositionen zu neuen Konklusionen fortschreiten. Um den Bezug zu erleichtern, stellen wir hier nochmals die Schlußregeln dar, die bereits in der Kurseinheit 2 vorgebracht worden waren, indem wir uns unserer neuen Notation bedienen.

Schlußregeln

1. Modus Ponens (M.P.): $p \supset q, p \models q$
2. Modus Tollens (M.T.): $p \supset q, {\sim}q \models {\sim}p$
3. Hypothetischer Syllogismus (H.S.):
   $p \supset q, q \supset r \models p \supset r$
4. Disjunktiver Syllogismus (D.S.): $p \lor q, {\sim}p \models q$
5. Konstruktives Dilemma (K.D.):
   $(p \supset q) \cdot (r \supset s), p \lor r \models q \lor s$
6. Absorption (Abs.): $p \supset q \models p \supset (p \cdot q)$
7. Simplifikation (Simp.): $p \cdot q \models p$
8. Konjunktion (Konj.): $p, q \models p \cdot q$
9. Addition (Add.): $p \models p \lor q$

Ersetzungsregel: Alle folgenden, logisch äquivalenten Ausdrücke können einander ersetzen, wann immer sie auftreten.

10. De Morgans Theoreme (De M.):
    $\sim(p \cdot q) \equiv ({\sim}p \lor {\sim}q)$
    $\sim(p \lor q) \equiv ({\sim}p \cdot {\sim}q)$
11. Kommutation (Kom.): $(p \lor q) \equiv (q \lor p)$
    $\qquad\qquad\qquad\quad (p \cdot q) \equiv (q \cdot p)$
12. Assoziation (Assoz.): $[p \lor (q \lor r)] \equiv [(p \lor q) \lor r]$
    $\qquad\qquad\qquad\quad [p \cdot (q \cdot r)] \equiv [(p \cdot q) \cdot r]$
13. Distribution (Dist.): $[p \cdot (q \lor r)] \equiv [(p \cdot q) \lor (p \cdot r)]$
    $\qquad\qquad\qquad\quad [p \lor (q \cdot r)] \equiv [(p \lor q) \cdot (p \lor r)]$
14. Doppelte Negation (D.N.): $p \equiv {\sim}{\sim}p$
15. Transposition (Trans.): $(p \supset q) = ({\sim}q \supset {\sim}p)$
16. Materiale Implikation (Impl.): $(p \supset q) \equiv ({\sim}p \lor q)$
17. Materiale Äquivalenz (Äquiv.):
    $(p \equiv q) \equiv [(p \supset q) \cdot (q \supset p)]$
    $(p \equiv q) \equiv [(p \cdot q) \lor ({\sim}p \cdot {\sim}q)]$
18. Exportation (Exp.): $[(p \cdot q) \supset r] \equiv [p \supset (q \supset r)]$
19. Tautologie (Taut.): $p \equiv (p \lor p)$
    $\qquad\qquad\qquad\quad p \equiv (p \cdot p)$

Der „konditionale | Wir sollten in dieser Kurseinheit über zwei zusätzliche
Beweis" | Schlußregeln verfügen. Die erste ist die Regel des beding-
ten Beweises, die folgendermaßen „gerechtfertigt" werden
kann. Man betrachte ein beliebiges Paar von Argumenten,
die so aufeinander bezogen sind, daß das erste die Prämissen $P_1, P_2, ..., P_{n-1}, P_n$ sowie die Konklusion K hat und das

zweite die Prämissen P_1, P_2, ..., P_{n-1} und die Konklusion $P_n \supset K$. Die Gültigkeit des ersten Arguments kann festgestellt werden, indem eine Wahrheitstafel konstruiert wird, die zeigt, daß keine Zuweisung von Wahrheitswerten zu ihren einfachen Teilen seine Prämissen wahr und die Konklusion falsch machen kann. Dieselbe Wahrheitstafel wird auch die Gültigkeit des zweiten Arguments zeigen. Und wenn eine Wahrheitstafel zeigt, daß das erste Argument ungültig ist, dann wird dieselbe Wahrheitstafel ebenso die Ungültigkeit des zweiten Arguments zeigen. Daher ist jedes Paar in dieser Weise aufeinander bezogener Argumente logisch äquivalent: wenn eins von beiden gültig ist, dann auch das andere.

Konstruiert man also dem Ansatz der natürlichen Deduktion folgend einen Gültigkeitsbeweis, dann ist es legitim, A als zusätzliche Prämisse anzunehmen und sodann K aus der erweiterten Prämissenmenge abzuleiten, wenn man eine Konditionalproposition $A \supset K$ ableiten will. Nachdem dies geschehen ist, ist der Schluß legitim, daß das Konditional $A \supset K$ gültig aus der ursprünglichen Prämissenmenge ableitbar ist. Dieser Schluß erfolgt unter Berufung auf die Sequenz von Zeilen von der Annahme A bis hin zur Konsequenz K, und wird als „Konditionaler Beweis" (abgekürzt als K.B.) notiert. Man darf dann das abgeleitete Konditional mit ebenso viel Vertrauen verwenden wie man sich jeder anderen Proposition bedient, die aus den ursprünglichen Prämissen abgeleitet wurde. Eine Veranschaulichung der Verwendung des konditionalen Beweises ist der folgende Gültigkeitsbeweis.

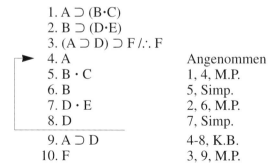

1. $A \supset (B \cdot C)$		
2. $B \supset (D \cdot E)$		
3. $(A \supset D) \supset F$	$/\therefore$ F	
4. A	Angenommen	
5. $B \cdot C$	1, 4, M.P.	
6. B	5, Simp.	
7. $D \cdot E$	2, 6, M.P.	
8. D	7, Simp.	
9. $A \supset D$	4-8, K.B.	
10. F	3, 9, M.P.	

Der geknickte Pfeil verweist hier auf die angestellte Annahme und er knickt nach jeder Konklusion ab, die erreicht

Die Pfeil-Konvention

wurde, bevor die Berufung auf den konditionalen Beweis erfolgt. Alles im *Bereich* der Annahme wird abgeriegelt, wenn man sich auf die K.B.-Regel beruft und darf in keinem weiteren Teil des Beweises, der auf jene Zeile folgt, in welcher die K.B.-Regel verwendet wurde, um den Bereich der Annahme „abzuschließen", nochmals verwendet werden. Oftmals ist der konditionale Gültigkeitsbeweis für ein gegebenes Argument kürzer, als dies ein unmittelbarer Beweis wäre, und dies eben macht seinen Vorteil aus.

Die Regel des konditionalen Beweises kann in einzelnen Gültigkeitsbeweisen beliebig oft verwendet werden, wobei diese Verwendungen entweder sukzessiv oder im Bereich (oder den Bereichen) anderer Verwendungen der Regel erfolgen können. Dies zeigt das Beispiel des folgenden Beweises:

$$
\begin{array}{lll}
1. & (G \lor H) \supset [(I \lor J) \supset K] \ /\therefore \ G \supset [(I \cdot J) \supset K] \\
2. & G \\
3. & G \lor H & 2, \text{Add.} \\
4. & (I \lor J) \supset K & 1, 3, \text{M.P.} \\
5. & I \cdot J \\
6. & I & 5, \text{Simp.} \\
7. & I \lor J & 6, \text{Add.} \\
8. & K & 4, 7, \text{M.P.} \\
9. & (I \cdot J) \supset K & 5\text{-}8, \text{K.B.} \\
10. & G \supset [(I \cdot J) \supset K] & 2\text{-}9, \text{K.B.}
\end{array}
$$

Reductio
Ad Absurdum

Die zweite zusätzliche Regel ist die des indirekten Beweises, welche auch als Beweis durch Reductio Ad Absurdum (abgekürzt als R.A.A.) bezeichnet wird. Euklid verwandte die Methode der R.A.A. oft, um zu zeigen, daß ein Theorem die logische Konsequenz seiner Axiome und Postulate war. Um das Theorem in dieser Art und Weise zu beweisen, nahm Euklid seine Negation oder Verneinung an und ging dann dazu über, eine Kontradiktion abzuleiten, die er als „Absurdität" bezeichnete. Aus der Tatsache, daß die Annahme der Falschheit seines Theorems zu einem Widerspruch führte, schloß Euklid darauf, daß die Annahme falsch sein mußte, so daß das fragliche Theorem *nicht* falsch, sondern *wahr* sein mußte (unter der Annahme der Wahrheit der Axiome und Postulate des Systems).

In unserem Ansatz der natürlichen Deduktion wird dieselbe Vorgehensweise verwendet, wenn die Gültigkeit eines Argumentes festgestellt wird. Um die Konklusion K aus den Prämissen P_1, P_2, ..., P_n unter Verwendung der R.A.A.-Regel abzuleiten, nehmen wir ~K als zusätzliche Prämisse an und leiten sodann einen Widerspruch ab. Nach der Ableitung irgendeines Widerspruchs, z.B. P · ~P schließen wir darauf, daß K aus den Prämissen des Arguments ableitbar sein muß, womit der Gültigkeitsbeweis abgeschlossen ist. Diese Methode wird durch das Folgende veranschaulicht:

```
  1. A ∨ (B · C)
  2. A ⊃ C /∴ C
→ 3. ~C
  4. ~A              2, 3, M.T.
  5. B · C           1, 4, D.S.
  6. C · B           5, Kom.
  7. C               6, Simp.
  8. C · ~C          7, 3, Konj.
  9. C               3-8, R.A.A.
```

Übungsaufgabe 1

Übungsaufgabe 1:

Konstruieren Sie für jedes der folgenden Argumente drei Gültigkeitsbeweise: den ersten, indem Sie ausschließlich die 19 Schlußregeln verwenden, den zweiten, indem Sie die 19 Regeln und zusätzlich die konditionale Beweisregel benutzen, und den dritten, indem Sie die 19 Regeln und zusätzlich die Regel über die Reductio Ad Absurdum verwenden. Vergleichen Sie die Längen der drei Beweise für jedes Argument.

1.1 1. (A ⊃ B) · (C ⊃ D) /∴ (A · C) ⊃ (B · D)
1.2 1. (E ⊃ E) ⊃ F /∴ F
1.3 1. (G ⊃ H) · (I ⊃ J)
     2. K ⊃ (G ∨ I) /∴ K ⊃ (H ∨ J)
1.4 1. (L ∨ M) ⊃ N
     2. O ⊃ (P · Q) /∴ (L ⊃ N) · (O ⊃ P)
1.5 1. (R ∨ S) ⊃ [(T ∨ U) ⊃ V] /∴ (R · S) ⊃ (T ⊃ V)

1.3 Der axiomatische Ansatz
Das Hilbert und Ackermann-System: H.A.

Im Vorwort seiner *Grundgesetze der Arithmetik* schrieb
Frege:

Es kann nicht gefordert werden, daß wir alles beweisen, weil das
unmöglich ist; wir können jedoch verlangen, daß alle Propositio-
nen, die ohne Beweis verwandt werden, ausdrücklich als solche er-
wähnt werden, so daß wir deutlich erkennen können, worauf die
ganze Konstruktion beruht. ... Darüberhinaus fordere ich – und
darin gehe ich über Euklid hinaus – daß alle Schlußregeln im Vor-
hinein spezifiziert werden müssen.

Die Spezifikation aller Methoden oder Schlußregeln, welche nötig sind, um Theoreme aus Axiomen abzuleiten, kann
auf einer Reihe unterschiedlicher Wege erreicht werden.
Eine Methode wäre, die Schlußregeln so aufzuführen, wie
in einem System der natürlichen Deduktion. Eine andere
Methode, die etwa 55 Jahre vor dem Entwurf der Methode
der natürlichen Deduktion entworfen wurde, besteht darin,
für die Logik selbst ein axiomatisches System zu entwerfen, mit einer nur geringen Anzahl von Schlußregeln, durch
welche logische Wahrheiten und zusätzliche gültige Regeln
aus den Axiomen und Postulaten abgeleitet werden können,
die als die Basis des Systems angenommen werden.
Ein logisch hinreichend reiches axiomatisches System, um
Freges Forderung zu erfüllen, würde die Theorie der Quantifikation und die propositionale Logik enthalten. Es ist
jedoch möglich, zunächst ein axiomatisches System der
propositionalen Logik aufzustellen und dieses dann zu erweitern, indem weitere Axiome und Schlußregeln hinzugefügt werden, um die erwünschte Axiomatisierung zu
vervollständigen.
Es gibt viele axiomatische Systeme der propositionalen
Logik, darunter auch etliche, die nur ein einziges Axiom erfordern. Wir werden (in aller Kürze) das von David Hilbert
und Wilhelm Ackermann entwickelte System mit vier Axiomen vorstellen, welches seine Autoren ausdrücklich „im
wesentlichen Whitehead und Russell (*Principia Mathema-*
tica, erste Ausgabe)" zuschreiben. Ihr System, auf das wir
uns als H.A. beziehen, enthält als seine primitiven Symbole
erstens, die propositionalen Variablen, p, q, r, s, t, mit und
ohne Subskripte, und zweitens, zusätzlich zu den Klam-

mern, zwei Symbole für Operatoren $\sim$ und $\vee$. Jede endliche Abfolge dieser Symbole ist eine Formel des Systems. Der Begriff einer syntaktisch korrekten und vollständigen Proposition im System, einer „wohlgeformten Formel" (abgekürzt als *wff*) ist rekursiv definiert wie folgt:

Die rekursive Regel für *wwfs* in H.A.

1. Jeder einzelne Buchstabe des H.A. ist eine *wff*.
2. Ist X eine *wff*, dann ist auch $\sim$(X) eine *wff*.
3. Sind X und Y *wffs*, dann ist auch (X) $\vee$ (Y) eine *wff*.
   (Keine Formel des H.A. wird als *wff* betrachtet werden, es sei denn entsprechend dieser Definition.)

Die Symbole „$\supset$", „$\cdot$", „$\equiv$", sind definiert wie folgt:

$$X \supset Y =_{df} \sim X \vee Y; \ X \cdot Y =_{df} \sim(\sim X \vee \sim Y);$$
$$X \equiv Y =_{df} (X \supset Y) \cdot (Y \supset X)$$

Die vier Axiome des H.A. sind:

Axiom 1. $(p \vee p) \supset p$
Axiom 2. $p \supset (p \vee q)$
Axiom 3. $(p \vee q) \supset (q \vee p)$
Axiom 4. $(p \supset q) \supset [(r \vee p) \supset (r \vee q)]$

Die beiden Schlußregeln des H.A. sind der Modus Ponens und die Substitutionsregel:

R 1. Schließe aus X und $X \supset Y$ auf Y
R 2. Für eine propositionale Variable können und müssen wir überall dort eine beliebige *wwf* substituieren, wo die propositionale Variable im Kontext auftritt.

Der „Gültigkeitsbeweis im H.A." eines Arguments mit den Prämissen P_1, P_2, ..., P_n und der Konklusion K ist per Definition eine Abfolge von *wffs* S_1, S_2, ..., S_t, so daß jedes entweder (a) eine der Prämissen P_1, P_2, ..., P_n, oder (b) ein Axiom ist oder (c) auf Grund von Regel 1 aus den beiden vorhergehenden S's folgt oder (d) auf Grund von Regel 2 aus einem der vorhergehenden S's folgt oder (e) auf Grund einer der aufgeführten Definitionen aus einem der vorhergehenden S's folgt; und S_t ist K. Daß es einen solchen Beweis in H.A. gibt, wird geschrieben als

$$P_1, P_2, ..., P_n \vdash K$$

Das Symbol $\models$ darf mit dem Symbol $\vdash$ nicht verwechselt werden. Ersteres ist ein semantisches Symbol, das sich auf Wahrheit und Falschheit bezieht. $P_1, P_2, ..., P_n \models K$ behauptet, daß jede Zuweisung von Wahrheitswerten zu nicht zusammengesetzten propositionalen Symbolen, welche P_1, $P_2, ..., P_n$ insgesamt wahr macht, auch K wahr macht. Hingegen ist $\vdash$ ein syntaktisches Symbol, das sich nur auf die Formationsregeln, Schlußregeln, Definitionen und Axiome des H.A.-Systems bezieht. Die Veranschaulichung eines gültigen Arguments und des Beweises seiner Gültigkeit in H.A. ist die folgende (in welcher „Subst." für „Substitution" steht):

$$p \supset q, q \supset r \vdash p \supset r$$

Beweis:

1.	$(p \supset q) \supset [(r \vee p) \supset (r \vee q)]$	Axiom 4
2.	$(s \supset q) \supset [(r \vee s) \supset (r \vee q)]$	Subst. von p durch s
3.	$(s \supset t) \supset [(r \vee s) \supset (r \vee t)]$	Subst. von q durch t
4.	$(s \supset t) \supset [(\sim p \vee s) \supset (\sim p \vee t)]$	Subst. von r durch $\sim$p
5.	$(s \supset t) \supset [(p \supset s) \supset (p \supset t)]$	Definition von $\supset$
6.	$(q \supset t) \supset [(p \supset q) \supset (p \supset t)]$	Subst. von s durch q
7.	$(q \supset r) \supset [(p \supset q) \supset (p \supset r)]$	Subst. von t durch r
8.	$q \supset r$	2. Prämisse
9.	$(p \supset q) \supset (p \supset r)$	7, 8, R 1
10.	$p \supset q$	1. Prämisse
11.	$p \supset r$	9, 10, R 1

abgeleitete Regeln

Ist die Gültigkeit eines Arguments bewiesen, dann kann es als abgeleitete Regel übernommen werden und ebenso frei verwendet werden wie diejenigen Regeln des Systems, die zu Anfang festgesetzt worden waren. Wir können das soeben bewiesene gültige Argument als A.R. 1 kennzeichnen und in sämtlichen weiteren Beweisen beliebig verwenden. Aus den Axiomen sind unter der Verwendung der Regeln und Definitionen des Systems H.A. Theoreme ableitbar. Der Beweis oder die Ableitung eines Theorems T in H.A. ist per Definition eine Abfolge von *wffs* $S_1, S_2, ..., S_t$, von denen jedes entweder (a) ein Axiom oder (b) ein bereits bewiesenes Theorem ist; oder (c) es folgt aus vorhergehenden

S's auf Grund der Regel 1 oder auf Grund einer abgeleiteten, bereits bewiesenen Regel oder (d) es folgt aus einem der vorhergehenden S's auf Grund von Regel 2 oder (e) es folgt aus einem der vorhergehenden S's auf Grund einer der aufgeführten Definitionen; und S_t ist T. Daß es in H.A. einen solchen Beweis gibt, wird geschrieben als

$\vdash$ T

Das erste Theorem des Systems H.A., das wir beweisen, lautet:

Theoreme und Axiome des Systems H.A.

Theorem 1. $\vdash p \supset (q \lor p)$

Es wird durch die folgende Abfolge von *wffs* bewiesen:

1. $p \supset (p \lor q)$ Axiom 2
2. $(p \lor q) \supset (q \lor p)$ Axiom 3
3. $p \supset (q \lor p)$ 1, 2, A.R. 1

Ist ein Theorem einmal bewiesen, dann kann es in einem Beweis ebenso frei benutzt werden wie ein Axiom. Tatsächlich wird in der Entwicklung einiger Systeme der Begriff „L" Axiom rekursiv definiert: Ausgehend von einer kleinen Anzahl Formeln, die als „Axiome" gekennzeichnet werden, wird der allgemeine Begriff „Axiom" definiert als: „alle aufgeführten Formeln und alle diejenigen, welche aus ihnen auf Grund der Regeln und Definitionen im System abgeleitet werden können."

Das H.A.-System des propositionalen Kalküls ist ein höchst elaboriertes System. Es ist bewiesenermaßen in dem Sinne analytisch, daß jedes in ihm beweisbare Theorem eine Tautologie darstellt. Daher ist es konsistent. Und es ist in dem Sinne vollständig, daß jede *wff*, welche eine Tautologie zum Ausdruck bringt, beweisbar ein Theorem darstellt. In anderen Worten, für jede *wff* T gilt, $\vdash$ T dann und nur dann, wenn $\vDash$ T. Auch ist sofort bewiesen, daß die Regel des Konditionalen Beweises in H.A. gültig ist, und daß auch die Regel der Reductio Ad Absurdum gültig ist. Ebenso kann auch bewiesen werden, daß, wenn die *wff* A* aus der *wff* A resultiert, indem jede *wff* Q in A durch die *wff* R überall dort ersetzt wird, wo sie auftritt, dann gilt Q $\equiv$ R $\vdash$ A $\equiv$ A*. Dies heißt nun, daß H.A. ein rein wahrheitsfunktionales System

Die Äquivalenz der Systeme

ist. Die drei bisher vorgestellten Systeme der propositionalen Logik, das semantische im Sinne der Wahrheitstafeln,
das System der natürlichen Deduktion, und das formale
axiomatische System H.A. sind logisch miteinander äquivalent und werden als propositionale Standardlogiken identifiziert. Propositionale Standardlogiken sind zweiwertig
und wahrheitsfunktional.

Übungsaufgabe 2   **Übungsaufgabe 2:**

*Beweisen sie die folgenden Theoreme und abgeleiteten Re-
geln von H.A.*

2.1 Theorem 2. $\vdash (q \supset r) \supset [(p \supset q) \supset (p \supset r)]$

2.2 A.R.2 $q \supset r \vdash (p \vee q) \supset (p \vee r)$

2.3 Theorem 3. $\vdash p \supset p$

2.4 A.R. 3 $p \vee q \vdash q \vee p$

2.5 Theorem 4. $\vdash [p \vee (q \vee r)] \supset [q \vee (p \vee r)]$

2. Mehrwertige Systeme der propositionalen Logik

Eine Unzulänglichkeit der propositionalen Standardlogik besteht in ihrer Wahrheitsfunktionalität. In jeder solchen Logik gibt es zwei Aussageformen, p ⊃ (q ⊃ p) und ~p ⊃ (p ⊃ q), welche leicht als Tautologien (und damit als Theoreme in jedem vollständigen axiomatischen System) bewiesen werden können. Sind diese Aussageformen auch in ihrer symbolischen Formulierung trivial wahr, so überraschen sie doch, werden sie alltagssprachlich formuliert. Die erste behauptet, daß jede wahre Proposition aus jeder beliebigen Proposition folgt, und die zweite behauptet, daß jede beliebige Proposition aus jeder falschen Proposition folgt. Dies überrascht uns, denn üblicherweise denken wir, daß eine Proposition aus einer anderen nur dann folgen oder aus ihr abgeleitet werden kann, wenn es irgendeine „wirkliche Verbindung" zwischen ihren Inhalten gibt. Es ist sicherlich lächerlich, wenn einem gesagt wird, daß „2+2=4" aus „Kühe geben Milch" folgt, oder daß der Mond aus grünem Käse bestehe daraus, daß Kühe Fleischfresser sind, und zwar deshalb, weil 2+2=4 ist oder weil Kühe keine Fleischfresser sind. Diese Tautologien und ihre Konsequenzen sind als die „Paradoxa der materialen Implikation" bezeichnet worden. Für viele Logiker stellten sie den Grund dar, nichtwahrheitsfunktionale, d.h. nicht extensionale Systeme der Logik zu erfinden, die von diesen Paradoxa frei bleiben. Sie sind gründlich als „modale Logiken" erforscht worden und wir werden sie in den Kapiteln 3 und 4 untersuchen.

Die Paradoxa der materialen Implikation

Ausweg: Modallogiken

2.1 Lukasiewiczs System der dreiwertigen propositionalen Logik: L_3

Ein weiteres Problem erwächst der propositionalen Standardlogik daraus, daß ihre Propositionen nur gerade die beiden Wahrheitswerte wahr und falsch haben. Das Gesetz vom ausgeschlossenen Dritten (GAD), notiert als die *wff* p ∨ ~p, kann in ihr bewiesen werden. Ebenso ist auch das Bivalenzprinzip (BP) in ihr gültig: dieses Prinzip besagt, daß jede Proposition, die in ihr als ein *wff* zum Ausdruck gebracht werden kann, entweder wahr oder falsch ist. Aristoteles verteidigte in der *Metaphysik* IV, 7, das GAD, indem er schrieb, daß „es kein mittleres zwischen den bei-

Aristoteles, BP,
GAD und die
Wahrheitswerte

den Gliedern des Widerspruchs geben könne, sondern wir von ein und demselben Gegenstand ein Prädikat entweder bejahen oder verneinen müssen" (1011^b 24-25). Doch in seinem *De Interpretatione*, 9, kritisierte er das BP und schlug vor, seinen Anwendbarkeitsbereich zu begrenzen. Er erkannte dort an, daß Propositionen über die Gegenwart oder über die Vergangenheit entweder wahr oder falsch sein müssen, brachte jedoch die These vor, daß (kontingente) Propositionen über die Zukunft jetzt weder wahr noch falsch sind. Wären sie dies nämlich, so sein Argument, dann „... würde nichts zufällig sein oder stattfinden, sei es in der Vergangenheit oder in der Zukunft und es gäbe keine wirklichen Alternativen: Alles würde notwendig stattfinden und wäre determiniert". Dies hätte zur Folge, so Aristoteles, daß „man nicht weiter überlegen oder Sorgen haben müßte..., denn dasjenige, von dem jemand wahrheitsgemäß gesagt hat, daß es sein werde, kann nicht verfehlen stattzufinden; und von dem, was stattfindet, war es immer wahr zu sagen, daß es sein würde". Er fuhr fort: „Diese Auffassung führt zu einer unmöglichen Schlußfolgerung; denn wir sehen, daß sowohl die Überlegung wie auch das Handeln im Hinblick auf die Zukunft ursächlich sind". Aristoteles illustriert seine These durch alternative Vorhersagen über eine Seeschlacht:

Die morgige
Seeschlacht

„Eine Seeschlacht muß morgen entweder stattfinden oder nicht, es ist aber nicht notwendig, daß sie morgen stattfindet und es ist auch nicht notwendig, daß sie nicht stattfindet, es ist aber notwendig, daß sie morgen entweder stattfindet oder nicht stattfindet.."

Obwohl Aristoteles' Bezug auf den Begriff der Notwendigkeit nahelegen könnte, eine Lösung dieses Problems im Rahmen der modalen Logik zu suchen, wurde es doch öfters als Anstoß betrachtet, von der zweiwertigen Logik abzurücken. Dies geschah jedoch nicht durch Aristoteles selbst, sondern vielmehr erst durch den hervorragenden Logiker Jan Lukasiewicz (1878-1956) in unserem Jahrhundert. In einer Reihe von zwischen 1920 und 1930 veröffentlichten Untersuchungen schloß Lukasiewicz darauf, daß eine kontingente, auf die Zukunft bezogene Proposition

Der dritte Wert

... zum Zeitpunkt (ihrer Äußerung) weder wahr noch falsch ist und einen dritten Wert, unterschieden von ,0' oder Falschheit und ,1' oder Wahrheit besitzen muß. Diesen Wert können wir durch ,1/2'

bezeichnen. Er stellt „das Mögliche" dar und tritt zu „dem Wahren" und „dem Falschen" als ein dritter Wert hinzu.

Das System der dreiwertigen propositionalen Logik verdankt ihren Ursprung diesem Gedankengang. (Jan Lukasiewicz, „Many-Valued Systems of Propositional Logic", in Storrs McCall (Hrsg.) Polish Logic 1920-1939, S. 53).

Lukasiewicz stellte sein System einer dreiwertigen Logik in der klammerfreien Notation vor, die als die „Polnische Notation" wohl bekannt ist. In unserer Darstellung werden wir uns der vertrauteren Notation aus den *Principia Mathematica* bedienen. Und an der Stelle von Lukasiewiczs Symbol „1/2" für den mittleren oder unbestimmten Wert zwischen W und F werden wir den Buchstaben U verwenden. Die Matrixcharakterisierung des Systems von Lukasiewicz sieht dann folgendermaßen aus:

p	~p		·	W U F		∨	W U F		⊃	W U F		=	W U F
W	F		W	W U F		W	W W W		W	W U F		W	W U F
U	U		U	U U F		U	W U U		U	W W U		U	U W U
F	W		F	F F F		F	W U F		F	W W W		F	F U W

Es ist einsichtig, daß L_3 mit den klassischen (zweiwertigen Tafeln) für die beiden klassischen Werte W und F übereinstimmt, was sofort klar wird, wenn U überall dort gestrichen wird, wo es in obigen Matrizen auftritt.

Lukasiewicz stellte sein System nicht mittels dieser fünf Matrizen dar, sondern er begann mit den Matrizen für Negation (~) und Implikation (⊃). Die restlichen definierte er dann wie folgt:

$$p \vee q =_{df} (p \supset q) \supset q$$
$$p \cdot q =_{df} \sim(\sim p \vee \sim q)$$
$$p \equiv q =_{df} (p \supset q) \cdot (q \supset p)$$

Im Jahre 1931 veröffentliche Mordechaj Wajsberg ein Axiomensystem für die dreiwertige Logik von Lukasiewicz. Wajsbergs vier Axiome lauteten:

1. $q \supset (p \supset q)$
2. $(p \supset q) \supset [(q \supset r) \supset (p \supset r)]$
3. $[(p \supset \sim p) \supset p] \supset p$
4. $(\sim q \supset \sim p) \supset (p \supset q)$

Seine Schlußregeln waren der vertraute Modus Ponens und
die Substitution.

Der semantische
Beweis der
Axiome

Die vier Axiome sind in der dreiwertigen Logik von Lukasiewicz logisch wahr. Der Matrizenbeweis, daß dem Axiom
1 für alle Werte der propositionalen Symbole in ihm der
Wahrheitswert W zukommt, lautet wie folgt:

p q	$p \supset q$	$q \supset (p \supset q)$
W W	W	W
W U	U	W
W F	F	W
U W	W	W
U U	W	W
U F	U	W
F W	W	W
F U	W	W
F F	W	W

Die Modus Ponens Regel gilt in Lukasiewiczs System in
dem Sinne, daß sie wahrheitsbewahrend ist. Der Wahrheitswert W ist der designierte Wahrheitswert in diesem System,
und daß er durch den Modus Ponens bewahrt wird, zeigt
sich an den ersten drei Kolumnen in der vorausgehenden
Wahrheitstafel. Den beiden Prämissen p und $p \supset q$ kommt
der Wahrheitswert W nur in der ersten Zeile zu und dort
kommt der Wahrheitswert W auch der Konklusion q zu.

Die Ungültigkeit
von GAD

Hingegen ist das Gesetz vom ausgeschlossenen Dritten
(GAD) in Lukasiewiczs dreiwertiger Logik ungültig, wie
aus der folgenden Tafel ersehen werden kann:

p ~p	$p \lor \sim p$
W F	W
U U	U
F W	W

Beweise durch
Ableitung

Wie Theoreme in Lukasiewiczs System aus den Axiomen
ableitbar sind, kann an den folgenden Beweisen der Theoreme 1 und 2 gezeigt werden.

Theorem 1. $\{[(q \supset r) \supset (p \supset r)] \supset s\} \supset [(p \supset q) \supset s]$

Beweis: 1. $(p \supset q) \supset [(q \supset r) \supset (p \supset r)]$ Axiom 2

2. $\{(p \supset q) \supset [(q \supset r) \supset (p \supset r)]\} \supset \{\{[(q \supset r) \supset (p \supset r)] \supset s\} \supset [(p \supset q) \supset s]\}$

> Subst. $p \supset q$ für p,
> $(q \supset r) \supset$
> $(p \supset r)$ für q
> und s für r in 1

3. $\{[(q \supset r) \supset (p \supset r)] \supset s\} \supset [(p \supset q) \supset s]$
   2, 1 Modus Ponens

Theorem 2. $[p \supset (q \supset r)] \supset \{(s \supset q) \supset [p \supset (s \supset r)]\}$

Beweis: 1. $\{[(q \supset r) \supset (p \supset r)] \supset s\} \supset [(p \supset q) \supset s]$
   Theorem 1

2. $\{\{[(q \supset r) \supset (s \supset r)] \supset [p \supset (s \supset r)]\} \supset \{(s \supset q) \supset [p \supset (s \supset r)]\}\} \supset \{[p \supset (q \supset r)] \supset \{(s \supset q) \supset [p \supset (s \supset r)]\}\}$

> Subst. $q \supset r$ für q,
> $s \supset r$ für r und
> $(s \supset q) \supset [p \supset (s \supset r)]$ für s in 1

3. $\{[(q \supset r) \supset (s \supset r)] \supset [p \supset (s \supset r)]\} \supset \{(s \supset q) \supset [p \supset (s \supset r)]\}$ Subst. s für p und $p \supset (s \supset r)$ für s in 1

4. $[p \supset (q \supset r)] \supset \{(s \supset q) \supset [p \supset (s \supset r)]\}$
   2,3 Modus Ponens

Lukasiewiczs dreiwertige Logik ist besonders nützlich, wenn die Modalnotationen der Notwendigkeit und Möglichkeit in ihr eingeführt sind, sie ist jedoch auch für sich selbst betrachtet von großem Interesse. Hingegen erscheint sie nicht als erfolgversprechender Lösungsvorschlag zu dem Problem, das Aristoteles in *De Interpretatione* bewegte. Aristoteles hatte geschrieben: „Eine Seeschlacht muß morgen entweder stattfinden oder nicht, ...", aber argumentiert, daß kontingente zukunftsbezogene Propositionen jetzt weder wahr noch falsch seien. Es scheint, daß Aristoteles in *De Interpretatione* sagt, daß die Disjunktion wahr ist, und zwar notwendig wahr, daß aber zum gegenwärtigen Zeitpunkt keines ihrer Disjunkte wahr ist. Ist also

L_3 löst nicht das Seeschlacht- problem

S eine kontingente zukunftsbezogene Proposition, dann ist es wahr, daß S oder daß nicht-S, doch S ist jetzt nicht wahr und auch nicht-S ist jetzt nicht wahr. Aristoteles bejaht daher ausdrücklich das GAD. In L_3 gilt jedoch das GAD nicht.

Übungsaufgabe 3

Übungsaufgabe 3:

3.1 Beweisen Sie, daß den Axiomen 2 und 3 der Wahrheitswert W für alle möglichen Werte der in ihnen auftretenden propositionalen Symbole zukommt.

3.2 Entscheiden Sie, welche der folgenden Formeln logische Wahrheiten in der zweiwertigen Logik und welche logische Wahrheiten in Lukasiewiczs dreiwertiger Logik darstellen:

3.2.1 $p \supset (\sim p \supset p)$
3.2.2 $(\sim p \supset p) \supset p$
3.2.3 $p \supset \sim(p \supset \sim p)$
3.2.4 $p \supset [p \supset \sim(p \supset \sim p)]$
3.2.5 $p \supset [(p \supset q) \supset q]$
3.2.6 $[p \cdot (p \supset q)] \supset q$

3.3 Leiten Sie die folgenden zusätzlichen Theoreme aus den Axiomen von L_3 und aus den Theoremen 1 und 2, die schon bewiesen wurden, ab, indem Sie sich nur des Modus Ponens und der Substitutionsregel bedienen:

Theorem 3. $(p \supset q) \supset \{[(p \supset r) \supset s] \supset [(q \supset r) \supset s]\}$
Theorem 4. $[(p \supset q) \supset r] \supset (q \supset r)$
Theorem 5. $(q \supset r) \supset \{(s \supset q) \supset [p \supset (s \supset r)]\}$
Theorem 6. $\{q \supset [(r \supset \sim r) \supset r]\} \supset [p \supset (q \supset r)]$
Theorem 7. $p \supset \{\{q \supset [(r \supset \sim r) \supset r]\} \supset (q \supset r)\}$
Theorem 8. $\{q \supset [(r \supset \sim r) \supset r]\} \supset (q \supset r)$
Theorem 9. $[(r \supset \sim r) \supset q] \supset [(q \supset r) \supset r]$

2.2 Bochvars System der dreiwertigen propositionalen Logik: B_3

Einen weiteren Stimulus für die Entwicklung eines Systems der mehrwertigen Logik stellten jene Widersprüche dar, die sich in der Mathematik um die Jahrhundertwende zu zeigen begannen. Der vielleicht berühmteste wurde von Bertrand Russell 1903 in seinen *Principles of Mathematics* veröffentlicht. Viele, wenn nicht die meisten Klassen enthalten sich nicht selbst als Teilklassen. So ist die Klasse aller Menschen selbst kein Mensch und daher nicht in der Klasse aller Menschen enthalten. Betrachten wir jedoch die Klasse all derjenigen Klassen, die nicht in sich selbst enthalten sind, und fragen, ob sie in sich selbst enthalten ist, dann stoßen wir auf einen Widerspruch. W sei die Klasse all derjenigen Klassen, die nicht in sich selbst enthalten sind. Ist W in sich selbst enthalten, dann ist sie in der Klasse all derjenigen Klassen enthalten, die nicht in sich selbst enthalten sind, so daß W nicht in W enthalten ist. Ist aber W nicht in W enthalten, dann ist sie nicht in der Klasse all derjenigen Klassen enthalten, die nicht in sich selbst enthalten sind, sie muß daher in sich selbst enthalten sein, d.h. W ist in W enthalten. Und so lautet der explizite Widerspruch: W ist dann und nur dann in sich selbst enthalten, wenn W nicht in sich selbst enthalten ist. Russells Paradox ist deutlicher, wenn es symbolisch ausgedrückt wird. Die symbolische Standardnotierung für ‚x ist in M enthalten‘, ist ‚$x \in M$‘. Aus der Definition der Klasse W folgt, daß für jede Klasse x gilt, $x \in W \equiv \sim (x \in x)$. Ersetzt man nun die Variable ‚x‘ durch ‚W‘ in der definitionsgemäß wahren Äquivalenz, dann erzeugt man dadurch den Selbstwiderspruch $W \in W \equiv \sim (W \in W)$.

Russells Klassen-Paradox

Eine andere Art des Widerspruchs, schon früher bekannt, ist mit den semantischen Begriffen der Wahrheit, Falschheit und Bezeichnung verbunden. Die einfachste Version ist die vom Lügner, der sagt „Ich lüge jetzt“. Lügt er tatsächlich, dann sagt er die Wahrheit, sagt er aber die Wahrheit, dann muß er jetzt lügen. Natürlich heißt lügen mehr als einfach nicht das Wahre zu sagen, doch diese Komplikation wird vermieden, indem man das Lügner-Paradox auf etwas andere Weise formuliert, wie z.B.: „Dieser Satz ist falsch“. Hier gilt wieder, daß, wenn dieser Satz wahr ist, er falsch

Das Lügner-Paradox

sein muß, und wenn er falsch ist, dann muß er wahr sein.
Wir verdanken die eleganteste der zweiten Gruppe von
Kontradiktionen Kurt Grelling (Grelling und Nelson, 1907-
1908). Einige Worte, wie ‚lang‘, ‚Franzose‘ und ‚einsilbig‘
bezeichnen Merkmale, die nicht den Worten selbst anhaften. Von solchen Worten werden wir sagen, daß ihnen die
Eigenschaft zukomme, heterologisch zu sein. Man betrachte nun das Wort „heterologisch". Ist es heterologisch,
dann kommt ihm die Eigenschaft zu, zu bezeichnen und
daher nicht heterologisch zu sein. Ist es aber nicht heterologisch, dann kommt ihm die Eigenschaft, die es bezeichnet,
nicht zu und ist daher heterologisch. Dieser Widerspruch ist
das Grelling-Paradoxon.
Es gibt mehrere Wege, diese Kontradiktionen zu vermeiden. 1908 veröffentlichte Russell seine logische Typentheo-
rie (Russell, 1908), die dazu bestimmt war, beide Arten von
Kontradiktionen aus Whiteheads und Russells *Principia
Mathematica* (1910) auszuschließen. Eben dasselbe Jahr er-
lebte auch die Veröffentlichung von Ernst Zermelos Axiomensystem der Mengenlehre (1908), welches tatsächlich
die erste Art der Kontradiktion vermied. Im Verlauf der Zeit
sind noch weitere Lösungen dieser Kontradiktionen vorgeschlagen worden. Sie alle räumten auf die eine oder andere
Art und Weise mit den problematischen Begriffen auf, um
die es im wesentlichen zu gehen schien, wie daß eine
Klasse sich selbst enthält oder sich selbst nicht enthält, daß
eine Aussage ihre eigene Wahrheit behauptet oder verneint
oder solche Kontradiktionen aufwerfende Worte wie „heterologisch". Scheinaussagen, welche solche Begriffe ent-
hielten oder implizierten, wurden als bedeutungslos und als
daher weder wahr noch falsch ausgeschlossen.
Dies brachte D.A. Bochvar (Bochvar, 1939) dazu, eine andere, ganz neuartige dreiwertige Logik zu entwerfen, deren
formaler Apparatus Kontradiktionen ausschloß, indem er
jeder Formel, die die problematischen Begriffe enthielt, die
Wahrheitswerte W oder F vorenthielt. Die drei Werte im
Bochvar-System B_3 werden durch die Buchstaben ‚W‘, ‚F‘
und ‚U‘, zum Ausdruck gebracht, also ebenso wie in L_3.
Doch der dritte Wahrheitswert muß hier anders verstanden
werden. Bei ihm handelt es sich nicht um einen ‚dazwischenliegenden" oder „unbestimmten" Wert. Er ist eher als
„paradoxaler" oder „bedeutungsloser" Wert zu verstehen,

*„unbestimmt" vs
„bedeutungslos"*

und, wie wohl zu erwarten war, infiziert er jeden Kontext, in dem er auftritt, indem er den gesamten Kontext ebenfalls bedeutungslos macht. Um den Vergleich zu erleichtern (und weil andere Symbole nicht zur Verfügung stehen) verwenden wir dieselben Symbole mit anderen Bedeutungen, wenn wir die verschiedenen mehrwertigen, hier erörterten Logiksysteme vorstellen. Die Matrixcharakterisierung von Bochvars System sieht folgendermaßen aus:

p	~p		·	WUF		$\vee$	WUF		$\supset$	WUF		$\equiv$	WUF
W	F		W	WUF		W	WUW		W	WUF		W	WUF
U	U		U	UUU		U	UUU		U	UUU		U	UUU
F	W		F	FUF		F	WUF		F	WUW		F	FUW

Es ist deutlich, daß B_3, wie L_3, mit den klassischen (zweiwertigen) Tafeln für die klassischen Werte W und F übereinstimmt, was man sofort sieht, wenn man jedes Auftreten von U in den obigen Matrizen streicht.

Bochvar stellte sein System nicht mit diesen fünf Matrizen dar, sondern er begann mit den Matrizen für Negation ($\sim$) und Konjunktion ($\cdot$). Die anderen definierte er sodann folgendermaßen:

$$p \vee q =_{df} \sim(\sim p \cdot \sim q)$$
$$p \supset q =_{df} \sim(p \cdot \sim q)$$
$$p \equiv q =_{df} [(p \supset q) \cdot (q \supset p)]$$

Wie aus den Matrizen ersichtlich, ist der Wert U tatsächlich „ansteckend": Hat irgendein Teil einer zusammengesetzten Formel den Wert U, dann hat auch die zusammengesetzte Formel selbst den Wert U. Es ist auch ersichtlich, daß keine Formel von B_3 eine Tautologie ist, und daß die paradigmatisch selbst widersprüchliche Formel p $\cdot$ $\sim$p nicht in jedem Falle falsch ist. Keine Axiomatisierung von B_3 ist verfügbar, bevor nicht neue und zusätzliche Operatoren eingeführt worden sind.

B_3 enthält keine Tautologien

Wie erfolgreich ist nun B_3 im Vermeiden der Widersprüche? In einer zweiwertigen Logik, in welcher jede Proposition entweder als W oder als F klassifiziert ist, führt das Lügnerparadoxon unausweichlich zum Widerspruch. Die Proposition

L_2: Diese Proposition ist falsch

kann nicht konsistent als entweder W oder F klassifiziert werden. Ist ihr Wahrheitswert W, dann ist das, was sie besagt, der Fall, doch was sie besagt, ist, daß ihr Wahrheitswert F ist, und daher muß er F sein. Doch ist er F, dann ist das, was sie besagt, nicht der Fall, doch was sie besagt, ist, daß ihr der Wahrheitswert F zukommt, und daher muß der Wahrheitswert W sein. Wir erhalten daher $(L_2 \supset \sim L_2) \cdot (\sim L_2 \supset L_2)$, was gleichbedeutend ist mit $L_2 \equiv \sim L_2$. Dieser Widerspruch kann im System B_3 nicht entstehen, wo L_2 den Wert U annimmt.

Eine Lösung des Lügner-Paradoxons?

Man beachte jedoch im dreiwertigen System B_3 dasjenige, was Susan Haack (Haack 1978) das „Verstärkte Lügnerparadoxon" genannt hat:

L_3: Diese Proposition ist F und nicht U.

Diese Proposition kann nicht konsistent als entweder W oder F oder U klassifiziert werden.

Ist sie W, dann muß L_3 F sein, und daher nicht W.
Ist sie U, dann muß L_3 F sein, und daher nicht U.
Ist sie F, dann muß L_3 W sein, und daher nicht F.

Vielleicht bedarf es eines vierwertigen Systems, um dieses Verstärkte Lügnerparadox zu lösen, eines Systems mit den vier Werten W, F, U_1 und U_2. Doch hier ein „Weiteres Verstärktes Lügnerparadoxon":

L_4: Diese Proposition ist F und nicht U_1 und nicht U_2.

B_3 löst nicht das Lügner-Paradox

Dieses Paradoxon kann nicht konsistent als entweder W oder F oder U_1 oder U_2 klassifiziert werden, und zwar wegen ähnlicher Gründe wie derjenigen, die wir für L_3 schon gegeben hatten. Es ist daher nicht klar, daß B_3 oder B_4 ... oder B_n bei irgendeinem gegebenen n diejenigen Widersprüche ausräumt, wegen deren Beseitigung Bochvar die Systeme erfand.

2.3 Reichenbachs quantentheoretische propositionale Logik: R_3

Hans Reichenbach (1944) schlug vor, daß eine dreiwertige Logik als Lösungsvorschlag für einige Probleme der Quantenmechanik betrachtet werden könne. Bedient man sich einer gewöhnlichen oder klassischen zweiwertigen Logik, dann hat die Quantenmechanik einige unwillkommene Konsequenzen. Es sind dies die sogenannten „Kausalanomalien", Propositionen über Quantenphänomene, die vom Standpunkt desjenigen aus als paradox erscheinen, der an klassische physikalische Gesetze gewöhnt ist, welche das Verhalten beobachtbarer, makroskopischer Gegenstände regeln. Reichenbach schlug eine dreiwertige Logik vor, deren Anwendung auf die Quantenmechanik die Ableitung dieser Kausalanomalien verhindern würde.

Die Kausal-anomalien der Quantenmechanik

Wie Lukasiewicz nannte auch Reichenbach seinen dritten Wert ‚unbestimmt', doch sein Begriff der Unbestimmtheit unterschied sich beträchtlich von denjenigen Lukasiewiczs und Bochvars. Es ist eine der Eigentümlichkeiten der Quantenmechanik, daß, obwohl es möglich ist, entweder die Position oder aber die Geschwindigkeit eines Elementarteilchens zu bestimmen, es unmöglich ist, Position und Geschwindigkeit des Partikels zu jedem beliebigen Zeitpunkt zugleich zu bestimmen. Es handelt sich bei dieser Schwierigkeit nicht bloß um eine technische; die Unmöglichkeit folgt vielmehr aus der Quantentheorie selbst.

Bohr und Heisenberg hatten vorgeschlagen, jede Proposition, die von einem Partikel zu einem bestimmten Zeitpunkt zugleich die Position und die Geschwindigkeit angibt, als bedeutungslos oder fehlerhaft gebildet zu betrachten. Reichenbach forderte, solche Propositionen als bedeutungsvoll oder wohlgebildet zu akzeptieren, da jede Teilproposition, für sich betrachtet, vollkommen bedeutungsvoll sei. Reichenbach schlug vor, statt dessen den problematischen Konjunktionen den Wert „unbestimmt" zu geben.

Die Matrizen für die Konjunktion und die Disjunktion sind in Reichenbachs System R_3:

·	W U F		∨	W U F
W	W U F		W	W W W
U	U U F		U	W U U
F	F F F		F	W U F

Reichenbachs System R_3 enthält drei Arten der Negation: „diametrale Negation" $\sim$, „zyklische Negation" $\sim_c$, und „vollständige oder totale Negation" $\sim_t$, deren Matrizen wie folgt aussehen:

p	$\sim$p		p	$\sim_c$p		p	$\sim_t$p
W	F		W	U		W	U
U	U		U	F		U	W
F	W		F	W		F	W

R_3 enthält drei Arten der Implikation: „Standardimplikation" $\supset$, „Alternative Implikation" $\supset_a$, und „Quasi-Implikation" $\supset_q$, deren Matrizen wie folgt aussehen:

$\supset$	WUF		$\supset_a$	WUF		$\supset_q$	WUF
W	WUF		W	WFF		W	WUF
U	WW		U	WWW		U	UUU
F	WWW		F	WWW		F	UUU

Schließlich enthält R_3 zwei Arten der Äquivalenz: „Standardäquivalenz" =, und „Alternative Äquivalenz" $=_a$, deren Matrizen wie folgt aussehen:

$\equiv$	WUF		$\equiv_a$	WUF
W	WUF		W	WFF
U	UWU		U	FWF
F	FUW		F	FFW

Andere Logiker und Wissenschaftstheoretiker kritisierten Reichenbachs System R_3, die Physiker haben ihm größtenteils die kalte Schulter gezeigt. Weitere Abarten der Quantenlogik wurden von anderen Interessierten an den Problemen der zeitgenössischen Wissenschaft entwickelt, doch ein detaillierter Vergleich mit diesen würde uns hier zu weit vom eigentlichen Thema abführen.

2.4 Posts mehrwertige propositionale Logiken: P_M

Im Jahre 1920 führte E.L. Post m-wertige Wahrheitssysteme der symbolischen Logik ein, in welchen die Formeln m verschiedene „Wahrheitswerte" 1, 2, 3, ... m-2, m-1, m

haben, wobei m eine positive ganze Zahl ist. Indem er dem
Muster Whiteheads und Russells in den *Principia Mathematica* folgte, wo Negation und Disjunktion als primitive
Symbole verwendet werden, führte Post m-wertige Varianten von ihnen ein, die den folgenden Matrizen entsprachen:

p	~p		p	q		p $\vee$ q		P_m*-Matrizen*
1	2		1	1		1		
2	3		1	2		1		
3	4		·	·		·		
·	·		1	m-1		1		
m-2	m-1		1	m		1		
m-1	m		2	1		1		
m	1		2	2		2		
			·	·		·		
			2	m-1		2		
			2	m		2		
			3	1		1		
			3	2		2		
			·	·		·		
			3	m-1		3		
			3	m		3		
			·	·		·		
			·	·		·		
			m	1		1		
			m	2		2		
			·	·		·		
			m	m-1		m-1		
			m	m		m		

Wir sehen hier, daß ~p die Wahrheitswerte zyklisch per-
mutiert, und daß p $\vee$ q den höheren der beiden Wahrheitswerte hat, wobei die niedrigere Zahl den höheren Wahr-
heitswert darstellt. Wird der Wahrheitswert von p durch |p|
und der Wahrheitswert von q durch |q| dargestellt, dann ist
der Wahrheitswert |p $\vee$ q| von p $\vee$ q gleich dem Minimum
von |p| und |q|. Die anderen propositionalen Verbindungs-
glieder werden in der üblichen Weise eingeführt:

$$p \cdot q =_{df} \sim(\sim p \vee \sim q) \qquad p \supset q =_{df} \sim p \vee q$$
$$p \equiv q =_{df} (p \supset q) \cdot (q \supset p)$$

Es ist klar, daß Posts System der propositionalen Logik für m=2 mit der zweiwertigen propositionalen Standardlogik übereinstimmt.

Für m=3 gelten die folgenden definierenden Matrizen in Posts System P_3:

p	~p		$\cdot$	123	$\bigvee$	123	$\supset$	123	$\equiv$	123
1	2		1	332	1	111	1	122	1	333
2	3		2	312	2	122	2	123	2	312
3	1		3	222	3	123	3	111	3	323

Hier ist 1 der designierte Wert, den Tautologien in diesem System annehmen werden, und obwohl $p \bigvee {\sim}p$ keine Tautologie ist, ist $p \bigvee ({\sim}p \bigvee {\sim} {\sim}p)$ eine Tautologie.

Obwohl Post offenbar in erster Linie daran interessiert war, die formale Generalisierung von der zweiwertigen auf die *Die partielle* m-wertige Logik auszuarbeiten, lieferte er doch auf der *Wahrheit in P_m* letzten Seite seiner Veröffentlichung (1921) eine Interpretation von m-wertigen Wahrheitssystemen in Begriffen der gewöhnlichen Logik. Jede elementare Proposition B, Q, R, ... des Systems P_m sei interpretiert als eine geordnete Menge von m-1 elementaren Propositionen einer zweiwertigen propositionalen Standardlogik: $P = <p_1, p_2, p_3, ... p_{m-1}>$, $Q = <q_1, q_2, q_3, ..., q_{m-1}>$, und so weiter, mit der Einschränkung, daß, wenn eine der zweiwertigen Propositionen p_i in P wahr ist, alle folgenden ebenfalls wahr sind. P kommt genau dann der Wahrheitswert 1 zu, wenn alle p_i wahr sind, der Wahrheitswert 2, wenn alle p_i außer einer wahr sind und so weiter. Wir definieren:

$$P \bigvee Q =_{df} <p_1 \bigvee q_1, p_2 \bigvee q_2, ..., p_{m-1} \bigvee q_{m-1}>$$

und wir definieren:

$${\sim}P =_{df} <{\sim}(p_1 \bigvee p_2 \bigvee \cdots p_{m-1}), {\sim}(p_1 \bigvee p_2 \bigvee \cdots p_{m-1}) \bigvee p_1 \cdot p_2, ..., {\sim}(p_1 \bigvee p_2 \bigvee \cdots p_{m-1}) \bigvee p_{m-2} \cdot p_{m-1}>$$

Es ist die Auffassung vertreten worden, daß Posts Logiken als formales Analogon einer intuitiven Idee des Begriffs der partiellen Wahrheit betrachtet werden könnten: daß eine Proposition partiell wahr ist, wenn sie eine Konjunktion ist, von welcher ein Teil wahr ist. Und daß, wenn eine Konjunktion mehr wahre Konjunkte als eine zweite Konjunktion hat, die erste Konjunktion „wahrer" als die zweite ist. So kann Posts System eine Logik der „partiellen Wahrheiten" liefern, ohne die Annahme zugrunde legen zu müssen, daß es mehr als zwei Wahrheitswerte gebe.

2.5 Der intuitionistische propositionale Kalkül: H

Der Intuitionismus als Theorie der Mathematik erscheint sowohl Mathematikern als auch Philosophen zunehmend attraktiv: L.E.J. Brouwer, der Begründer der intuitionistischen Schule, führt die Grundüberzeugungen der Schule auf Immanuel Kants Auffassung zurück, daß „Zeit und Raum ... der menschlichen Vernunft inhärente Formen der Anschauungen sind". Brouwer fährt fort, daß „für Kant die Axiome der Arithmetik und Geometrie synthetische Urteile a priori, d.h. von der Erfahrung unabhängige Urteile, und nicht analytisch beweisbar gewesen seien; und dies erklärte ihre apodiktische Exaktheit in der Welt der Erfahrung..." (Brouwer 1912). Von der Reihe der natürlichen Zahlen, 1, 2, 3, ..., wird gesagt, daß sie im Geist durch die intuitive Erfahrung des Vorbeiziehens der Zeit entstehe, und daß Mathematiker zu mathematischen Wahrheiten durch einen Prozeß der konstruktiven geistigen Aktivität gelangen. Mathematische Wahrheiten werden nicht entdeckt, sondern konstruiert. Vom mathematischen Beweis wird gesagt, er sei konstruktiv, wenn es eine Konstruktions- oder „Produktions"-methode für alles gibt, wovon in diesem Beweis gesagt wird, daß es „existiert". Die Intuitionisten verwerfen jeden vorgeschlagenen Beweis, der nicht konstruktiv ist. Von daher stammt die Relevanz, die konstruktiven Beweisen in der Mathematik beigelegt wird, und die Zurückweisung indirekter argumentativer Methoden bzw. der Reductio Ad Absurdum. Da die Argumentationsmethode der Reductio Ad Absurdum wesentlich mit dem Gesetz vom ausgeschlossenen Dritten verknüpft ist, wird auch dieses Gesetz von der intuitionistischen Schule verworfen – zumindest im mathematischen Werk, das mit potentiell unendlichen Folgen befaßt ist.

Brouwer verwirft GAD und R.A.A.

Die Intuitionisten weisen jeden Teil der klassischen Mathematik zurück, der nicht auf Konstruktion beruht oder in dem vermeintliche mathematische Entitäten, die nicht

tatsächlich konstruiert worden sind, angenommen werden.
So geht es z.B. in einem der intuitionistischen Argumente
darum, was es heißen soll, daß es eine Zahl gibt, oder daß
einer Zahl bestimmte Attribute zukommen sollen. Arend
Heyting zufolge, einem der wichtigsten Nachfolger von
Brouwer, heißt, von einer Zahl zu sagen, sie existiere, dasselbe zu sagen wie, sie sei konstruiert worden. Eins der
ungelösten Probleme in der Mathematik hat mit den sogenannten „Zwillingsprimzahlen" zu tun, solchen Primzahlen,
die sich nur um 2 unterscheiden, wie z.B. 5 und 3, 7 und 5,
13 und 11, 19 und 17 usw.

Das ungelöste Problem betrifft ihre Anzahl: Gibt es unendlich viele Zwillingsprimzahlen oder nur endlich viele? Ein
klassischer Mathematiker würde nicht zögern, eine Zahl L
zu definieren, derart, daß L entweder die größte Primzahl
ist, so daß L-2 ebenfalls eine Primzahl ist, oder L = 1, wenn
es keine größte Primzahl gibt, die einen Zwilling hat. Doch
eine solche Art von „Definition" würde von einem Intuitionisten mit dem Bannfluch belegt werden.

Heyting unterschied sorgfältig zwei Arten von Logik oder
zumindest doch zwei Anwendungsbereiche der Logik. Er
schrieb: „Unsere Logik hat es nur mit mathematischen Propositionen zu tun; die Frage, ob sie Anwendungen außerhalb der Mathematik zuläßt, betrifft uns hier nicht" (1956,
S. 97). Demzufolge ist die Logik, welche ohne das GAD
auskommt, jene besondere Logik, die im mathematischen
Denken verwendet wird. Wie Heyting früher bemerkt hatte:
„Ich muß noch eines, für ein angemessenes Verständnis unserer intuitionistischen Position Wesentliches bemerken:
wir schreiben den ganzen Zahlen oder irgendwelchen anderen mathematischen Objekten keine Existenz unabhängig
von unserem Denken, d.h. keine transzendentale Existenz
zu. ... Der Glaube an transzendentale Existenz, ohne die
Unterstützung durch Begriffe, ist als Mittel des mathematischen Beweises zurückzuweisen. ... Dies ist der Grund
dafür, warum das Gesetz vom ausgeschlossenen Dritten an-
gezweifelt werden muß." (Heyting, 1931).

Die vielleicht klarste Stellungnahme zugunsten der intuitionistischen Herausforderungen des GAD ist die folgende:

„Wir benötigen für das Gesetz vom ausgeschlossenen Dritten die
logische Funktion „entweder-oder". ‚p \/ q' bezeichnet diejenige
Absicht, die dann und nur dann erfüllt ist, wenn zumindest eine der

beiden Absichten p oder q erfüllt ist. Die Formel für das Gesetz vom ausgeschlossenen Dritten wäre ‚p ∨ ~p'. Man kann dieses Gesetz für eine bestimmte Proposition p nur dann behaupten, wenn p entweder bewiesen worden ist oder auf einen Widerspruch zurückgeführt wurde. Der Beweis, daß das Gesetz vom ausgeschlossenen Dritten ein allgemeines Gesetz ist, muß daher in der Angabe einer Methode bestehen, durch welche für eine beliebige Proposition entweder diese Proposition selbst oder ihre Negation immer beweisbar wäre. Deshalb bezeichnet die Formel ‚p ∨ ~p' die Erwartung einer mathematischen Konstruktion (einer Beweismethode), welche der erwähnten Forderung Genüge tut. Oder, in anderen Worten, diese Formel ist eine mathematische Proposition; die Frage ihrer Gültigkeit ist ein mathematisches Problem, welches, wenn das Gesetz in allgemeiner Form angegeben ist, mit mathematischen Mitteln unlösbar ist. In genau diesem Sinne hängt die Logik von der Mathematik ab." (Heyting, 1931)

Im unmittelbaren Gegensatz zu der Auffassung von Logizisten wie Frege und Russell, die glaubten, daß die Logik die grundlegende Disziplin sei und daß die Mathematik in rein logischen Begriffen definierbar und von den Wahrheiten der Logik ableitbar sei, betrachten die Intuitionisten die Mathematik selbst als grundlegend. Diejenige Logik, welcher sich die Mathematiker bedienen sollten, kann nur durch die Untersuchung der legitimen (und das heißt konstruktivistischen) Beweismethoden entdeckt werden, welche die Mathematiker tatsächlich verwenden.

Logizismus vs Intuitionismus

Heytings formales System der propositionalen Logik geht von elf Axiomen aus:

    i.   p ⊃ (p·p)
    ii.   (p · q) ⊃ (q · p)
    iii.   (p ⊃ q) ⊃ ((p · r) ⊃ (q · r))
    iv.   ((p ⊃ q) · (q ⊃ r)) ⊃ (p ⊃ r)
    v.   q ⊃ (p ⊃ q)
    vi.   (p · (p ⊃ q)) ⊃ q
    vii. p ⊃ (p ∨ q)
    viii. (p ∨ q) ⊃ (q ∨ p)
    ix.   ((p ⊃ r) · (q ⊃ r)) ⊃ ((p ∨ q) ⊃ r)
    x.   ~p ⊃ (p ⊃ q)
    xi.   ((p ⊃ q) · (p ⊃ ~q)) ⊃ ~p

Die Regeln der Deduktion sind die üblichen des klassischen propositionalen Kalküls. (M.P. und Substitution wie in H.A. vorgestellt)

In der intuitionistischen Logik sind die Junktoren nicht untereinander definierbar. Sie müssen daher alle als elementar genommen werden. Aus diesem Grunde erscheinen alle logischen Operatoren und Junktoren in den Axiomen. Hiermit hängt zusammen, daß die intuitionistische Logik keine endlichen charakteristischen Matrizen hat. Seiner Axiomenmenge fügt Heytings die Warnung hinzu: „Es sei in Erinnerung gerufen, daß kein formales System bewiesenermaßen adäquat eine intuitionistische Theorie widergibt. Es bleibt stets ein Rest von Ambiguität in der Interpretation der Zeichen und es kann nie mit mathematischer Strenge bewiesen werden, daß das Axiomsystem tatsächlich jede gültige Beweismethode umfaßt."

Unterschiede zwischen klassischer und intuitionistischer Logik

Heyting hat auf einige der überraschenden Unterschiede zwischen seinem System und der klassischen Logik hingewiesen. So kann z.B. (p ⊃ q) ⋁ (q ⊃ p) in der intuitionistischen Logik nicht bewiesen werden, obwohl dies eine gültige Formel in der klassischen Logik ist. Ebensowenig ist das GAD, p ⋁ ~p gültig. Und ebensowenig die Formel ~ ~p ⊃ p. Jedoch ist p ⊃ ~ ~p ein Theorem in Heytings System. Und obwohl (p ⊃ q) ⊃ (~q ⊃ ~p) ein Theorem ist, ist (~q ⊃ ~p) ⊃ (p ⊃ q) kein Theorem. Auf weitere Unterschiede weist Heyting ebenfalls hin (1966).

Heytings System kann als eine Modallogik verstanden werden, und zwar genau als das System KT 4, welches im folgenden Kapitel untersucht wird.

3. Modallogik

Wir sagen von einigen Aussagen, wie z.B. ‚2+2=4', daß sie nicht bloß wahr sind, sondern dies mit *Notwendigkeit*; wir erläutern dies weiter, indem wir sagen, daß *die Dinge sich nicht anders verhalten könnten*. Andererseits sagen wir von einem Satz wie ‚Gras ist grün', daß er, obwohl wahr, dies nicht notwendigerweise ist, und daß die Dinge sich anders hätten verhalten können. Wenn wir derartiges sagen, dann betreten wir das Reich der *Modallogik*, der Logik von Notwendigkeit und Möglichkeit, davon, wie die Dinge sein könnten und wie sie sein müssen. Dies sind die Themen dieses Kapitels und einige hiermit verknüpfte logische Systeme werden im nächsten diskutiert werden.

Es ist wichtig sich klar zu machen, daß, wenn wir hier von Möglichkeit und Notwendigkeit sprechen, wir einen sehr weiten Begriff der Möglichkeit vor Augen haben, der zuweilen als *logische* oder *begriffliche* Möglichkeit bezeichnet wird. Im Alltag verwenden wir ‚möglich' in unterschiedlicher Weise. So können wir z.B. in einem Pferderennen sagen, daß das eine Pferd möglicherweise gewinnen könnte, daß hingegen ein anderes überhaupt keine Chance habe und daß ein drittes, der Favorit, nicht nur wahrscheinlich, sondern fast mit Sicherheit gewinnen werde. Hier führen wir offensichtlich eine Rangordnung der Wahrscheinlichkeiten der verschiedenen Ergebnisse ein, doch im Sinne des Logikers sind all diese Ergebnisse möglich, und zwar in dem Sinne, daß keines von ihnen absolut unmöglich ist. Demnach ist jede dieser Behauptungen entweder möglich oder unmöglich, ohne daß dies irgendeinen Grad von Wahrscheinlichkeit bedeuten würde. Ein seltsames, aber dennoch harmloses Resultat dieses Ansatzes ist, daß wir wahre Sätze, und zwar sogar notwendig wahre, als möglich bezeichnen werden. Obwohl wir üblicherweise uns so nicht ausdrücken, erleichtert es doch unsere Arbeit und macht sie systematischer.

„alltägliche"
vs „logische"
Möglichkeit

Wir haben nunmehr entweder explizit oder implizit eine Menge von Satzkategorien erkannt, die durch kontrastierende Begriffe gebildet werden; möglich/unmöglich, notwendig wahr/nicht notwendig wahr und natürlich das einfache wahr/falsch. Ein weiterer Begriff ist nützlich, nämlich der des *Kontingenten*, der sich auf diejenigen Sätze bezieht, die weder notwendig wahr, noch unmöglich sind, und daher die meisten gängigen Behauptungen des Alltagslebens abdeckt. All diese Begriffe können in einem Diagramm dargestellt werden, und zwar folgendermaßen:

Diagramm
der logischen
Modalitäten

*Definition durch
Notwendigkeit*

Wir sind jedoch nicht darauf angewiesen, all diese Begriffe unabhängig voneinander zu halten; alle Modalbegriffe können definiert werden, indem ein einziger von ihnen verwendet wird. So können wir z.B. einfach den Begriff des notwendig Wahren, von dem wir von hierab als von dem des *Notwendigen* sprechen wollen, benützen, um alle anderen zu definieren; die unmöglichen sind diejenigen Behauptungen, deren Negationen notwendig sind, die möglichen sind diejenigen, deren Negationen nicht notwendig sind, und die kontingenten sind diejenigen, deren Negationen nicht notwendig und die selbst ebenfalls nicht notwendig sind. Es ist jedoch am bequemsten, unsere Erörterung auf den beiden Begriffen des Notwendigen und des Möglichen zu begründen.

□ *und* ◇

Wir werden unsere formale Untersuchung der beiden Begriffe beginnen, indem wir Symbole für sie einführen. Wir werden ‚es ist notwendig, daß p' durch □p und ‚es ist möglich, daß p' durch ◇p darstellen. Da es sich hierbei um einfache, einstellige Operatoren handelt, ebenso wie ~, können sie miteinander und mit den üblichen wahrheitsfunktionalen Junktoren kombiniert werden, so daß sich Sätze wie die folgenden ergeben:

$$□◇p$$
$$◇p \lor □p$$
$$\sim□p$$
$$□\sim p$$
$$□(\sim p \lor q)$$
$$◇(□p \supset q)$$

Es ist eines zu sagen, daß wir diese als erlaubte Kombinationen der Symbole erkennen; es ist ein anderes, ihre logische Bedeutung zu erläutern. Daran werden wir uns nun machen. Das erste System, das wir betrachten werden, wird K genannt, vielleicht nach dem bedeutenden zeitgenössischen Logiker Saul Kripke.

3.1 Natürliche Modaldeduktion

3.1.1 Das System K

Der erste Schritt besteht darin, ein Prinzip anzugeben, welches die beiden Symbole miteinander verbindet, unserer kurzen obigen Diskussion folgend:

i. $\Diamond p \equiv \sim\Box\sim p$ Prinzip der
    Modaläquivalenz (M.Ä.)

Wir können auf dieser Grundlage unschwer drei verwandte Äquivalenzen rechtfertigen, die wir ebenfalls als M.Ä. bezeichnen werden.

ii. $\sim\Diamond p \equiv \Box\sim p$
iii. $\Diamond\sim p \equiv \sim\Box p$
iv. $\sim\Diamond\sim p \equiv \Box p$

4 Modaläquiva-
lenzen (M.Ä.)

Um die zweite Äquivalenz zu rechtfertigen, bemerken wir, daß wenn $\Diamond p$ und $\sim\Box\sim p$ äquivalent sind, dies auch für ihre Negationen gilt, und daher $\sim\Diamond p \equiv \sim\sim\Box\sim p$. Streichen wir die doppelte Negation, dann ergibt dies die Äquivalenz ii. Die Frage, wie die beiden anderen Äquivalenzen gerechtfertigt werden sollen, wollen wir uns für die Übungsaufgabe aufheben.

Diese vier Prinzipien verbinden $\Box$ und $\Diamond$ miteinander, doch wir müssen sie auch beide mit den anderen Junktoren $\lor$, $\supset$, $\cdot$ und $\equiv$ in Verbindung bringen. Man vergleiche die folgenden Paare miteinander, um eine Vorstellung davon zu bekommen, wie dies möglich sein könnte.

i. $\Box(p\cdot q)$ $\Box p\cdot\Box q$		ii. $\Diamond(p\cdot q)$ $\Diamond p\cdot\Diamond q$	
iii. $\Box(p\lor q)$ $\Box p\lor\Box q$		iv. $\Diamond(p\lor q)$ $\Diamond p\lor\Diamond q$	
v. $\Box(p\supset q)$ $\Box p\supset\Box q$		vi. $\Diamond(p\supset q)$ $\Diamond p\supset\Diamond q$	
vii. $\Box(p\equiv q)$ $\Box p\equiv\Box q$		viii. $\Diamond(p\equiv q)$ $\Diamond p\equiv\Diamond q$	

Im Fall von i. ist deutlich, daß wenn einer der beiden Ausdrücke wahr ist, der andere es auch sein muß. Denn sind p und q gemeinsam notwendig, dann müssen sie auch getrennt voneinander notwendig sein und umgekehrt, und daher ist das Paar äquivalent. In ii. hingegen könnte es sein, daß zwei Aussagen für sich genommen möglich wären, nicht aber als Konjunktion. Als Beispiel können die beiden

Sätze ‚John ist größer als Michael' und ‚Michael ist zumindest so groß wie John' dienen, da jeder allein möglich sein kann, nicht aber beide zusammen genommen. Daher kann der zweite Teil des Paares in ii. wahr sein, wenn der erste falsch ist, aber nicht umgekehrt. Denn wenn eine Konjunktion möglich ist, dann muß auch jedes Konjunktionsglied möglich sein.

Mit iii. und iv. ist die Situation des vorhergehenden Abschnitts umgekehrt; die Ausdrücke des Paars in iv. sind miteinander äquivalent, nicht aber die in iii. Wie dieselben Beispiele zeigen, kann eine Disjunktion notwendig sein, wenn auch keines der Disjunkte für sich allein genommen notwendig ist. Ist jedoch eines der beiden Disjunkte notwendig, dann ist auch die Disjunktion notwendig und daher impliziert der zweite Teil des Paars den ersten. In iv. besteht eine offensichtliche Äquivalenz.

Der zweite Teil der Tafel ist schwerer verständlich, und zwar im wesentlichen wegen der problematischen Beziehung zwischen $\supset$ und dem gewöhnlichen Gebrauch von ‚wenn... dann'. Es handelt sich weder bei v. noch bei vi. um äquivalente Paare, obwohl der erste Teil von v. den zweiten impliziert. Tatsächlich gibt es hier ein wichtiges modales Äquivalent zum Modus Ponens; wenn $(p \supset q)$ notwendig ist, und ebenso p, dann folgt, daß auch q notwendig ist. Wir sehen jedoch, daß die Konversion nicht gilt. Man betrachte die beiden oben gegebenen Sätze; wir wollen sie J und M nennen. $\Box$J ist falsch, weil Michael ebenso groß wie John sein könnte, daher ist $\Box$J$\supset\Box$M wahr, und zwar kraft der Wahrheitstafel für $\supset$. $\Box$(J $\supset$ M) ist jedoch falsch, wie man leicht feststellen kann; sicherlich ist es nicht notwendig, daß, wenn John größer als Michael ist, Michael dann zumindest so groß wie John ist!

Es ist leicht zu sehen, daß die Ableitbarkeit des rechten aus dem linken Teil nicht vor vi. gilt; man nehme an, daß p ein falscher kontingenter Satz und q ein notwendig falscher sei. Dann ist p $\supset$ q wahr, und zwar aufgrund der Wahrheitstafel für $\supset$, und daher möglich, aber $\Diamond$p $\supset \Diamond$ q falsch, weil sein Antecedens wahr und seine Konsequenz falsch ist. Der schwierigste Fall ist der der Konversen; es sieht so aus, als ob hier die Implikation vom rechten auf den linken Ausdruck gelten könnte, aber um dies in angemessener Weise diskutieren zu können, werden wir einiger zusätzlicher Instrumente bedürfen, über die wir jetzt noch nicht verfügen. Für den Augenblick werden wir uns in dieser Frage unwissend erklären. Schließlich werden wir uns für vii. und viii. auf die Erklärung beschränken, daß die einzige Verbindung, die für vii. gilt, diejenige von links nach rechts ist; der interessierte Leser mag vielleicht einige der Ergebnisse, die wir bereits erzielt haben, verwenden, um dies zu bestätigen. Blicken wir auf diese ziemlich komplizierten Erörterungen zurück, dann springen einige Verbindungen zwischen Modalsätzen und einigen uns bereits vertrauten Regeln ins Auge. Wir hatten z.B. im propositionalen Kalkül zwei Regeln, die das „·" betrafen, die Simplifikation und die Konjunktion. Der oben dargestellte Fall i. legt nahe, daß modifizierte Formen dieser Regeln auch hier gelten, die wir Schachtel-Simplifikation und Schachtel-Konjunktion nennen können. In der Schachtel-Simplifikation dürfen wir aus $\Box(p \cdot q)$ entweder auf $\Box p$ oder $\Box q$ schließen, und in der Schachtel-Konjunktion dürfen wir auf $\Box(p \cdot q) \cdot \Box p$ aus $\Box p$ und aus $\Box q$ schließen. Der Fall ii. legt eine Regel der Schachtel-Addition nahe; aus $\Box p$ (oder $\Box q$), schließe auf $\Box(p \lor q)$! Und wir haben bereits den Schachtel-Modus Ponens erwähnt; aus $\Box(p \supset q)$ und $\Box p$, schließe auf $\Box q$!

Wir können diese Beispiele auf zweierlei Weise verallgemeinern: erstens, indem wir das sich offensichtlich zeigende Muster auf *alle* Schlußregeln ausdehnen, welche wir bisher behandelt haben, und zweitens, indem wir eine beliebige Anzahl von $\Box$ als Operatoren vor den betreffenden Aussagen zulassen. Der einfachste Weg, unsere neuen Regeln der natürlichen Deduktion zu formulieren, welcher sowohl ihren Unterschied zu als auch ihre Ähnlichkeit mit den alten Regeln hervorhebt, besteht darin, sie im Hinblick auf die alten zu definieren. Kehren wir zu dem früheren System zurück, dann fallen alle Schlußregeln unter zwei Muster: entweder besagen sie, wie der Modus Ponens, der hypothetische Syllogismus und andere: „X, Y ⊨ Z"; oder, wie Simplifikation und Addition besagen sie „X ⊨ Y". Daher können wir uns die allgemeine Form dieser Regeln als „X, ... ⊨ Z" vorstellen, wobei manchmal an der Stelle „..." ein anderer Satz auftritt, manchmal hingegen nicht. Wir erhalten so vermittels der allgemeinen Feststellung der Schlußregeln für unser neues System, welches wir

Das System K

K nennen werden, eine neue Regel für jede entsprechende alte Regel.

Schlussregeln für K

Es gibt für jede Regel X, ... ⊨ Z der wahrheitsfunktionalen propositionalen Logik eine entsprechende Regel in K, deren Form □ⁿX ... ⊨ □ⁿZ ist.

Hier bedeutet das Symbol □ⁿp gerade □ □ ... □p, wobei p genau n □ vorangehen; hierbei darf n Null sein, in welchem Fall die Regeln gerade wieder die alten sind. Mit „..." ist hier gesagt, daß *alle* Sätze, auf welche die Regel angewandt wird, □ⁿ Vorläufer haben.
Die Ersetzungsregel bleibt unverändert, abgesehen davon, daß wir der Liste von Äquivalenzen das Prinzip der modalen Äquivalenz hinzufügen können. Indem wir diese Regeln verwenden, können wir einige einfache Beweise konstruieren:

1	□(A ⊃ B)	
2	□A	/∴ □B
3	□B	1,2 □MP
1	□(□A ⊃ B)	
2	□ □A	/∴ □B
3	□B	1,2 □MP
1	□ □(A ⊃ B)	
2	□ □A	/∴ □ □B
3	□ □B	1,2 □MP

Diese drei Beispiele verwenden alle nur □MP, doch sie unterscheiden sich dadurch, wie in jedem Fall die □ angeordnet sind. Im ersten und im dritten Beispiel ist die Verwendung von □MP ganz unmittelbar, da jedem Satz ein □ im ersten und zwei im dritten Beispiel vorangehen. Hingegen wird im zweiten Beispiel die Regel auf der Grundlage von nur einem vorangehenden □ angewendet, obwohl A zwei □ □ in der zweiten Zeile vorangehen, weil dies alles ist, was in der ersten Zeile steht. Wir haben uns also □ □A hier als □(□A) vorzustellen.

Der konditionale
Beweis in K   Bevor wir zu weiteren Beispielen übergehen, müssen wir danach fragen, in welcher Weise, wenn überhaupt, die Re-

geln des Konditionalen Beweises und des indirekten Beweises abzuändern sind, um zu unserer neuen Theorie zu passen. Man betrachte den folgenden Versuch einer Ableitung von $\Box(A \supset (A \cdot B))$ aus $\Box(A \supset B)$, um die Notwendigkeit einzusehen, daß es einer gewissen neuen Form bedarf. Da $A \supset (A \cdot B)$ aus $A \supset B$ folgt, würden wir erwarten, daß auch hier die Modalform gültig ist, doch die Regeln, über die wir im Moment verfügen, sind inadäquat.

1	$\Box(A \supset B)$	$/\therefore \Box(A \supset (A \cdot B))$
2	A	
3	$A \supset B$	???
4	B	2,3 MP
5	$A \cdot B$	2,4 Konj.
6	$A \supset (A \cdot B)$	2-5 K.B.
7	$\Box(A \supset (A \cdot B))$	???

Wir brauchen offenbar eine Möglichkeit, $\Box$ zeitweise zu entfernen, die Ableitung fortzusetzen und $\Box$ anschließend wieder einzuführen. Doch dieser Vorgang muß sorgfältig eingeschränkt werden, um zu verhindern, daß unerwünschte Konsequenzen abgeleitet werden. Wäre es zuverlässig, $\Box$ ohne Einschränkung einzuführen, dann könnten wir z.B. aus der Tatsache, daß Gras grün ist, ableiten, daß es notwendigerweise grün ist, indem wir einfach nur ein $\Box$ einsetzen. Da wir nicht denken, daß Gras notwendigerweise grün ist, müssen wir mit dieser Regel tunlichst sorgfältig umgehen.

Wir lösen dieses Problem, indem wir zunächst eine weitere Notation einführen, nämlich die einer *Schachtel-Barriere*. Eine Schachtel-Barriere besteht aus einem oder mehreren $\Box$, die neben die bereits bekannte Pfeil-Notation geschrieben wird, die wir für den K.B. verwenden. Hat die Barriere ein $\Box$, dann wird sie als Eine-Schachtel-Barriere bezeichnet, hat sie zwei, dann handelt es sich um eine Zwei-Schachtel-Barriere usw. Zweierlei ist mit dem Begriff der Schachtel-Barriere verbunden: eine besondere Regel, die Regel des *Barrierenkreuzens* (BK), und eine Einschränkung, die sich darauf bezieht, wie die anderen Regeln innerhalb der Barriere anzuwenden sind. Die Regel des Barrierenkreuzens lautet:

Die $\Box$-Barriere

Die BK-Regel

Geht ein Satz von der Form □ⁱp einer n-Schachtel-Barriere voraus,
dann ist es zulässig, innerhalb der Barriere p zu schreiben und B.K.
als Rechtfertigung anzuführen.

Die Einschränkung dieser Regel lautet:

Die einzige Regel, die innerhalb der Barriere verwendet werden
darf, um auf Sätze außerhalb der Barriere Bezug zu nehmen, ist B.K.

Die schlußendliche Wirkung der Schachtel-Barriere und der
Einschränkung ist darin zu sehen, daß eine sichere Umge-
bung innerhalb der Barriere geschaffen wird, in der die
Konsequenzen der Aussagen, ihrer □ entblößt, ausgearbei-
tet werden können.
Schließlich gibt es die Regeln des □K.B. und □R.A.A.:

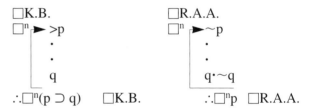

Indem wir diese Regeln verwenden, können wir einen korrekten Beweis des soeben angegebenen Arguments konstruieren:

$$
\begin{array}{lll}
1 & \square(A \supset B) & /\therefore\square(A \supset (A\cdot B)) \\
2 & A & \\
3 & A \supset B & 1, \text{B.K.} \\
4 & B & 2,3 \text{ M.P.} \\
5 & A\cdot B & 2,4 \text{ Konj.} \\
6 & \square(A \supset (A\cdot B)) & 2\text{-}5 \ \square\text{K.B.}
\end{array}
$$

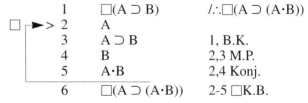

Es gibt Sonderfälle von □K.B. und □R.A.A., die den vor-
aussetzungslosen Beweis eines Satzes beinhalten. Wir werden von nun an von solchen Sätzen als von *Theoremen*
sprechen. Man betrachte die (ganz kurzen) Beweise der
Theoreme A ⊃ A und A ∨ ~A:

```
  ┌─►1 A
  └──────────────
    2 A ⊃ A   1-1, K.B.
```

```
┌─► 1 ~(A ∨ ~A)
│    2 A·~A            1, De M.
└────────────────
     3 A ∨ ~A          1-2, R.A.A.
```

Wir könnten diese Beweise anpassen, so daß wir eine ganze Abfolge von Modaltheoremen gewinnen würden, indem wir bloß die üblichen Pfeile in Schachtelbarrieren abändern und die Regeln der □K.B. und □R.A.A. verwenden. Haben wir es mit einer Eine-Schachtel-Barriere zu tun, dann erhalten wir die Theoreme □(A ⊃ A) und □(A ∨ ~A), haben wir eine Zwei-Schachtel-Barriere, dann erhalten wir □ □(A ⊃ A) und □ □(A ∨ ~A) usw. Die interessante Frage ist, ob all diese Theoreme intuitiv akzeptabel sind, und es scheint so, als ob wir gute Argumente für sie angeben könnten. Beginnen wir z.B. mit A ⊃ A, dann handelt es sich um eine Tautologie, und wenn überhaupt irgendein Satz notwendig ist, dann gewiß eine Tautologie. Damit haben wir gezeigt, daß □(A ⊃ A) gültig ist. Doch wir haben sogar noch mehr gezeigt; nicht nur ist □(A ⊃ A) *wahr*, es ist wahr aufgrund logischer Notwendigkeit. Daher ist auch □ □(A ⊃ A) gültig usw.

Dem aufmerksamen Leser dürfte nicht entgangen sein, daß wir keine Schlußregeln für ◇ gegeben haben. Hierfür gibt es zwei Gründe. Der erste lautet, daß ◇ ein viel schwächerer Junktor ist, und insofern gelten tatsächlich wesentlich weniger unmittelbare Regeln für ihn. Der zweite Grund lautet, daß, wie wir sahen, ◇ im Prinzip sowieso entbehrlich ist, so daß es nicht zwei separate vollständige Regelsysteme geben muß, eines für □ und ein anderes für ◇. Dennoch sind zwei Zusätze, in denen ◇ auftritt, oft nützlich. Erstens können wir eine extra Äquivalenz hinzufügen, und zwar zwischen ◇(p ∨ q) und ◇p ∨ ◇ q, und zweitens können wir eine neue Regel hinzufügen, die Regel der ◇Simplifikation:

◇ Simp.

◇ Simplifikation
□^{n}◇(p·q)
∴□^{n}(◇p·◇ q)   ◇Simp.

Dies vervollständigt unsere Diskussion des grundlegenden Systems K, welches tatsächlich das schwächste sogenannte *normale* Modalsystem ist. Doch hiermit ist unsere Erörterung modaler logischer Systeme keineswegs beendet. Der Grund dafür liegt darin, daß K in einigen Hinsichten ein seltsames System ist. Es ist sowohl grundlegend als auch unangemessen und dies mag als paradox erscheinen. Es ist grundlegend in dem Sinne, daß sowohl in diesem als auch im nächsten Kapitel fast alle Systeme, mit denen wir uns beschäftigen, auf ihm fußen, es ist jedoch unangemessen, weil es in fast allen Systemen, welche auf ihm beruhen, wesentliche Prinzipien gibt, welche es nicht einschließt und um welche es daher erweitert werden muß. Darin ähnelt es also besonders den Fundamenten eines Hauses: wesentlich für die sich ergebende Struktur, aber nicht in sich selbst vollständig.

Übungsaufgabe 4   **Übungsaufgabe 4:**

Beweisen Sie die folgenden Ergebnisse in K

4.1. $\Box(A \supset B) \vDash \Box A \supset \Box B$ *

4.2. $\Box(A \cdot B) \vDash \Box A \cdot \Box B$

4.3. $\Box A \vDash \Box(B \supset A)$

4.4. $\Box(A \supset B), \Diamond A \vDash \Diamond B$

4.5. $\Box(A \lor B) \vDash \Diamond A \lor \Box B$

4.6. $\vDash \Diamond(A \supset B) \lor \Box(B \supset A)$

4.7. $\Diamond A \supset \Box B, \Diamond A \vDash \Diamond B$

---

*   Diese Konsequenz aus $\Box(A \supset B)$ ist für die folgenden Aufgaben außerordentlich nützlich und kann als abgeleitete Regel benutzt werden: Aus $\Box(p \supset q)$ kann $\Box p \supset \Box q$ abgeleitet werden, unter Verweis auf A.R.1.

3.1.2 Die Systeme KT (T), KT4 (S4) und KT5 (S5)

Unsere nächste Aufgabe besteht daher darin, besondere Prinzipien zu erörtern, die zu K hinzugefügt werden sollten, um uns eine angemessene Darstellung der Modallogik zu ermöglichen. Ein paar einfache Regeln, die spätestens seit dem Mittelalter bekannt sind, erscheinen für unsere Begriffe von Notwendigkeit und Möglichkeit als zumindest ebenso wesentlich wie irgendeine der bereits in K enthaltenen Regeln.

$$\Box T \qquad\qquad \Diamond T$$
$$\Box^n\Box p \qquad\qquad \Box^n p$$
$$\therefore\Box^n p\ \Box T \qquad \therefore\Box^n\Diamond p\ \Diamond T$$

Diese beiden Regeln enthalten wichtige Prinzipien der Modallogik; ist p notwendig, dann muß folgen, daß es wahr ist, und wenn es wahr ist, dann muß folgen, daß es möglich ist. Fügen wir diese beiden Regeln unserem System K hinzu, dann erhalten wir das stärkere System, welches entweder als KT bekannt ist – diejenige Bezeichnung, die wir vorziehen werden – oder aber als T. Daß K alleine diese Regeln nicht enthält, wird ganz deutlich, wenn man versucht, $\Box$p $\supset$ p oder p $\supset$ $\Diamond$p ohne die Verwendung der neuen Regeln zu beweisen, und dies zeigt eine Hinsicht auf, in welcher K unvollständig ist. Es bestehen einige weitere interessante Beziehungen in KT, die in K alleine nicht gelten; eine Anzahl von diesen sind in den Übungsaufgaben enthalten, doch eine ist einige kommentierende Worte wert, um eine frühere Diskussion fortzusetzen.

Die neuen Regeln
$\Box T$ und $\Diamond T$

1	$\Diamond A \supset \Diamond B$	$/\therefore \Diamond(A \supset B)$
2	$\sim\Diamond(A \supset B)$	
3	$\Box\sim(A \supset B)$	2, M.Ä.
4	$\Box(A\cdot\sim B)$	3, Impl. + De M.
5	$\Box\sim B$	4, $\Box$Simp.
6	$\sim\Diamond B$	5, M.Ä.
7	$\sim\Diamond A$	1,6 M.T.
8	$\Box\sim A$	7, M.Ä.
9	$\Box A$	4, $\Box$Simp
10	$\Box(A\cdot\sim A)$	8,9 $\Box$Konj.
11	$A\cdot\sim A$	10, $\Box$T.
12	$\Diamond(A \supset B)$	2-11, R.A.A.

Ohne die Regel $\Box$T wäre dieser Beweis unvollständig, denn wir könnten keine explizite Kontradiktion ableiten, um die R.A.A. zu vervollständigen; es ist eher seltsam, daß die Behauptung, daß A und ihre Negation beide notwendig sind, für sich selbst genommen nicht als Kontradiktion zählt, doch dies ist nur ein weiterer Hinweis darauf, in wie begrenzter Weise K funktioniert. Was dieser Beweis zeigt, ist, daß jene eine Beziehung zwischen $\Diamond$ und $\supset$, welche in K nicht enthalten war, als wir begannen, uns mit den Modalbeziehungen zu beschäftigen, sich nun zumindest in KT als gültig erweist.

Wir können jedoch danach fragen, ob es weitere Feststellungen gibt, die wir über $\Box$ und $\Diamond$ treffen wollen, und die in unserem System noch nicht enthalten sind. Zwei wichtige Regeln, die die Iteration von Modalitäten betreffen, sind die folgenden:

$$[4]$$
$$\Box^n \Box p$$
$$\therefore \Box^n \Box \; \Box p \; [4]$$

$$[5]$$
$$\Box^n \Diamond p$$
$$\therefore \Box^n \Box \Diamond p \; [5]$$

Man bemerke, daß, obwohl beide Regeln die Hinzufügung eines $\Box$ zu einem Satz gestatten, sie dies doch nicht unbeschränkt gestatten; 4 erlaubt die Hinzufügung eines $\Box$ nur zu einem solchen Satz, vor dem bereits eines steht, und 5 erlaubt seine Hinzufügung nur zu einem Satz, dem ein $\Diamond$ vorangestellt ist. Würden wir zulassen, daß *jedem* Satz ein $\Box$ hinzugefügt wird, dann verlöre die Modallogik ihre Pointe, denn es gäbe keinen wesentlichen Unterschied zwischen dem Notwendigen und dem bloß Wahren.

Es ist schon schwierig, diese Regeln in der Form ‚Leite von der Tatsache, daß ein Satz notwendig ist, ab, daß es notwendig ist, daß er notwendig ist' oder ‚Leite von der Tatsache, daß ein Satz möglich ist, ab, daß es notwendig ist, daß er möglich ist' auch nur zu lesen und dann zu schließen, sie seien akzeptabel oder nicht. Üblicherweise stellen wir derartige Behauptungen einfach nicht auf; sie sind außerordentlich schwierig zu bewerten. Dies hat einige Leute dazu gebracht, zu behaupten, ihre Untersuchung sei uninteressant, doch ist dies voreilig. Es besteht zumindest ein theoretisches Interesse an ihrer Untersuchung, und es könnte

sich herausstellen, daß einige ihrer Konsequenzen tatsächlich leichter verständlich als die Regeln selbst sind.

Das Interessante ist, daß in einem gewissen Sinne die Regeln erklären, warum es so schwierig erscheint, sie zu verstehen. Wir wollen das System KT5 betrachten, das entsteht,
indem man die Regel 5 zu KT hinzufügt, um einzusehen,
warum dies so ist. Dies System ist allgemein auch als S5 bekannt. Die folgenden sind sämtlich Theoreme von KT5:

KT + [5] = KT5

$$\Box\,\Box p \equiv \Box p \qquad \Box\Diamond p \equiv \Diamond p$$
$$\Diamond\,\Diamond p \equiv \Diamond p \qquad \Diamond\Box p \equiv \Box p$$

Diese Theoreme sind als Reduktionsgesetze bekannt, weil
sie uns gestatten, eine beliebig lange Kette von $\sim$, $\Diamond$ und $\Box$
auf eines von sechs Ergebnissen zu reduzieren: auf ein einzelnes $\Box$, ein einzelnes $\Diamond$ oder gar nichts oder ein $\sim$, gefolgt von einem $\Box$, einem $\Diamond$ oder gar nichts. Der
vollständige Beweis für diese Behauptung reicht über die
Ziele dieser Einheit hinaus, doch ein Hinweis auf seine
Funktionsweise kann gewonnen werden, versucht man ihn
an einer Zufallsfolge, wie der folgenden:

*Die Reduktions-
gesetze in KT5*

$$\sim\Diamond\,\Diamond\Box\sim\Box\,\Box\sim\Diamond\Box A$$

Der erste Schritt besteht in der wiederholten Anwendung
von M.E. derart, daß alle $\sim$ auf die linke Seite gerückt werden (wobei D.N. im Verlauf der Operation zur Streichung
benutzt werden kann). Das Endresultat besteht nach der
Streichung doppelter Negationen in entweder einer oder
keiner Negation, gefolgt von einer Reihe von $\Box$ und von $\Diamond$.
In unserem Beispiel sieht das Ergebnis folgendermaßen
aus:

$$\sim\Diamond\,\Diamond\Box\Diamond\,\Diamond\,\Diamond\Box A$$

Wir arbeiten uns nun nach rechts vor, indem wir die Reduktionsgesetze verwenden – unter Vernachlässigung von $\sim$ –,
so daß wir die Folge erhalten:

$$\sim\Diamond\Box\Diamond\,\Diamond\,\Diamond\Box A$$
$$\sim\Box\Diamond\,\Diamond\,\Diamond\Box A$$
$$\sim\Diamond\,\Diamond\,\Diamond\Box A$$

Und dies ist das Ergebnis. Tatsächlich könnte dies Ergebnis auf noch einfachere Weise gewonnen werden, indem man sich nach vollendeter Streichung der Negationen an die letzte, verbleibende Negation hält, wenn es eine gibt, und an das letzte □ oder ◇, wenn es eines gibt. All dies heißt einfach, daß wir keine langen Abfolgen von Modaloperatoren benötigen, da sie alle mit einer unserer sechs grundlegenden Abfolgen äquivalent sind, und dies erklärt daher auch zum Teil, warum wir es schwierig finden, Behauptungen zu verstehen, die lange Abfolgen enthalten.

KT + [4] = KT4   In KT4 gibt es immer noch Reduktionsgesetze, doch sind diese nicht so einfach oder wirkungsvoll wie diejenigen in KT5 und es bleiben am Ende mehr nicht-äquivalente Abfolgen übrig, nämlich genau 14. Im Gegensatz hierzu gibt es in K selbst und sogar in KT keine Reduktionsgesetze und daher ist jede Kette von □, ◇ und ~ selbständig.

Bevor wir den deduktiven Ansatz der Modallogik verlassen und uns dem semantischen zuwenden, werden wir einige Bemerkungen über die Beziehung der intuitionistischen Logik zu KT4 hinzufügen. Ursprünglich schlugen die Intuitionisten eindeutig vor, einige Regeln der Standardlogik aufzugeben, so daß es so erscheint, als ob sie gewünscht hätten, diese einzuschränken. Einige Parallelen mit KT4 lassen es jedoch als ebenso angemessen erscheinen, vorzuschlagen, daß es sich um eine Erweiterung gehandelt habe. Der erste Schritt ist ein Übersetzungsschema, das in der folgenden Weise funktioniert. Identifizieren Sie den Hauptjunktor eines Satzes der intuitionistischen Logik und führen Sie den ersten Schritt der Übersetzung aus, indem Sie die folgende Tafel verwenden:

Übersetzen Sie	als
~p	□~p
p ⊃ q	□(p ⊃ q)

Andere Verbindungen (p ∨ q und p·q) können so bestehen bleiben wie sie sind. Identifizieren Sie nun den folgenden wichtigsten Junktor und übersetzen Sie erneut. Wiederholen

Sie den Prozeß, bis Sie bei den atomaren Satzbuchstaben A, B usw. angekommen sind. Übersetzen Sie jeden von diesen durch □A, □B usw.

Ist die Übersetzung einmal vollständig, dann zeigt sich ein überraschendes Resultat: Ein Satz ist genau dann ein Theorem des intuitionistischen Kalküls, wenn seine Übersetzung ein Theorem in KT4 ist. Der vollständige allgemeine Beweis jedes Resultats geht über die Ziele dieses Kurses hinaus, doch wir können den Tatbestand zumindest für einige der Axiome verifizieren. Man betrachte z.B. das Axiom (A·(A ⊃ B)) ⊃ B. Seine Übersetzung ist □((□A·□(□A ⊃ □B)) ⊃ □B), die eindeutig in KT4 abgeleitet werden kann:

Die Übersetzung von H in KT4

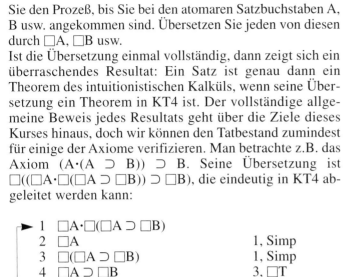

1	□A·□(□A ⊃ □B)	
2	□A	1, Simp
3	□(□A ⊃ □B)	1, Simp
4	□A ⊃ □B	3, □T
5	□B	2,4 MP
6	□((□A·□(□A ⊃ □B)) ⊃ □B)	1-5, □K.B.

Die anderen interessanten Fälle sind natürlich jene von den Intuitionisten verworfenen Prinzipien, wie z.B. A ⋁ ~A. Dessen Übersetzung lautet □A ⋁ □~A, welches eindeutig kein Theorem von KT4 ist, da es besagt, daß jeder Satz oder dessen Negation notwendig ist. Daher erscheint die Annahme plausibel, daß die intuitionistische Logik gerade eine Untermenge von KT4 ist.

Übungsaufgabe 5:

    5.1.   Beweisen Sie die folgenden Ergebnisse in KT

    5.1.1. $\vDash \; \sim(\Box A \cdot \Box \sim A)$
    5.1.2. $\Diamond \Box A \; \vDash \; \Diamond A$

    5.2.   Beweisen Sie die folgenden Ergebnisse in KT4

    5.2.1. $\Box(A \supset B) \; \vDash \; \Box(\Box A \supset \Box B)$
    5.2.2. $\Box \Diamond A \; \vDash \; \Box \Diamond \Box \Diamond A$

    5.3.   Beweisen Sie die folgenden Ergebnisse in KT5

    5.3.1. $\Box(\Box A \vee B) \; \vDash \; \Box A \vee \Box B$
    5.3.2. $\vDash \; \Box \Box A \equiv \Diamond \Box A$

    5.4.   Beweisen Sie die Reduktionsgesetze von KT5

    5.4.1. $\vDash \; \Box A \equiv \Diamond \Box A$
    5.4.2. $\vDash \; \Diamond A \equiv \Box \Diamond A$
    5.4.3. $\vDash \; \Box A \equiv \Box \Box A$
    5.4.4. $\vDash \; \Diamond A \equiv \Diamond \Diamond A$

3.2 Eine Semantik für die Modallogik

Ebenso, wie uns in der nicht-modalen propositionalen Logik neben dem System der natürlichen Deduktion Wahrheitstafeln zur Verfügung standen, so können wir auch in der Modallogik Theorien im Rahmen der Semantik, in Begriffen der Wahrheitsbedingungen für Aussagen diskutieren. Eine Semantik der Modallogik kann jedoch nicht einfach in einer Erweiterung der Wahrheitstafeln für $\sim$, $\supset$, $\equiv$ usw. bestehen, derart, daß wir neue Tafeln für $\square$ und $\Diamond$ hinzufügen, weil diese beiden letzteren Operatoren nicht wahrheitsfunktional sind. Das heißt, anders als im Falle von $\sim$ z.B., hängt der Wahrheitswert von $\square$p nicht einfach vom Wahrheitswert von p ab. Dies kann an einem einfachen Beispiel erläutert werden: „2+2=4" und „Gras ist grün" sind beide wahr, aber nur „Es ist notwendig, daß 2+2=4" ist wahr, nicht aber „Es ist notwendig, daß Gras grün ist".
Einfache Wahrheitstafeln werden also das Problem nicht lösen. Wir können jedoch eine Semantik formulieren, wenn wir kurz bedenken, welches eigentlich die Bedeutung von $\square$ und $\Diamond$ sein soll. $\Diamond$p besagt nicht, daß p der Fall ist, es besagt vielmehr, daß, betrachtet man die verschiedenen Arten, wie die Welt sein könnte oder gewesen sein könnte, in einigen von diesen p der Fall ist. Im Gegensatz dazu besagt $\square$p, daß, wie auch immer die Welt sein mag, p jedenfalls der Fall ist. Unsere Semantik beginnt also mit dem Begriff, wie die Welt sein könnte oder hätte sein können; im Jargon der Modallogik ausgedrückt, spricht man hier von *möglichen Welten*. Insbesondere wollen wir über den Begriff einer *alternativen* möglichen Welt verfügen können; eine mögliche Welt ist eine Alternative zu einer anderen, wenn die erste eine Art ist, in der die zweite hätte sein können. Die hier zugrunde liegende Vorstellung ist, daß es mögliche Welten gibt, die sich nicht wirklich alternativ zueinander verhalten, vielleicht deshalb, weil sie sich zu sehr voneinander unterscheiden oder weil sie irgendwie miteinander unvereinbar sind. Ein Beispiel für eingeschränkte Alternativen könnte die Art und Weise sein, in der ein Naturwissenschaftler von Möglichkeit spricht; angesichts der Relativitätstheorie könnten wir z.B. sagen, daß es unmöglich ist, schneller als mit Lichtgeschwindigkeit zu reisen. Damit wollen wir nicht sagen, daß dies in überhaupt keiner Welt möglich sei, da

Einfache Wahrheitstafeln reichen nicht aus

Mögliche Welten und alternative Welten

eine Reise mit höherer als Lichtgeschwindigkeit wahrscheinlich nicht *logisch* unmöglich ist; unmöglich ist dies vielmehr nur in jeder Welt, in der die gleichen physikalischen Gesetze wie in der unsrigen hier gelten. Sagt also ein Physiker, daß so etwas unmöglich ist, dann werden offenbar nur einige Welten in Betracht gezogen, und in der Menge dieser Welten findet dann ein solches Ereignis nicht statt. Es ist ein wesentliches Kennzeichen möglicher Welten, daß man sie sich in eben derselben Art und Weise als vollständig zu denken hat, in der auch die wirkliche Welt vollständig ist. Das heißt, ob wir nun darum wissen oder nicht, jedes Gefäß mit Wasser enthält eine bestimmte Menge Wasser, auf jedem Kopf wachsen eine bestimmte Menge Haare usw. Jede mögliche Welt ist also mehr als nur unsere Geschichte über sie, sie ist vielmehr ein ganz konkretes, voll bestimmtes Universum. Dies unterscheidet sich von der „Welt" eines Romans, die nicht in allen ihren Details vollständig ist; welches, z.B., war Werthers Größe an seinem fünften Geburtstag? Viele Literaturwissenschaftler würden hierauf nicht einfach antworten, sie wüßten dies nicht, sondern auch, daß es hier nichts Wirkliches zu wissen gebe.

So bekommt jeder atomare Satz unserer formalen Sprache einen Wahrheitswert in jeder Welt; in einigen Welten ist „Gras ist grün" wahr, in anderen ist er falsch, in anderen ist „Gras ist blau" wahr, in anderen falsch usw. Zusätzlich erhalten in jeder Welt wahrheitsfunktionale, zusammengesetzte Sätze ihre Werte in der üblichen Weise, nämlich aus

□ und ◇ und die
möglichen Welten

den Wahrheitswerten ihrer Komponenten. Es muß also nur noch angegeben werden, wie □p und ◇p ihre Werte bekommen. Wie wir gesehen haben, stellen diese nicht einfach eine Funktion des Wertes von p in der Welt dar, die wir betrachten, sie hängen vielmehr vom Wert in allen alternativen möglichen Welten ab. Ist p in einer Welt wahr, die alternativ zu einer bestimmten gegebenen Welt ist, dann ist ◇p in der gegebenen Welt wahr; ist p in allen Alternativen zu einer gegebenen Welt wahr, dann ist □p in dieser Welt wahr.

Bis hierher haben wir eine grobe Skizze gegeben; es folgt nun eine etwas formalere Darstellung. Wir müssen nun etwas angeben, was als „Modell" bezeichnet wird und aus drei Bestandteilen besteht:

i. Eine Aufzählung von möglichen Welten

ii. Eine Aufzählung derjenigen atomaren Sätze, die in jeder Welt, die in der Liste i aufgeführt sind, den Wahrheitswert „wahr" erhalten

iii. Eine Liste derjenigen Welten, die zu jeder Welt der Liste i Alternativen darstellen.

Haben wir es mit einer sehr einfachen Sprache zu tun, mit nur zwei atomaren Sätzen A und B, dann stellt das folgende ein Modell für diese Sprache dar:

i. (Liste der möglichen Welten) w_1, w_2, w_3

ii. (Liste der wahren atomaren Sätze in jeder Welt)

   In w_1: A

   In w_2: B

   In w_3: A, B

iii. (Liste der Alternativen zu jeder Welt)

   Zu w_1: w_1, w_2, w_3

   zu w_2: w_2, w_3

   Zu w_3: w_1

Man bemerke eine Besonderheit von w_3: anders als w_1 und w_2 wird w_3 nicht als Alternative seiner selbst aufgeführt. Hierzu gilt es zweierlei zu bemerken. Erstens, daß, wenn wir über eine Welt als Alternative ihrer selbst verfügen wollen, wir sie aufzählen müssen und nicht einfach annehmen dürfen, daß sie eine Alternative ihrer selbst darstellt. Zweitens, und dies ist wichtiger: ob wir sie nun aufzählen oder nicht, sollten wir nicht tatsächlich jede Welt als Alternative ihrer selbst aufzählen müssen? Ist es sinnvoll, dies nicht zu tun? Wir werden die Beantwortung dieser Frage für den Augenblick aufschieben und abwarten, was geschieht, wenn wir das Modell, so wie wir dies nun spezifiziert haben, untersuchen.

Ist eine Welt ihre eigene Alternative?

Unter Voraussetzung dieses Modells können wir nun für jede Welt ausarbeiten, welche Aussagen in ihr wahr sind. Um dies auf einigermaßen systematische Weise zu tun, werden wir drei Tafeln konstruieren, die diejenigen Sätze aufzählen, die in jeder Welt wahr und falsch sind. Der erste Schritt besteht darin, die atomaren Sätze und ihre wahrheitsfunktionalen Zusammensetzungen aufzuzählen, doch da deren Anzahl natürlich unendlich groß ist, werden wir nur eine repräsentative Auswahl angeben.

Die Berechnung von □ und ◇

w_1		w_2		w_3	
Wahr	Falsch	Wahr	Falsch	Wahr	Falsch
A, ~B	B, ~A	B, ~A	A, ~B	A, B	~A, ~B
A ∨ B	A ⊃ B	A ∨ B	A.B	A ∨ B	~(A.B)
...	A.B ...	A ⊃ B..	...	A.B. ...	...

Wir sind nun in der Lage, den Wert der verschiedenen Modalaussagen zu berechnen. Z.B. können wir □(A·B) und ◇(A·B) betrachten. Im Fall von w_1 müssen wir alle Welten betrachten, weil sie alle Alternativen zu ihr darstellen. Da A·B weder in w_1 noch in w_2 wahr ist, ist □(A·B) i w_1 falsch, da jedoch A·B in w_3 wahr ist, ist doch zumindest ◇(A·B) dort wahr. Aufgrund einer ähnlichen Überlegung gilt das gleiche Ergebnis in w_2, doch ist die Situation in w_3 eine andere. Dort sind sowohl □(A·B) und ◇(A·B) falsch, weil w_1 die einzige Welt ist, die es dort zu betrachten gilt und weil A·B in w_1 falsch ist. Eine weitere Überlegung derselben Art führt zu der folgenden Tabelle (und machen Sie sich klar, wie diese Ergebnisse erzielt worden sind, bevor Sie fortfahren):

w_1		w_2		w_3	
Wahr	Falsch	Wahr	Falsch	Wahr	Falsch
A, ~B	B, ~A	B, ~A	A, ~B	A, B	~A, ~B
A ∨ B	A ⊃ B	A ∨ B	A.B	A ∨ B	~(A.B)
...	A.B ...	A ⊃ B	...	A.B ...	...
◇A, ◇B	□A, □~A	◇A, □B	□A	□A, □~B	◇B
□(A ∨ B)	□(A.B)	□(A ∨ B)	□(A.B)	□(A ∨ B)	□(A.B)
◇(A ⊃ B)	□(A ⊃ B)	◇(A ⊃ B)		□(A.~B)	◇(A ⊃ B)
...	...	◪(A⊃B)	...	...	...

Hiermit ist die Geschichte jedoch noch nicht zu Ende. Betrachten wir diese Tafel, dann sehen wir, daß $\Box(A \vee B)$ in allen Welten, die Alternativen zu w_1 darstellen (und dies ist natürlich die Summe aller drei Welten), wahr ist. Dies heißt, daß $\Box \Box(A \vee B)$ in w_1 wahr ist, und tatsächlich ist es auch in w_2 und w_3 wahr. Andererseits ist $\Box(A \cdot B)$ in allen drei Welten falsch, so daß $\Box \sim \Box(A \cdot B)$ in w_1 (und in w_2 und w_3)wahr ist. Eine Aussage wird hingegen in den drei Welten unterschiedlich beurteilt, und zwar $\Box \Diamond(A \supset B)$; da $\Diamond(A \supset B)$ in w_3 falsch ist, ist $\Box \Diamond(A \supset B)$ sowohl in w_1 als auch in w_2 falsch, doch da $\Diamond(A \supset B)$ in w_1 wahr ist, ist $\Box \Diamond(A \supset B)$ in w_3 wahr. Und so kann die Tafel fort- und fortgeführt werden:

w_1		w_2		w_3	
Wahr	Falsch	Wahr	Falsch	Wahr	Falsch
A, ~B	B, ~A	B, ~A	A, ~B	A, B	~A, ~B
A v B	A ⊃ B	A v B	A.B	A v B	~(A.B)
. . .	A.B	A ⊃ B	. . .	A.B . . .	. . .
◇A, ◇B	□A, □~A	◇A, □B	□A	□A, □~B	◇B
□(A v B)	□(A.B)	□(A v B)	□(A.B)	□(A v B)	□(A.B)
◇(A ⊃ B)	□(A ⊃ B)	◇(A ⊃ B)	□(A ⊃ B)	□(A.~B)	◇(A ⊃ B)
. . .	. . .	. . .	. . .	. . .	. . .
□◇A, ◇□B	□□A, □◇B	□◇A, ◇□A	□□A	□◇A, □◇B	□□A, ◇□A
□□(A v B)	□◇(A ⊃ B)	□□(A v B)	□◇(A ⊃ B)	□□(A v B)	◇□(A.B)
□~□(A.B)	□□(A ⊃ B)	□~□(A.B)	◇□(A.B)	□◇(A⊃B)	◇□(A ⊃ B)
. . .	. . .	. . .	. . .	. . .	. . .
□□□(A v B)	. . .	□□□(A v B)	. . .	□□□(A v B)	. . .

Wählen Sie als eine einfache Übung ein Modell, das diesem ähnlich ist, jedoch mit einer anderen Liste von Alternativen zu verschiedenen Welten, und untersuchen Sie, zu welchen Unterschieden dies führt; sogar kleine Änderungen können zu bedeutenden Unterschieden führen.

Dies führt zu einer theoretischen Frage: Gibt es irgendwelche Aussagen, denen der Wahrheitswert „wahr" zugeordnet werden muß, wie auch immer das Modell beschaffen sein mag, und unbesehen davon, welche Welt wir in diesem Modell betrachen? Die Antwort ist: „Ja!" Wir werden solche Aussagen als *Modaltautologien* bezeichnen, und zwar in Analogie zu den Tautologien der propositionalen Logik.

Modaltautologien

Tatsächlich stellen die einfachsten Beispiele gerade die üblichen Tautologien dar; wie auch immer das Modell oder die Welt beschaffen ist, muß z.B. $A \vee \sim A$ wahr sein. Doch dies führt uns sofort zu weiteren, denn wenn $A \vee \sim A$ in jeder Welt in jedem Modell wahr ist, dann muß dies auch von $\Box(A \vee \sim A)$, und wenn von $\Box(A \vee \sim A)$, dann muß es auch von $\Box \Box(A \vee \sim A)$ gelten usw. Wir können also offenbar ein einfaches Prinzip formulieren: ist p eine Tautologie, dann ist $\Box_n p$ eine Modaltautologie. Hier bedeutet $\Box_n p$ genau das, was es zuvor bedeutete: eine Folge von genau n $\Box$, die p vorangehen.

Diese einfachen Erweiterungen der gewöhnlichen Tautologien erschöpfen jedoch nicht die Modaltautologien; es gibt Modaltautologien, welche nicht von der Form $\Box_n p$ sind. Um dies zu zeigen, müssen wir zuerst eine sehr wichtige theoretische Methode einführen, die Methode der Gegenmodelle. Eine Modaltautologie muß in jeder Welt in jedem Modell wahr sein, und daher muß die Methode der Gegen-

Die Methode der Gegenmodelle

modelle bei der Annahme ansetzen, daß es in irgendeinem Modell eine Welt gibt, in welcher die Aussage falsch ist und dann versuchen, herauszuarbeiten, von welcher Art dieses Modell sein muß. Finden wir heraus, daß kein solches Modell konsistent konstruiert werden kann, dann haben wir durch das Scheitern unseres Versuches gezeigt, daß die Aussage eine Modaltautologie ist.

Wir werden mit der Konstruktion eines Gegenmodells für eine Aussage beginnen, die keine Modaltautologie ist: $B \supset \Box(A \supset B)$. Das Konstruktionsverfahren eines Gegenmodells verläuft über eine Reihe von Schritten.

Nehmen Sie zuerst an, daß diese Aussage in irgendeinem Modell in w_1 falsch ist.
Es folgt, daß B in w_1 wahr und $\Box(A \supset B)$ in w_1 falsch ist. Damit $\Box(A \supset B)$ in w_1 falsch sein kann, muß es eine Welt w_2 geben, in der $(A \supset B)$ falsch ist, und zwar aufgrund der Regeln für $\Box$.
Wenn $A \supset B$ in w_2 falsch ist, dann muß A dort wahr und B dort falsch sein.

Wir erhalten also die folgende Tafel:

W₁			W₂	
Wahr	Falsch	→	Wahr	Falsch[1]
	B ⊃ □(A ⊃ B)			A ⊃ B
B	□(A ⊃ B)		A	B

Offensichtlich gibt es an einem solchen Modell nichts In-kohärentes; jedes Modell von dieser Art wird daher eines sein, in dem B ⊃ □(A ⊃ B) in w₁ falsch ist. Daher ist diese Aussage keine Modaltautologie. □(A ⊃ B) ⊃ (□A ⊃ □B) ist jedoch eine, wie wir dies auch aufgrund unserer früheren Diskussion der Beziehung von □ und ⊃ erwarten würden. Wir können dies in der folgenden Art und Weise erweisen. Wir nehmen wiederum an, daß es in irgendeinem Modell eine Welt w₁ gibt, in der □(A ⊃ B) ⊃ (□A ⊃ □B) falsch ist und betrachten die Konsequenzen dieser Annahme. Sie führen uns zu der folgenden Tafel:

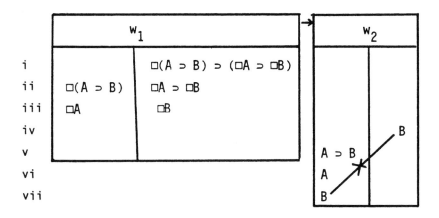

	W₁		W₂	
i		□(A ⊃ B) ⊃ (□A ⊃ □B)		
ii	□(A ⊃ B)	□A ⊃ □B		
iii	□A	□B		
iv				B
v			A ⊃ B	
vi			A	
vii			B	

---

1 Im Folgenden wird die Kennzeichnung „wahr" bzw. „falsch" in den Diagrammen nicht mehr eigens vorgenommen.

Die Abfolge der Schritte, über die diese Tafel konstruiert wurde, ist wesentlich, und wir haben sie deshalb durch die Numerierung der einzelnen Zeilen wiedergegeben. Wir beginnen bei i, indem wir sagen, daß das Konditional $\Box$(A $\supset$ B) $\supset$ ($\Box$A $\supset$ $\Box$B) in w_1 falsch sein soll. Soll dies so sein, dann muß jedoch sein Antecedens wahr und sein Konsequens dort falsch sein; dies führt uns zur Zeile ii. Doch jetzt muß ein weiteres Konditional, $\Box$A $\supset$ $\Box$B, falsch sein, und daher muß sein Antecedens wahr und sein Konsequens falsch sein, was uns zur Zeile iii führt. Wir haben uns bis hierher nur einer Überlegung bedient, die auf der üblichen propositionalen Logik beruht. Wir erkennen jetzt, wie der verbleibende Teil des Modells aussehen muß, damit all dies in w_1 gelten kann. Besonders wichtig ist die Falschheit von $\Box$B in w_1; es muß eine alternative Welt geben, in der B falsch ist, damit dies so sein kann. Daher eröffnen wir eine neue Welt, w_2, und setzen in dieser B als falsch, und zwar in der Zeile iv. Für jede alternative Welt zu w_1 gilt jedoch, daß alle Aussagen p in der alternativen Welt wahr sein müssen, wenn gilt, daß $\Box$p wahr in w_1 ist. Dieser Regel zufolge müssen A $\supset$ B und A in w_2 wahr sein, siehe Zeilen v und vi. Dann muß jedoch dort auch B wahr sein, und zwar laut Modus Ponens, Zeile vii. Demnach müßte B in w_2 sowohl wahr als auch falsch sein, und das ist unmöglich. Deshalb kann es in keinem Modell eine Welt geben, in der $\Box$(A $\supset$ B) $\supset$ ($\Box$A $\supset$ $\Box$B) falsch ist, und daher handelt es sich um eine Modaltautologie.

Im allgemeinen erfordert also die Überprüfung durch den Versuch, ein falsifizierendes Modell zu konstruieren, die folgenden Schritte: Man nehme erstens an, daß in w_1 die zu überprüfende Aussage falsch ist. Man führe zweitens die propositionalen Konsequenzen dieser Annahme aus. Drittens eröffne man soviele neue Diagramme alternativer Welten wie nötig; hierbei muß man für jedes $\Diamond$p, das in w_1 wahr ist, eine neue Welt eröffnen, und ebenso für jedes $\Box$p, das dort falsch ist. Man überführe viertens zwei Arten von Aussagen: ist $\Box$p in w_1 wahr, dann setze man p in w_2 wahr, und ist $\Diamond$p in w_1 falsch, dann setze man p in w_2 falsch. Kehren Sie nun für w_2 zum zweiten Schritt zurück und führen Sie den dritten und vierten aus, falls sich dies als nötig erweist. Schreiten Sie fort, bis sich entweder ein Widerspruch ergibt oder aber keine weiteren Schritte mehr möglich sind.

Im ersten Falle zeigt dies, daß die Anfangsaussage eine Modaltautologie ist, im zweiten, daß dies nicht der Fall ist.
Hier ein weiteres Beispiel, um diese Methode zu erläutern, und zwar diesmal an einer Aussage, die keine Modaltautologie ist, so wie wir das in unserer früheren Diskussion nahegelegt haben.

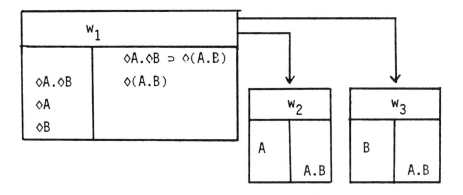

In diesem Fall, in dem $\Diamond A$ und $\Diamond B$ in w_1 wahr sind, müssen wir als Alternativen zu w_1 zwei neue Welten w_2 und w_3 eröffnen; es ist dies die Beziehung, die wir durch den Pfeil zum Ausdruck bringen. Dies bedeutet, daß wir den (notwendig falschen) Satz A·B in beide Welten zu überführen haben, es entsteht jedoch keine Inkonsistenz; in einem Modell könnte B in w_2 und A in w_3 problemlos falsch sein. Man bemerke, daß sich ein Widerspruch ergeben würde, wenn wir gerade eine Extrawelt eröffnet hätten und versuchen würden, sowohl A als auch B dort wahrzumachen. Dies entspricht unserer informellen Widerlegung eben dieser Behauptung zu Beginn dieses Kapitels anläßlich des John/Michael-Beispiels. Um dies zu widerlegen, mußten wir uns zweier Aussagen bedienen, von denen eine jede für sich möglich war, nicht jedoch beide zusammen. In den Begriffen dieser Diagramme bedeutet dies, daß jede in irgendeiner möglichen Welt wahr wird, doch in keiner möglichen Welt werden sie gemeinsam wahr.
Es ist nun an der Zeit, daß wir uns der früher in diesem Kapitel aufgeworfenen Frage wieder zuwenden, inwieweit Welten als Alternativen ihrer selbst aufgezählt werden sollten. Das erste von uns angegebene Modell enthielt eine

Welt w_3, die keine Alternative ihrer selbst darstellte. Beziehen wir uns auf die Ergebnisse dieses Modells, dann zeigen sich einige Besonderheiten. Wir haben z.B. gesehen, daß A·B in w_3 wahr war, nicht aber ◇(A·B), und die nähere Untersuchung der Tafel wird weitere solche Anomalien enthüllen. Dennoch sind wir den Regeln für die Berechnung der Ergebnisse des Modells ganz genau gefolgt, und für w_1 und w_2 zeigten sich keine vergleichbaren Probleme. Der Verdacht richtet sich daher offenbar gegen die Abwesenheit von w_3 in der Liste ihrer eigenen Alternativen. Dieser Verdacht kann durch den Vergleich zweier Diagramme für die Aussage □A ⊃ A verstärkt werden:

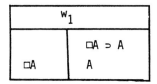

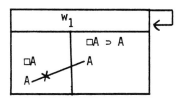

Das erste Diagramm ist nur ein gängiges falsifizierendes Diagramm für □A ⊃ A. Wir führen diese Aussage als falsch in w_1 auf und befolgen dann die Regeln, die uns jedoch nicht mehr weit bringen. Das Ergebnis ist ein konsistentes Diagramm, das zeigt, daß □A ⊃ A keine Modaltautologie ist. Das zweite Diagramm zeigt jedoch, daß, wenn jede Welt eine Alternative ihrer selbst wäre, wir kein falsifizierendes Diagramm der Aussage konstruieren könnten, da wir A in alle Alternativen zu w_1 mit übernehmen müßten, die nun w_1 selbst enthalten würden. Die Situation ist ganz ähnlich der von K und □T; □A ⊃ A ist in K allein nicht beweisbar, doch es erscheint naheliegend, die Extraregel □T zu verwenden, in welchem Fall die Aussage offensichtlich beweisbar wird. Hier zeigt sich, daß wir es nicht mit einer Modaltautologie im bisher definierten Sinne

zu tun haben, eine einfache und plausible Einschränkung
der Modelle würde die Aussage jedoch sofort zu einer Modaltautologie machen.

Ebenso wie unser grundliegendes deduktives System K unangemessen war und um T, [4] und [5] erweitert werden
mußte, so ist auch unser grundlegender Begriff eines Modells zu großzügig, da er einige Modelle mit umfaßt, die
nicht ganz einsichtig sind; er muß daher eingeschränkt werden. Bedienen wir uns der gerade vorgeschlagenen Einschränkung, daß jede Welt eine Alternative ihrer selbst sein
soll, dann definieren wir eine besondere Klasse von Modellen, die wir als *T-Modelle* bezeichnen werden. Ein T-Modell
ist jedes Modell, in dem jede Welt eine Alternative ihrer
selbst ist. Wir können dann von T-Modaltautologien sprechen, nämlich denjenigen Aussagen, die in jeder Welt in
jedem T-Modell wahr sind, und was das zweite soeben betrachtete Diagramm zeigt, ist, daß T selbst eine T-Modal-
tautologie darstellt.

*T-Modelle sind
reflexiv*

Ein weiterer interessanter Fall ist der des nun schon wohl-
bekannten Ausdrucks $(\Diamond A \supset \Diamond B) \supset \Diamond(A \supset B)$.

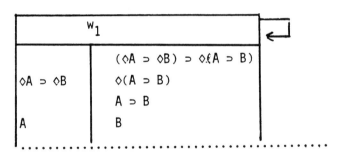

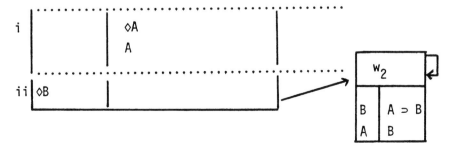

Man beachte, daß wir sofort darauf geschlossen haben, daß A ⊃ B in w_1 falsch sein muß, da es sich hier um das Diagramm eines T-Modells handelt. Es gibt zwei Optionen für w_1, da p ⊃ q unter verschiedenen Bedingungen wahr sein kann: entweder ist das Antecedens falsch oder aber das Konsequens wahr, und wir müssen beide Fälle sorgfältig untersuchen. Auf jeden Fall folgt aber ein Widerspruch. Würden wir keine T-Modelle verwenden, dann würde jedoch der erste Fall nicht im Widerspruch enden und damit zeigen, daß es sich bei der Aussage nicht um eine einfache Modaltautologie handelt, obwohl es eine T-modale ist. Dies stellt natürlich eine Analogie zu der Tatsache dar, daß die Aussage zwar nicht in K, jedoch in KT ableitbar ist.

Die Äquivalenz der semantischen Modelle und syntaktischen Kalküle

Es zeigt sich, daß die T-Modaltautologien eben dieselbe Aussagemenge wie die Theoreme von KT darstellen, und es drängt sich die Überlegung auf, ob irgendwelche anderen Bedingungen von Modellen Ergebnisse zeitigen, die in vergleichbarer Weise den Systemen KT4 und KT5 entsprechen. Tatsächlich führen einige recht einfache Bedingungen zu einem solchen Ergebnis. Folgendes sind falsifizierende T-Diagramme für □A ⊃ □ □A und ◇A ⊃ □◇A:

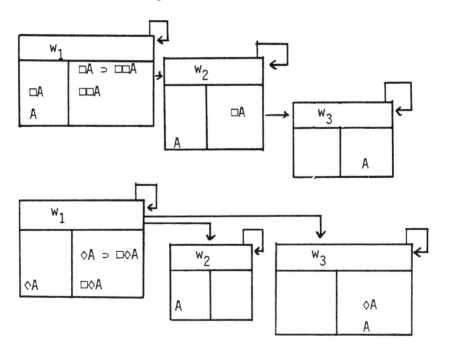

Selbst wenn wir uns, wie geschehen, auf Diagramme von T-Modellen beschränken, dann falsifizieren diese immer noch die angegebenen Fälle von [4] und [5]. Im ersten Diagramm, für [4], würden Ketten von Alternativen nicht als Alternativen zählen und dies würde die Falsifikation verhindern. Das heißt, im Diagramm, so wie es sich hier darstellt, stellt w_3 eine Alternative zu w_2 und w_2 eine Alternative zu w_1 dar, w_3 ist jedoch keine Alternative zu w_1. Würden wir in dieser Lage darauf bestehen, daß w_3 eine Alternative zu w_1 sein solle, dann müßten wir A als wahr nicht nur nach w_2, sondern auch nach w_3 übernehmen; ein Widerspruch wäre mithin die Folge.

Für $\Diamond A \supset \Box \Diamond A$ würde nicht einmal diese Bedingung hinreichen, um dieses falsifizierende Diagramm auszuschalten, da wir hier keine ähnliche Kette von alternativen Welten haben. Wir könnten jedoch die sich hier zeigende „Verzweigung" einschränken, wenn wir darauf bestünden, daß, wenn zwei Welten Alternativen zu einer dritten darstellten, sie auch Alternativen zueinander sein müssen. Dies würde bedeuten, daß A in w_2 als falsch gesetzt werden müßte, und wiederum würde sich ein Widerspruch ergeben.

Diese beiden Bedingungen definieren somit eine neue Klasse von Modellen. Ein T4-Modell ist ein T-Modell, in dem, sofern w_3 eine Alternative zu w_2 und w_2 eine Alternative zu w_1 darstellt, w_3 auch eine Alternative zu w_1 darstellt, und ein T5-Modell ist eines, in welchem, sofern w_2 und w_3 beide Alternativen zu w_1 darstellen, sie auch Alternativen zueinander sind. Diese beiden neuen Klassen von Modellen definieren wiederum neue Arten von Modaltautologien: eine Aussage ist eine T4-Modaltautologie, wenn sie in allen T4-Modellen wahr ist und eine T5-Modaltautologie, wenn sie in allen T5-Modellen wahr ist.

Sie finden in der folgenden Tafel die bisher erörterten Beziehungen aufgeführt:

Neue Modelle: T4 und T5

Modellbedingung	Deduktive Theorie
Keine	K
Jede Welt ist eine Alternative ihrer selbst: $w_1 \rightarrow w_1$	KT
T-Bedingung und: Wenn $w_1 \rightarrow w_2$ und $w_2 \rightarrow w_3$, dann $w_1 \rightarrow w_3$.	KT4
T-Bedingung und: Wenn $w_1 \rightarrow w_2$ und $w_1 \rightarrow w_3$, dann $w_2 \rightarrow w_3$ oder $w_3 \rightarrow w_2$	KT5

Der Zusammen-
hang von T4- und
T5-Modellen und
Modaltautologien

Eine wichtige Konsequenz der Definitionen der T4- und T5-Modelle besteht darin, daß jedes T5-Modell auch ein T4-Modell und daher jede T4-Modaltautologie auch eine T5-Modaltautologie darstellt. Betrachten Sie drei Welten w_1, w_2 und w_3 in einem T5-Modell, die derart aufeinander bezogen sind, daß w_3 eine Alternative zu w_2 und w_2 eine Alternative zu w_1 ist. Da dies ein T5-Modell ist, ist jede Welt eine Alternative ihrer selbst. Daher sind sowohl w_1 als auch w_2 Alternativen zu w_1 und aufgrund der T5-Bedingungen müssen w_1 und w_2 Alternativen zueinander darstellen. Dann müssen aber w_1 und w_3 Alternativen zu w_2 darstellen und daher auch Alternativen zueinander sein. Wir haben somit bewiesen, daß w_3 eine Alternative zu w_1 sein muß, und dies ist genau diejenige Bedingung, die T4-Modelle erfüllen müssen. Schließlich muß jede T4-Modaltautologie auch eine T5-Modaltautologie darstellen, da eine T4-Modaltautologie eine Aussage ist, die in jeder Welt in jedem T4-Modell wahr ist und alle T5-Modelle auch T4-Modelle sind.

Es zeigt sich, daß jede T5-Modaltautologie auch eine Tautologie unter einer anderen und einfacheren Bedingung für Modelle ist; man nehme hier nur an, daß jede Welt eine Alternative zu jeder anderen darstelle. Dann können die Wahrheitsbedingungen für $\square$ und $\diamond$ in einfacherer Weise angegeben werden, weil $\square p$ genau dann wahr ist, wenn p in allen möglichen Welten wahr ist, und $\Diamond$p ist wahr, wenn p in einigen möglichen Welten wahr ist. Genau dies war die Vorstellung von Leibniz: daß das Notwendige dasjenige sei, was in allen möglichen Welten wahr ist. Als eine viel einfachere Definition als die auf alternative Welten eingeschränkte hat diese Definition ihren besonderen Reiz. Viele Autoren haben die Auffassung vertreten, daß dies tatsächlich die angemessene Definition für die stärkste Art der logischen oder begrifflichen Notwendigkeit sei, es ist jedoch klar, daß zumindest gewisse Kontexte einen schwächeren Begriff erfordern, für den T- oder T4-modale Begriffe angemessener sind. Wir werden uns im nächsten Kapitel einige Beispiele hierfür vor Augen führen.

Sind alle möglichen Welten Alternativen zueinander?

Hier ist die Hauptfrage nun, ob wir unsere Betrachtungen auf eine bestimmte Menge von Welten einschränken sollen oder ob wir uns immer auf alle möglichen beziehen sollen. Wir erwähnten früher in diesem Kapitel den Fall der physikalischen Möglichkeit, für den eine gewisse Einschränkung als angemessen erschien. Ein weiteres Beispiel ist die Beziehung von Notwendigkeit und Zeit. Stellen wir uns vor, wir schauen Läufern bei einem Rennen zu und würden von einem von ihnen sagen, es sei möglich, daß er das Rennen gewinnen könnte. Stellen wir uns nun vor, das Rennen sei in vollem Gange und betrachten wir, was in einem späteren Augenblick möglich ist, denjenigen Augenblick, gerade bevor einer der anderen Läufer dabei ist zu gewinnen, während unser Kandidat einen Meter zurückliegt. Zu diesem Zeitpunkt ist der Sieg für unseren Kandidaten nicht mehr möglich, wenn er dies auch früher war. Es scheint also, daß die wesentliche Menge an Alternativen, auf die wir zurückgreifen, um die Behauptung „Er könnte gewinnen" zu bewerten, von Mal zu Mal verschieden ist, obwohl Einzelheiten dieser Darstellung noch ergänzt werden müssen. Zu einem früheren Zeitpunkt umfaßt sie eine Alternative, in welcher der Läufer gewinnt, zum späteren Zeitpunkt hingegen nicht.

Wir können also abschließend feststellen, daß KT5 in einem klaren Sinn die Logik der Wahl für eine bestimmte starke Lesart von „notwendig" ist, es ist jedoch ebenso einsichtig, daß schwächere Bedeutungen von „notwendig" und anderen modalen Begrifflichkeiten auch andere logische Systeme erfordern. Einige von diesen letzteren werden wir im nächsten Kapitel betrachten.

Übungsaufgabe 6

6.1. *Das folgende stellt ein weiteres Modell unserer einfachen Sprache dar:*

$$\text{Welten: } w_1, w_2, w_3$$

Wahre Aussagen in	$w_1; A, B$
	$w_2; B$
	$w_3; A$
Alternativen zu	$w_1; w_1, w_3$
	$w_2; w_1, w_2$
	$w_3; w_1, w_2, w_3$

Bestimmen Sie den Wahrheitswert der folgenden Aussagen in jeder Welt, indem Sie auf das soeben angegebene Modell zurückgreifen:

6.1.1. $\Box A \lor B$
6.1.2. $\Box(A \lor B)$
6.1.3. $\Box A \lor \Diamond B$
6.1.4. $\Box \Diamond A \supset \Box B$
6.1.5. $\Box \Diamond (A \supset \Diamond B)$
6.1.6. $\Box(\Diamond A \supset \Box B)$
6.1.7. $\Box \Diamond \Box A \cdot \Diamond \Diamond \Box B$

6.2. *Verwenden sie Diagramme, um zu entscheiden, welche der folgenden Aussagen entweder K-Modaltautologien oder KT-Modaltautologien oder keins von beiden sind.*

6.2.1. $\Diamond A \supset \Box A$
6.2.2. $(\sim\Diamond A \cdot \Diamond B) \supset \Diamond(\sim A \cdot B)$
6.2.3. $\Diamond \Box A \supset \Box A$
6.2.4. $\Diamond A \lor \Diamond \sim A$

6.3. *Verwenden Sie Diagramme, um für jede der folgenden Aussagen zu entscheiden, ob es sich um eine T4- oder T5-Modaltautologie oder keins von beiden handelt. Geben Sie für die T4-Modaltautologien einen Beweis in KT4 und für die T5-Modaltautologien einen Beweis in KT5 an.*

6.3.1. $A \supset \Box \Diamond A$
6.3.2. $\Box A \lor \Box \sim A$
6.3.3. $\Box(A \lor B) \supset \Box(\Diamond A \lor \Box B)$

3.3 Axiomatisierungen der Modalität

Historisch erfolgte die erste Untersuchung von Modalsyste-
men durch die Verwendung der axiomatischen Methode.
Eine der wichtigsten frühen Gestalten war hier C.I. Lewis,
der eine Reihe verschiedener Systeme vorschlug, die als S1
bis S10 bekannt wurden. Seine beiden Systeme S4 und S5
sind diejenigen Systeme, die wir als KT4 und KT5 bezeichnet haben, indem wir jüngeren Klassifikationsschemata gefolgt sind. Die semantischen Methoden der frühen 60er
Jahre brachten zwei Änderungen mit sich; einige der Systeme von Lewis wurden nicht weiter diskutiert, und der
Hauptanteil der Arbeit galt semantischen Belangen und der
Beziehung zwischen Semantik und Axiomatik. Dennoch
werden Modalsysteme für gewöhnlich immer noch in axio-
matischer Form dargestellt, und wir geben daher hier die
axiomatischen Systeme an, die mit den natürlichen deduktiven Systemen äquivalent sind, welche wir betrachtet
haben.

Das axiomatische System K (Ax.K)

> Fügen Sie dem System H.A., welches wir im
> Kapitel 1 eingeführt haben, die folgenden
> Axiome und Regeln hinzu:
> K. $\quad\quad$ $\Box(p \supset q) \supset (\Box p \supset \Box q)$
> Regel N $\quad$ Wenn p ein Theorem in K ist,
> $\quad\quad\quad\quad$ dann auch $\Box p$.

Das axiomatische System KT (Ax.KT)

> Fügen Sie Ax.K das folgende Axiom hinzu:
> T. $\quad\quad$ $\Box p \supset p$

Das axiomatische System KT4 (Ax.KT4)

> Fügen Sie Ax.KT das folgende Axiom hinzu:
> 4. $\quad\quad$ $\Box p \supset \Box \Box p$

Das axiomatische System KT5 (Ax.KT5)

> Fügen Sie Ax.KT das folgende Axiom hinzu:
> 5. $\quad\quad$ $\Diamond p \supset \Box \Diamond p$

Beachten Sie, daß Ax.KT5 nicht durch die Erweiterung von
Ax.KT4, sondern die Erweiterung von Ax.KT gebildet
wird. Ein wichtiges Theorem über Ax.KT4 und Ax.KT5 ist,
daß alle Fälle von 4 in Ax.KT5 ableitbar sind. Dies heißt
dann, daß jedes Theorem von Ax.KT4 auch ein Theorem in
Ax.KT5 darstellt. Einige weitere wichtige Axiome, die wir
im nächsten Kapitel betrachten werden, sind die folgenden:

D.	$\Box p \supset \Diamond p$
U.	$\Box(\Box p \supset p)$
4cv.	$\Box \Box p \supset \Box p$

4. Angewandte Modallogiken

Die vier Themenbereiche, die wir in diesem Kapitel abhan-
deln werden, unterscheiden sich im Gegenstand, teilen jedoch die Methode; alle versuchen auf die eine oder andere
Weise, den begrifflichen Grundbau eines Themas durch die
Anwendung deduktiver oder semantischer Methoden zu erhellen, die wir im letzten Kapitel eingeführt haben. Im
ganzen gesehen, besteht zwischen denjenigen, die in diesen
Bereichen arbeiten, wesentlich weniger Übereinstimmung
als mit Bezug auf die Modallogik, zumindest soweit diese
letztere hier vorgestellt wurde. Unsere Darstellung wird
daher die Erörterung einiger der strittigen Themen dieser
Bereiche mit umfassen, so daß der Student verstehen lernt,
wie Logik auf diese Bereiche angewandt werden kann oder
vielleicht auch nicht.

4.1 Deontische Logik

Der Gegenstand der deontischen Logik ist die Logik des
Gebots, des „man sollte". Wenn ich sage: „Ich sollte meinem Nachbarn helfen", dann analysiert der Logiker dies als
einen Gebotsoperator plus eine Aussage, in der folgenden
Weise: „Es ist geboten, daß ich meinem Nachbarn helfe".
Der Gebots-
operator G
Diese Konstruktion ist zwar etwas holperig, entspricht aber
der Absicht, den Notwendigkeitsoperator der Modallogik
zu parallelisieren. Ein gewisser Unterschied zwischen dem
logischen Operator und gewöhnlichen Behauptungen über
Gebote ist darin zu sehen, daß der logische Operator unper-

sönlich ist und die Tatsache nicht wiedergibt, daß es hier um etwas geht, was für mich geboten ist. Doch dies ist kein großer Nachteil und könnte durch die Relativierung des Gebotsoperators auf ein Individuum zum Ausdruck gebracht werden, so daß unsere Aussage jetzt folgendermaßen aussähe: „Es ist für mich geboten, daß ich meinem Nachbarn helfe". Wir werden jedoch der Konvention folgen und den üblichen unpersönlichen Operator G verwenden, der für „Es ist geboten, daß..." steht.

Offensichtlich hat G eine gewisse Ähnlichkeit mit □, da es eine Art moralischer Notwendigkeit ausdrückt. Es empfiehlt sich, einen weiteren Operator, E, einzuführen, der sich analog zu ◇ verhält. Dieser Operator wird üblicherweise als „Es ist erlaubt, daß ..." gelesen, einige Vorsicht erscheint jedoch angebracht. Er bringt bestenfalls Erlaubnis in einem sehr schwachen Sinne zum Ausdruck und man denkt ihn sich tunlichst einfach als eine Abkürzung von ~G~, das heißt „Es ist nicht verboten, daß ...". So verstanden können die Prinzipien der modalen Äquivalenz übernommen und unmittelbar in Prinzipien der deontischen Äquivalenz umgewandelt werden:

$$D.Ä. \qquad Gp \equiv {\sim}E{\sim}p$$
$$\sim Gp \equiv E{\sim}p$$
$$G{\sim}p \equiv {\sim}Ep$$
$$\sim G{\sim}p \equiv Ep$$

Die Analogien von G *und* □ *und* E *und* ◇

In dem, was vielleicht die Standardversion der deontischen Logik darstellt, fahren wir fort, indem wir unser gesamtes grundlegendes modales System K übernehmen, und alle □'s durch G's und alle ◇'s durch E's ersetzen. Das Ergebnis ist das grundlegende deontische System GK; offensichtlich entspricht jedem in K gültigen Argument ein genaues Analogon in GK. Sie sollten die Theoreme von K noch einmal einer Betrachtung unterziehen und überprüfen, ob Ihnen irgendeines davon in der Neuinterpretation als ein Theorem von GK zweifelhaft erscheint; gegen etliche Theoreme wurde Kritik vorgebracht, und wir werden uns weiter unten einige dieser Kritiken vor Augen führen, hier jedoch zunächst weitere Anteile des Standardsystems vorstellen.

Der nächste Schritt besteht darin, die deontischen Versionen von T, 4 und 5 zu untersuchen, um festzustellen, ob einige von ihnen plausible Prinzipien für G und E darstellen:

GT. $Gp \supset p$
G4. $Gp \supset GGp$
G5. $Ep \supset GEp$

Es ist sofort deutlich, daß GT kein plausibles Prinzip darstellt, weil vieles, was der Fall sein sollte, tatsächlich nicht
der Fall ist. Es sollte keinen Mord geben, und wenn wir GT
akzeptieren, dann würde folgen, daß dies aus logischen
Gründen auch nicht so ist, doch unglücklicherweise ist das
Leben nicht so einfach.

Das schwächere   Ein schwächeres Prinzip, das eher plausibel erscheint (ob-
System GKD   wohl wir später auf Gründe stoßen werden, die dies als
fraglich erscheinen lassen) ist GD:

GD. $Gp \supset Ep$

Informell gesprochen besagt dies Prinzip, daß, wenn etwas
geboten erscheint, es dann auch erlaubt ist. Einige Autoren
haben die Auffassung vertreten, daß dies Prinzip Kants
Ausspruch darstellt, „es ist geboten" oder „soll" impliziere
„kann", doch ist dies durchaus zweifelhaft. Da Ep nur eine
derart schwache Behauptung darstellt, gibt GD nicht den
Anspruch der Kantischen Behauptung wieder. Wie auch
immer jedoch seine Beziehung zu Kant sein mag, jedenfalls
ist GD von vielen für die zentrale und charakteristische
These der deontischen Logik gehalten worden. Schließlich,
so die These, kann p nicht zugleich geboten und verboten
sein. Indem wir dies akzeptieren, definieren wir das Stan-
dardsystem der deontischen Logik GKD als das System,
das gebildet wird, indem GK die Regel GD hinzugefügt
wird:

Regel GD
$G^n Gp$
$\therefore G^n Ep$ GD

Man beachte, daß in modalen Systemen, die die Regel T.
enthalten, sowohl in seinen $\square$ als auch in seinen $\diamond$ Formen,
D ein Theorem ist, so wie dies in einer früheren Aufgabe
gezeigt wurde.
Wenden wir uns nun G4 und G5 zu, dann wird das Bild un-
deutlicher. Wiederum ist es schwer zu verstehen, was diese

wirklich besagen; was heißt es zum Beispiel, zu sagen, daß
es geboten ist, daß es geboten ist, daß p? Um dies in etwa
zu erläutern, ist es hilfreich, sich der Semantik zuzuwenden.
Wir übernehmen die Methode der möglichen Welten in die
deontische Logik, interpretieren jedoch die Relation zwischen alternativen Welten in besonderer Weise. Da wir G
wie den Notwendigkeitsoperator behandeln, werden wir
seine Wahrheitsbedingungen in der gleichen Weise definieren, wie wir dies mit □ getan haben; Gp wird in einer Welt
genau dann wahr sein, wenn p in einer Menge entsprechend
aufeinander bezogener Welten wahr ist. Welches ist jedoch
die Ansammlung von Welten, in welchen p wahr sein soll,
damit Gp in unserer Welt wahr ist? Es ist die Menge derjenigen Welten, die in gewisser Weise von unserer Welt aus
betrachtet als ideal erscheinen. So stellen die Alternativen
zu einer Welt diejenigen Welten dar, die im Vergleich mit
ihr ideal sind; Gp ist in einer Welt wahr, wenn p in all ihren
idealen Welten wahr ist und Ep ist in einer Welt wahr, wenn
p in zumindest einer solchen Welt wahr ist.

Man bezieht sich gewöhnlich auf diese Welten als *bessere*
Welten, doch hier hat „besser" einen ganz besonderen Sinn,
da einige Welten in unserem gewöhnlichen Sinne besser
sein können, ohne deshalb ideal zu sein. Denken Sie zum
Beispiel an eine Welt, die unserer in etwa entspricht, abgesehen davon, daß in ihr niemand an Hunger stirbt. Normalerweise würden wir meinen, daß dies eine bessere als
unsere Welt ist; nicht vollkommen, aber eine Verbesserung.
Sie sollte jedoch nicht als eine ideale Welt betrachtet werden, da sie der unseren insofern hinreichend entspricht, als
es in ihr zum Beispiel Mord gibt. Wenn es in ihr Mord gibt
und es sich um eine ideale Welt handeln würde, dann wären
wir nicht im Stande zu sagen, daß Mord verboten ist, denn
es gäbe eine ideale Welt, in der es auch Mord gibt. Solange
wir jedoch im Sinn behalten, was dies wirklich heißt, ist es
nicht nachteilig, ideale Welten als „bessere" zu bezeichnen,
und daher werden wir dies tun.

*„bessere" Welten
und andere*

Da wir deontische Systeme erörtern werden, die auf dem
System GKD beruhen, sollten wir zuerst die Beziehungen
zwischen Welten in diesem System betrachten, bevor wir
komplexere untersuchen werden. Wir begannen mit der
Diskussion der modalen Semantik, ohne die Beziehung
zwischen alternativen Welten in irgendeiner Art und Weise

einzuschränken; Welten müssen nicht unbedingt Alternativen haben oder sie könnten beliebig viele haben, in welcher Zusammenstellung auch immer. Wir betrachteten dann T-Modelle, in denen jede Welt eine Alternative ihrer selbst war. Nun, da wir deontische Relationen zwischen einer Welt und ihren Idealen untersuchen, sehen wir wiederum, daß GT kein erwünschtes Prinzip darstellt, da es darauf hinausläuft zu fordern, daß jede Welt ein Ideal ihrer selbst sein müsse, und wir betrachten unsere Welt keineswegs als eine solche.

Eine Semantik mit
D-Modellen

Wir werden also T-Modelle nicht in Betracht ziehen; was wir wollen, sind D-Modelle. In D-Modellen besteht nur eine einzige Bedingung, daß es nämlich zu jeder Welt irgendeine Alternative gibt. Diese Alternative könnte die Welt selbst sein (dies wäre bei einer vollkommenen Welt angemessen) oder es könnte eine andere Welt sein (dies wäre für die unsrige angemessen); dies heißt, daß für jede Welt irgendwelche deontischen Standards gelten müssen, da jede Welt irgendeine Welt als ihr Ideal hat. Im Folgenden gehen wir davon aus, daß wir immer von D-Modellen sprechen.

Was können wir nun vor diesem Hintergrund über G4 und G5 sagen? Übernehmen wir G4 oder G5, dann übernehmen wir die entsprechenden Bedingungen von Modellen, die wir im letzten Kapitel betrachteten. G4 verpflichtet uns auf die Behauptung, daß eine Welt, die ein Ideal für eine Welt ist, die wiederum ein Ideal für uns ist, eine Welt ist, die selbst für uns ein Ideal ist, oder, anders gesagt, Verbesserungen einer Verbesserung sind eine Verbesserung. Dies klingt nach einer wünschenswerten Bedingung; ohne sie müßten wir zugeben, daß Menschen, von denen wir finden, daß sie ein ideales Leben führen, ihren eigenen Idealen folgen, die wir nicht akzeptieren könnten. Dies heißt nicht, daß Menschen, die ein ideales Leben in unserem Sinne leben, nicht selbst eine andere Art des Lebens als ideal betrachten könnten; es heißt nur, daß wir selbst ihr Ideal als ein Ideal erkennen müssen.

Das G5-Prinzip ist jedoch fragwürdiger. Wir sahen, daß KT5 in der Modallogik zwei Charakteristika aufweist: es enthält Axiom 4 als ein Theorem (vgl. oben, S. 283) *und* wir betrachten seine Modelle als universell, in dem Sinne, daß keine Alternativen angegeben werden müssen; jede Welt ist eine Alternative zu jeder anderen (und natürlich zu sich selbst). In der deontischen Logik gelten beide Charakteristika für GK5 nicht, und zwar einfach deshalb nicht, weil T nicht gilt. Anstatt GK5 in Betracht zu ziehen, untersuchen daher die meisten Logiker das System GKD45, auch bekannt als das deontische S5. Da dieses sowohl 4 als auch 5 enthält, müssen die entsprechenden zu beachtenden Modelle jene D-Modelle sein, in denen sowohl die 4-Bedingung (ist eine Welt besser als eine zweite und die zweite besser als eine dritte, dann ist die erste besser als die dritte) und die 5-Bedingung (sind zwei Welten besser als eine dritte, dann sind sie „besser als" die jeweils andere, das heißt, sie stellen Ideale füreinander dar) gelten.

Der gängige Einwand gegen dieses ziemlich wirkungsvolle System lautet, daß es uns zu der Annahme verpflichtet, es gebe eine Menge von besten aller möglichen Welten, die alle Ideale füreinander darstellen. Dies ist die engste Näherung, die GKD45 an die „universelle" Eigenschaft von KT5 erreicht; nicht alle Welten sind Ideale füreinander, so wie die universelle Eigenschaft dies offenbar besagt, doch wenn eine Welt zumindest für irgendeine Welt ein Ideal darstellt, dann ist sie ein Ideal für alle anderen derartigen Ideale. Hieran fand Leibniz nichts auszusetzen – er glaubte tatsächlich, wir lebten in der einen besten aller möglichen Welten – doch Kritiker haben diese Auffassung als zu optimistisch (oder, wie der Philosoph F.H. Bradley nahelegte, als zu pessimistisch!) empfunden. Wir können jedoch die Frage, ob wir uns in der besten aller möglichen Welten befinden, von der Frage abtrennen, ob es so etwas überhaupt gibt.

Das starke System GKD45

Wir wollen zuerst versuchen, hierüber etwas mehr Klarheit zu bekommen. Das Hauptproblem besteht in Folgendem. Wir können uns bestimmte Handlungsweisen vorstellen, wie zum Beispiel Alkohol trinken, die wir als erlaubt betrachten, zumindest wenn sie in Maßen und unter den richtigen Umständen vorgenommen werden. Wir würden es jedoch nicht als moralisch verboten betrachten, wenn irgendeine Gruppe den Genuß von Alkohol überhaupt verbieten würde; das heißt, wir erlauben den Genuß von Alkohol, erlauben jedoch auch sein Verbot. Formal können unsere Forderungen als $\sim$G$\sim$A und $\sim$G$\sim$G$\sim$A oder äquivalent als EA und $\sim$GEA zum Ausdruck gebracht werden (wobei wir annehmen, daß A „Jemand trinkt Alkohol" darstellt). Gehen wir jedoch von G5 und von EA aus, dann lautet die Konsequenz GEA und dies widerspricht unserer Forderung ~GEA. Als Diagramm dargestellt sieht unsere Situation ohne G5 folgendermaßen aus:

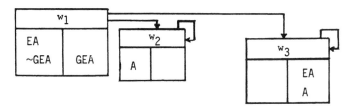

Alternative ideale Welten
Es könnte also von unserem Standpunkt aus zwei verschiedene Welten w_2 und w_3 geben, die beide ideal wären, wobei in einer Alkohol genossen wird, während dies in der anderen verboten ist und nicht stattfindet. Führen wir jedoch G5 ein, dann erfordert die hiermit gesetzte Einschränkung von Alternativen, daß w_2 und w_3 Ideale füreinander darstellen und dies kann nicht geschehen, da in w_3 etwas verboten ist, was in w_2 stattfindet. Weil alle Ideale für uns in diesem Sinne auch Ideale füreinander sein müssen, wurde G5 von einigen Kritikern verworfen.

Wollen wir nicht so weit gehen wie G5, dann gibt es zwei interessante dazwischenliegende Systeme, die gebildet werden, indem GK4 die folgenden Bedingungen hinzugefügt werden:

GU $G (Gp \supset p)$
G4cv $GGp \supset Gp$

GU ist eine Folge von GK45 und G4cv eine Folge von GK4U. (Man bemerke, daß in der Modallogik 4cv einfach ein Fall von T ist.) Welches Systems sollen wir uns bedienen? Von Wright, einer der wichtigsten Autoren in diesem Feld, bevorzugte GU, und andere haben argumentiert, daß es die unbezweifelbare Proposition, daß, was-sein-sollte, sein sollte, zum Ausdruck bringt. Dies läßt sich auch so ausdrücken, daß, obwohl GT ungültig ist, da es nicht wahr ist, daß alles, was sein sollte, auch ist, dies doch jedenfalls der Fall sein sollte, und eben dies besagt GU. Andere haben bestritten, daß dies durch GU zum Ausdruck gebracht wird, da

sie die Auffassung vertreten, daß GU einen besonderen
Nachteil hat: jede Welt, die besser als eine andere ist, ist
vollkommen, und zwar in dem Sinne, daß sie keine uner-
füllten Gebote enthält. Umgekehrt gilt, daß, wenn eine Welt
unerfüllte Gebote enthält, so wie dies in unserer der Fall ist,
sie dann für keine Welt ein Ideal darstellen kann. Und wieder ist es wichtig zu verstehen, warum sich dies so verhält.
Man betrachte eine Welt w_2, die zumindest ein unerfülltes
Gebot enthält; das heißt, in dieser Welt ist GA wahr, nicht
aber A, und wir wollen annehmen, daß w_2 ein Ideal für w_1
darstellt, und daß GU in w_1 gilt:

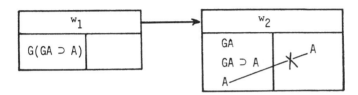

Es ist nun also deutlich, daß GU das beschriebene Merkmal
besitzt. Tatsächlich können wir eine Bedingung von Modellen angeben, unter die auch GU fällt; und zwar, daß jede
Welt, die ein Ideal für irgendeine andere Welt darstellt, zugleich ein Ideal ihrer selbst sein muß, das heißt, sie muß
eine ihrer eigenen Alternativen darstellen.
Dieses Merkmal von GU wurde jedoch kritisiert. Es wurde
eingewendet, daß, obwohl unsere Welt nicht vollkommen
ist, es gewiß schlechtere Welten gibt und daß daher unsere
Welt, obwohl sie kein Ideal ihrer selbst darstellt, doch ein
Ideal für einige Welten ist. Dieser Einwand verwechselt jedoch offenbar unsere Begriffe von besseren und schlechteren Welten mit dem eines Ideals; sicherlich gibt es
schlechtere Welten als die unsere, doch heißt dies nicht, daß
wir unsere für ideal halten müssen, nicht einmal für sehr
viel schlechter. Wir wären sonst zu der Annahme verpflichtet, daß Mord in jenen Welten erlaubt sei, und zwar deshalb,
weil er in unserer geschieht.
Diejenigen, die graduelle Verbesserungen bevorzugen, finden mehr Gefallen an G4cv, weil dies genau der Forderung
entspricht, daß es zwischen zwei Alternativen immer noch
eine weitere, dazwischenliegende Welt geben muß. Man
mache sich dies in groben Zügen an dem folgenden Diagramm klar:

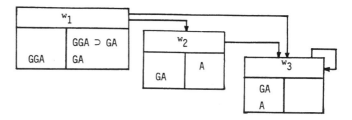

Von vornherein ist zu diesem Diagramm zweierlei zu bemerken. Erstens mußten wir w_3 nicht, wie üblich, deshalb eröffnen, weil es in w_2 entweder ein wahres Ep oder ein falsches Gp gab, sondern deshalb, weil wir D-Modelle verwenden, die erfordern, daß es zu jeder Welt eine Alternative gibt. Wir können w_2 nicht als Alternative ihrer selbst zulassen, da wir in diesem Falle A in ihr als wahr setzen müßten, und deshalb waren wir zur Eröffnung einer neuen Welt, w_3, gezwungen. Wir müssen dann fragen, welche Welt eine Alternative zu w_3 darstellt, obwohl wir jetzt glücklicherweise im Stande sind festzustellen, daß w_3 als ihr eigenes Ideal dienen kann. Das Endresultat ist jedoch ein konsistentes Diagramm, so daß GGA $\supset$ GA falsifiziert werden kann, obwohl wir es mit D4-Modellen zu tun haben. Zweitens kann w_3 als eine deontisch vollkommene Welt bezeichnet werden, zumindest im Hinblick auf A, weil alles, was wahr sein sollte, auch wahr ist. Das heißt, daß in w_3 GA wahr ist, ebenso aber auch A. In w_1 und w_2 ist diese Bedingung nicht erfüllt, da in w_1 GGA wahr ist, nicht aber GA, und in w_2 GA wahr ist, nicht aber A.

Alternativen zu Alternativen

Man bedenke nun die Konsequenzen der Forderung einer Alternative zwischen jeden möglichen zwei Alternativen. Erstens muß sie nicht buchstäblich dazwischen liegen, das heißt, eine dritte, intervenierende Welt sein, sie kann einfach eine der existierenden Welten sein, solange sie eine Alternative zu sich selbst darstellt. In diesem Fall können wir zum Beispiel w_3 als alternative Welt zu w_2 zulassen, und zwar deshalb, weil w_3 eine Alternative ihrer selbst darstellt. Wir können jedoch nicht das Gleiche für w_1 oder w_2 vornehmen. Wir sahen bereits, daß w_2 keine Alternative ihrer selbst darstellen kann, ebensowenig aber auch w_1, da wir in diesem Fall GA als wahr in ihr annehmen müßten, so daß sich wiederum ein Widerspruch ergeben würde. Wir müssen daher im Falle von w_1 und w_2 eine neue Welt einfügen, w_4, und zwar zwischen w_1 und w_2 (vergleiche das unten stehende Diagramm). Wir setzen in w_4 GA wahr, und zwar abgeleitet aus GGA, welches in w_1 wahr ist; dies ist unproblematisch, doch da wir nunmehr GA in w_4 wahr gesetzt haben, müssen wir auch A in w_2 wahr setzen, da w_2 eine Alternative zu w_4 darstellt. Dies heißt, daß A in w_2 sowohl wahr als auch falsch ist, und damit haben wir herausgefunden, daß wir GGA $\supset$ GA in Modellen mit diesem Merkmal nicht falsifizieren können: Stellt eine Welt eine Alternative zu einer zweiten dar, dann gibt es eine Welt, die alternativ zu der ersten ist und zu der die zweite eine Alternative darstellt.

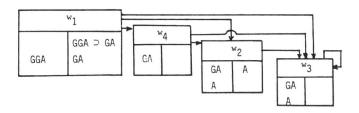

Akzeptieren wir GU, dann akzeptieren wir jedoch auch G4cv, da das letztere eine Konsequenz des ersteren darstellt. Die einfachste Art und Weise, G4 unserem System hinzuzufügen, ist als eine eingeschränkte Form von GT: *Das plausible System GKD4U*

Regel G4. Die Ableitung von G^np aus G^nGp
ist nur innerhalb einer G-Barriere zulässig.

Das Ergebnis unserer bisherigen Erörterung lautet also, daß GKD4U als plausible Logik für die Deontik erscheint; andernorts wurde sie als GS4 bezeichnet. Bevor wir jedoch behaupten, daß es sich hierbei um das richtige System handelt, müssen wir diejenigen Einwände betrachten, die hiergegen erhoben wurden und die das ganze Unternehmen bedrohen könnten.

4.1.1 Probleme und Rätsel der deontischen Logik

4.1.1.1 Das Alf Ross-Paradoxon

Sogar im schwächsten deontischen System, das wir betrachtet haben, GK, fällt der Beweis des Folgenden nicht schwer:

$$Gp \ \vDash \ G(p \lor q)$$

Ross kritisierte diese Ableitung. Er bemerkte, daß aus der Tatsache, daß man einen Brief einwerfen solle, nicht folge, daß man ihn entweder einwerfen oder verbrennen solle. Ein ähnliches Problem stellt sich für Erlaubtes: aus Ep können Sie E(p $\lor$ q) ableiten, es klingt jedoch seltsam, zu sagen, Sie könnten aus der Erlaubnis zu rauchen ableiten, es sei erlaubt zu rauchen oder auf jemanden zu schießen. Aus dieser Geschichte zog Ross die Moral, daß die deontische Logik im Prinzip defekt sei, doch dies erscheint als ein vorschneller Schluß.

Wir werden uns der Bequemlichkeit halber auf das erste dieser Probleme konzentrieren; unsere Bemerkungen werden jedoch auch auf das zweite Bezug haben. Sagt jemand „Du solltest X oder Y tun", dann ist es normalerweise gleichgültig, welches von beiden wir tun, solange wir eines von beiden tun. Wir können das Gebot also erfüllen, indem wir entweder das eine oder das andere tun, welches von beiden auch immer. Die Forderung beinhaltet daher, daß weder X noch Y ausdrücklich geboten ist; wir müssen eines von beiden nur dann tun, wenn wir das andere nicht tun. So verstanden folgt die Forderung eindeutig nicht aus „Du solltest X tun", welches ja zu einem spezifischeren Gebot verpflichtet, und daher hat Ross sicherlich recht, wenn er den Schluß von „Du solltest X oder Y tun" aus „Du solltest X tun" kritisiert.

All dies zeigt jedoch, daß „Du solltest X oder Y tun", zumindest so, wie es normalerweise verwendet wird, nicht die gleiche Bedeutung hat wie G(p $\lor$ q). Verstehen wir diese letzte Forderung in ihrer eigentlichen Bedeutung, dann können wir sehen, daß sie aus Gp folgt, obwohl sie nicht „Du solltest X oder Y tun" darstellt. Die Moral der Geschichte lautet also, daß wir in der Übersetzung zwischen formaler Darstellung und natürlichen Sprachen vorsichtig vorgehen, nicht aber gleich die ganze deontische Logik aufgeben sollten.

4.1.1.2 Inkonsistente Gebote

Einige Philosophen haben behauptet, daß zu bestimmten Gelegenheiten, wenn p geboten ist, zugleich auch non-p geboten ist. Vielleicht steht es zum Beispiel in Ihrer Macht,

einen grausamen Diktator zu töten. Sie sollten dies dann tun
– diese Auffassung wäre vertretbar –, um unsägliches Leid
zu verhindern, und Sie sollten es auch nicht tun, weil man
nicht töten soll. Einige Moraltheorien, wie zum Beispiel der
Utilitarismus, geben Mittel zur Auflösung solcher Widersprüche an die Hand, während in anderen keine Lösung
möglich ist.

Gehen wir von dieser Möglichkeit aus und stellen „Du tö-
test den Diktator" durch A dar, dann ist unsere Behauptung
durch GA·G~A darstellbar. Andererseits lautet ein Theorem von GKD, daß ~(GA·G~A). Sind Sie daher der Auffassung, daß inkonsistente Gebote von der Art, wie sie
gerade beschrieben wurden, möglich sind, dann stellt GKD
kein plausibles System dar, weil eines seiner Theoreme
Ihrer Behauptung widerspricht.

Geben wir Regel D auf und verwenden nur GK (oder Erweiterungen von GK, wie zum Beispiel GK4, usw.) dann
haben wir es nicht mehr mit diesem Theorem zu tun. Dennoch ist das Problem damit nicht gelöst, weil sogar in GK
eine Konsequenz von GA·G~A lautet, daß man auch auf
G(A·~A) verpflichtet ist. Nun vertreten nicht einmal jene,
die die Möglichkeit inkonsistenter Gebote behaupten wollen, die Auffassung, daß es einander widersprechender Gebote geben kann, und es ist wichtig, diesen Unterschied zu
verstehen. Ein widersprüchliches Gebot wäre einfach ein
Gebot, welches überhaupt nicht befolgt werden kann; wie
sollte man auch nur einen Anfang damit machen, jemanden
zugleich umzubringen und nicht umzubringen? Dies ist ein
Gebot, dessen Befolgung man nicht einmal versuchen
könnte. Im Falle inkonsistenter Gebote hingegen wissen
wir zwar, daß wir nie im Stande sein werden, beide (oder
alle, wenn es mehr als zwei gibt) zu erfüllen. Doch wir können zumindest einen Teil des Gebotenen befolgen und sollten dies gerade auch versuchen.

*Inkonsistente
Gebote vs wider-
sprüchliche
Gebote*

Es gibt in dieser Situation im wesentlichen drei Optionen:
erstens, die ganze Unternehmung der deontischen Logik für
fruchtlos zu erklären, zweitens, an GKD festzuhalten und
eine Lösung aller Dilemmata zu finden und drittens, davon
auszugehen, daß es tatsächlich unauflösliche Dilemmata
gibt und GK um der Suche nach einer besseren Logik willen aufzugeben. Auch hier sind wir der Auffassung, daß es
zu früh ist, um den ersten Weg einzuschlagen; vielleicht

gibt es Mittel, um dieses Problem einer Lösung zuzuführen, und wir werden dies nie wissen, wenn wir es nicht versuchen. Es sind verschiedentlich Versuche unternommen worden, schwächere Logiken als GK zu untersuchen; diese sind als *Minimal*logiken bekannt und von beträchtlichem Interesse. Aus räumlichen und zeitlichen Gründen werden wir uns mit diesen hier nicht auseinandersetzen, sie jedoch im Abschnitt über epistemische Logik einführen. Vorerst gehen wir von der Annahme aus, daß etwas geschehen kann, um Dilemmata auszuschalten, und wir werden GKD und seine Erweiterungen weiter betrachten, wenn auch im Bewußtsein dieser zugrundegelegten Annahme.

4.1.1.3 Paradoxa des abgeleiteten Gebots

Alle folgenden sind Theoreme in GK:

$$a) \sim p \supset (p \supset Gq) \qquad c) \ G \sim p \supset G(p \supset q)$$
$$b) \ Gq \supset (p \supset Gq) \qquad d) \ Gq \supset G(p \supset q)$$

Tatsächlich sind a) und b) Fälle von Theoremen der reinen propositionalen Logik, die sogenannten Paradoxa der materialen Implikation; c) und d) erfordern deontische Prinzipien in GK.

Dies Problem ähnelt demjenigen, welches sich im Falle des Alf Ross-Paradoxons stellt; verstanden in Begriffen der offiziellen Bedeutung von G und $\supset$, die in der Semantik für GK gegeben sind, stellen all diese deontische Tautologien dar. Das Problem entsteht dann, wenn wir versuchen, diese Ausdrücke in natürlicher Sprache zu lesen, indem wir die gewöhnliche „wenn...dann"-Konstruktion verwenden, und diese offenbar nicht wahr sind. Betrachten wir als Beispiel etwa c): es scheint zu besagen, daß, „wenn Du keine Bank berauben solltest, dann solltest Du, wenn Du die Bank beraubst, jemanden umbringen". Dies ist offensichtlich absurd. Der Unterschied zwischen diesem Fall und dem des Alf Ross-Paradoxons besteht darin, daß Logiker zu der Auffassung gekommen sind, daß die Interpretation, welche diese Ausdrücke in natürlichen Sprachen erfahren, wichtig genug ist, um eine neue Notation zu erfordern, weil unsere derzeitige nicht angemessen ist. Im Kern des Problems steht eine Sammlung von Aussagen wie „Wenn Du X tust, dann solltest Du Y tun" und „X zu tun verpflichtet Dich dazu, Y zu tun". In unserer derzeitigen Notation bieten sich zwei Optionen an:

Option 1.   p ⊃ Gq
Option 2.   G(p ⊃ q)

wo p schematisch „Du tust X" und q „Du tust Y" darstellt. a) bis d) oben zeigen, daß beide Optionen unangemessen sind. Nehmen Sie zum Beispiel an, daß wir uns für die Option 1 entscheiden. Dann sind a) zufolge die beiden folgenden Ausdrücke wahr, da beide Einsetzungsinstanzen darstellen:

> Wenn Du die Bank nicht beraubst, dann verpflichtet Dich, die Bank zu berauben dazu, das Geld zu erstatten.
> Wenn Du die Bank nicht beraubst, dann verpflichtet Dich, die Bank zu berauben dazu, das Geld nicht zu erstatten.

Dennoch würden wir sagen, daß der erste dieser Ausdrücke wahr und der zweite falsch ist. Wir haben bereits gesehen, daß, wählen wir die Option 2, c) als wenig sinnvoll erscheint, und daher entspricht keine der beiden Optionen offenbar unseren Bedürfnissen.

Denken wir darüber nach, wie solche Ausdrücke wie „Gegeben p, dann sollte q der Fall sein" üblicherweise verwendet werden, dann sind p und q für sich selbst genommen oft mehr oder weniger verwerflich, wie das Berauben einer Bank usw. Weil sie verwerflich sind, sind sie in idealen Alternativen zu einer gegebenen Welt nicht wahr, weil in einer idealen Welt niemand Banken beraubt. Letztlich wäre es ja auch besser, wenn derartiges nicht geschehen würde. Was wir jedoch durch „Gegeben p, dann sollte q der Fall sein" auszudrücken versuchen, ist nicht, daß die Verbindung von p und q für sich selbst genommen wünschenswert wäre, sondern eher, daß es sich hierbei um eine wünschenswertere Alternative als bei p ohne q handelt. Das heißt, vielleicht ist eine Welt, in der sowohl p als auch q wahr sind, nicht ideal, sie ist jedoch besser als eine Welt, in der p wahr ist, nicht aber q, wie schlecht auch immer diese Welt dennoch ansonsten sein mag.

Um also entscheiden zu können, ob man bei gegebenem p q tun sollte, muß man diejenigen Welten betrachten, in denen p wahr ist, und die wir als p-Welten bezeichnen können, und dann überprüfen, welche von ihnen die besten sind. Ist q in allen besten p-Welten wahr, dann sollte man bei gegebenem p q tun. Dies ist eine Skizze der Grundlage dessen, was als *dyadische* deontische Logik bekannt ist und in welcher die Standardnotierung das relative Gebotssymbol G_p darstellt, gelesen als „Gegeben p, dann ist ... geboten".

Die dyadische deontische Logik

Wir werden hier keine voll entwickelte Darstellung der dyadischen deontischen Logik geben, einige weitere Details sind jedoch erwägenswert. Erstens benötigen wir eine bestimmte Verfeinerung des Begriffs einer p-Welt. Man betrachte die Aussage „Wenn Sie ein brennendes Zündholz in einen Papierkorb werfen, dann sollten Sie Wasser in ihn schütten". Um diese Aussage zu bewerten, wollen wir nicht wirklich sämtliche p-Welten überprüfen, das heißt all diejenigen Welten, in denen man ein entzündetes Streichholz in einen Papierkorb wirft, weil in einigen Welten Papierkörbe vielleicht nie entzündliches Material enthalten und, schlimmer, manchmal Materialien enthalten können, die in Verbindung mit Wasser explodieren. Deshalb stellt nicht in jeder p-Welt Wasser eine Verbesserung dar, und G_pq wäre falsch. Offenbar sollten wir unsere Überprüfung also auf diejenigen p-Welten beschränken, die der unsrigen so weit wie möglich entsprechen, anstatt sämtliche p-Welten zu betrachten.

Der nächste Punkt betrifft die Beziehung von G_p zu unserem ursprünglichen Operator G. Zwei Verbindungen sind unschwer erkennbar. Erstens verhält sich jeder einzelne dyadische Operator G_p, G_q, G_r usw. („Gegeben p, dann ist ... geboten", Gegeben q, dann ist ... geboten" usw.) gerade so wie G, und zwar in dem Sinne, daß jeder Satz, der bei der Verwendung von G eine deontische Tautologie darstellt, eine solche bleibt, wenn G durch G_p usw. ersetzt wird, solange wir einheitlich ersetzen. Der Grund hierfür zeigt sich sofort, wenn wir die Semantik von G und G_p betrachten: Sowohl G_q als auch G_qp sind genau dann wahr, wenn q in einer bestimmten Gruppe von Welten wahr ist, und ob diese Welten in Bezug auf uns ideale Welten oder die besten p-Welten darstellen, spielt für die sich ergebende Tautologie keine Rolle. Zweitens können wir tatsächlich den monadischen

G_p vs G

Operator in Begriffen des dyadischen definieren, nicht aber, wie wir sahen, umgekehrt. Um G in Begriffen von G_p definieren zu können, müssen wir nur ein p derart wählen, daß die besten möglichen p-Welten mit den idealen Welten identisch werden. Dies geschieht, indem für p eine beliebige Tautologie gewählt wird; da diese in jeder Welt wahr ist, werden die besten Welten, in denen sie wahr ist, einfach die besten Welten sein. Daher die folgende Definition:

$$Gq =_{df} G_{(p \supset p)}q$$

Wir haben diese Überlegungen über G_p einigermaßen geradeheraus vorgebracht. Die Probleme werden sehr viel verwickelter, wenn wir danach fragen, wie all diese verschiedenen dyadischen Operatoren aufeinander bezogen sind. Welches ist zum Beispiel die Beziehung zwischen G_pq zu $G_{\sim p}q$? Oder von $G_{(p \vee q)}r$ zu G_pr oder G_qr? Wie es scheint, sollten wohl einige Verbindungen gestiftet werden, doch welche genau, kann nur Gegenstand einer weiteren Untersuchung sein. Der interessierte Leser kann einen Anfang machen, indem er sich auf Føllesdal und Hilpinen bezieht. Anstatt diese Fragen hier zu lösen, werden wir uns jedoch einem weiteren Problem zuwenden, vielleicht dem schwierigsten, vor das sich die deontische Logik gestellt sieht.

4.1.1.4 Das Paradoxon vom guten Samariter

Dieses entsteht aus einigen einfachen logischen Tatsachen. Betrachten Sie zuerst die folgende Aussage:

> a) Hilft der gute Samariter dem verletzten Menschen am Wegesrand, dann gibt es einen verletzten Menschen am Wegesrand.

Nicht nur ist dieser Satz offensichtlich wahr, sondern es handelt sich hier auch um eine logische Wahrheit; es gibt keine mögliche Welt, in welcher das Antezedens wahr und das Konsequens falsch ist. Da er in jeder möglichen Welt wahr ist, gilt dies auch von dem folgenden, in dem A das Antecedens von Satz a) und B sein Konsequens darstellt, das heißt, die Sätze „Der gute Samariter hilft dem verletzten Menschen am Wegesrand" und „Es gibt einen verletzten Menschen am Wegesrand":

> b) $G(A \supset B)$

Dieser Satz ist einfach deshalb in jeder möglichen Welt wahr, weil A ⊃ B in allen idealen Welten wahr sein muß. Wir alle stimmen auch darin überein, daß der gute Samariter dem Verletzten am Wegesrand helfen sollte:

c) GA

Aus b) und c) folgt jedoch aufgrund des Deontischen Modus Ponens die Aussage:

d) GB

welche, einigermaßen überraschend, besagt, daß es einen Verletzten am Wegesrand geben sollte! Ja, noch schlimmer: Es folgt sogar, daß für jeden von uns geboten ist, zu bewirken, daß es einen Verletzten am Wegesrand gibt, vielleicht, indem wir den ersten, der vorbeikommt, verdreschen. Zusätzlich – da es ja tatsächlich durchaus keinen Verletzten am Wegesrand geben sollte – ist d) nicht nur überraschend, sondern stellt zusammen mit e) ein inkonsistentes Gebot dar.

e) G~B

Von einer Lösung dieses Problems sind wir noch weit entfernt; mehr als einer der zeitgenössischen Autoren hat dies und ähnliche Probleme als Beleg dafür genommen, daß die deontische Logik noch einen weiten Weg zurücklegen muß, bevor sie kompetent mit Fragen des tatsächlichen Lebens umgehen kann. Jedenfalls ist die Identifizierung des Problems einer kurzen Überlegung wert.

In einem gewissen Sinne ist dies Problem eine Verkehrung desjenigen des vorigen Abschnitts; dort bestand das Problem darin, daß bestimmte Dinge erst dann geboten sind, wenn sich bestimmte andere Dinge ereignet haben, während hier offenbar bestimmte Dinge geboten sein müssen, damit andere Gebote auftreten können.

Es ist schwer zu sagen, ob dies Problem einen Grund darstellt, an der deontischen Logik zu verzweifeln; es ist jedoch klar, daß es sich hierbei um ein ernsthaftes Problem handelt, das noch gelöst werden muß und das im Zentrum der derzeitigen Forschung steht.

Übungsaufgabe 7:

7.1. Verwenden Sie Diagramme, um zu bestimmen, welche
der folgenden Ausdrücke D-deontische Tautologien
darstellen, das heißt in jeder Welt in jedem Modell
wahr sind, welche die D-Bedingung erfüllt, nämlich,
daß jeder Welt die eine oder andere Alternative zukommt. Zeigen Sie für alle Sätze, die D-deontische
Tautologien darstellen, daß sie im System GKD abgeleitet werden können.

   7.1.1. $EA \lor E{\sim}A$
   7.1.2. $GA \lor EA$
   7.1.3. $GGA \supset EEA$
   7.1.4. $({\sim}A \supset G{\sim}A) \supset (GA \supset A)$

7.2. Zeigen Sie, daß GU tatsächlich in GKD4U bewiesen
werden kann.

7.3. Verwenden Sie Diagramme, um zu bestimmen, bei welchen der folgenden Ausdrücke es sich um D4-deonti-
sche Tautologien, bei welchen um D4U-deontische
Tautologien, bei welchen es sich um D45-deontische
Tautologien handelt und bei welchen um keine von diesen. Die D-Bedingung ist wie oben angegeben, die 4-
und 5-Bedingung entsprechen denen im Kapitel 3, und
die U-Bedingung lautet, daß jede Welt, die eine Alternative zu irgendeiner Welt darstellt, auch eine Alternative ihrer selbst ist. Zeigen Sie, daß jede Tautologie in
einem entsprechenden System abgeleitet werden kann,
zum Beispiel GKD4, GKD4U oder GKD45.
Man bemerke, daß die U-Bedingung aus der 5-Bedin-
gung folgt; ist w_2 eine Alternative zu w_1, dann folgt
(trivialerweise), daß w_2 eine Alternative zu w_1 darstellt. Dann sind jedoch beide (!) w_2 und w_2 Alternativen zu w_1, und daher müssen sie Alternativen
zueinander darstellen, das heißt w_2 ist eine Alternative
ihrer selbst.

   7.3.1. $GEA \supset A$
   7.3.2. $GGA \supset GA$
   7.3.3. $GEA \supset EA$
   7.3.4. $(GA{\cdot}(A \supset GB)) \supset GB$

4.2. Temporale Logik

Der Hauptgrund für eine Untersuchung der temporalen Logik ist die Unzufriedenheit mit der Art und Weise, in welcher in der propositionalen Standardlogik Temporalsätze behandelt werden. Da die Frühgeschichte der formalen Logik eng auf Grundlagenprobleme der Mathematik bezogen war, bestand wenig Interesse an Zeitformen, da Sätze in mathematischen Argumenten im allgemeinen als keiner Zeitform unterworfen betrachtet werden. Nimmt man jedoch einen einfachen nicht-mathematischen Satz wie „Johanna wäscht ihren Hund" und führt ihn durch verschiedene Zeitformen, dann können sich Sätze mit unterschiedlichem Wahrheitswert ergeben. Vielleicht ist zum Beispiel „Johanna wäscht ihren Hund" nicht wahr, obwohl „Johanna hat ihren Hund gewaschen" und „Johanna wird ihren Hund waschen" beide wahr sind. Wollen wir die Logik mit Mitteln ausrüsten, um Merkmale zum Ausdruck zu bringen, welche die Wahrheitswerte beeinflussen, dann ist die temporale Logik eindeutig ein der Untersuchung werter Bereich.

Zeitformen und Wahrheitswerte

Die einfachste temporale Logik beginnt mit zwei Operatoren F und H, welche die Ausdrücke „Es wird (manchmal) der Fall sein, daß..." und „Es wird immer der Fall sein, daß..." zum Ausdruck bringen. Die erste, nunmehr offensichtliche Beziehung ist eine Äquivalenz zwischen F und $\sim$H$\sim$, da H sich wie ein Notwendigkeitsoperator und F wie ein Möglichkeitsoperator verhält. Zusätzlich gelten offenbar alle Standardbeziehungen aus K, wenn $\square$ und $\diamondsuit$ durch H und F ersetzt werden. Wird es zum Beispiel immer der Fall sein, daß p und q, dann wird es immer der Fall sein, daß p. Auch hier sollten Sie die Standardergebnisse überprüfen, um zu sehen, ob Sie deren Geltung in dieser neuen Interpretation für überzeugend halten. Wir können also mit unserer temporalen Logik zumindest bei einer Grundlegung vom K-Typus ansetzen, die wir als TempK bezeichnen werden.

Die Operatoren

Wiederum können wir, wie auch bisher, danach fragen, ob weitere Prinzipien gelten und mit unserem üblichen Trio, T, 4 und 5 beginnen, und zwar in deren temporaler Form:

TempT	Hp $\supset$ p
Temp4	Hp $\supset$ HHp
Temp5	Fp $\supset$ HFp

Erstens verlieren wir TempT; dieses Prinzip gilt in der temporalen Logik nicht, da dasjenige, was immer der Fall sein wird, nicht unbedingt jetzt der Fall sein muß. Hier ein etwas morbides Beispiel: im Augenblick, bevor Sie sterben, wird es immer der Fall sein, daß Sie tot sein werden, zum jetzigen Zeitpunkt sind Sie jedoch nicht tot. Hier ist eine Warnung am Platze: in einigen Werken über temporale Logik gilt TempT, weil die Autoren H in der Bedeutung „Es ist jetzt der Fall und wird immer der Fall sein, daß..." verwenden. Dieser Unterschied ist unschädlich, wenn er erkannt wird. Andererseits gilt das temporale Äquivalent zu 4 ganz sicherlich, weil, wenn p immer der Fall sein wird, dann auch immer der Fall sein wird, daß es immer der Fall sein wird.

5 führt uns zu einem kritischen Thema der temporalen Logik. Es besagt, daß all dasjenige, was in der Zukunft liegt, immer in der Zukunft liegen wird. Auf den ersten Blick erscheint dies als offensichtlich falsch; unser Tod liegt in der Zukunft, hat er sich jedoch ereignet, dann wird er nicht länger in der Zukunft liegen, sondern nur noch in der Vergangenheit, und dasselbe gilt auch für andere Ereignisse. Man nehme jedoch an, daß jemand an die Lehre von der ewigen Wiederkehr glaubt: alles, was geschieht, wird sich immer wieder und wieder ereignen. Jemand, der dies glaubt, würde Temp5 für wahr halten. Dies legt nahe, daß, obwohl Temp5 Teil einer interessanten Zeittheorie ist, es sich dabei offenbar nicht um einen Teil der grundlegenden Logik temporaler Begriffe handeln kann. Dennoch bleibt es interessant, die temporale Logik zur Untersuchung der logischen Verbindungen solcher Theorien zu verwenden, und wir werden daher im Folgenden sowohl solche Prinzipien erörtern, die Teil der Logik zu sein scheinen, als auch andere, die offenbar zu speziellen Zeittheorien gehören. Doch manchmal wird diese etwas grobe Unterscheidung zusammenfallen, der Leser sei also vorgewarnt!

Das Grundsystem TempK4

Bis hierher sind wir bis zu TempK4 als unserem grundlegenden System der temporalen Logik vorgestoßen. Wir werden jetzt drei verschiedene Prinzipienklassen betrachten, um zu untersuchen, ob wir sie unserem System hinzufügen sollen. Die erste Klasse betrifft die Struktur der temporalen Abfolge, ob diese sich verzweigen und auseinanderlaufen kann, die zweite, ob Zeit endlich ist, und die dritte, ob sie aus aufeinander folgenden Augenblicken besteht. Die erste Klasse enthält die beiden folgenden Prinzipien, durch die sie jedoch bei weitem nicht erschöpft wird:

Temp4.2 $FHp \supset HFp$
Temp4.3 $(Fp \cdot Fq) \supset (F(p \cdot Fq) \lor F(p \cdot q) \lor F(Fp \cdot q))$

Im zweiten dieser Ausdrücke wurden aus Gründen der Übersichtlichkeit einige Klammern weggelassen, da dies hier nicht zu Verwirrung führen kann.

Das erste Prinzip besagt: Wenn es zu einem Zeitpunkt der Fall sein wird, daß danach immer p der Fall sein wird, dann wird es zu jedem zukünftigen Zeitpunkt der Fall sein, daß danach p der Fall wird. Dies erscheint allerdings als einsichtig; was vielleicht überrascht, ist, daß es sich hierbei nicht um eine Konsequenz derjenigen Prinzipien handelt, über die wir bereits verfügen. Um festzustellen, daß dies nicht der Fall ist, müssen wir ein falsifizierendes Diagramm für diese Aussage zusammenstellen, und hierzu müssen wir untersuchen, wie die Semantik der Modallogik für die Belange der temporalen Logik angepaßt werden kann.

Eine Semantik für TempK4

Die Semantik für den Notwendigkeitsoperator $\square$ erfordert, daß wir über eine Menge alternativer Welten verfügen; dann ist $\square p$ in einer Welt wahr, wenn p in allen Alternativen zu dieser Welt wahr ist. Andererseits ist Hp zu einem bestimmten Zeitpunkt wahr, wenn p zu allen zukünftigen Zeitpunkten wahr ist. Hier besteht offensichtlich eine enge Parallele, die wir in zweifacher Weise explizieren können: erstens, indem wir mögliche Welten als Augenblicke behandeln und zweitens, indem wir eine Welt als Alternative zu einer anderen genau dann behandeln, wenn sie einen späteren Augenblick als die erste darstellt. Diese naheliegende Betrachtungsweise der Diagramme bedeutet, daß die Semantiken für H und F sowohl der Bedeutung, die wir ihnen bereits zugewiesen haben, als auch der formalen Semantik für $\square$ entsprechen. In dieser Interpretation sieht unser Diagramm folgendermaßen aus:

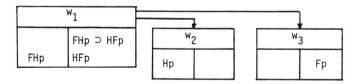

Hier verhalten sich natürlich die H wie □ und die F wie ◇, so daß dem Diagramm nichts weiter hinzuzufügen ist; es dient der Falsifikation von Temp4.2. Man bemerke jedoch, daß in w_2 Hp wahr ist und in w_3 Fp falsch, obwohl auf w_2 und w_3 keine weiteren Momente folgen. Dies unterstreicht ein bemerkenswertes Merkmal sowohl dieser Diagramme als auch der betreffenden Logik. Und zwar sind alle Behauptungen von der Form Hp wahr und alle diejenigen von der Form Fp falsch, zu einem Zeitpunkt, auf den kein weiterer Zeitpunkt folgt. Dies ist so, weil Fp behauptet, daß es einen zukünftigen Zeitpunkt gibt, zu dem p gilt, was falsch ist, während Hp behauptet, daß p zu allen zukünftigen Zeiten wahr sein wird, und dies ist in trivialer Weise wahr, weil es keine Zukunft gibt.

Wir waren also in der Lage, Temp4.2 zu falsifizieren, indem wir ein Diagramm verwendeten, in welchem einige Welten keinen Nachfolger haben. Aber auch wenn wir fordern, daß jede Welt einen Nachfolger hat, können wir immer noch Temp4.2 falsifizieren:

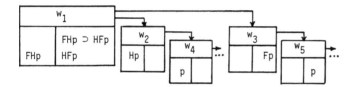

Hier repräsentiert das „...." eine offene Kette ähnlicher Welten. Man bemerke, daß, während es in der deontischen Logik zulässig war, daß Welten alternativ zu sich selbst waren, so daß eine ideale Welt tatsächlich den Standard ihrer eigenen Gebote darstellen konnte, es offensichtlich nicht unserer Interpretation der Beziehung der Alternativität entsprechen würde, dies auch für Diagramme der temporalen Logik zuzulassen, da kein Zeitpunkt in seiner eigenen, unmittelbaren Zukunft liegt.

Was dieses Diagramm zeigt, ist zeitliche Verzweigung; von w_1 gehen zwei vollkommen getrennte Folgen aus: eine über w_2 und w_4, die andere über w_3 und w_5. Als Darstellung von Zeitbegriffen erscheint das vollkommen irregulär; daß sich zu einem gegebenen Zeitpunkt zwei miteinander unverbundene zukünftige Zeiten entwickeln könnten, ist eher der

Ein Rettungsversuch für Temp4.2

Stoff, aus dem Science Fiction gemacht wird, als nüchterne Theorie. Eine Einschränkung, die Temp4.2 gültig macht und die Angelegenheit immerhin etwas sinnvoller erscheinen läßt, besteht darin, zu sagen, daß, wenn zwei Welten beide die Zukunft einer gegebenen Welt darstellen, sie dann auch eine gemeinsame Zukunft haben müssen. Am Diagramm aufgezeigt bedeutet diese Einschränkung, daß, wenn immer Zeitpfeile von einer Welt zu irgendwelchen zwei anderen Welten führen, dann Pfeile von diesen beiden Welten zu einer weiteren Welt führen müssen. Wir können feststellen, daß dies deshalb Temp4.2 gültig macht, weil jede Welt, die sowohl für w_2 und w_3 die Zukunft darstellt, p sowohl wahr als auch falsch setzen muß. (Wir nehmen hier an, daß wir uns der 4-Modell-Bedingung bedienen, derzufolge die Zukunft der Zukunft einer Welt die Zukunft dieser Welt ist.)

Eine Rechtferti-
gung für Temp4.3

Andererseits läßt diese Einschränkung immer noch kurze Abzweigungen zu, wie bei w_2 und w_3. Wir können eine stärkere Bedingung verhängen, die für lineare Verkettungen sorgt; wir können darauf bestehen, daß, wenn w_1 und w_2 getrennte Welten sind und beide eine frühere Welt gemeinsam haben, die eine später als die andere sein muß. Es zeigt sich, daß dies dem Prinzip Temp4.3 entspricht, welches in etwa besagt, daß, wenn zwei Behauptungen sich in der Zukunft als wahr erweisen, dann sich zugleich eine von drei Möglichkeiten bewahrheitet: entweder eines wird geschehen und das andere wird in der Zukunft geschehen oder beide werden gemeinsam geschehen oder das zweite wird sich bewahrheiten und das erste noch in der Zukunft liegen. Aus diesem Prinzip folgt Temp4.2, und von ihm wird allgemein angenommen, daß es die Zeitlogik bestimmt.

Trotzdem: Zeitver-
zweigungen sind
nicht sinnlos

Obwohl wir nun gerade die Sprechweise von der sich verzweigenden Zeit als Science Fiction beschrieben haben, ist es doch nicht wirklich eindeutig, daß diese Sprechweise unverständlich ist. Schließlich erscheinen Science-Fiction-Erzählungen über Verzweigungen in der Zeit, wenn auch als verblüffend und verunsichernd, so doch nicht als geradezu unlogisch und wenn sie dies nicht sind, dann ist weder Temp4.2 noch Temp4.3 Teil der Zeitlogik, obwohl beide wahrscheinlich Teil der am weitesten verbreiteten Zeittheorie sind.

Unsere zweite Prinzipienklasse betrifft die Frage, ob die Zeit endlich ist. Die Behauptung, daß dies nicht so sei, kann durch ein der deontischen Logik entlehntes Prinzip zum Ausdruck gebracht werden:

TempD   Hp ⊃ Fp

Hat die Zeit ein Ende?

Offensichtlich wird diese Behauptung falsifiziert werden, wenn es einen letzten Augenblick gibt, da dann Hp wahr und Fp falsch sein wird, wie oben erläutert. In Begriffen der Einschränkungen von Modellen entspricht TempD der vertrauten Forderung, daß es zu jeder Welt eine Alternative geben muß. Die entgegengesetzte Behauptung, daß die Zeit ein Ende habe, kann durch die folgende Formel eingefangen werden

TempF   H(p·~p) ∨ FH(p·~p)

Die Ausarbeitung dieser Formel erfordert jedoch mehr Zeit, als hier zur Verfügung steht.

Schließlich sollen noch zwei weitere Merkmale der Zeitstruktur erörtert werden, nämlich Dichte und Diskretheit. Die Zeitstruktur ist genau dann dicht, wenn es zwischen zwei Zeitpunkten immer einen dritten gibt, und sie ist im Gegensatz hierzu diskret, wenn jeder Zeitpunkt einen bestimmten Nachfolger hat. Wir können die erste Bedingung durch ein Prinzip zum Ausdruck bringen, das wir im Abschnitt über deontische Logik erörtert haben, 4cv, zur Darstellung der zweiten benötigen wir hingegen einige Instrumente, die wir bald einführen werden.

Ist die Zeit dicht oder nicht?

Temp4cv   HHp ⊃ Hp

Wir geben wieder keinen Nachweis dafür, daß es für Temp4cv, ein Modell, das durch das Merkmal der Dichte gekennzeichnet ist, kein falsifizierendes Diagramm gibt. Dies vervollständigt unsere Diskussion der grundlegenden Prinzipien für F und H. Es ist jedoch möglich, unsere Theorie in interessanter Weise zu erweitern, indem wir zwei weitere Operatoren P und I hinzufügen, die als „Es war zumindest einmal der Fall, daß..." und „Es war immer der Fall, daß..." gelesen werden. P und I ähneln deshalb stark F und H, und tatsächlich gilt von ihnen eine genau analoge Menge von Bedingungen, in welcher P F und I H ersetzt. Im Folgenden werden wir unter „Temp4" oder „TempD"

Neue Operatoren für die Vergangenheit

usw. entweder die bereits angeführte Form oder das analoge
Prinzip für P und I verstehen, und zwar unspezifiziert, es sei
denn, daß wir ausdrücklich die eine oder die andere Version
erwähnen. Von Interesse sind jedoch nicht einfach ihre ana-
logen Eigenschaften, sondern die Ergebnisse der Verbindung aller vier zu einem gemeinsamen System und der
Versuch, Prinzipien bereitzustellen, die Zukunft und Vergangenheit zusammenbinden.
Die allerersten grundlegenden Verbindungen verknüpfen H
mit P und F mit I:

TempHP	$p \supset HPp$
TempFI	$p \supset IFp$

Wie ein Diagramm für die erste dieser Verbindungen zeigt,
erscheinen diese als unbezweifelbar.

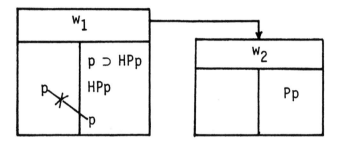

Dieses Diagramm erfordert einige Erklärungen, da durch P
und I einige zusätzliche Regeln für Diagramme notwendig
werden. Wir begannen in diesem Fall wie üblich, und alles
verläuft normal bis zu dem Punkt, an dem wir Pp falsch in
w_2 setzen. Doch was bedeutet dies? Ist Pp in einer Welt
falsch, dann müssen alle jene Welten, die früher als diese
Welt sind, p falsch enthalten, und wir müssen daher zu w_1
zurückgehen und dort p falsch setzen. Unsere neuen Regeln
lauten also: Ist Pp in einer Welt wahr (oder Ip falsch), dann
muß eine neue, *frühere* Welt eröffnet und in ihr p wahr
(oder falsch) gesetzt werden. Ähnlich: Ist Pp in einer Welt
falsch (oder Ip wahr), dann muß p in allen früheren Welten
falsch (oder wahr) gesetzt werden. Wir müssen also unsere
Pfeile zuweilen rückwärts verfolgen und nicht immer nur
vorwärts.

Diese beiden Prinzipien stellen die Minimalverbindung zwischen Vergangenheit und Zukunft dar. Vertreten wir die Theorie, die behauptet, daß es kein Verzweigen in der Zeit gebe, dann können wir jenes Prinzip, welches wir oben betrachtet haben, durch das folgende Paar ersetzen:

Temp4.3*   FPp ⊃ (Pp ⋁ p ⋁ Fp)
PFp ⊃ (Pp ⋁ p ⋁ Fp)

Die Verbindung von Vergangenheit und Zukunft

Zeigen Sie – übungshalber – zweierlei: daß diese Prinzipien in Diagrammen, welche ein Verzweigen zulassen, falsifizierbar sind und daß sie dies in solchen, welche ein Verzweigen nicht zulassen, nicht sind. Das Wesentliche an diesen beiden Prinzipien ist, daß, wenn Verzweigungen möglich wären, sei es vorwärts oder rückwärts in der Zeit, dann etwas in der Zukunft eine Vergangenheit haben könnte, welche unsere Gegenwart nicht mit umfassen würde oder etwas in der Vergangenheit eine Zukunft haben könnte, welche ebenfalls unsere Gegenwart nicht mit umfassen würde. Ist ein Verzweigen nicht möglich, dann muß die einzige Vergangenheit, die eine Zukunft haben kann, unsere Gegenwart mit einschließen und dasselbe gilt für die Zükunfte von Vergangenheiten.

Ein drittes Verbindungsglied zwischen Vergangenheit und Zukunft entsteht schließlich im Falle jenes Prinzips, welches oben erwähnt, jedoch nicht angegeben wurde; es spezifiziert, daß jeder Zeitpunkt einen unmittelbaren Nachfolger hat, ohne daß weitere Augenblicke dazwischenliegen würden:

Das Prinzip der Diskretheit

TempDisk   p·Ip ⊃ FIp
p·Hp ⊃ PHp

Hier sagen wir, daß, wenn etwas jetzt wahr ist und immer wahr gewesen ist, es dann zu zumindest einem Zeitpunkt in der Zukunft immer wahr gewesen sein wird, nämlich zum unmittelbar nächsten Zeitpunkt. Ähnliches gilt für das analoge Prinzip darüber, was immer sein wird. Gibt es keinen bestimmten nächsten Zeitpunkt, dann müssen diese beiden Prinzipien nicht gelten, das heißt, sie können beide falsifiziert werden.

4.2.1. Natürliche Deduktion für die Temporale Logik

Unsere bisherige Diskussion erfolgte eher beiläufig und weitgehend eher in semantischen als in deduktiven Begriffen. Wir werden nun eine Beschreibung zweier deduktiver Systeme für temporale Logiken, TempK und TempK4, für die vier Operatoren F, H, P und I angeben.

TempK

> Definiere einleitend * als Bezeichnung jeder Folge von H und I.

> Dann ist jede Regel von K, in welcher wir $\Box^n$ durch * ersetzen und in welcher wir $\Box$ durch H oder I ersetzen, eine Regel von TempK.

> Die folgenden sind ebenfalls Regeln von TempK.
> R. TempHP   R. TempFI
> *p   *p
> ∴ *HPp   R.TempHP   ∴ *IFp   R.TempFI

TempK4

> Jede Regel von TempK ist auch eine Regel von TempK4

> Das Folgende ist ebenfalls eine Regel von TempK4
> R. Temp4
> *HP   oder   *IP
> ∴ *HHP   ∴ *IIp   R.Temp4

Diese beiden Systeme ergeben unseren grundlegenden logischen Rahmen, doch es ist nützlich, im Stande zu sein, die Konsequenzen der verschiedenen oben aufgeführten Prinzipien zu überprüfen, welche etliche wichtige Begriffe beinhalten. Ein Weg, um dies zu ermöglichen, während wir uns immer noch dieser grundlegenden Systeme bedienen, besteht darin, die Hinzufügung spezieller Axiome zuzulassen; ein spezielles Axiom ist ein Satz, welcher in jedem beliebigen Augenblick einer Ableitung eingeführt werden kann, und bei dem zur Rechtfertigung lediglich „spezielles Axiom" angegeben werden muß. Um einige Ableitungen zu erleichtern, werden wir zulassen, daß spezielle Axiome die Form *p annehmen, derart, wie * oben definiert wurde, wobei p eines der verschiedenen, oben erwähnten Prinzipien darstellt. Es gilt jedoch eine Einschränkung für die Verwendung spezieller Axiome: ihre Verwendung ist nicht zulässig, bevor sie nicht ausdrücklich gestattet wurde. Das heißt, versucht man nur einfach ein Ergebnis in TempK4 zu beweisen, dann darf man keines der speziellen Axiome verwenden. Versucht man Temp4.2 als Ableitung eines speziellen Axioms Temp4.3 in TempK4 zu beweisen, dann ist allein die Verwendung des speziellen Axioms Temp4.3 zulässig usw.

Übungsaufgabe 8   *Übungsaufgabe 8*

8.1. 8.1.1. Verifizieren Sie, daß, wenn Verzweigung in der temporalen Folge zulässig ist, Temp4.3 falsifizierbar ist, und daß, wenn Verzweigen unzulässig ist, es nicht falsifizierbar ist.

8.1.2. Verifizieren Sie, daß TempDisk nicht falsifizierbar ist, wenn jeder Zeitpunkt einen unmittelbaren Nachfolger hat, daß es hingegen falsifizierbar ist, wenn dem nicht so ist.

8.2. 8.2.1. Verwenden Sie Diagramme zur Überprüfung, ob die folgenden Aussagen in unseren grundlegenden temporalen Modellen falsifizierbar sind, welche Verzweigung erlauben, jedoch der 4-Bedingung genügen, daß die Zukunft der Zukunft einer Welt die Zukunft dieser Welt ist. Ist irgendeine dieser Aussagen in diesen Modellen nicht falsifizierbar, so zeigen Sie, daß sie in TempK4 ableitbar ist. Denken Sie auch über die Bedeutung dieser Formeln nach und darüber, ob Sie sie für wahr halten.
  a. PA ⊃ HPA
  b. HFA ⊃ FA
  c. IHA ⊃ (IA·A·HA)
  d. H(HA ⊃ HB) ⋁ H(HB ⊃ HA)

8.2.2. Geben Sie an, ob irgendwelche weiteren Aussagen falsifiziert werden können, wenn wir die folgenden besonderen Bedingungen hinzufügen, und beweisen Sie diese, indem Sie entsprechende zusätzliche Regeln oder spezielle Axiome verwenden, indem Sie wiederum dieselben Aussagen wie in 2.1. benutzen:

Kein letzter Augenblick: verwenden Sie TempD in der Form Ip $\vDash$ Pp
Kein erster Augenblick: verwenden Sie TempD in der Form Hp $\vDash$ Fp
Dichte (zwischen zwei Momenten besteht stets ein weiterer): verwenden Sie Temp4cv

4.3 Epistemische Logik

In der epistemischen Logik beschäftigen uns die logischen Eigenschaften zweier Begriffe, derjenigen des Wissens und des Glaubens. Mehr als in irgendeiner anderen der hier betrachteten Logiken scheint vielleicht in der epistemischen Logik der Konsens noch weit entfernt zu sein. Anstatt zu versuchen, einen Überblick über alle erfolgten Vorschläge zu geben, werden wir im Folgenden einige der hauptsächlichen Themen vorstellen und auch, was uns als die vernünftigste Position erscheint.

Zu allererst sollte deutlich werden, daß es sich hierbei in einem gewissen Sinne um eine ideale Theorie handeln muß. Das heißt, wir versuchen hier nicht, die Beziehungen zwischen dem zu beschreiben, was Menschen tatsächlich glauben; dies wäre vermutlich eine Aufgabe für einen Psychologen. Wir versuchen vielmehr jene Verbindungen vorzustellen, an die sich ein ideal rational Handelnder vielleicht halten könnte. Eine der Schwierigkeiten in diesem Gebiet besteht darin, daß es wenig Übereinstimmung darüber gibt, wie stark dieses Ideal sein sollte; der für den einen Forscher ideale Standard mag einem anderen als vollkommen unerreichbar für begrenzte Intelligenzen (anders vielleicht als für überirdische Intelligenzen) erscheinen und kann daher kein passendes Ideal für uns darstellen. Wir werden sehen, daß sich diese Frage in besonderen Kontexten stellt und werden sie dort weiter erörtern.

Die dyadischen Operatoren W_a und G_a

So vorgewarnt können wir nun jedoch zu Beginn einige Symbole und einige wenige grundlegende Prinzipien einführen. Unsere ersten beiden Symbole sind W_a und G_a, die für „a weiß, daß..." und „a glaubt, daß..." stehen. Beachten Sie erstens, daß diese, anders als $\square$, dyadische Operatoren sind; möglich ist nicht nur $W_a p$, sondern auch $W_b p$. Einleitend werden wir uns jedoch auf die logischen Eigenschaften des Wissens und Glaubens einer einzigen Person konzen-

trieren und können daher diese Komplikation vorerst ignorieren. Nun stehen diese beiden Operatoren W_a und G_a
nicht in derselben Beziehung zueinander, wie zum Beispiel
$\square$ und $\diamond$, obwohl sie aufeinander bezogen sind. Wir werden sie tatsächlich beide als Operatoren von der Art des $\square$
behandeln, obwohl ihnen andere Eigenschaften zukommen.
Es erscheint daher als sinnvoll, zwei weitere Operatoren
einzuführen, die zu W_a und G_a in derselben Beziehung stehen, zu der $\diamond$ zu $\square$ steht. Wie in der deontischen Logik
werden wir dies durch Definitionen tun, obwohl jedem in
verständlicher Weise Bedeutung gegeben werden kann.

$$P_a p =_{df} {\sim} W_a {\sim} p$$
$$C_a p =_{df} {\sim} G_a {\sim} p$$

Aufgrund dieser Definitionen verstehen wir jetzt, daß $P_a p$
soviel bedeutet wie „es ist möglich, soweit dies a angeht,
daß p" und zwar in einem sehr besonderen Sinne von
„möglich"; diese Bedeutung ist „a weiß nichts, das p widerspricht". Ähnlich bedeutet $C_a p$ soviel wie, daß a nichts
glaubt, was p widerspricht.

Die abgeleiteten
Operatoren
P_a und C_a

Nun, da wir diese Vorbedingungen entwickelt haben, können wir fragen, welche Prinzipien von diesen Symbolen
gelten. Die ersten beiden stellen Bedingungen dar, die mit
Wissen und Glauben zumindest seit der Zeit Platons in Verbindung gebracht wurden, und obwohl sie zeitweilig kritisiert wurden, wurden sie doch auch weitgehend verteidigt.

| WnT | $W_a p \supset p$ |
| WnG | $W_a p \supset G_a p$ |

Einige analoge Formeln, die wir zurückweisen werden, sind
die folgenden:

i.	$G_a p \supset p$
ii.	$G_a p \supset W_a p$
iii.	$p \supset W_a p$

Suchen Sie zur Übung nach zwei Beispielen, welche diese
Behauptungen widerlegen; im Wesentlichen beruht ihre
Falschheit auf zwei Eigenschaften dessen, was wir glauben,
nämlich, daß unser Glauben fehlbar ist (einiges was wir

Fehlbarkeit und
Unvollständigkeit

glauben, ist falsch) und daß er unvollständig ist (einiges, was wahr ist, glauben wir nicht).

Betrachten wir die oben angegebenen WnT und i.., dann liegt die Annahme nahe, daß, wenn eine K-ähnliche Grundlage für W_a und G_a gilt, dann W_a eine KT ähnliche Logik haben wird, nicht aber G_a. Obwohl jedoch kein Prinzip von der Art T für G_a gilt, gilt vielleicht doch ein Prinzip von der Art D:

$$GD \qquad G_ap \supset C_ap$$

Wenn wir nur propositionale Regeln und die Definition von C_a verwenden, dann ist dies Prinzip äquivalent mit

$$GD* \qquad \sim(G_ap \cdot G_a \sim p)$$

Dies Prinzip behauptet, daß niemand eine Aussage und zugleich deren Negation glaubt. Versteht man es als wortwörtliche Behauptung über das, was Menschen glauben, dann ist es wahrscheinlich falsch, da einige Menschen ganz offensichtlich sowohl eine Behauptung und deren Negation in einem bestimmten Sinne glauben. So mag etwa eine liebende Mutter zum Beispiel glauben, daß ihr Sohn keinen Schaden anrichten kann, obwohl sie, wider ihren Willen, auch glaubt, daß er Schaden angerichtet hat. Solche Beispiele sind nicht gerade sehr erhellend; man nehme jedoch an, wir betonen den Unterschied zu dem, was Menschen tatsächlich glauben und dem, was sie vernünftigerweise glauben sollten; wir sind dann in der Lage, zwischen der schwierigen Frage, ob die Aussage sinnvoll ist, daß die Mutter tatsächlich Widersprüchliches glaubt, und der einfacheren, ob dies vernünftigerweise zulässig ist, zu unterscheiden. Als Antwort auf diese letztere Frage erscheint es als einfacher zu antworten, daß sie es nicht sind und daß die Mutter idealiter etwas unternehmen sollte, um den Widerspruch aufzulösen.

GD und GD* erscheinen also als plausible Prinzipien. Unglücklicherweise gibt es jedoch auch Argumente, die diesen Schein als trügerisch erscheinen lassen. Aufgrund der folgenden beiden Probleme erscheint nicht nur GD als ungültig, sondern ebenso auch ein großer Teil von K in der Anwendung auf epistemische Begriffe. Der erste Einwand

Ist die epistemische Logik K-analog?

gegen GD und gegen K-artige Theorien über Glauben beruht auf Problemen, die durch zwei Paradoxa, das Lotterie-Paradoxon und das Vorwort-Paradoxon, verursacht werden. *Zwei Paradoxa*
Das Lotterie-Paradoxon besteht in einer normalen Lotterie, in welcher eine große Anzahl von Losen verkauft und eine kleine Anzahl von Gewinnern ausgewählt wird. Hier ist es möglich, zweierlei zu glauben: erstens, daß das eine oder andere Los gewiß einen Preis gewinnen wird und zweitens, daß es närrisch wäre, zu glauben, daß irgendein bestimmtes Los, nehmen wir an die Nummer 100, gewinnen werde. In ähnlicher Weise betrifft das Vorwort-Paradoxon einen Autor, der ein Buch geschrieben hat, in welchem er eine Reihe von Dingen behauptet hat, an deren Bestehen er stark glaubt, Dinge, für die er über beeindruckende Belege verfügt. Dennoch ist er sich des Schicksals vieler Bücher bewußt, daß ihre Behauptungen sich nämlich als falsch erweisen, und daher bemerkt er in der Einleitung zu seinem Buch, daß sich in diesem zweifellos einige Fehler befinden werden, und daß er hofft, daß irgendjemand ihn freundlicherweise auf diese hinweisen werde.

Hierzu ist zweierlei zu bemerken: erstens, daß unsere Überlegungen über die Lotterie und die Überlegungen des Autors über sein Buch strengen rationalen Standards folgten. In beiden Fällen wurden die wesentlichen Chancen herausgestellt und ein vernünftiges Urteil erreicht. Zweitens gilt in beiden Fällen, daß, wenn K die richtige Grundlage für eine Logik des Glaubens darstellt, dann sowohl wir selbst als auch der Autor Widersprüchliches glauben, und dies haben wir soeben als irrational verworfen.

Diese letztere Bemerkung ist begründungsbedürftig. Wir werden uns zunächst auf den Vorwort-Fall konzentrieren; *Diskussion der* der Lotterie-Fall ist ihm ganz ähnlich. Aus Gründen der Be *Paradoxa* quemlichkeit nehme man an, daß unser Autor a ein sehr kurzes Buch geschrieben hat, welches nur zwei Behauptungen enthält, A und B. Dann ist das Folgende wahr:

$G_a A$ (weil a A sehr sorgfältig untersucht hat)
$G_a B$ (weil a B sehr sorgfältig untersucht hat)
$G_a \sim (A \cdot B)$ (weil a glaubt, daß Autoren sich irren)

In einem K-artigen System können wir jedoch $G_a(A \cdot B)$ aus $G_a A$ und $G_a B$ ableiten und daher glaubt der arme a sowohl $A \cdot B$ und $\sim(A \cdot B)$ und erscheint daher als irrational. Im Lotterie-Fall sieht die Situation so aus, daß wir eine lange Disjunktion glauben, deren Glieder alle von der Form „Los Nummer 1 wird gewinnen", „Los Nummer 2 wird gewinnen" sind, wobei wir jedoch glauben, daß jede dieser Behauptungen für sich selbst genommen falsch ist. Wir glauben daher wiederum, daß eine lange Disjunktion wahr ist: „Los Nummer 1 wird nicht gewinnen, und auch Los Nummer 2 wird nicht gewinnen...", und dies widerspricht unserem Glauben, daß die Disjunktion wahr ist.

Das System M   Es gibt jedoch einen Weg, beides zu bewahren, nämlich unsere eigene Rationalität und die des Autors und die Irrationalität, eine Kontradiktion zu glauben. Dieser Weg besteht darin, das oben verwendete Prinzip der modalen Konjunktion, daß $G_a(p \cdot q)$ aus $G_a p$ und $G_a q$ folgt, zu verwerfen. Dann kann a an A und an B glauben, nicht aber an A·B und auch nicht an $(A \cdot B) \cdot \sim (A \cdot B)$. Das System, dem diese Eigenschaft zukommt, wird M genannt; es ist auch in der deontischen Logik von Interesse, und zwar für die Untersuchung des Problems inkonsistenter Gebote, welches im Abschnitt 4.1.1.2. erörtert wurde.

Das System M:

M enthält alle Regeln des klassischen propositionalen Kalküls.
M enthält Barrieren, jedoch keine Regel des Barriere-Kreuzens.
M enthält die folgende neue Regel:

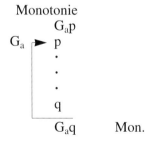

Man beachte, daß die Barriere hier auf eine neue Art und Weise verwendet wird, nämlich weder für einen konditionalen Beweis noch für eine Reductio Ad Absurdum. Schlußendlich besagt diese Regel, daß, wenn a p glaubt, und q aus

p aus allein logischen Gründen folgt, er dann auch q glaubt. *Die Auflösung der*
Es ist in diesem System leicht zu ersehen, daß wir G_ap und *Paradoxa in M*
G_aq aus $G_a(p \cdot q)$ ableiten können, indem wir zwei Zustände
von Mon. verwenden, nicht aber umgekehrt, denn wir können mit Hilfe von Mon. immer nur die Konsequenzen aus
jeweils einem Glauben zugleich ableiten.

1		$G_a(A \cdot B)$	$/ \therefore G_aA \cdot G_aB$
2	G_a	$\blacktriangleright A \cdot B$	
3		A	2, Simp.
4		G_aA	1,2-3 Mon.
5	G_a	$\blacktriangleright A \cdot B$	
6		B	5, Simp.
7		G_aB	1,5-6 Mon.
8		$G_aA \cdot G_aB$	4,7 Konj.

Ähnlich können wir $G_a(p \lor q)$ aus $G_ap \lor G_aq$ ableiten, doch
nicht umgekehrt. Die zugrundeliegende Überlegung lautet,
daß wir, wie in dem Lotterie-Paradoxon, gute Gründe dafür
haben mögen, daß eine Disjunktion wahr ist, ohne zugleich
über irgendeine Begründung für die Wahrheit eines bestimmten Disjunktionsgliedes zu verfügen, so daß also daraus, daß wir $p \lor q$ glauben, nicht folgt, daß wir p glauben
oder daß wir q glauben. Dies erinnert in gewisser Weise an
die aristotelische Diskussion der Seeschlacht, wo er die
Disjunktion „es wird eine geben oder es wird keine geben"
für wahr hielt, während keines der Disjunktionsglieder
wahr war.
Wir müssen nun aber auch überlegen, was in einer Logik
des Glaubens mit dem Modus Ponens geschieht. Weil Mon.
immer nur auf jeweils einen Glauben wirkt, folgt aus G_ap
und $G_a(p \supset q)$ nicht notwendig, daß G_aq, obwohl letzteres
auch wahr sein könnte. G_aq folgt aus der Prämisse
$G_a(p \cdot (p \supset q))$; das heißt, wenn a nicht nur p und $p \supset q$, getrennt betrachtet, glaubt, sondern die Konjunktion $p \cdot (p \supset q)$
glaubt, dann glaubt a q.
Die Schwierigkeit besteht hier darin, daß diese Unterscheidung als unrealistisch erscheint. Wir unterscheiden üblicherweise nicht zwischen zwei verschiedenen Bedeutungen
von „a glaubt, daß p und q", nämlich zwischen $G_a(p \cdot q)$ und
$G_ap \cdot G_aq$, obwohl die Theorie uns darauf hinweist, daß hier
ein beträchtlicher logischer Bedeutungsunterschied besteht.

Zumeist kommt es jedoch zu keinem Konflikt zwischen p
und q, und die Annahme ist daher unschädlich, daß beide
als Konjunktion geglaubt werden. Zuweilen jedoch, wie die
Paradoxa uns zeigen, gibt es einen Unterschied, der zu gewissen Auswirkungen führt.

Nun haben wir zu Beginn unserer Erörterung dieser Paradoxa festgestellt, daß sie K-artige Theorien des Glaubens
und GD als zweifelhaft erscheinen lassen. Es ist nun einigermaßen deutlich, warum dies im ersteren Falle so ist; weniger deutlich ist es vielleicht im Falle des letzteren
Prinzips. GD* besagt, daß niemand zugleich p und $\sim$p
glaubt. Man betrachte nun a, unseren Autor. Wir sagten, daß
er A, B und $\sim$(A·B) glaube, verwenden wir nur die Regeln
von M, dann scheint sogar er, in seiner schwierigen Lage,
es zu vermeiden, zugleich p und $\sim$p zu glauben. Doch der
Schein trügt. Zugegebenermaßen zwingt uns das System M
nicht dazu, aus der bloßen Tatsache, daß $G_aA·G_aB$, auf
$G_a(A·B)$ zu schließen. Dennoch glaubt a mit Gewißheit
tatsächlich an die Konjunktion, da er beides zusammen in
ein Buch schrieb und nicht vorgab, beide Ausdrücke seien
miteinander inkompatibel. Daher sind tatsächlich sowohl
$G_a(A·B)$ und $G_a\sim$(A·B) beide wahr, und GD* ist falsch
und daher auch GD. Es scheint also, daß wir nur an einem
einzigen Prinzip festhalten können, nämlich

GNonKon $\sim G_a(p·\sim p)$

All diese Probleme beziehen sich allein auf G_a und betreffen nicht W_a, da aus WnT folgt, daß das, was gewußt wird,
wahr sein muß. Daher kann niemand etwas Inkonsistentes
wissen (obwohl es natürlich inkonsistente Behauptungen,
etwas zu wissen, geben kann, von denen einige falsch sein
müssen). Daher folgt aus keinem dieser Argumente, daß K
für W_a nicht korrekt ist. Bei den nächsten Einwänden ist jedoch gerade das der Fall.

Neue Schwierig-   Jeder Satz impliziert logisch jede beliebige Tautologie, da
keiten für W_a   eine Tautologie abgeleitet werden kann, ohne daß irgendeine Annahme zugrundegelegt würde. In M muß a daher
jede beliebige Tautologie glauben, wenn er zumindest einen
Glauben hat, sagen wir A, weil wir eine Deduktion mit der
Behauptung G_aA beginnen können, sodann eine Barriere
mit der Annahme A eröffnen, eine beliebige Tautologie ab-

leiten, sie B nennen und über Mon. auf G_aB schließen können. Ein ähnliches, stärkeres Ergebnis gilt in K für W_a: wir
wissen jede Tautologie, ob wir nun irgendetwas anderes
wissen oder nicht. Dies ist, wie es scheint, ein sehr merk-
würdiges Ergebnis; unter anderem scheint zu folgen, daß
wir Logik nicht erlernen müssen, da wir sie bereits wissen!
Wir werden zwei Reaktionen auf dieses Problem erörtern;
die radikalere besteht darin, sogar das System M sowohl für
G_a als auch für W_a zu verwerfen und anstatt dessen die sogenannten nicht-klassischen Logiken zu untersuchen. Die
Ergebnisse dieser Untersuchung sind bis heute nicht leicht
einzuordnen, und wir werden uns daher darauf beschränken, darauf hinzuweisen, daß es diese Versuche gibt. Die
Alternative besteht in der Rückkehr zu der Frage des Idealen versus des Tatsächlichen, und sie wurde vom ersten Er-
forscher dieses Bereichs vorgeschlagen, J.J. Hintikka.

Hintikkas Vorgehensweise bestand darin, zuzugestehen,
daß keiner von uns tatsächlich all diejenigen Tautologien
oder alle logischen Konsequenzen aus dem, was wir glauben, weiß oder glaubt – auch dies ein Teil der Aussage von
K und M. Dennoch, so Hintikka, sollten wir dies in einem
gewissen Sinne von rationaler Verantwortlichkeit tun. Der
Sinn besteht in Folgendem: Man nehme an, jemand, mit
dem wir uns unterhalten, zöge eine bestimmte Folgerung
aus dem, was wir glauben, eine Folgerung, die wir selbst jedoch nicht gezogen haben, und er stellt dies uns gegenüber
heraus. Ist er im Recht, dann müssen wir als rational Han-
delnde entweder diesen Glauben übernehmen, einfach weil
es sich dabei um eine Konsequenz von Anderem, was wir
auch glauben, handelt, oder aber jenes Andere, das wir auch
glauben, verwerfen. Eines aber können wir nicht: an dem,
was wir zunächst glaubten, festhalten und zugleich uns wei-
gern, den neuen Glauben hinzuzufügen. Es handelt sich in
diesem Sinne also nicht so sehr darum, daß wir tatsächlich
alle Tautologien oder alle logischen Konsequenzen dessen,
was wir glauben, wissen, sondern eher darum, daß wir zumindest für sie verantwortlich sind.

Diese Darstellung erschien einigen Kommentatoren als ein
zu abstraktes Ideal menschlicher Rationalität. So mögen
zum Beispiel manche Menschen nicht im Stande sein, einem
sehr langen und schwierigen logischen Beweis zu folgen
und sich daher nicht sicher sein, ob eine bestimmte Behaup-

Der Ansatz von
Jaako Hintikka

tung tatsächlich aus dem, was sie glauben, folgt, und dies
sogar dann nicht, wenn jemand es ihnen zeigt. Was sollten
sie in einem solchen Falle rational tun? Die Antwort hierauf
ist alles andere als klar. Obwohl nun diese Diskussion keineswegs als abgeschlossen gelten darf, werden wir Hintikkas Position, wenn auch mit Vorsicht, übernehmen und
uns einigen weiteren Fragen zuwenden. Wir müssen, kurz
gesagt, drei weitere allgemeinere Themen erörtern. Erstens,
welche weiteren Regeln gelten von W_a und P_a und von G_a
und C_a jeweils als Paar genommen? Zweitens, welche Regeln gelten von Vermischungen der beiden Paare? Und
drittens, welche Regeln gelten von Vermischungen von Wis-

Weitere Prinzipien senden und Glaubenden, das heißt W_a, W_b, G_a, G_b, usw.?
für W_a und G_a Zwei der am meisten umstrittenen Prinzipien im ersten Be-
vom 4-Typ reich sind die 4-artigen Prinzipien:

Wn4 $W_a p \supset W_a W_a p$
G4 $G_a p \supset G_a G_a p$

Wn4 ist als das WW-Prinzip weit bekannt; die umfassende
Diskussion allein dieses Prinzips würde ein ganzes Buch erforderlich machen und daher darf eine vollständige Analyse
hier nicht erwartet werden. Dennoch können wir uns einige
Bemerkungen erlauben. Wie gehabt kann uns ein semantischer Ansatz zu einem ersten Verständnis verhelfen, und
eine spezifische Darlegung dessen, worum es bei der Semantik für die epistemische Logik geht, vermag die Dinge

Eine Semantik für weiter zu erhellen.
die epistemische Man nehme an, daß a eine bestimmte Sammlung von Fak-
Logik ten weiß. Diese Faktensammlung bestimmt eine korrelierte
Sammlung von Welten, derjenigen Welten, in denen all
diese Dinge wahr sind, während dies von anderen Dingen
in unterschiedlichem Maße gilt. Soweit a weiß, befindet er
sich in einer dieser Welten, sein Wissen sagt ihm aber nicht
genau, um welche es sich handelt. Erfährt er einige neue
Fakten, dann kann er die Sammlung von Welten weiter ein-
engen, um jedoch genau zu wissen, in welcher Welt er sich
befindet, müßte er alles wissen. Man bezeichnet daher die
Sammlung von Welten, die durch a's Wissen bestimmt ist,

epistemische und als seine *epistemischen Alternativen*, und man nennt die
doxastische ähnliche, aber an Umfang geringere Menge von Welten, die
Alternativen durch das, was er glaubt, bestimmt ist, seine *doxastischen*

Alternativen. (Damit dies einfache Bild stimmig ist, müssen wir annehmen, daß dasjenige, was a glaubt, konsistent ist, da sonst keine Welt mit all dem, was er glaubt, kompatibel wäre). Wn4 läuft nun auf die Behauptung hinaus, daß die epistemischen Alternativen zu a's epistemischen Alternativen immer noch ein Teil von a's epistemischen Alternativen darstellen, und G4 besagt dasselbe über seine doxastischen Alternativen.

Jemand, der nun Wn4 oder G4 vertritt, argumentiert folgendermaßen. Man nehme an, daß a p weiß. Natürlich muß p in allen epistemischen Alternativen wahr sein. Doch auch einiges andere muß dort wahr sein. a erfuhr vom Bestehen von p in einer bestimmten Weise, und er weiß einiges darüber, wie er von p erfuhr, und daher muß all dies in allen epistemischen Alternativen ebenfalls wahr sein. Ist aber all dies in allen Alternativen wahr, und war all dies hinreichend, um a zu einem Wissensstand in dieser Welt zu verhelfen, wie auch immer dieser beschaffen sein mag, dann muß all dies auch hinreichend sein, um a zu einem Wissen über p in all diesen Welten zu verhelfen. Daher weiß a p in allen epistemischen Alternativen, und er weiß daher in dieser Welt, daß er weiß, daß p. Um Wn4 zu verneinen, muß daher ein Kritiker irgendeinen Teil dieser Argumentskizze verneinen, und viele haben dies getan. Wir werden uns jedoch in dieser Frage nicht entscheiden, uns zum Agnostizismus bekennen und zu einer nächsten Frage übergehen: sind die epistemischen Versionen von 5 gültig?

Prinzipien vom 5-Typ

Wn5 $P_a p \supset W_a P_a p$
G5 $C_a p \supset G_a C_a p$

Keines von beiden erscheint als gültig, und zwar aus einem einfachen Grunde: man nehme an, daß a von der Proposition p noch nie irgendetwas gehört, geschweige denn über seine Wahrheit nachgedacht hat. Dann sind die Voraussetzungen beider Prinzipien wahr. Da a jedoch zu p keinerlei Einstellung hat, sind die Konsequenzen falsch.

Wir werden nun zur Betrachtung derjenigen Prinzipien übergehen, die W_a und G_a mischen. Offensichtlich glaubt a, p zu wissen, wenn er p weiß, zumindest, wenn wir Wn4 und WnG für gültig halten. Doch, wenn a an p glaubt, weiß er

Prinzipien der Mischung von W_a und G_a

dann auch, daß er dies tut? In anderen Worten, handelt es
sich bei Folgendem um ein Prinzip, welches wir akzeptieren sollten?

$$G_ap \supset W_aG_ap$$

*Man glaubt, was
man weiß, aber
weiß man, was
man glaubt?*

Ein Grund für diese Annahme stammt von der Introspek-
tion: sicherlich wissen wir doch alle, was wir glauben? Ein
tieferer Grund gegen die These ergibt sich jedoch bei
nochmaliger Betrachtung der Semantik. Wäre diese Forderung gültig, dann würde a in allen epistemischen Alternativen nicht nur alle Dinge wissen, die er weiß, und zwar
aufgrund des Wn4-Prinzips, sondern er würde auch alle die
Dinge, die er glaubt, glauben, und zwar aufgrund dieses
neuen Prinzips. Stellen Sie sich jedoch vor, daß das Folgende geschieht. a glaubt eine bestimmte Reihe von Dingen
und er extrapoliert aus diesen auf einen weiteren Glauben,
p. Unbemerkt verbirgt sich jedoch inmitten dessen, was er
ansonsten glaubt, einiges, was p ausschließt. Wir sprechen
hier nicht von den deduktiven Konsequenzen dessen, was a
glaubt, sondern eher von dessen induktiven Konsequenzen
und davon, daß wir die Verbindungen zwischen dem, was
wir glauben, feststellen. Dann gibt es also unter jenen Welten, die für a epistemisch möglich sind, solche, in denen er
alle Fakten, über die er verfügt, zusammenstellt und dann
erkennt, daß p falsch ist, das heißt Welten, in denen er nicht
an p glaubt. Daher garantiert der Glaube an p nicht, daß
man weiß, daß man p glaubt.

Wir wenden uns schließlich der Frage zu, wie a's Wissen
und Glaube auf das Wissen und den Glauben von b bezogen
sind. Einfach nur aufgrund von W_ap oder G_ap folgt eindeutig nicht, daß W_bp oder G_bp. Hier zwei analoge Prinzipien:

$$W_aW_bp \supset W_ap$$
$$G_aG_bp \supset G_ap$$

Von diesen ist das erste wahr, das zweite aber falsch; a
könnte erkennen, daß b das und das glaubt, ohne diesen
Glauben zu teilen. Wäre dies nicht möglich, dann wäre die
Vermittlung neuer Vorstellungen außerordentlich schwierig,
wenn nicht unmöglich. Weiß jedoch a, daß b p weiß, dann
hat a W_bp in all seinen epistemischen Alternativen, und

wenn er sie dort hat, dann muß er dort p haben und zwar
aufgrund von WnT, woraus folgt, daß W_ap.
Hier tritt jedoch ein Problem auf, das ein früheres Prinzip in
Mitleidenschaft zieht. Nehmen Sie an, daß q logisch aus p
folgt. Dann können wir, sogar in M, ein seltsames Ergebnis
beweisen. Hier ist eine Skizze eines Beweises:

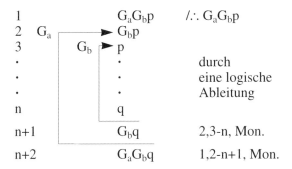

1			G_aG_bp	/∴ G_aG_bp
2	G_a		G_bp	
3		G_b	p	
.			.	durch
.			.	eine logische
.			.	Ableitung
n			q	
n+1			G_bq	2,3-n, Mon.
n+2			G_aG_bq	1,2-n+1, Mon.

Das einzige an dieser Ableitung Falsche besteht darin, daß
seine Prämisse auch dann wahr sein kann, wenn seine
Konklusion falsch ist. Nehmen Sie an, daß sowohl a als
auch b perfekte logische Kalkulatoren sind, so daß beiden
sehr wohl bewußt ist, daß q aus p folgt, und nehmen Sie
weiter an, daß a glaubt, daß b p glaubt. Dennoch hat a keinen logischen Grund für die Erwartung, daß b q glaubt,
wenn er nicht auch weiß, daß b ein guter Logiker ist. Offensichtlich erfordert dies einige weitere Einschränkungen
von M. Diese werden jedoch noch untersucht.
Wir könnten natürlich noch eine beträchtliche weitere Anzahl von Problemen aufwerfen, haben jedoch in diesem
Überblick darauf verwiesen, daß dieser Bereich ständig in
Bewegung ist und auf die Möglichkeiten zur Verbesserung,
die hier bestehen.

Übungsaufgabe 9:

9.1. Beweisen Sie folgende Theoreme von M.

9.1.1. $G_aA \supset G_a(B \supset A)$
9.1.2. $(G_aA \lor G_aB) \supset G_a(A \lor B)$
9.1.3. $C_a(A \supset B) \lor G_a(B \supset A)$
9.1.4. $(G_aA \supset C_aA) \supset C_a(A \lor {\sim}A)$

9.2. Beweisen Sie, daß es sich bei folgendem um ein Theorem von M4 handelt, das heißt desjenigen Systems, was entsteht, wenn man M G4 hinzufügt:
$$G_aB \supset G_a(G_aA \supset G_aG_aA)$$

9.3. M4 läßt sich beträchtlich durch die Hinzufügung von GNonKon verstärken, und zwar in der Form ${\sim}G_x(p{\cdot}{\sim}p)$, wobei p ein beliebiger Satz und x eine beliebige Person sein kann. Zeigen Sie, daß das Folgende in M4NonKon ein Theorem darstellt:
$$C_a(G_aA \supset G_aG_aA)$$

9.4. Wenn wir nun auch noch G5 hinzufügen und das System M4NonKon5 erhalten, dann können wir das folgende Resultat beweisen:
$$G_a(G_aA \supset A)$$
Dieser Satz erscheint für viele jedoch als ein weiterer guter Grund, G5 nicht als Regel in unser System mit einzuschließen. Können Sie dies begründen?

4.4. Konditionale Logik

Die Geschichte der letzten der vier besonderen Logiken, die wir diskutieren wollen, reicht bis zu den frühesten Tagen der formalen Logik zurück, hat aber erst seit relativ kurzer Zeit eine neue und lebendige Form angenommen. In den vorangegangenen Erörterungen der mehrwertigen und deontischen Logik sahen wir bereits einige Erscheinungsformen jener Unzufriedenheit, die an ihrem Ursprung stand, und wir werden hier versuchen, einige jener Themen zusammenzuziehen, die oben bereits anklangen.

Wie soll „⊃" gelesen werden?

Als Russell und Whitehead das Symbol ⊃ einführten, entstand ein Problem beim Versuch, zu entscheiden, welche normalsprachlichen Ausdrücke, wenn überhaupt, es bezeichne. Zwei verschiedene Vorschläge waren verbreitet, die freilich oft nicht wirklich auseinandergehalten wurden. Der frühere, von Russell und Whitehead, ging dahin, es in der Bedeutung „... impliziert..." zu lesen, doch wir sahen bereits, daß es auch in der Bedeutung „wenn...dann..." verwendet wird. Keine der beiden Versionen ist wirklich befriedigend; wir werden die erste Version zuerst diskutieren. Die offensichtlichen Einwände, ⊃ als „impliziert" zu lesen, stammen von solchen Problemen wie den Paradoxa der materialen Implikation her. Auch wenn es sich bei diesen nicht um Paradoxa im strengen Sinne handelt, gibt es doch eine deutliche Diskrepanz zwischen der informellen Lesart und den Eigenschaften von ⊃, die an den sogenannten Paradoxa besonders stark hervortritt. Angesichts eben dieses Problems sah sich C.I. Lewis genötigt, die modale Logik zu untersuchen, um vielleicht einen Junktor zu definieren, der angemessener als „impliziert" hätte gelesen werden können. In verschiedenen Systemen, welche er vorschlug, war der zentrale Junktor nicht ⊃, was die sogenannte materiale Implikation darstellt, sondern ein anderer Junktor, ⤙, der Fischhaken, welcher die *strikte Implikation* repräsentiert. In Begriffen, die uns bereits vertraut sind, kann p ⤙ q als □(p⊃q) definiert werden. Es stellt daher offensichtlich einen stärkeren Junktor dar, und die Einwände gegen ⊃ können gegen ⤙ nicht vorgebracht werden. Dies scheint auch dem informellen Begriff dessen, was die Implikation ausmacht, näherzukommen, nämlich etwa, daß p q gerade dann impliziert, wenn es nicht möglich ist, daß p wahr und q falsch ist. Die semantische Definition von □(p⊃q) lautet genau, daß in keiner möglichen Welt p wahr und q falsch ist. Es scheint daher, daß ⤙ ein viel besserer Weg ist, „impliziert" in der formalen Logik darzustellen, als ⊃. Unglücklicherweise scheint auch ⤙ „wenn...dann..." nicht sehr viel besser als ⊃ darzustellen. Wir müssen einige weitere problematische Fälle neben dem Paradox der materialen Implikation betrachten, um dies einzusehen. Wir wollen jeden Satz, der ohne stärkere Entstellung in der „wenn...dann..."-Form wiedergegeben werden kann, als *Konditional* bezeichnen. Es gibt dann ganze Klassen von problematischen Fällen, die mit sogenannten *kontrafaktischen* Konditionalen, mit subjunktiven Konditionalen und mit kausalen Konditionalen verbunden sind. Im Zen-

⤙ statt ⊃

Die kontrafaktischen Konditionale

trum der Diskussion standen im wesentlichen die kontrafaktischen Konditionale, und wir werden dieser Gepflogen-
heit folgen, trotzdem kann vieles von dem, was wir zu
sagen haben, auf die anderen Fälle erweitert werden.
Ein kontrafaktisches Konditional ist ein Konditional im
subjunktiven Modus, wobei die Falschheit des Antezedens
vorausgesetzt oder in einem nicht strengen Sinne impliziert
ist. Ein klassisches Beispiel lautet daher:

> Wäre Bizet Italiener gewesen, dann wären er
> und Verdi Landsleute gewesen.

Hier wird als bekannt angenommen, daß Bizet Franzose
war; behauptet wird, was der Fall gewesen wäre, wenn die
Dinge anders gelegen hätten. Vergleichen Sie nun dieses
Beispiel mit einem weiteren:

> Wäre Bizet Italiener gewesen, dann wären er
> und Wagner Landsleute gewesen.

Die Pointe an diesen beiden Beispielen ist darin zu sehen,
daß wir geneigt sind, das erste für wahr, hingegen das
zweite für falsch zu halten, obwohl zugegebenermaßen
beide Beispiele etwas trivial sind. Wir könnten jedoch diese
Unterscheidung nicht vornehmen, wenn $\supset$ unser einziges
Mittel wäre, um Konditionale darzustellen. Beide Aussagen
müßten dann wahr sein, und zwar aus dem einfachen
Grunde, daß beide die Form p$\supset$q aufweisen würden, und
zwar mit einem falschen Antezedens, p.

Die Vorteile
von $\rightarrow\!\!3$

Daher ist $\supset$ für die Symbolisierung von Konditionalen unangemessen, zumindest wenn es sich dabei um kontrafaktische Konditionale handelt. Vielleicht ist jedoch $\rightarrow\!\!3$
geeignet. Tatsächlich können wir eine Begründung skizzie-
ren, warum dies so sein sollte. Das materiale Konditional
besagt ja tatsächlich nur, daß es nicht der Fall ist, daß das
Antezedens wahr und das Konsequens falsch ist; das heißt
p$\supset$q bedeutet gerade $\sim$(p$\cdot\sim$q). Durch ein Konditional wollen wir jedoch mehr als dies zum Ausdruck bringen. Wir
wollen behaupten, daß es eine Verbindung zwischen p und
q gibt und daß die stärkste Art der Verbindung diejenige ist,
die es unmöglich macht, daß p wahr und q falsch ist, und
genau dies heißt es, p $\rightarrow\!\!3$ q zu behaupten. Es stellt sich

jedoch heraus, daß der strikte Junktor ⥽ eine zu starke Verbindung darstellt. Daher ist eine andere Analyse erforderlich.

Eine Reihe von Gründen wurde von Forschern dafür geltend gemacht, ⥽ für Konditionale zu verwerfen, und einer ist der folgende: Welche modale Theorie auch immer hinter ihr steht, muß das folgende eine gültige Argumentform für ⥽ sein:

$$p \ ⥽ \ q, q \ ⥽ \ r \therefore p \ ⥽ \ r$$

Es sieht doch tatsächlich so aus, als ob dies wahr sein müßte. Dennoch gibt es einige kontrafaktische Konditionale, welche offenbar Widerlegungen darstellen. Betrachten Sie die folgenden drei Sätze:

> Hätte Carter die Wahl von 1980 nicht verloren, dann wäre Reagan 1981 nicht Präsident geworden.
> Wäre Carter 1979 verstorben, dann hätte er die Wahl von 1980 nicht verloren.
> Wäre Carter 1979 verstorben, dann wäre Reagan 1981 nicht Präsident geworden.

Unserem üblichen Verständnis des Wahlvorgangs zufolge sind die ersten beiden dieser Aussagen wahr, die dritte aber ganz sicherlich falsch, obwohl sie dem Muster der gültigen Argumentform für ⥽ entsprechen. Dieses und auch andere Beispiele legen die Vermutung nahe, daß ⥽ keine angemessene Darstellung kontrafaktischer Konditionale ist.

Die Unvollkommenheit von ⥽

Wir wollen den Junktor in kontrafaktischen Konditionalen durch > darstellen. Wonach wir dann fragen, ist, wie die richtige logische Beschreibung von > aussieht, und was wir herausgefunden haben ist offenbar, daß diese nicht dieselbe wie diejenige von ⊃ oder ⥽ ist. Die wichtigsten Forschungsbeiträge stammen hier von Robert Stalnaker und David Lewis, und wir werden im Folgenden eine Version der Theorie des letzteren vorstellen.

Die intuitive Idee, auf welche beide sich stützen, kann nachvollzogen werden, wenn man bedenkt, wie wir kontrafaktische Konditionale in normalen Kontexten einschätzen. Man betrachte das erste, das Bizet-Beispiel. Wir stellen

Der Ansatz von Lewis

zunächst fest, daß Bizet tatsächlich kein Italiener war. Doch wäre er nun einer gewesen, wäre dann das Konsequens wahr gewesen? Es scheint so, und dies bringt uns zu dem Urteil, daß das gesamte kontrafaktische Konditional wahr ist. Wir beurteilen also das kontrafaktische Konditional aufgrund der Betrachtung anderer möglicher Welten, solcher, in denen Bizet Italiener ist. Dies legt nahe, etwas formaler vorzugehen, derart, daß wir zwar Modelle etwas anders spezifizieren, uns doch aber im wesentlichen an unsere Vorgehensweise im Fall gängiger modaler Formeln halten.

Eine Semantik für Konditionale

Als wir die Semantik möglicher Welten einführten, sagten wir, eine Aussage sei in einer gegebenen Welt notwendig, wenn sie in allen Alternativen zu dieser Welt wahr ist. Um nun eine Semantik für Konditionalaussagen zu geben, müssen wir den Begriff der Alternative auf besondere Sätze relativieren. Das heißt, wenn wir unterschiedliche kontrafaktische Aussagen einschätzen wollen, etwa von der Art von „Bizet war ein Italiener..." und von der Art „Carter verlor die Wahl 1980 nicht", dann wollen wir eindeutig nicht ein und dieselbe Menge alternativer Welten betrachten; vielmehr wollen wir im einen Falle diejenigen alternativen Welten betrachten, in denen Bizet ein Italiener war und im anderen Falle die alternativen Welten, in denen Carter zum Präsidenten gewählt worden ist. Wir ändern daher unsere Definition eines Modells ab; auch weiterhin besteht ein Modell aus einer Liste von Welten und zusätzlich, für jede Welt, aus einer Liste derjenigen Elementarsätze, die dort wahr sind. Zusätzlich enthält es jedoch nunmehr, anstelle einer einfachen Liste von Alternativen, eine Liste derjenigen Welten, welche – gegeben jede Welt *und jeder Satz* – Alternativen darstellen.

Der Junktor >

Diese Definition eines Modells vorausgesetzt, können wir nunmehr die folgende Definition davon anbieten, was p>q wahr macht;

> p>q ist in einer gegebenen Welt genau dann wahr, wenn q in all denjenigen Welten wahr ist, die Alternativen zu dieser Welt und zu p darstellen.

Dies würde eindeutig darauf hinauslaufen, p>q als einen relativen oder dyadischen Notwendigkeitsoperator zu behandeln; sozusagen relativ auf p-Welten ist q notwendig. Ja,

das sich ergebende logische System wäre sogar gleich K,
zumindest für den Teil q des Konditionals. Das heißt, wenn
wir p festhielten, dann wären die logischen Gesetze, die von
q gelten, gerade eben die Regeln von K. Wir könnten nun
fortschreiten und danach fragen, ob Analoga von T, [4] und
[5] auch für das Konsequens des Konditionals gelten. Die
Semantik und die deduktive Theorie für eine grundlegende
Darstellung von Konditionalen funktioniert folgendermaßen:

Modelle für KL

4.4.1 Semantik der konditionalen Logik (KL)

Ein Modell für KL enthält die folgenden Bestandteile:
i.   Eine Liste von Welten
ii. Für jede Welt eine Liste der dort wahren
     atomaren Aussagen
iii. Für jede Aussage in jeder Welt eine Liste
     der alternativen Welten

Ein Konditional p>q ist in einer Welt w_1 wahr, wenn q in all
denjenigen Welten wahr ist, die Alternativen für p in w_1
darstellen.

Man beachte, daß nicht jede Welt, in der p wahr ist, unter
die Alternativen für p in w_1 mit aufgenommen werden muß;
müßten alle mit eingeschlossen werden, dann wäre > unun-
terscheidbar von $\multimap$.

*Neue Regeln für
die Diagramme*

Man kann am einfachsten verstehen, wie in KL mit Diagrammen gearbeitet werden kann, wenn man sich daran erinnert, daß das p > q eine relative notwendige Aussage ist,
die als $\Box_p$q geschrieben werden könnte, wenn wir sie analog dem relativen Gebotssymbol G_pq behandeln wollen.
Dies unterstreicht zwei Eigenschaften der Diagramme. Erstens: wenn p>q in einer Welt wahr ist, setzen wir q in allen
Alternativen als wahr, und wenn p>q falsch ist, setzen wir q
in einer neuen Alternative als falsch. In diesem Sinne verhält sich p > q genau wie $\Box$q. Die zweite Eigenschaft besteht darin, daß Alternativen natürlich relativ auf die
antezedenten Aussagen sind. Um dies zum Ausdruck zu
bringen, kennzeichnen wir jeden Pfeil durch die Aussage,
relativ zu welcher die alternative Welt eine Alternative darstellt. Dies führt zu einigen neuen Regeln: Kennzeichnen

Sie erstens den Pfeil, der auf die neue Welt hinweist, durch p, wenn Sie eine neue Welt eröffnen, weil p>q in einer bestimmten Welt falsch ist. Nehmen Sie zweitens q nur in diejenigen Welten auf, die miteinander durch einen solchen Pfeil verbunden sind, der durch p gekennzeichnet ist, wenn p > q in einer Welt wahr ist. Im folgenden Beispiel werden wir zeigen, daß $((A > B) \cdot (B > C)) \supset (A > C)$ falsifiziert werden kann.

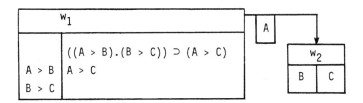

Wir haben hier w_2 eröffnet, weil A>C in w_1 falsch ist; den Pfeil haben wir mit A gekennzeichnet. Wir haben dann B überführt, weil A>B in w_1 wahr ist, doch wir unternehmen nichts mit dem Konditional B>C in w_1, weil es keine durch B gekennzeichneten Pfeile gibt, die von w_1 ausgehen.

Wir können für KL auch Deduktionsregeln angeben:

Das System
KondK

Das System KondK
   * sei eine beliebige Kette antezedenter
     Bedingungen:

$(p_1 > (p_2 > (p_3 > (... (p_n >)...))))$. Dann lauten

die Regeln von KondK

i.   Alle □Regeln von K, mit (p >) anstelle
    von □ und * anstelle von $□^n$

ii. Regel für antezedente Bedingungen (Ant):
    Kann p≡q in KondK bewiesen werden,
    dann ist q>r aus p>r ableitbar.

Es gilt in KondK zu beachten, daß die Barrieren, ebenso wie die Pfeile, auf die betreffende Aussage eingeschränkt sind. Nehmen Sie zum Beispiel an, Sie hätten eine Barriere für A> gesetzt, und daß Sie außerhalb der Barriere zum Beispiel B>~A stehen haben. Sie können dann ~A nicht über die Barriere führen, da es sich um ein Konditional handelt, dessen Antezedens B ist und die Barriere für A> besteht. Das Folgende stellt ein einfaches Beispiel dar:

$$
\begin{array}{lll}
& 1 & A{>}(A{\supset}B) \quad\quad /{\therefore}\ A{>}(A{\supset}(A{\cdot}B)) \\
A{>}\ \blacktriangleright\ 2 & A \\
& 3 & A{\supset}B \quad\quad\quad\ \ 1,\ (A{>})B.K. \\
& 4 & B \quad\quad\quad\quad\quad 2,3\ M.P. \\
& 5 & A{\cdot}B \quad\quad\quad\quad\ 2,4\ Konj. \\
& 6 & A{>}(A{\supset}(A{\cdot}B)) \quad 2\text{-}5,\ (A{>})\ K.B.
\end{array}
$$

Doch die meisten Forscher haben die Auffassung vertreten, daß die bisher gegebene Darstellung zu einfach sei, um die Wahrheitsbedingungen von kontrafaktischen Konditionalen in angemessener Weise abzubilden und daß besondere Bedingungen von neuer Art hinzugefügt werden müßten. Der Hauptteil der Literatur in diesem Bereich betrifft die korrekte Spezifizierung der hier aufzuerlegenden Einschränkungen.

Kritiker haben aus mehreren Gründen mehr Einschränkungen gefordert. Einige Unregelmäßigkeiten sind recht leicht erkennbar, einige andere erfordern mehr Raum, als uns hier zur Verfügung steht. Wir wollen zuerst darauf hinweisen, daß die Alternativen relativ zu einer Welt und einer gegebenen Auswahl p nicht unbedingt p-Welten sein müssen, so wie wir bisher zugrundegelegt haben. Wir sagten einfach, es müsse eine Liste von Alternativen geben, nicht aber, daß alle Eintragungen in diese Liste Welten sein müßten, in denen p tatsächlich wahr ist. Bewerten wir kontrafaktische Konditionale, dann erhalten wir offenbar einige seltsame Resultate, wenn wir nicht darauf bestehen, daß die betrachteten Welten solche sind, in denen p wahr ist. So werden wir zum Beispiel „Wäre Bizet ein Italiener, dann wären er und Verdi Landsleute" falsch beurteilen, wenn wir eine Welt betrachten, in der Bizet Deutscher und daher kein Landsmann Verdis ist. Die Pointe besteht hier darin, daß wir natürlich nicht solche Welten betrachten wollen, in denen Bizet Deutscher ist, wenn wir dieses kontrafaktische Konditional bewerten, wir haben jedoch bisher nichts unternommen, um solche Welten auszuschließen, so wie wir die Theorie bisher entfalteten.

Einschränkungen der Alternativen

Als auf einer ersten Bedingung sollten wir daher darauf bestehen, daß, wenn eine Welt eine Alternative relativ zu
einem gegebenen Satz darstellt, dieser Satz in dieser Welt
wahr sein muß. Ist diese Bedingung gegeben, muß das
Konditional p > p immer wahr sein, da p in jeder p-Welt
wahr sein muß. Wir können eine weitere Bedingung anführen, die von einer in etwa ähnlichen Einsicht herstammt. Man nehme an, wir betrachteten ein Konditional,
das nur subjunktiv, nicht aber kontrafaktisch ist; es könnte
zum Beispiel von jemandem verwendet werden, der Bizets
Nationalität nicht kennt und dann sagen würde, „Wenn
Bizet Franzose wäre, dann wäre er kein Landsmann Verdis". Nun muß diese Welt ganz sicherlich eine der Welten
sein, die wir zur Bewertung dieses Konditionals verwenden, da das Antezedens hier wahr ist und es keine bessere
Welt zur Überprüfung eines Konditionals geben kann, als
diejenige, in der es behauptet wird. Um diese Wirkung zu
erzielen, fordern wir, daß eine Welt dann in die Liste der
Alternativen relativ zu p und zu sich selbst aufgenommen
werden muß, wenn p in dieser Welt wahr ist. In anderen
Worten wollen wir, daß, zumindest in diesem Fall, Welten
Alternativen zu sich selbst darstellen sollen. Im Allgemeinen jedoch wollen wir dies nicht; ist p in einer Welt nicht
wahr, dann wollen wir in ihr nicht nach q fragen und daher
sollte sie auf unserer Liste nicht auftreten.
Wir können unsere Modelle, Diagramme und Regeln modifizieren, damit sie diesen zusätzlichen Bedingungen gerecht
werden. Für Modelle bestehen diese Einschränkungen:

   i.   Alle Alternativen für ein gegebenes p in einer
       gegebenen Welt w müssen Welten sein, in
       denen p wahr ist.
   ii. Ist p in w wahr, dann muß w auf der Liste
       von Alternativen zu p in w auftreten.

Ähnlich können wir auch die Diagramme modifizieren.
Weist ein gekennzeichneter Pfeil auf eine Welt hin, dann ist
die Aussage in der Kennzeichnung in dieser Welt wahr gesetzt, und wenn p in einer Welt wahr ist, dann zeichnen wir
einen mit p gekennzeichneten Pfeil von dieser Welt zu sich
selbst.

Wir können schließlich zwei Regeln hinzufügen, um das System KondK+ zu erzielen:

> Konditionaler Modus Ponens (K.M.P.):
> p > q=p ⊃ q
> Identität: Es ist zulässig, p unmittelbar inner-
> halb einer (p >)-Barriere (d.h. einer □-Bar-
> riere mit (p > q) anstelle von □) an jedem
> beliebigen Punkt zu schreiben. „Unmittelbar"
> bedeutet hier „nicht innerhalb irgendeiner
> weiteren eingebetteten Barriere".

Diese Bedingungen stellen eine gewisse Verbesserung gegenüber der grundlegenden Version der Theorie dar. Dennoch fehlt eines, zumindest in den Augen einiger Theoretiker. Man betrachte wiederum unser Bizet-Beispiel. Wenn wir, um „Wenn Bizet Italiener wäre, dann wären er und Verdi Landsleute" zu beurteilen, einfach all diejenigen Welten betrachten, in denen Bizet Italiener ist, dann fragen, ob er und Verdi in all diesen Landsleute sind, dann wird die Antwort lauten, daß das kontrafaktische Konditional falsch ist, weil es notwendig einige Welten geben muß, in denen Verdi zum Beispiel Grieche ist und daher kein Landsmann von Bizet. Nun erfordert zwar die Definition eines Modells, das wir gerade angeboten und modifiziert haben, nicht, daß wir einfach alle p-Welten jeder Beschreibung aufzählen, wenn wir die Alternativen relativ zu p aufzählen, sie läßt dies jedoch sicherlich zu, so daß im allgemeinen sich sehr wenige kontrafaktische Konditionale als wahr erweisen werden, da alle einige falsifizierende seltsame p-Welten haben werden, wie den Verdi-ist-ein-Grieche Fall.

Diejenigen Kritiker, die diesen Einwand vorbringen, legen auch eine Lösung nahe. Wir wollen nicht alle p-Welten betrachten, so sagen sie, sondern nur diejenigen, die der, in der wir das Konditional betrachten, sehr ähnlich sind. Daher – da Welten, in denen Verdi ein Grieche ist, der tatsächlichen Welt weniger ähneln, als solche, in denen er Italiener ist – betrachten wir solche nicht, wenn wir unsere Forderung beurteilen. Dieser Vorschlag kann jedoch mit der vorangehenden Definition eines Modells nicht in einfacher Weise in Übereinstimmung gebracht werden, er zwingt uns vielmehr dazu, eine neue einzuführen, welche ein Ähnlichkeitsmaß für Welten enthält.

Ähnliche Welten

Auf vielerlei Weisen ist die einfachste und wirkungsvollste Version dieser Idee eine, die von David Lewis angeboten wurde. Er schlägt vor, ein Modell derart zu definieren, daß es dieselben beiden Listen von Welten und wahren atomaren Sätzen in Welten enthält und dann für jede Welt eine Verschachtelung aller anderen Welten hinzuzufügen, und zwar in einer Reihe von Kugeln, wie russische Puppen, in denen die äußeren Welten unähnlicher als die inneren sind. Haben wir einmal entschieden, welches die ähnlicheren und welches die weniger ähnlichen Welten sind und haben wir sie in Kugeln angeordnet, dann ist p>q gerade dann wahr, wenn sowohl p als auch q in den Welten wahr sind, die näher liegen als alle, in denen p wahr, jedoch q falsch ist. Das heißt, das Konditional ist dann wahr, wenn die ähnlicheren Welten, in denen p wahr ist, auch diejenigen sind, in denen q wahr ist. Lewis erlegt seinem Modell nur eine einzige Bedingung auf, nämlich daß jede Welt im Zentrum ihrer eigenen Verschachtelungen liegt, das heißt, daß jede Welt die einzige ist, die sich selbst am ähnlichsten ist.

Obwohl das System von Lewis viele Bewunderer gefunden hat, blieb es doch auch nicht ohne Kritik. Einige Kritiker haben behauptet, daß wir nicht immer nur die nächstmöglichen Welten betrachten. Ein Beispiel hierfür könnte das folgende sein: nehmen wir an, jemand (wir wollen ihn oder sie als „a" bezeichnen) sagt: „Hätte ich mehr gelernt, dann hätte ich das Examen bestanden", und der Freund von a antwortet „Nein, denn vielleicht hättest du dich überanstrengt". Das heißt, der Freund sagt hier, daß einige relativ weniger ähnliche Welten, solche, in denen der oder die Betreffende nicht etwas, sondern sehr viel härter arbeitet, für die Bewertung der kontrafaktischen Annahme relevant sind und tatsächlich zeigen, daß diese falsch ist.

Offene Fragen

Es ist hier zunächst eine offene Frage, ob dieser Einwand wirklich trifft. Zumindest zwei Erwiderungen sind hier möglich. Erstens ist nicht vollständig klar, ob die Darstellung von Lewis durch den Einwand wirklich betroffen wird, da der erste Sprecher auf verschiedenerlei Weise antworten kann. Entweder kann a herausstellen, daß er von nur gerade ein bißchen mehr Arbeitsaufwand spricht und daß der andere Sprecher hieran vorbeigeht, oder a kann den Einwand hinnehmen, aber sich dennoch des Ansatzes von Lewis bedienen, indem er das Konditional im Hinblick auf das Antecedens „Ich habe sehr viel härter gearbeitet" bewertet. So könnte Lewis vielleicht den Einwand zurückweisen.

Andererseits ist klar, daß zumindest zuweilen die Bewertung aufgrund minimaler Veränderungen die angemessene ist, selbst wenn dies Beispiel und andere, vergleichbare, seinen Ansatz widerlegen, und in diesem Falle entsteht ein neues Problem. Und zwar: Wie können wir wissen, welches bei gegebenem Anlaß die angemessene Methode darstellt? Solche und andere Probleme stehen im Brennpunkt des gegenwärtigen Forschungsinteresses in diesem Bereich, welcher einer der lebhaftesten in der Logik ist.

Übungsaufgabe 10:

10.1. Entscheiden Sie, welche der folgenden Ausdrücke nicht falsifiziert werden können, indem Sie sich der grundlegenden Modelldiagramme bedienen, ohne Hinzunahme der zusätzlichen Bedingungen. Zeigen Sie, daß diejenigen, die nicht falsifiziert werden können, in KondK ableitbar sind:

10.1.1. $((A>B) \cdot A) \supset B$
10.1.2. $(A>B) \supset ((A \cdot C)>B)$
10.1.3. $((A>B) \cdot (A> \sim B)) \supset (A>C)$
10.1.4. $(A \cdot \sim A)>B$
10.1.5. $((A>B) \cdot (A>C)) \supset (A>(B \cdot C))$
10.1.6. $(A \cdot B) \supset (A>B)$
10.1.7. $((A>C) \cdot (B>C)) \supset ((A \cdot B)>C)$

10.2. Geben Sie für die Ausdrücke aus Aufgabe 1. an, ob es darunter irgendwelche gibt, die zwar nicht unter der Hinzunahme zusätzlicher Diagrammbedingungen, wohl aber ohne diese Bedingungen falsifiziert werden können. Gibt es solche, dann zeigen Sie, daß sie in KondK+ beweisbar sind.

Musterlösungen zu den Übungsaufgaben

Übungsaufgabe 1

1.1. 1. (A ⊃ B).(C ⊃ D) /∴(A.C) ⊃ (B.D)
      2. A ⊃ B   1, Simp.
      3. (A ⊃ B) v ~C   2, Add.
      4. ~C v (A ⊃ B)   3, Kom.
      5. C ⊃ (A ⊃ B)   4, Impl.
      6. (C.A) ⊃ B   5, Exp.
      7. (A.C) ⊃ B   6, Kom.
      8. (C ⊃ D).(A ⊃ B)   1, Kom.
      9. C ⊃ D   8, Simp.
     10. (C ⊃ D) v ~A   9, Add.
     11. ~A v (C ⊃ D)   10, Kom.
     12. A ⊃ (C ⊃ D)   11, Impl.
     13. (A.C) ⊃ D   12, Exp.
     14. [(A.C)]⊃ B .[(A.C)]⊃ D   7, 13, Konj.
     15. [~(A.C) v B].[~(A.C) v D]   14, Impl.
     16. ~(A.C) v (B.D)   15. Dist.
     17. (A.C) ⊃ (B.D)   16, Impl.

      1. (A ⊃ B).(C ⊃ D) /∴(A.C) ⊃ (B.D)
      2. A.C
      3. A   2, Simp.
      4. A ⊃ B   1, Simp.
      5. B   4, 3, M.P.
      6. C.A   2, Kom.
      7. C   6, Simp.
      8. (C ⊃ D).(A ⊃ B)   1, Kom.
      9. C ⊃ D   8, Simp.
     10. D   9, 7, M.P.
     11. B.D   5, 10, Konj.
     12. (A.C) ⊃ (B.D)   2-11, K.B.

      1. (A ⊃ B).(C ⊃ D) /∴(A.C) ⊃ (B.D)
      2. ~[(A.C) ⊃ (B.D)]
      3. ~[~(A.C) v (B.D)]   2, Impl.
      4. ~~(A.C).~(B.D)   3, De M.
      5. (A.C).~(B.D)   4, D.N.

6. A.C	5, Simp.
7. A	6, Simp.
8. A ⊃ B	1, Simp.
9. B	8, 7, M.P.
10. C.A	6, Kom.
11. C	10, Simp.
12. (C ⊃ D).(A ⊃ B)	1, Kom.
13. C ⊃ D	12, Simp.
14. D	13, 11, M.P.
15. B.D	9, 14, Konj.
16. ~(B.D).(A.C)	5, Kom.
17. ~(B.D)	16, Simp.
18. (B.D).~(B.D)	15, 17, Konj.
19. (A.C) ⊃ (B.D)	2-18, R.A.A.

1.2.
	1. (E ⊃ E) ⊃ F /∴F	
	2. (~E v E) ⊃ F	1, Impl.
	3. ~(~E v E) v F	2, Impl.
	4. (~~E.~E) v F	3, De M.
	5. F v (~~E.~E)	4, Kom.
	6. (F v ~~E).(F v ~E)	5, Dist.
	7. (F v ~E).(F v ~~E)	6, Kom.
	8. F v ~E	7, Simp.
	9. ~E v F	8, Kom.
	10. E ⊃ F	9, Impl.
	11. F v ~~E	6, Simp.
	12. F v E	11, D.N.
	13. ~~F v E	12, D.N.
	14. ~F ⊃ E	13, Impl.
	15. ~F ⊃ F	14, 10, H.S.
	16. ~~F v F	15, Impl.
	17. F v F	16, D.N.
	18. F	17, Taut.

1. (E ⊃ E) ⊃ F /∴F	
2. E	
3. E v E	2, Add.
4. E	3, Taut.
5. E ⊃ E	2-4, K.B.
6. F	1, 5, M.P.

```
            1. (E ⊃ E) ⊃ F /∴F
        ┌▶ 2. ~F
        │   3. ~(E ⊃ E)              1, 2, M.T.
        │   4. ~(~E v E)             3, Impl.
        └── 5. ~~E.~E                4, De M.
            6. F                     2-5, R.A.A.
```

1.3.   1. (G ⊃ H).(I ⊃ J)
       2. K ⊃ (G v I)   /∴K ⊃ (H v J)

```
        3. (~G v H).(~I v J)         1, Impl.
        4. ~G v H                    2, Simp.
        5. (~G v H) v J              4, Add.
        6. ~G v (H v J)              5, Assoz.
        7. (~I V J).(~G v H)         3, Kom.
        8. ~I v J                    7, Simp.
        9. (~I v J) v H              8, Add.
       10. ~I v (J v H)              9, Assoz.
       11. ~I v (H v J)              10, Kom.
       12. [~G v (H v J)].[~I v (H v J)]   6, 11, Konj.
       13. [(H v J) v ~G].[(H v J) v ~I]   12, Kom.
       14. (H v J) v (~G.~I)         13, Dist.
       15. (~G.~I) v (H v J)         14, Kom.
       16. ~(G v I) v (H v J)        15, De M.
       17. (G v I) ⊃ (H v J)         16, Impl.
       18. K ⊃ (H v J)               2, 17, H.S.
```

```
            1. (G ⊃ H).(I ⊃ J)
            2. K ⊃ (G v I)   /∴K ⊃ (H v J)
        ┌▶ 3. K
        │   4. G v I                 2, 3, M.P.
        └── 5. H v J                 1, 4, K.D.
            6. K ⊃ (H v J)           3-5, K.B.
```

```
            1. (G ⊃ H).(I ⊃ J)
            2. K ⊃ (G v I)   /∴K ⊃ (H v J)
        ┌▶ 3. ~[K ⊃ (H v J)]
        │   4. ~[~K v (H v J)]       3, Impl.
        │   5. ~~K.~(H v J)          4, De M.
        │   6. K.~(H v J)            5, D.N.
        │
```

7. K	6, Simp.
8. G v I	2, 7, M.P.
9. H v J	1, 9, K.D.
10. ~(H v J).K	6, Kom.
11. ~(H v J)	10, Simp.
12. (H v J).~(H v J)	9, 11, Konj.
13. K ⊃ (H v J)	3-12, R.A.A.

1.4.
1. (L v M) ⊃ N
2. O ⊃ (P.Q) /∴(L ⊃ N).(O ⊃ P)

3. ~(L v M) v N	1, Impl.
4. (~L.~M) v N	3, De M.
5. N v (~L.~M)	4, Kom.
6. (N v ~L).(N v ~M)	5, Dist.
7. N v ~L	6, Simp.
8. ~O v (P.Q)	2, Impl.
9. (~O v P).(~O v Q)	8, Dist.
10. ~O v P	9, Simp.
11. ~L v N	7, Kom.
12. (~L v N).(~O v P)	11, 10, Konj.
13. (L ⊃ N).(O ⊃ P)	12, Impl.

1. (L v M) ⊃ N
2. O ⊃ (P.Q) /∴(L ⊃ N).(O ⊃ P)

3. L	
4. L v M	3, Add.
5. N	1, 4, M.P.
6. L ⊃ N	3-5, K.B.
7. O	
8. P.Q	2, 7, M.P.
9. P	8, Simp.
10. O ⊃ P	7-9, K.B.
11. (L ⊃ N).(O ⊃ P)	6, 10, Konj.

1. (L v M) ⊃ N
2. O ⊃ (P.Q) /∴(L ⊃ N).(O ⊃ P)

3. ~[(L ⊃ N).(O ⊃ P)]	
4. ~(L ⊃ N) v ~(O ⊃ P)	3, De M.
5. ~(L v M) v N	1, Impl.

      6. (~L.~M) v N   5, De M.
      7. N v (~L.~M)   6, Kom.
      8. (N v ~L).(N v ~M)   7, Dist.
      9. N v ~L   8, Simp.
     10. ~L v N   9, Kom.
     11. L ⊃ N   10, Impl.
     12. ~~(L ⊃ N)   11, D.N.
     13. ~(0 ⊃ P)   4, 12, D.S.
     14. ~0 v (P.Q)   2, Impl.
     15. (~0 v P).(~0 v Q)   14, Dist.
     16. ~0 v P   15, Simp.
     17. 0 ⊃ P   16, Impl.
     18. (0 ⊃ P).~(0 ⊃ P)   17, 13, Konj.
     19. (L ⊃ N).(0 ⊃ P)   3-18, R.A.A.

1.5. 1. (R v S) ⊃ [(T v U) ⊃ V]   /∴ (R.S) ⊃ (T ⊃ V)
      2. ~(R v S) v [(T v U) ⊃ V]   1, Impl.
      3. (~R.~S) v [(T v U) ⊃ V]   2, De M.
      4. [(T v U) ⊃ V] v (~R.~S)   3, Kom.
      5. {[(T v U) ⊃ V] v ~R}}.{[(T v U) ⊃ V] v ~S]} 4, Dist.
      6. [(T v U) ⊃ V] v ~R   5, Simp.
      7. [~(T v U) v V] v ~R   6, Impl.
      8. ~(T v U) v (V v ~R)   7, Assoz.
      9. (V v ~R) v ~(T v U)   8, Kom.
     10. (V v ~R) v (~T.~U)   9, De M.
     11. [(V v ~R) v ~T].[(V v ~R) v ~U]   10, Dist.
     12. (V v ~R) v ~T   11, Simp.
     13. (~R v V) v ~T   12, Kom.
     14. ~R v (V v ~T)   13, Assoz
     15. ~R v (~T v V)   14, Kom.
     16. ~R v (T ⊃ V)   15, Impl.
     17. [~R v (T ⊃ V)] v ~S   16, Add.
     18. ~S v [~R v (T ⊃ V)]   17, Kom.
     19. (~S v ~R) v (T ⊃ V)   18, Assoz
     20. (~R v ~S) v (T ⊃ V)   19, Kom.
     21. ~(R.S) v (T ⊃ V)   20, De M.
     22. (R.S) v (T ⊃ V)   21, Impl.

```
        1. (R v S) ⊃ [(T v U) ⊃ V]      /∴ (R.S) ⊃ (T ⊃ V)
  ┌──►2. R.S
  │     3. R                         2, Simp.
  │     4. R v S                     3, Add.
  │     5. (T v U) ⊃ V               1, 4, M.P.
  │ ┌─►6. T
  │ │   7. T v U                     6, Add.
  │ │   8. V                         5, 7, M.P.
  │ └───9. T ⊃ V                     6-8, K.B.
  └──  10. (R.S) ⊃ (T ⊃ V)           2-9, K.B.
```

```
           1. (R v S) ⊃ [(T v U) ⊃ V] /∴ (R.S) ⊃ (T ⊃ V)
    ┌──►2. ~[(R.S) ⊃ (T ⊃ V)]
    │    3. ~[~(R.S) v (T ⊃ V)]            2, Impl.
    │    4. ~~(R.S).~(T ⊃ V)               3, De M.
    │    5. (R.S).~(T ⊃ V)                 4, D.N.
    │    6. R.S                            5, Simp.
    │    7. ~(T ⊃ V).(R.S)                 5, Kom.
    │    8. ~(T ⊃ V)                       7, Simp.
    │    9. ~(~T v V)                      8, Impl.
    │   10. ~~T.~V                         9, De M.
    │   11. T.~V                           10, D.N.
    │   12. T                              11, Simp.
    │   13. ~V.T                           11, Kom.
    │   14. ~V                             13, Simp.
    │   15. R                              6, Simp.
    │   16. R v S                          15, Add.
    │   17. (T v U) ⊃ V                    1, 15, M.P.
    │   18. T v U                          12, Add.
    │   19. V                              17, 18, M.P.
    └─  20. V.~V                           19, 14, Konj.
        21. (R.S) ⊃ (T ⊃ V)               2-20, R.A.A.
```

2.1. Theorem 2. ⊢ (q ⊃ r) ⊃ [(p ⊃ q) ⊃ (p ⊃ r)]   *Übungsaufgabe 2*

   1. (p ⊃ q) ⊃ [(r v p) ⊃ (r v q)]   Axiom 4
   2. (q ⊃ r) ⊃ [(~p v q) ⊃ (~p v r)]   Ersetze p durch
                                            q, q durch r,
                                            r durch ~p

   3. (q ⊃ r) ⊃ [(p ⊃ q) ⊃ (p ⊃ r)]   df.

2.2. A.R.2.   q ⊃ r ⊢ (p ∨ q) ⊃ (p ∨ r)

    1. (p ⊃ q) ⊃ [(r ∨ p) ⊃ (r ∨ q)]   Axiom 4

    2. (q ⊃ r) ⊃ [(p ∨ q) ⊃ (p ∨ r)]   Ersetze p durch q, q durch r, r durch p

    3. q ⊃ r   Prämisse

    4. (p ∨ q) ⊃ (p ∨ r)   2, 3, R 1

2.3. Theorem 3. ⊢ p ⊃ p

    1. p ⊃ (p ∨ q)   Axiom 2

    2. p ⊃ (p ∨ p)   Ersetze q durch p

    3. (p ∨ p) ⊃ p   Axiom 1

    4. p ⊃ p   2, 3, A.R. 1

2.4. A.R.3.   p ∨ q ⊢ q ∨ p

    1. (p ∨ q) ⊃ (q ∨ p)   Axiom 3

    2. p ∨ q   Prämisse

    3. q ∨ p   1, 2, R 1

2.5. Theorem 4. ⊢ [p ∨ (q ∨ r)] ⊃ [q ∨ (p ∨ r)]

    1. p ⊃ (q ∨ p)   Theorem 1

    2. r ⊃ (p ∨ r)   Ersetze p durch r und q durch p

    3. (q ∨ r) ⊃ [q ∨ (p ∨ r)]   2, A.R. 2

    4. [p ∨ (q ∨ r)] ⊃ {p ∨ [q ∨ (p ∨ r)]}   3, A.R. 2

    5. (p ∨ q) ⊃ (q ∨ p)   Axiom 3

    6. {p ∨ [q ∨ (p ∨ r)]} ⊃ {[q ∨ (p ∨ r)] ∨ p}   Ersetze q in 5 durch [q ∨ (p ∨ r)]

    7. [p ∨ (q ∨ r)] ⊃ {[q ∨ (p ∨ r)] ∨ p}   4, 6, A.R. 1

    8. p ⊃ (p ∨ q)   Axiom 2

    9. p ⊃ (p ∨ r)   Ersetze q durch r

    10. p ⊃ (q ∨ p)   Theorem 1

    11. (p ∨ r) ⊃ [q ∨ (p ∨ r)]   Ersetze p durch (p ∨ r)

    12. p ⊃ [q ∨ (p ∨ r)]   9, 11, A.R. 1

    13. {[q ∨ (p ∨ r)] ∨ p} ⊃ {[q ∨ (p ∨ r)] ⊃ [q ∨ (p ∨ r)]}   A-R. 2

    14. {[q ∨ (p ∨ r)] ∨ [q ∨ (p ∨ r)]} ⊃ [q ∨ (p ∨ r)]   Axiom 1

15. {[q ∨ (p ∨ r)] ∨ p} ⊃ [q ∨ (p ∨ r)]   13, 14, A.R.1
16. [p ∨ (q ∨ r)] ⊃ [q ∨ (p ∨ r)]   7, 15, A.R. 1

Übungsaufgabe 3

3.1. Beweis, daß dem Axiom 2 der Wahrheitswert W für alle Werte der in ihm vorkommenden propositionalen Symbole zukommt.

p q r	p ⊃ q	q ⊃ r	p ⊃ r	(q⊃r)⊃(p⊃r)	(p⊃q)⊃[(q⊃r) ⊃ (p ⊃ r)]
W W W	W	W	W	W	W
W W U	W	U	U	W	W
W W F	W	F	F	W	W
W U W	U	W	W	W	W
W U U	U	W	U	U	W
W U F	U	U	F	U	W
W F W	F	W	W	W	W
W F U	F	W	U	U	W
W F F	F	W	F	F	W
U W W	W	W	W	W	W
U W U	W	U	W	W	W
U W F	W	F	U	W	W
U U W	W	W	W	W	W
U U U	W	W	U	W	W
U U F	W	U	U	W	W
U F W	U	W	W	W	W
U F U	U	W	W	W	W
U F F	U	W	U	U	W
F W W	W	W	W	W	W
F W U	W	U	W	W	W
F W F	W	F	W	W	W
F U W	W	W	W	W	W
F U U	W	W	W	W	W
F U F	W	U	W	W	W
F F W	W	W	W	W	W
F F U	W	W	W	W	W
F F F	W	W	W	W	W

3.2. Beweis, daß dem Axiom 3 der Wahrheitswert W für alle Werte der in ihm enthaltenen propositionalen Symbole zukommt.

p	~p	p ⊃ ~p	(p ⊃ ~p) ⊃ p	[(p ⊃ ~p) ⊃ p] ⊃ p
W	F	F	W	W
U	U	W	U	W
F	W	W	F	W

3.2.1. Logisch wahr sowohl in der zweiwertigen Logik als auch in L_3:

p	~p	~p ⊃ p	p ⊃ (~p ⊃ p)
W	F	W	W
U	U	W	W
F	W	F	W

3.2.2. Logisch wahr in der zweiwertigen Logik, nicht aber in L_3:

p	~p	~p ⊃ p	(~p ⊃ p) ⊃ p
W	F	W	W
U	U	W	U
F	W	F	W

3.2.3. Logisch wahr in der zweiwertigen Logik, nicht aber in L_3:

p	~p	p ⊃ ~p	~(p ⊃ ~p)	p ⊃ ~(p ⊃ ~p)
W	F	F	W	W
U	U	W	F	U
F	W	W	F	W

3.2.4. Logisch wahr sowohl in der zweiwertigen Logik als auch in L_3:

p	~p	p ⊃ ~p	~(p ⊃ ~p)	p ⊃ ~(p ⊃ ~p)	p ⊃ [p ⊃ ~(p ⊃ ~p)]
W	F	F	W	W	W
U	U	W	F	U	W
F	W	W	F	W	W

3.2.5. Logisch wahr sowohl in der zweiwertigen Logik als auch in L_3:

p	q	p ⊃ q	(p ⊃ q) ⊃ q	p ⊃ [(p ⊃ q) ⊃ q]
W	W	W	W	W
W	U	U	W	W
W	F	F	W	W
U	W	W	W	W

U U	W	U	W
U F	U	U	W
F W	W	W	W
F U	W	U	W
F F	W	F	W

3. 2.6. Logisch wahr in der zweiwertigen Logik, nicht aber in L_3:

p q	p ⊃ q	p.(p ⊃ q)	[p.(p ⊃ q)] ⊃ q
W W	W	W	W
W U	U	U	W
W F	F	F	W
U W	W	U	W
U U	W	U	W
U F	U	U	U
F W	W	F	W
F U	W	F	W
F F	W	F	W

3. 3. Theorem 3. (p ⊃ q) ⊃ {[(p ⊃ r) ⊃ s] ⊃ [(q ⊃ r) ⊃ s]}

Beweis:

1. {[(q ⊃ r) ⊃ (p ⊃ r)] ⊃ s   ⊃ [(p ⊃ q) ⊃ s]}   Theorem 1.
2. {[(q ⊃ r) ⊃ (p ⊃ r)] ⊃ {[(p ⊃ r) ⊃ s] ⊃ [(q ⊃ r) ⊃ s]}} ⊃
   {(p ⊃ q) ⊃ {[(p ⊃ r) ⊃ s] ⊃ [(q ⊃ r) ⊃ s]}}
   Ersetze s in 1 durch [(p ⊃ r) ⊃ s] ⊃ [(q ⊃ r) ⊃ s]
3. (p ⊃ q) ⊃ [(q ⊃ r) ⊃ (p ⊃ r)]   Axiom 2
4. [(q ⊃ r) ⊃ (p ⊃ r)] ⊃ {[(p ⊃ r) ⊃ s] ⊃ [(q ⊃ r) ⊃ s]}
   Ersetze p durch (q ⊃ r) und q durch (p ⊃ r) und
   r durch s in 3, 2, 4, Modus Ponens
5. (p ⊃ q) ⊃ {[(q ⊃ r) ⊃ s] ⊃ [(q ⊃ r) ⊃ s]}

Theorem 4. [(p ⊃ q) ⊃ r] ⊃ (q ⊃ r)

Beweis:

1. (p ⊃ q) ⊃ [(q ⊃ r) ⊃ (p ⊃ r)]   Axiom 2
2. [q ⊃ (p ⊃ q)] ⊃ {[(p ⊃ q) ⊃ r] ⊃ (q ⊃ r)}   Ersetze p
   durch q und q in 1 durch (p ⊃ q)
3. q ⊃ (p ⊃ q)   Axiom 1
4. [(p ⊃ q) ⊃ r] ⊃ (q ⊃ r)   2, 3, Modus
   Ponens

Theorem 5. $(q \supset r) \supset \{(s \supset q) \supset [p \supset (s \supset r)]\}$

Beweis:

1. $[(p \supset q) \supset r] \supset (q \supset r)$ Theorem 4

2. $\{[p \supset (q \supset r)] \supset \{(s \supset q) \supset [p \supset (s \supset r)]\}\} \supset$
   $\{(q \supset r) \supset \{(s \supset q) \supset [p \supset (s \supset r)]\}\}$

   Ersetze q durch $(q \supset r)$ und r in 1 durch
   $\{(s \supset q) \supset [p \supset (s \supset r)]\}$

3. $[p \supset (q \supset r)] \supset \{(s \supset q) \supset [p \supset (s \supset r)]\}$ Theorem 2

4. $(q \supset r) \supset \{(s \supset q) \supset [p \supset (s \supset r)]\}$ 2, 3, Modus
   Ponens

Theorem 6. $\{q \supset [(r \supset \sim r) \supset r]\} \supset [p \supset (q \supset r)]$

Beweis:

1. $(q \supset r) \supset \{(s \supset q) \supset [p \supset (s \supset r)]\}$ Theorem 5

2. $\{[(r \supset \sim r) \supset r] \supset r\} \supset \{\{q \supset [(r \supset \sim r) \supset r]\} \supset [p \supset (q \supset r)]\}$

   Ersetze q durch $[(r \supset \sim r) \supset r]$ und s in 1
   durch q

3. $[(p \supset \sim p) \supset p] \supset p$ Axiom 3

4. $[(r \supset \sim r) \supset r] \supset r$ Ersetze p in 3
   durch r

5. $\{q \supset [(r \supset \sim r) \supset r]\} \supset [p \supset (q \supset r)]$ 2, 4, Modus
   Ponens

Theorem 7. $p \supset \{\{q \supset [(r \supset \sim r) \supset r]\} \supset (q \supset r)\}$

Beweis:

1. $\{p \supset [(r \supset \sim r) \supset r]\} \supset [p \supset (q \supset r)]$ Theorem 6

2. $\{\{q \supset [(r \supset \sim r) \supset r]\} \supset \{[(q \supset r) \supset \sim (q \supset r)] \supset (q \supset r)\}\} \supset$
   $\{p \supset \{\{q \supset [(r \supset \sim r) \supset r]\} \supset (q \supset r)\}\}$

   Ersetze q durch $\{q \supset [(r \supset \sim r) \supset r]\}$ und r
   in 1 durch $(q \supset r)$

3. $\{q \supset [(r \supset \sim r) \supset r]\} \supset \{[(q \supset r) \supset \sim (q \supset r)] \supset (q \supset r)\}$

   Ersetze p in 1 durch $[(q \supset r) \supset (q \supset r)]$

4. $p \supset \{\{q \supset [(r \supset \sim r) \supset r]\} \supset (q \supset r)\}$ 2, 3, Modus
   Ponens

Theorem 8. $\{q \supset [(r \supset \sim r) \supset r]\} \supset (q \supset r)$

Beweis:

1. $p \supset \{\{q \supset [(r \supset \sim r) \supset r]\} \supset (q \supset r)\}$ Theorem 7

2. $[q \supset (p \supset q)] \supset \{\{q \supset [(r \supset \sim r) \supset r]\} \supset (q \supset r)\}$

   Ersetze p in 1 durch $[q \supset (p \supset q)]$

3. $q \supset (p \supset q)$ Axiom 1

4. q ⊃ [(r ⊃ r) ⊃ r] ⊃ (q ⊃ r)   2, 3, Modus
                                            Ponens

> Theorem 9. [(r ⊃ ~r) ⊃ q] ⊃ [(q ⊃ r) ⊃ r]

Beweis:

1. {[(q ⊃ r) ⊃ (p ⊃ r)] ⊃ s} ⊃ [(p ⊃ q) ⊃ s]   Theorem 1
2. {{(q ⊃ r) ⊃ [(r ⊃ ~r) ⊃ r]} ⊃ [(q ⊃ r) ⊃ r]} ⊃
       {[(r ⊃ ~r) ⊃ q] ⊃ [(q ⊃ r) ⊃ r]}

> Ersetze p durch (r ⊃ ~r) und s in 1 durch
> [(q ⊃ r) ⊃ r]

3. {q ⊃ [(r ⊃ ~r) ⊃ r]} ⊃ (q ⊃ r)   Theorem 8
4. {(q ⊃ r) ⊃ [(r ⊃ ~r) ⊃ r]} ⊃ [(q ⊃ r) ⊃ r]

> Ersetze q in 3 durch (q ⊃ r)

5. [(r ⊃ ~r) ⊃ q] ⊃ [(q ⊃ r) ⊃ r]   2, 4, Modus
                                            Ponens

In einigen Ableitungen wurden hier einfache propositionale   *Übungsaufgabe 4*
Schritte kombiniert, und einige Schritte, bei denen die
Regel D.N. verwendet wurde, sind nur durch ⋆ angezeigt.

4.1.   1   □(A ⊃ B)   /∴ □A ⊃ □B
          2   □A
          3   □B   1, 2, □M.P.
          4   □A ⊃ □B   2-3, K.B.

4.2.   1   □(A.B)   /∴ □A.□B
     □   2   ~A
          3   A.B   1, B.K.
          4   A   3, Simp.
          5   A.~A   2, 4, Konj.
          6   □A   2-5, □R.A.A.
     □   7   ~B
          8   A.B   1, B.K.
          9   B   8, Simp.
          10   B.~B   7, 9, Konj.
          11   □B   7-10 □R.A.A.
          12   □A.□B   6, 11, Konj.

4.3.   1   □A   /□(B ⊃ A)
     □   2   B

	3	A	1, B.K.
	4	□(B ⊃ A)	2-3, □K.B.

4.4.

	1	□(A ⊃ B)	
	2	◇A	/∴ ◇B
	3	~◇B	
	4	□~B	3, M.Ӿ.
	5	□~A	1, 4, □M.T.
	6	~◇A	5, M.Ӿ.
	7	◇A.~◇A	2, 6, Konj.
	8	◇B	3-7, R.A.A.

4.5.

	1	□(A v B)	/∴ ◇A v □B
	2	□(~A ⊃ B)	1, Impl. *
	3	□~A ⊃ □B	2, A.R.1
	4	~◇A ⊃ □B	3, M.Ӿ.
	5	◇A v □B	4, Impl. *

4.6.

	1	~(◇(A ⊃ B) v □(B ⊃ A))	
	2	~◇(A ⊃ B).~□(B ⊃ A)	1, DeM
	3	□(A.~B)	2, Simp.+MӒ+Impl+DeM
	4	◇(B.~A)	2, Simp.+MӒ+Impl+DeM
	5	□A	3, □Simp.
	6	◇~A	4, ◇Simp. + Simp.
	7	~□A	6, M.Ӿ.
	8	□A.~□A	5, 7, Konj.
	9	◇(A ⊃ B) v □(B ⊃ A)	1-8, R.A.A.

4.7.

	1	◇A ⊃ □B	
	2	◇A	/∴ ◇B
	3	~◇B	
	4	□~B	3, M.Ӿ.
	5	□B	1, 2, M.P.
	6	~~A	
	7	B	5, B.K.
	8	~B	4, B.K.
	9	B.~B	7, 8, Konj.
	10	□~A	6-9, □R.A.A.
	11	~□~A	2, M.Ӿ.

```
         |    12    □~A.~□~A        10, 11, Konj.
         └──  13    ◇B              3-12, R.A.A.


5.1.1.   ┌──► 1    ~~(□A.□ A)
         │    2    □A.□~A           1, D.N.
         │    3    □A               2, Simp.
         │    4    A                3, □T
         │    5    □~A              2, Simp.
         │    6    ~A               5, □T
         └──  7    A.~A             4, 6, Konj.
              8    ~(□A.□~A)        1-7, R.A.A.


5.1.2.        1    ◇□A             /∴ ◇A
         ┌──► 2    ~◇A
         │    3    □~A              2, M.Ä.
         │    4    □◇~A             3,◇T
         │    5    □~□A             4, M.Ä.
         │    6    ~◇□A             5, M.Ä.
         └──  7    ◇□A.~◇□A         1, 6, Konj.
              8    ◇A               2-7, R.A.A.


5.2.1.        1    □(A ⊃ B)        /∴ □(□A ⊃ □B)
              2    □□(A ⊃ B)        1, [4]
      □ ┌──► 3    □A
        │    4    □(A ⊃ B)          2, B.K.
        └──  5    □B                3, 4, □M.P.
              6    □(□A ⊃ □B)       3-5, □K.B.


5.2.2.        1    □◇A             /∴ □◇□◇A
              2    □□◇A             1, [4]
              3    □◇□◇A            2,◇T
```

Der letzte Schritt ist ein Kunstgriff; wir behandeln
□□◇A als □[□◇A] und verwenden dann T um □◇A ein ◇
innerhalb des ersten □ hinzuzufügen.

```
5.3.1.        1    □(□A v B)       /∴ □A v □B
         ┌──► 2    ~(□A v □B)
         │    3    ~□A              2, De M.+Simp.
         │    4    ◇~A              3, M.Ä.
```

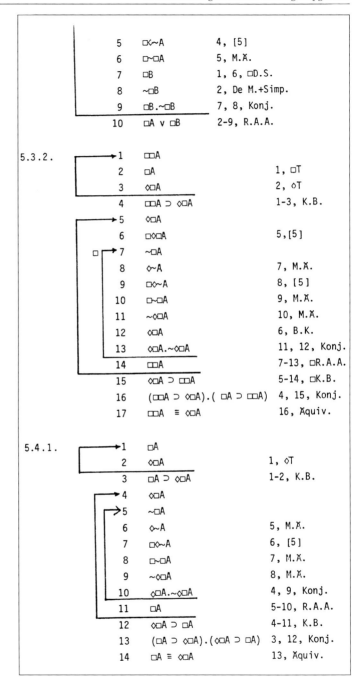

```
        5    □◇~A            4, [5]
        6    □~□A            5, M.Ä.
        7    □B              1, 6, □D.S.
        8    ~□B             2, De M.+Simp.
        9    □B.~□B          7, 8, Konj.
       10    □A v □B         2-9, R.A.A.


5.3.2.  1    □□A
        2    □A              1, □T
        3    ◇□A             2, ◇T
        4    □□A ⊃ ◇□A       1-3, K.B.
        5    ◇□A
        6    □◇□A            5, [5]
        7    ~□A
        8    ◇~A             7, M.Ä.
        9    □◇~A            8, [5]
       10    □~□A            9, M.Ä.
       11    ~◇□A            10, M.Ä.
       12    ◇□A             6, B.K.
       13    ◇□A.~◇□A        11, 12, Konj.
       14    □□A             7-13, □R.A.A.
       15    ◇□A ⊃ □□A       5-14, □K.B.
       16    (□□A ⊃ ◇□A).( ◇□A ⊃ □□A)    4, 15, Konj.
       17    □□A ≡ ◇□A       16, Äquiv.


5.4.1.  1    □A
        2    ◇□A             1, ◇T
        3    □A ⊃ ◇□A        1-2, K.B.
        4    ◇□A
        5    ~□A
        6    ◇~A             5, M.Ä.
        7    □◇~A            6, [5]
        8    □~□A            7, M.Ä.
        9    ~◇□A            8, M.Ä.
       10    ◇□A.~◇□A        4, 9, Konj.
       11    □A              5-10, R.A.A.
       12    ◇□A ⊃ □A        4-11, K.B.
       13    (□A ⊃ ◇□A).(◇□A ⊃ □A)    3, 12, Konj.
       14    □A ≡ ◇□A        13, Äquiv.
```

5.4.2.

1	◇A	
2	□◇A	1, [5]
3	◇A ⊃ □◇A	1-2, K.B.
4	□◇A	
5	◇A	4, □T
6	□◇A ⊃ ◇A	4-5, K.B.
7	(◇A ⊃ □◇A).(□◇A ⊃ ◇A)	3, 6, Konj.
8	◇A ≡ □◇A	7, Äquiv.

5.4.3.

1	□A	
2	◇□A	1, ◇T
3	□◇□A	2, [5]
4	~□A	
5	◇~A	4, M.Ä.
6	□◇~A	5, [5]
7	□~□A	6, M.Ä.
8	~◇□A	7, M.Ä.
9	◇□A	3, B.K.
10	◇□A.~◇□A	8, 9, Konj.
11	□□A	4-10, □R.A.A.
12	□A ⊃ □□A	1-11, K.B.
13	□□A	
14	□A	13, □T
15	□□A ⊃ □A	13-14, K.B.
16	(□A ⊃ □□A).(□□A ⊃ □A)	12, 15, Konj.
17	□A ≡ □□A	16, Äquiv.

5.4.4.

1	◇A	
2	◇◇A	1, ◇T
3	◇A ⊃ ◇◇A	1-2, K.B.
4	◇◇A	
5	~◇A	
6	□~A	5, M.Ä.
7	□□~A	6, aufgrund von iii., s.o. (oder man wiederhole die Schritte 1-11 in iii.)
8	□~◇A	7, M.Ä.
9	~◇◇A	8, M.Ä.
10	◇◇A. ~ ◇◇A	4, 9, Konj.
11	◇A	5-10, R.A.A.

12   ◇◇A ⊃ ◇A   4-11, K.B.
13   (◇A ⊃ ◇◇A).(◇◇A ⊃ ◇A)   3, 12, Konj.
14   ◇A ≡ ◇◇A   13, Äquiv.

Übungsaufgabe 6   6.1.

		w_1	w_2	w_3
6.1.1.	□A v B	W	W	F
6.1.2.	□(A v B)	W	W	W
6.1.3.	□A v ◇B	W	W	W
6.1.4.	□◇A ⊃ □B	F	W	F
6.1.5.	□◇(A ⊃ ◇B)	W	W	W
6.1.6.	□(◇A ⊃ □B)	F	F	F
6.1.7.	□◇□A.◇◇□B	W	W	W

6.2. In den folgenden Diagrammen stellen die gestrichelten
     Pfeile und die in eckige Klammern geschriebenen Aussagen
     das Ergebnis der Hinzufügung der T-Bedingung dar (jede
     Welt ist eine Alternative ihrer selbst).

6.2.1.

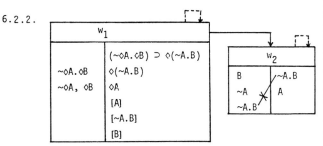

Weder noch.

6.2.2.

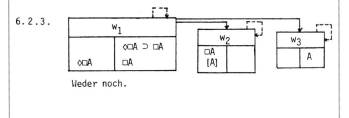

K-Modaltautologie (und daher eine KT-Modaltautologie).

6.2.3.

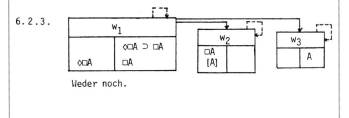

Weder noch.

6.2.4.

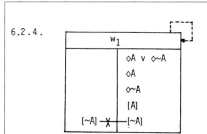

Keine K-Modaltautologie;KT-Modaltautologie.

6.3. Hier stellen die gestrichelten Linien und geklammerten
Aussagen das Ergebnis der 5-Bedingung dar.

6.3.1.

T5-Modaltautologie.

$$
\begin{array}{lll}
1 & A & \\
2 & \Diamond A & 1,\ \Diamond T \\
3 & \Box\Diamond A & 2,\ [5]
\end{array}
$$

6.3.2.

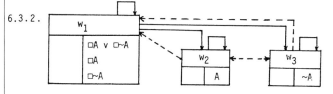

Weder noch.

6.3.3.

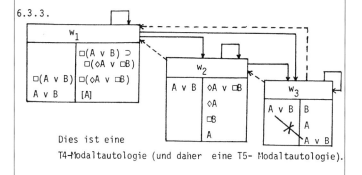

Dies ist eine
T4-Modaltautologie (und daher eine T5- Modaltautologie).

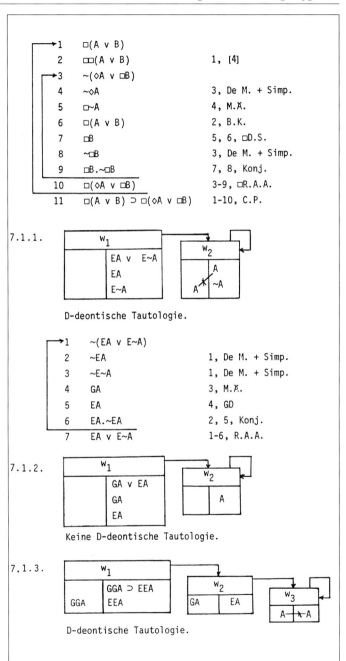

```
 →1     □(A v B)
  2     □□(A v B)                    1, [4]
 →3     ~(◊A v □B)
  4     ~◊A                          3, De M. + Simp.
  5     □~A                          4, M.Ä.
  6     □(A v B)                     2, B.K.
  7     □B                           5, 6, □D.S.
  8     ~□B                          3, De M. + Simp.
  9     □B.~□B                       7, 8, Konj.
 10     □(◊A v □B)                   3-9, □R.A.A.
 11     □(A v B) ⊃ □(◊A v □B)        1-10, C.P.
```

Übungsaufgabe 7   7.1.1.

D-deontische Tautologie.

```
 →1     ~(EA v E~A)
  2     ~EA                          1, De M. + Simp.
  3     ~E~A                         1, De M. + Simp.
  4     GA                           3, M.Ä.
  5     EA                           4, GD
  6     EA.~EA                       2, 5, Konj.
  7     EA v E~A                     1-6, R.A.A.
```

7.1.2.

Keine D-deontische Tautologie.

7.1.3.

D-deontische Tautologie.

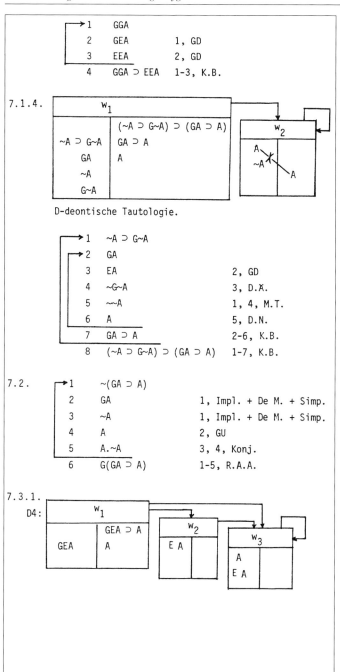

```
  ┌─→1    GGA
  │   2    GEA          1, GD
  │   3    EEA          2, GD
  └──4    GGA ⊃ EEA    1-3, K.B.
```

7.1.4.

w₁	
	(~A ⊃ G~A) ⊃ (GA ⊃ A)
~A ⊃ G~A	GA ⊃ A
GA	A
~A	
G~A	

w₂

| A ~A | A |

D-deontische Tautologie.

```
  ┌─→1    ~A ⊃ G~A
  │┌→2    GA
  ││ 3    EA            2, GD
  ││ 4    ~G~A          3, D.Ä.
  ││ 5    ~~A           1, 4, M.T.
  ││ 6    A             5, D.N.
  │└ 7    GA ⊃ A        2-6, K.B.
  └──8    (~A ⊃ G~A) ⊃ (GA ⊃ A)   1-7, K.B.
```

7.2.

```
  ┌─→1    ~(GA ⊃ A)
  │   2    GA            1, Impl. + De M. + Simp.
  │   3    ~A            1, Impl. + De M. + Simp.
  │   4    A             2, GU
  │   5    A.~A          3, 4, Konj.
  └──6    G(GA ⊃ A)     1-5, R.A.A.
```

7.3.1.
D4:

w₁	
	GEA ⊃ A
GEA	A

w₂

| E A | |

w₃

| A E A | |

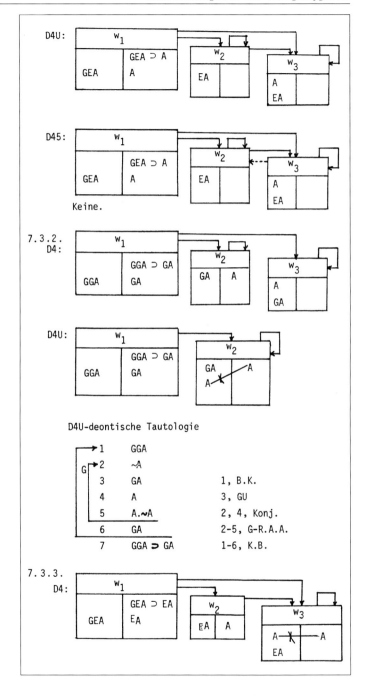

D4U:

D45:

Keine.

7.3.2.
D4:

D4U:

D4U-deontische Tautologie

	1	GGA	
G	2	~A	
	3	GA	1, B.K.
	4	A	3, GU
	5	A.~A	2, 4, Konj.
	6	GA	2-5, G-R.A.A.
	7	GGA ⊃ GA	1-6, K.B.

7.3.3.
D4:

D4-deontische Tautologie

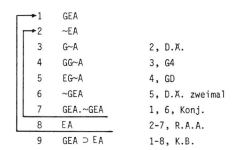

1	GEA	
2	~EA	
3	G~A	2, D.Ä.
4	GG~A	3, G4
5	EG~A	4, GD
6	~GEA	5, D.Ä. zweimal
7	GEA.~GEA	1, 6, Konj.
8	EA	2-7, R.A.A.
9	GEA ⊃ EA	1-8, K.B.

7.3.4.

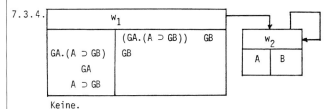

Keine.

8.1.1. Falsifizierendes Diagramm für Temp4.3 (einige offensichtliche Vereinfachungen von w_1 wurden nicht eigens
aufgeführt):

Übungsaufgabe 8

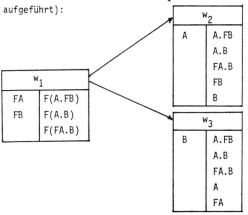

Dies ist ein vollkommen angemessenes, falsifizierendes
Diagramm für Temp4.3. Gibt es jedoch kein Verzweigen,
dann folgt entweder w_3 auf w_2 oder umgekehrt oder aber
sie geschehen beide im gleichen Augenblick. Im ersten

Fall würde ein Pfeil von w_2 auf w_3 zeigen und w_3 müßte
B sowohl wahr und auch falsch enthalten und im zweiten
Fall würde das Gegenteil geschehen; w_2 würde A sowohl als
wahr als auch als falsch enthalten. Im dritten Fall würden
sowohl w_2 als auch w_3 sowohl A als auch B sowohl als wahr
als auch als falsch enthalten. Ist also kein Verzweigen
zugelassen, dann kann Temp4.3 nicht falsifiziert werden.

8.1.2. Falsifizierendes Diagramm für TempDisk (auch hier wurden
einige offensichtliche Schritte unterschlagen):

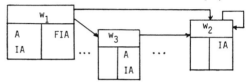

In diesem Diagramm nehmen wir an, daß es eine endlose Kette
von Welten zwischen w_1 und w_2 gibt, von denen w_3 nur gerade eine ist. In solch einer Situation ist TempDisk offensichtlich falsifiziert. Man nehme jedoch an, daß dies
nicht so sein kann; auf w_1 folgt unmittelbar ein nächster
Augenblick, w_2. Dann muß A entweder in w_1 oder in einer
ihrer Nachfolgerinnen falsch sein, weil IA in w_2 falsch
ist. Da jedoch A in allen derartigen Welten wahr ist, kann
TempDisk nicht falsifiziert werden.

8.2. In diesen Diagrammen ist w_1 immer die erste in der Abfolge
der logischen Überprüfung, auch wenn es sich bei ihr nicht
immer um die früheste Welt handelt. In einigen Fällen
wurde die erste Zeile unterschlagen.

8.2.1.a.

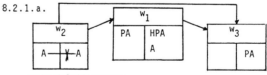

Nicht falsifizierbar.

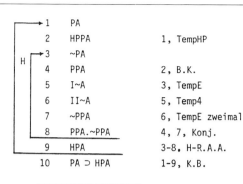

	1	PA	
	2	HPPA	1, TempHP
	3	~PA	
H	4	PPA	2, B.K.
	5	I~A	3, TempE
	6	II~A	5, Temp4
	7	~PPA	6, TempE zweimal
	8	PPA.~PPA	4, 7, Konj.
	9	HPA	3-8, H-R.A.A.
	10	PA ⊃ HPA	1-9, K.B.

b.

w_1	
HFA	FA

Falsifizierbar.

c. Teilen Sie in drei Fälle auf; IHA ⊃ IA, IHA ⊃ A,
IHA ⊃ HA:

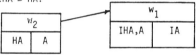

w_2			w_1	
HA	A	→	IHA,A	IA

Da sogar der erste Fall falsifizierbar ist, ist es
auch die Aussage insgesamt.

d.

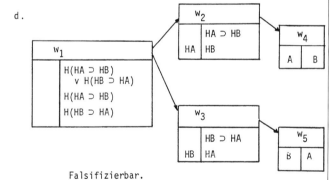

w_1	
H(HA ⊃ HB) v H(HB ⊃ HA)	
H(HA ⊃ HB)	
H(HB ⊃ HA)	

w_2	
HA ⊃ HB	
HA	HB

w_4	
A	B

w_3	
HB ⊃ HA	
HB	HA

w_5	
Ḃ	A

Falsifizierbar.

8.2.2. Fügen wir die Bedingung hinzu, daß es keinen letzten
Augenblick gibt, dann kann b nicht falsifiziert
werden:

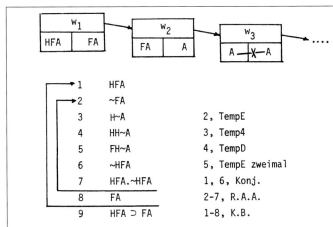

1	HFA	
2	~FA	
3	H~A	2, TempE
4	HH~A	3, Temp4
5	FH~A	4, TempD
6	~HFA	5, TempE zweimal
7	HFA.~HFA	1, 6, Konj.
8	FA	2-7, R.A.A.
9	HFA ⊃ FA	1-8, K.B.

Fügen wir die Bedingung hinzu, daß es keinen ersten Augenblick gibt, dann kann c nicht falsifiziert werden:

    Teilen Sie in drei Fälle auf; IHA ⊃ IA, IHA ⊃ A,
    IHA ⊃ IA:

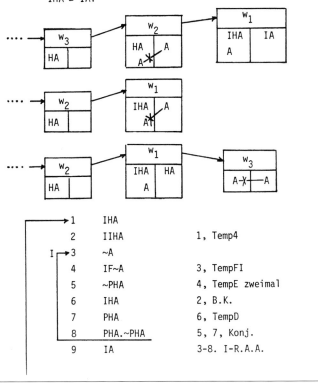

1	IHA	
2	IIHA	1, Temp4
3	~A	
4	IF~A	3, TempFI
5	~PHA	4, TempE zweimal
6	IHA	2, B.K.
7	PHA	6, TempD
8	PHA.~PHA	5, 7, Konj.
9	IA	3-8. I-R.A.A.

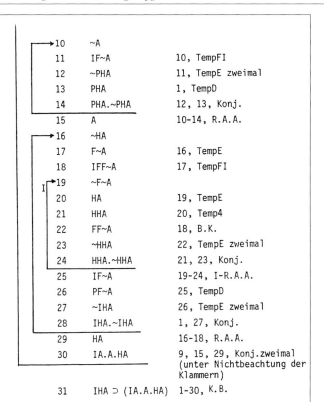

```
    10    ~A
    11    IF~A              10, TempFI
    12    ~PHA              11, TempE zweimal
    13    PHA               1, TempD
    14    PHA.~PHA          12, 13, Konj.
    15    A                 10-14, R.A.A.
    16    ~HA
    17    F~A               16, TempE
    18    IFF~A             17, TempFI
    19    ~F~A
    20    HA                19, TempE
    21    HHA               20, Temp4
    22    FF~A              18, B.K.
    23    ~HHA              22, TempE zweimal
    24    HHA.~HHA          21, 23, Konj.
    25    IF~A              19-24, I-R.A.A.
    26    PF~A              25, TempD
    27    ~IHA              26, TempE zweimal
    28    IHA.~IHA          1, 27, Konj.
    29    HA                16-18, R.A.A.
    30    IA.A.HA           9, 15, 29, Konj. zweimal
                           (unter Nichtbeachtung der
                           Klammern)

    31    IHA ⊃ (IA.A.HA)   1-30, K.B.
```

Fügen wir schließlich die Bedingung hinzu, die Zeit sei dicht, dann werden a-d nicht unfalsifizierbar.

Übungsaufgabe 9

9.1.1.
```
         1    G_a A
   G_a   2    A
         3    ~B v A            2, Add. + Kom.
         4    B ⊃ A             3, Impl.
         5    G_a(B ⊃ A)        1, 2-4, Mon.
         6    G_a A ⊃ G_a(B ⊃ A)   1-5, K.B.
```

9.1.2.
```
         1    G_a A v G_a B
         2    G_a A
   G_a   3    A
         4    A v B             3, Add.
         5    G_a(A v B)        2, 3-4, Mon.
         6    G_a A ⊃ (G_a A v G_a B)   2-5, K.B.
```

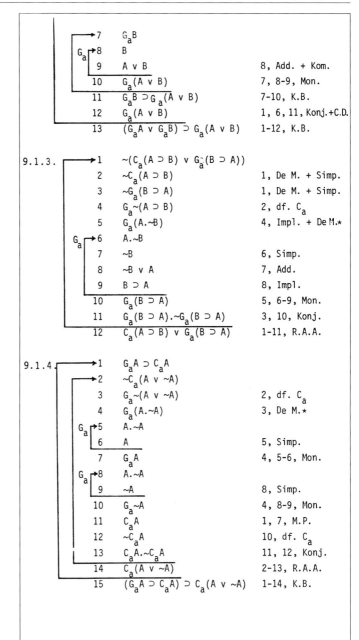

	7	G_aB	
	8	B	
	9	$A \lor B$	8, Add. + Kom.
	10	$G_a(A \lor B)$	7, 8-9, Mon.
	11	$G_aB \supset G_a(A \lor B)$	7-10, K.B.
	12	$G_a(A \lor B)$	1, 6, 11, Konj.+C.D.
	13	$(G_aA \lor G_aB) \supset G_a(A \lor B)$	1-12, K.B.

9.1.3.

	1	$\sim(C_a(A \supset B) \lor G_a^-(B \supset A))$	
	2	$\sim C_a(A \supset B)$	1, De M. + Simp.
	3	$\sim G_a(B \supset A)$	1, De M. + Simp.
	4	$G_a\sim(A \supset B)$	2, df. C_a
	5	$G_a(A.\sim B)$	4, Impl. + De M.*
	6	$A.\sim B$	
	7	$\sim B$	6, Simp.
	8	$\sim B \lor A$	7, Add.
	9	$B \supset A$	8, Impl.
	10	$G_a(B \supset A)$	5, 6-9, Mon.
	11	$G_a(B \supset A).\sim G_a(B \supset A)$	3, 10, Konj.
	12	$C_a(A \supset B) \lor G_a(B \supset A)$	1-11, R.A.A.

9.1.4

	1	$G_aA \supset C_aA$	
	2	$\sim C_a(A \lor \sim A)$	
	3	$G_a\sim(A \lor \sim A)$	2, df. C_a
	4	$G_a(A.\sim A)$	3, De M.*
	5	$A.\sim A$	
	6	A	5, Simp.
	7	G_aA	4, 5-6, Mon.
	8	$A.\sim A$	
	9	$\sim A$	8, Simp.
	10	$G_a\sim A$	4, 8-9, Mon.
	11	C_aA	1, 7, M.P.
	12	$\sim C_aA$	10, df. C_a
	13	$C_aA.\sim C_aA$	11, 12, Konj.
	14	$C_a(A \lor \sim A)$	2-13, R.A.A.
	15	$(G_aA \supset C_aA) \supset C_a(A \lor \sim A)$	1-14, K.B.

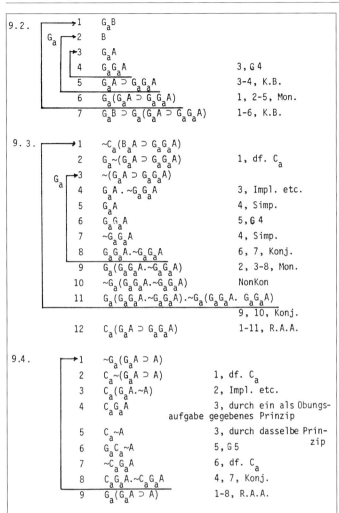

9.2.

1	$G_a B$	
2	B	
3	$G_a A$	
4	$G_a G_a A$	3, G 4
5	$G_a A \supset G_a G_a A$	3-4, K.B.
6	$G_a(G_a A \supset G_a G_a A)$	1, 2-5, Mon.
7	$G_a B \supset G_a(G_a A \supset G_a G_a A)$	1-6, K.B.

9.3.

1	$\sim C_a(B_a A \supset G_a G_a A)$	
2	$G_a\sim(G_a A \supset G_a G_a A)$	1, df. C_a
3	$\sim(G_a A \supset G_a G_a A)$	
4	$G_a A \,.\, \sim G_a G_a A$	3, Impl. etc.
5	$G_a A$	4, Simp.
6	$G_a G_a A$	5, G 4
7	$\sim G_a G_a A$	4, Simp.
8	$G_a G_a A \,.\, \sim G_a G_a A$	6, 7, Konj.
9	$G_a(G_a G_a A \,.\, \sim G_a G_a A)$	2, 3-8, Mon.
10	$\sim G_a(G_a G_a A \,.\, \sim G_a G_a A)$	NonKon
11	$G_a(G_a G_a A \,.\, \sim G_a G_a A) \,.\, \sim G_a(G_a G_a A \,.\, G_a G_a A)$	
		9, 10, Konj.
12	$C_a(G_a A \supset G_a G_a A)$	1-11, R.A.A.

9.4.

1	$\sim G_a(G_a A \supset A)$	
2	$C_a\sim(G_a A \supset A)$	1, df. C_a
3	$C_a(G_a A \,.\, \sim A)$	2, Impl. etc.
4	$C_a G_a A$	3, durch ein als Übungs-aufgabe gegebenes Prinzip
5	$C_a \sim A$	3, durch dasselbe Prinzip
6	$G_a C_a \sim A$	5, G 5
7	$\sim C_a G_a A$	6, df. C_a
8	$C_a G_a A \,.\, \sim C_a G_a A$	4, 7, Konj.
9	$G_a(G_a A \supset A)$	1-8, R.A.A.

Einen Einwand hiergegen stellt dar, daß wir nicht glauben, daß das, was wir glauben, wahr ist (wir sollten dies auch nicht), da wir wissen, daß wir oft das falsche glauben.

Übungsaufgabe 10

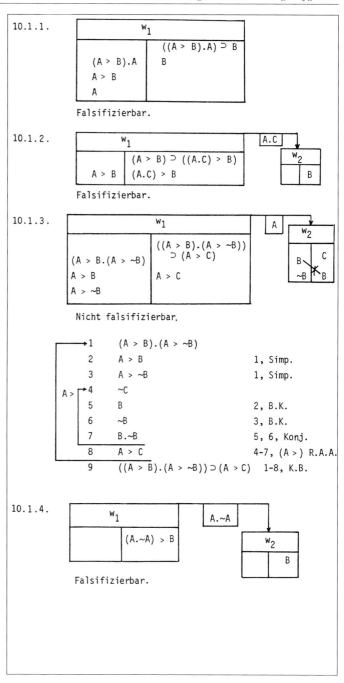

10.1.1.

w_1	
	$((A > B).A) \supset B$
$(A > B).A$	B
$A > B$	
A	

Falsifizierbar.

10.1.2.

w_1	
	$(A > B) \supset ((A.C) > B)$
$A > B$	$(A.C) > B$

$A.C$ → w_2 | B

Falsifizierbar.

10.1.3.

w_1	
	$((A > B).(A > {\sim}B))$ $\supset (A > C)$
$(A > B.(A > {\sim}B)$	
$A > B$	$A > C$
$A > {\sim}B$	

A → w_2 : B \| C ; ${\sim}B$ \| B

Nicht falsifizierbar.

```
      ┌──►1    (A > B).(A > ~B)
      │   2    A > B                        1, Simp.
      │   3    A > ~B                       1, Simp.
  A > ┌►4    ~C
      │   5    B                            2, B.K.
      │   6    ~B                           3, B.K.
      │   7    B.~B                         5, 6, Konj.
      └── 8    A > C                        4-7, (A >) R.A.A.
          9    ((A > B).(A > ~B)) ⊃ (A > C)   1-8, K.B.
```

10.1.4.

w_1	
	$(A.{\sim}A) > B$

$A.{\sim}A$ → w_2 | B

Falsifizierbar.

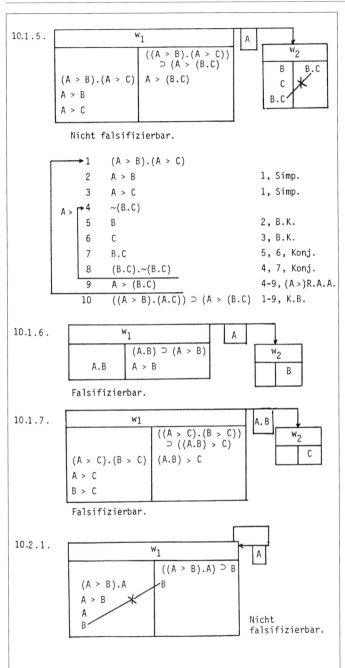

10.1.5.

w_1		A
	$((A > B).(A > C))$ $\supset (A > (B.C))$	
$(A > B).(A > C)$	$A > (B.C)$	
$A > B$		
$A > C$		

w_2

B	B.C
C	
B.C	

Nicht falsifizierbar.

```
  →1    (A > B).(A > C)
    2    A > B                1, Simp.
    3    A > C                1, Simp.
A > 4    ~(B.C)
    5    B                    2, B.K.
    6    C                    3, B.K.
    7    B.C                  5, 6, Konj.
    8    (B.C).~(B.C)         4, 7, Konj.
    9    A > (B.C)            4-9, (A>)R.A.A.
   10    ((A > B).(A.C)) ⊃ (A > (B.C)   1-9, K.B.
```

10.1.6.

w_1		A
	$(A.B) \supset (A > B)$	
A.B	$A > B$	

w_2

	B

Falsifizierbar.

10.1.7.

w_1		A.B
	$((A > C).(B > C))$ $\supset ((A.B) > C)$	
$(A > C).(B > C)$	$(A.B) > C$	
$A > C$		
$B > C$		

w_2

	C

Falsifizierbar.

10.2.1.

w_1		A
	$((A > B).A) \supset B$	
$(A > B).A$	B	
$A > B$		
A		
B		

Nicht falsifizierbar.

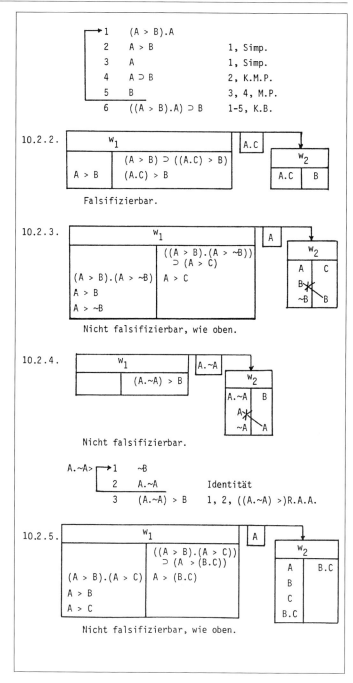

```
    ┌──►1    (A > B).A
    │   2    A > B              1, Simp.
    │   3    A                  1, Simp.
    │   4    A ⊃ B              2, K.M.P.
    └───5    B                  3, 4, M.P.
        6    ((A > B).A) ⊃ B    1-5, K.B.
```

10.2.2.
```
        ┌──────────────────────────────┬──────┐
        │              w₁              │ A.C  │
        ├─────────┬────────────────────┤      │      ┌───────────┐
        │         │ (A > B) ⊃ ((A.C) > B) │      │      │    w₂     │
        │ A > B   │ (A.C) > B          │      │      ├──────┬────┤
        └─────────┴────────────────────┴──────┘      │ A.C  │ B  │
                                                     └──────┴────┘
```

Falsifizierbar.

10.2.3.
```
        ┌──────────────────────────────────────┬────┐
        │                   w₁                  │ A  │
        ├──────────────────┬───────────────────┤    │    ┌──────────┐
        │                  │ ((A > B).(A > ~B)) │    │    │    w₂    │
        │                  │ ⊃ (A > C)          │    │    ├─────┬────┤
        │ (A > B).(A > ~B) │ A > C              │    │    │ A   │ C  │
        │ A > B            │                    │    │    │ B ╳ │    │
        │ A > ~B           │                    │    │    │ ~B  │ B  │
        └──────────────────┴───────────────────┴────┘    └─────┴────┘
```

Nicht falsifizierbar, wie oben.

10.2.4.
```
        ┌──────────────────────┬──────┐
        │          w₁          │ A.~A │
        ├──────────┬───────────┤      │
        │          │ (A.~A) > B │      │    ┌──────────┐
        └──────────┴───────────┴──────┘    │    w₂    │
                                           ├──────┬───┤
                                           │ A.~A │ B │
                                           │ A ╳  │   │
                                           │ ~A   │ A │
                                           └──────┴───┘
```

Nicht falsifizierbar.

```
A.~A> ┌──►1    ~B
      └───2    A.~A              Identität
          3    (A.~A) > B        1, 2, ((A.~A) >)R.A.A.
```

10.2.5.
```
        ┌──────────────────────────────────────┬────┐
        │                   w₁                  │ A  │
        ├──────────────────┬───────────────────┤    │    ┌──────────┐
        │                  │ ((A > B).(A > C))  │    │    │    w₂    │
        │                  │ ⊃ (A > (B.C))      │    │    ├─────┬────┤
        │ (A > B).(A > C)  │ A > (B.C)          │    │    │ A   │ B.C │
        │ A > B            │                    │    │    │ B   │    │
        │ A > C            │                    │    │    │ C   │    │
        └──────────────────┴───────────────────┴────┘    │ B.C │    │
                                                          └─────┴────┘
```

Nicht falsifizierbar, wie oben.

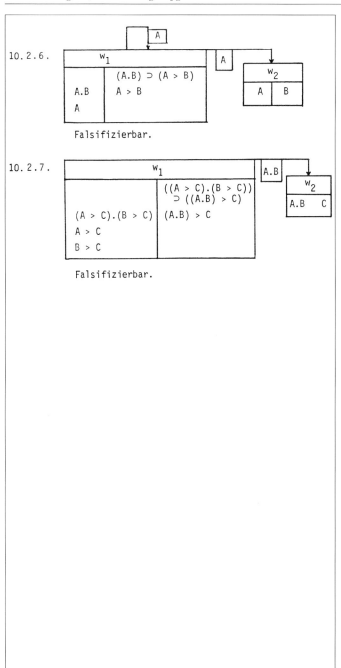

10.2.6.

w_1

A.B A	$(A.B) \supset (A > B)$ $A > B$

A

w_2

A	B

Falsifizierbar.

10.2.7.

w_1

$(A > C).(B > C)$ $A > C$ $B > C$	$((A > C).(B > C))$ $\supset ((A.B) > C)$ $(A.B) > C$

A.B

w_2

A.B	C

Falsifizierbar.

UTB FÜR WISSENSCHAFT

Auswahl Fachbereich
Philosophie

1724/1725 Popper,
Die offene Gesellschaft und
ihre Feinde Bd. 1/2
(Mohr Siebeck). 7. Aufl. 1992.
je DM 29,80, öS 218,--, sfr 27,50

1740 Musgrave, Alltagswissen,
Wissenschaft und Skeptizismus
(Mohr Siebeck). 1993.
DM 29,80, öS 218,--, sfr 27,50

1743 Gabriel, Grundprobleme
der Erkenntnistheorie
(F. Schöningh). 2. Aufl. 1998.
DM 19,80, öS 145,--, sfr 19,00

1765 Irrgang, Lehrbuch der
Evolutionären Erkenntnistheorie
(E. Reinhardt). 1993.
DM 36,80, öS 269,--, sfr 34,00

1821 Irrgang,
Grundriß der medizinischen Ethik
(E. Reinhardt). 1995.
DM 36,00, öS 263,--, sfr 33,00

1822 Honnefelder/Krieger (Hrsg.)
Philosophische Propädeutik
(F. Schöningh). 1994.
DM 29,80, öS 218,--, sfr 27,50

1825 Streminger,
David Hume: „Eine Untersuchung
über den menschlichen Verstand"
(F. Schöningh). 1994.
DM 25,80, öS 188,--, sfr 24,00

1826 Hansen, Georg W. F. Hegel:
„Phänomenologie des Geistes"
(F. Schöningh). 1994.
DM 19,80, öS 145,--, sfr 19,00

1833 Beck, Kant:
„Kritik der praktischen Vernunft"
(W. Fink). 3. Aufl. 1995.
DM 29,80, öS 218,--, sfr 27,50

1866 Schubert, Platon: „Der Staat"
(F. Schöningh). 1995.
DM 19,80, öS 145,--, sfr 19,00

1875 Gethmann-Siefert,
Einführung in die Ästhetik
(W. Fink). 1995.
DM 29,80, öS 218,--, sfr 27,50

1878 Newen/von Savigny,
Einführung in die Analytische
Philosophie (W. Fink). 1996.
DM 22,80, öS 166,--, sfr 21,00

1895 Honnefelder/Krieger (Hrsg.)
Philosophische Propädeutik Bd. 2
(F. Schöningh). 1996.
DM 29,80, öS 218,--, sfr 27,50

1897 Streminger, David Hume
(F. Schöningh). 3. Aufl. 1995.
DM 39,80, öS 291,--, sfr 37,00

1906 Dölle-Oelmüller/Oelmüller,
Grundkurs: Philosophische
Anthropologie (W. Fink). 1996.
DM 19,80, öS 145,--, sfr 19,00

1918 Baum,
Ethik sozialer Berufe
(F. Schöningh). 1996.
DM 22,80, öS 166,--, sfr 21,00

1920 Döring, Karl R. Popper
Die offene Gesellschaft und
ihre Feinde - Kommentar
(F. Schöningh). 1996.
DM 19,80, öS 145,--, sfr 19,00

1921 Grundmann/Stüber,
Philosophie der Skepsis
(F. Schöningh). 1996.
DM 29,80, öS 218,--, sfr 27,50

UTB
FÜR WISSEN SCHAFT

Auswahl Fachbereich
Philosophie

1922 Lange, L. Wittgenstein:
„Logisch- philosophische
Abhandlung"
(F. Schöningh). 1996.
DM 18,80, öS 137,--, sfr 18,00

1951 Bartels, Grundprobleme
der modernen Natuphilosophie
(F. Schöningh). 1996.
DM 22,80, öS 166,--, sfr 21,00

1952 Charpa,
Grundprobleme der Wissenschafts-
philosophie
(F. Schöningh). 1996.
DM 22,80, öS 166,--, sfr 21,00

1959 Oelmüller/Dölle-Oelmüller,
Grundkurs Religionsphilosophie
(W. Fink). 1997.
DM 24,80, öS 181,--, sfr 23,00

1962 Pascher, Einführung in den
Neukantianismus
(W. Fink). 1997.
DM 19,80, öS 145,--, sfr 19,00

1972 Grondin (Hrsg.)
Gadamer Lesebuch
(Mohr Siebeck). 1997.
DM 19,80, öS 145,--, sfr 19,00

1975 Luckner, Martin Heidegger:
„Sein und Zeit"
(F. Schöningh). 1997.
DM 19,80, öS 145,--, sfr 19,00

1982 Wuchterl, Streitgespräche u.
Kontroversen in der Philosophie
des 20. Jahrhunderts
(P. Haupt). 1997.
DM 34,80, öS 254,--, sfr 32,50

1985 Jäger, Gilles Deleuze
(W. Fink). 1997.
DM 29,80, öS 218,--, sfr 27,50

1995 Gehlen, Der Mensch
(Quelle&Meyer). 13. Aufl. 1997.
DM 39,80, öS 291,--, sfr 37,00

1997 Schmidt, Hegel:
Wissenschaft der Logik -
Die Lehre vom Wesen
(F. Schöningh). 1997.
DM 26,80, öS 196,--, sfr 25,00

1999 Zoglauer, Einf. in die
formale Logik für Philosophen
(Vandenhoeck&Ruprecht). 1997.
DM 19,80, öS 145,--, sfr 19,00

2000 Karl R. Popper
Lesebuch
(Mohr Siebeck). 2. Aufl. 1997.
DM 21,80, öS 159,--, sfr 20,00

1775 Lüdeking, Analytische
Philosophie der Kunst
(W. Fink). 1998.
DM 24,80, öS 181,--, sfr 23,00

2006 Matzker, Anthropologie
(W. Fink). 1998.
DM 24,80, öS 181,--, sfr 23,00

2007 Möckel, Einführung in die
transzendentale Phänomenologie
(W. Fink). 1998.
DM 32,80, öS 239,--, sfr 30,50

Preisänderungen vorbehalten.

Das UTB-Gesamtverzeichnis erhalten Sie in Ihrer Buchhandlung oder
direkt von UTB, Postfach 80 11 24,
70511 Stuttgart.